名家视点 第 6 辑

馆藏资源聚合研究与实践进展

《图书情报工作》杂志社 编

海洋出版社

2015 年 · 北京

图书在版编目（CIP）数据

馆藏资源聚合研究与实践进展/图书情报工作杂志社编. —北京：海洋出版社，2015.5
 ISBN 978–7–5027–9137–7

Ⅰ. ①馆… Ⅱ. ①图… Ⅲ. ①图书馆–藏书建设–文集 Ⅳ. ①G253–53

中国版本图书馆 CIP 数据核字（2015）第 076913 号

责任编辑：杨海萍
责任印制：赵麟苏

海洋出版社 出版发行

http://www.oceanpress.com.cn
北京市海淀区大慧寺路 8 号　邮编：100081
北京旺都印务有限公司印刷　　新华书店北京发行所经销
2015 年 5 月第 1 版　2015 年 5 月第 1 次印刷
开本：787 mm×1092 mm　1/16　印张：23.75
字数：407 千字　定价：48.00 元
发行部：62132549　邮购部：68038093　总编室：62114335
海洋版图书印、装错误可随时退换

《名家视点丛书》编委会

主　任：初景利

委　员：易　飞　杜杏叶　徐　健　王传清
　　　　王善军　刘远颖　魏　蕊　胡　芳
　　　　袁贺菊　王　瑜　邹中才　贾　茹
　　　　刘　超

序

由《图书情报工作》编辑部编选的《名家视点：图书馆学情报学理论与实践丛书》第6辑即将由海洋出版社出版发行与广大读者见面。这是一件值得高兴的事情。从期刊的角度，这是编者从大量的已经发表的文章中精心挑选出来的专题文章，虽然均在本刊发表过，但以专题的形式集中出版，是期刊内容与论文内容的一种增值，体现期刊价值的再利用；对作者而言，这是另外一种传播途径，增强研究成果再次被阅读、被利用的机会，实现论文再次得到关注和充分利用；对读者而言，通过专辑而阅读到多篇同一专题的文章，可以高效率地了解和跟踪该领域的研究进展，深化对该领域的认识，对于开展深度的研究或应用到实践工作奠定良好的基础。

本专辑共有4册。第一册是《机构知识库的建设与服务推广》，共收录32篇文章，涉及到机构知识库从基本概念、政策、技术、应用、服务的各个方面，也基本涵盖了机构知识库建设与服务的各个方面的问题，也是有关机构知识库国内重要作者研究成果的大汇聚。机构知识库作为开放获取的重要内容和学术机构自主知识资产的管理与服务系统，是知识管理的重要体现形式，也是图书馆业务与服务新的增长点，具有良好的发展前景和战略意义。对图书馆而言，开发、管理、维护机构知识库并提供基于机构知识库分析的情报分析与科研布局咨询，对图书馆业务与服务的转型发展具有十分重要的意义。

第二册是《移动图书馆服务的现状与未来》共收录37篇文章，涉及移动互联网用户阅读行为、移动图书馆服务模式、移动图书馆服务质量控制、国外移动图书馆服务实践进展、移动图书馆需求与评估等方面。移动图书馆服务在国内图书馆界研究成果不少，学界和业界也高度认同，但由于收到诸多因素的制约，实践上的发展并不够普及和深入。随着移动互联网技术的发展和相关设施的普及，移动图书馆建设仍然是一个值得重视并加大投入的一个领域，其发展前景将十分广阔。

第三册是《馆藏资源聚合研究与实践进展》共收录32篇文章，涉及馆藏聚合模式、数字资源语义关联、关联数据与本体、协同推荐、知识图谱、面向下一代的知识整合检索等。馆藏资源聚合是一个前沿性命题，也是图书馆从资源建设走向基于资源的挖掘与服务的必然过程。这些方面的研究对于深度地利用馆藏数字资源，实现馆藏资源价值的最大化，具有十分重要的现实意义和应用前景。

第四册是《知识网络研究的进展与创新》共收录31篇文章，涉及科研合作的网络分析、共词分析、主题演化分析、学科知识结构探测、研究热点聚类、科研合作网络等，体现了学界业界对这些领域的最新探索和应用性研究成果。为科研提供深度的前沿热点揭示和发现服务，对图书馆服务能力的提升具有重大的意义。图书馆（特别是大学图书馆和专业图书馆）需要加大这一领域的研究、研发和应用的投入，加快图书馆向知识服务的转变。

虽然本专辑的这4本书只是从《图书情报工作》近年来发表的文章精选出来的，但也可基本上代表国内学界对相关问题的最新研究成果和图书馆界实践上的探索与创新，具有学术上的引领和实践上的示范作用。尽管研究者还不够多，研究水平也还有待提升，实践应用也处于探索阶段，但也能显示作者们对这些领域的贡献以及潜在的广泛应用价值。

期待这些研究成果能通过这一专辑的出版，对推动国内的学术和实践产生应有的作用，引起更多的图书情报机构的重视，引发更多的研究人员的后续研究，并不断走向深化。在此也感谢所有作者的智慧和贡献，感谢海洋出版社的倾心出版，感谢编辑部同仁所付出的努力。

初景利
《图书情报工作》杂志社社长、主编
中国科学院文献情报中心教授，博士，博士生导师
2015年4月23日 于北京中关村

目　次

专　题　篇

专题1：馆藏资源语义化与多种方法的融合研究 …………………… 邱均平(3)
分面组配思想在馆藏资源知识组织中的借鉴研究 ……… 邱均平　张　聪(5)
信息计量学视角下的数字文献资源语义化关联揭示
　　…………………………… 王菲菲　邱均平　余　凡　赵蓉英(17)
基于作者共被引的馆藏资源深度聚合模式与服务探析
　　——以CSSCI中图书情报领域本体研究为例………… 邱均平　周　毅(31)
专题2：数字资源语义互联模式研究与互联方法实例 ………… 牟冬梅(43)
数字资源语义互联的模式及其比较研究……… 牟冬梅　张艳侠　黄丽丽(45)
基于关联数据的数字资源语义互联模式研究
　　………………………… 黄丽丽　牟冬梅　张　然(55)
关联数据的语义互联应用研究
　　——以VIVO为实例 ……………………… 张艳侠　齐　飞　毕　强(65)
领域本体映射的语义互联方法研究
　　——以药物本体为例 …………… 王丽伟　王　伟　高玉堂　刘宏芳(75)
专题3：面向下一代知识服务的图书馆资源整合与检索研究 …… 汪东波(86)
略论图书馆资源整合与检索系统的发展
　　——以国家图书馆"文津"搜索系统为例 … 申晓娟　李　丹　王秀香(88)
基于地方志资源的知识聚合服务系统构建 …… 李春明　萨　蕾　梁蕙玮(98)
关联数据在馆藏书目组织中的应用进展研究 ……………………… 赵　悦(106)

理　论　篇

国内馆藏资源聚合模式研究综述 …………… 赵蓉英　王　嵩　董　克(119)

1

图书馆、档案馆和博物馆资源整合的发展趋势
　　——基于 ICA、IFLA 和 ICOM 历届会议主题的研究 ……… 胡心悦(130)
国外公共数字文化资源整合管理体制模式及其适用性研究
　　…………………………………………… 李金芮　肖希明(144)
面向用户的高校图书馆网站服务资源重组模式研究 …… 张　晗　孙　翌(160)
数字转型背景下的我国数字档案资源整合与服务研究框架
　　………………………… 安小米　白文琳　钟文睿　孙舒扬(171)
社会化标注系统资源多维度聚合机理研究 … 杨　萌　张云中　徐宝祥(186)
MOOC 教育资源语义化关联研究 … 陈大庆　丁　培　叶　兰　胡燕菘(198)
馆藏资源元数据的关联网络结构探析：面向 FRBR 解构的视角
　　……………………………………………… 成　全　许　爽(208)
高校图书馆馆藏资源协同推荐系统研究 ……………… 邱均平　张　聪(219)

实　践　篇

基于多源网络学术信息聚合的知识图谱构建研究 …… 张　洋　谢卓力(233)
基于关联数据的非遗数字资源聚合研究 …… 仝召娟　许　鑫　钱佳轶(259)
本体与关联数据驱动的图书馆信息资源语义整合方法及其测评
　　………………………………………… 欧石燕　胡　珊　张　帅(271)
以 UMLS 语义命题为基础的医学信息资源聚合 ……… 郭少友　李庆赛(289)
基于 FCA 和异构资源融合的本体构建研究
　　………………………………………… 邱　璇　李端明　张智慧(303)
基于多特征融合的中文情感分类方法研究 …………… 甘小红　张兆年(316)
融合语义关联挖掘的文本情感分析算法研究 ………………… 明均仁(327)
高校图书馆学科书评网络资源深度聚合服务探析 ……………… 李　明(337)
基于特征项的文献共现网络在学术信息检索中的应用
　　………………………………………………… 丁　洁　王曰芬(345)
从大众分类到层次式资源组织体系
　　——利用聚类信息构建标签树 …………… 罗鹏程　陈　翀(358)

2

专题篇

专题1：馆藏资源语义化与多种方法的融合研究

序

邱均平

男，1947年生，教授，博士生导师，珞珈杰出学者，武汉大学中国科学评价研究中心主任，研究方向为科学计量学与信息计量学、科学评价与知识管理，是我国著名情报学家和评价管理专家、文献计量学的主要奠基人之一。主持或完成国家和省部级课题37项，获国家社会科学基金重点项目优秀成果奖等60余项学术奖励；出版著作55部，在国内外重要期刊发表论文近500篇。从2004年起，每年主持研发的"四大评价报告"受到广泛认可，"武大版"评价品牌成为国内外著名的评价品牌之一。E-mail：jpqiu@whu.edu.cn。

馆藏资源语义化是语义网实现过程的重要组成部分，图书馆也是语义化理论与实践研究的理想阵地。语义网的提出至今已有十几年时间，人们对语义网环境下的生活充满期待，众多机构和个人将身边的信息资源发布成语义信息，使之成为语义网的一部分。信息资源语义化的形式有很多种，凡是将人们掌握的知识通过先进技术转化成机器能够理解的语言，都可认为信息被语义化了，所以发布语义信息的途径不仅仅是构建成本体或关联数据。

在承担国家社会科学基金重大项目"基于语义的馆藏资源深度聚合与可视化展示研究"的过程中，我们利用其他学科的方法和理论，试图挖掘馆藏资源语义化的途径和方法，本专题的3篇文章就是馆藏资源语义化与多种方法的融合研究。

《分面思想在馆藏资源知识组织中的借鉴研究》一文在总结馆藏资源知识组织的现状与不足的基础上，利用分面组配、知识组织和本体思想的共通性，将分面组配的方法应用到馆藏资源知识组织的过程中。《信息计量学视角下的数字文献资源语义化关联揭示》一文围绕发文共现与耦合、引文共现与耦合、发文—引文共现3个层面对数字文献资源中的元数据概念以及其中的计量语义关系进行了全面揭示和扩散推演，正是利用了信息计量学的理论和分析方法，才能挖掘出数字文献资源的深层语义关系。《基于作者共被引的馆藏资源深度聚合模式与服务探析》一文同样利用计量学中的作者共被引分析，探索基于作者共被引的馆藏资源聚合模式，从而找寻馆藏资源深度关联的途径。

　　利用分面组配的思想，可以更好地规范本体，从而实现语义化；利用信息计量学的相关方法，可以挖掘深层次的语义关系。无论使用哪种方法和途径，需要达到的目标是一致的，就是实现馆藏资源的语义化。我们国家社会科学基金重大项目的语义化方面的后续研究期待与同行在语义化方法和途径层面上的交流，以使理论和应用成果更加丰富。

分面组配思想在馆藏资源知识组织中的借鉴研究*

邱均平　张聪

（武汉大学信息管理学院）

1　引　言

馆藏资源是图书馆所有信息资源的集合，包括以实物形态存在和以数字形态存在的信息资源。在网络时代来临之前，馆藏资源主要以实物形式（纸质的书籍、论文集、期刊、报纸等）存在，馆藏资源总数和增长速度都很有限，用户在利用馆藏资源时，只存在找得到或者找不到所需的馆藏资源的情况。而在当今这个被号称"信息爆炸"的时代，不仅仅实物形式的馆藏资源增长迅速，以数字形式存在的、增长更为迅速的馆藏资源在现代图书馆中占据着越来越重要的位置，用户在利用数量众多、形式多种多样的馆藏资源时不再只是找得到或者找不到相关的信息资源，而往往是在众多的相关信息资源中显得无从下手。传统的信息组织已经很难胜任准确地为用户提供其所需要的信息的工作，这时对馆藏资源的组织就需要深入到蕴含在馆藏资源之中的知识单元或馆藏资源之间的知识因子当中，这也是知识组织的主要内容。

知识组织这个概念最早由英国著名的分类法专家H. E. 布利斯在1929年提出[1]，但直到目前关于知识组织也仍然没有一个统一的定义。虽然在概念表述上有所出入，但王知津、英国情报学家布鲁克斯以及马费成基本都认为知识组织是针对知识单元（知识因子）以及知识单元之间的联系进行的[2]，笔者同样持这一观点。知识组织是信息组织的高级形式，是为了减少信息爆炸所带来的信息淹没感，更为快捷地为用户提供其所需的信息或知识。

---

* 本文系国家社会科学基金重大项目"基于语义的馆藏资源深度聚合与可视化展示研究"（项目编号：11&ZD152）和中央高校基本科研业务费专项资金"基于资源本体的语义信息检索研究"（项目编号：2013104010201）研究成果之一。

2 现状及不足

传统的馆藏资源知识组织主要以分类法和主题法为主（主要是列举式分类法和叙词法），是以文献为单位进行的，也可以说是文献组织。现今随着技术的发展和知识组织重要性的日益突出，研究者提出将各种新技术，例如面向对象技术、简单知识组织系统 SKOS、主题图、本体等引入到知识组织中，但基本上仍然是围绕列举式分类法和叙词法的。

王军指出元数据是当今数字图书馆中最重要的信息资源，但却没有对其进行像针对馆藏资源那样的目录组织和索引，因而"肢解了隐藏在其中的知识系统"[3]。针对这种情况，他使用 Oracle 9i 中的面向对象技术，集成了分类法、主题法和元数据构造了数字图书馆的知识组织原型系统 VISION。刘丽斌等通过计算机自动转换的方式，用 SKOS 重新描述《中国分类主题词表》[4]，贾君枝等人则同样通过自动转换的方式将《汉语主题词表》（以下简称《汉表》）转换成 XML 文档[5]，欧阳宇等人试图通过本体实现《中国图书馆分类法》（以下简称《中图法》）的类目可视化[6]。

诸如此类的研究很多，大部分都是依靠国外现成的工具（或者是可视化编辑器，或者是 API 工具包），换一种载体重新存储列举式分类法、叙词表和元数据中的语义。列举式分类法是传统书目排架和目录组织环境下的产物，是一种为方便书目排架和查找而设计的线性结构，在数字图书馆环境下已不再适用[7]。叙词法描述的是网状联系，但其描述的基本对象仍然以文献为主，无法深入到馆藏资源的知识单元中进行描述。

3 分面组配与本体

针对列举式分类法和主题法在揭示馆藏资源知识单元的维度和深度的不足，笔者提出借鉴分面分类法中的分面组配思想对馆藏资源进行知识组织，同时使用 OWL 本体来存储分面分类知识库。分面组配在描述馆藏资源的深度和广度方面的能力大大超过现今广泛使用的列举式分类法和叙词法，而本体则被广泛用于知识组织领域。

3.1 分面组配

分面组配是指运用分析－综合的方法从概念的多个角度出发对其进行组配描述。印度的图书馆学家阮冈纳赞首次明确提出了分面分析的学说，并编制了冒号分类法，将分面分析和分面组配的思想用于图书馆书目组织中[8]。冒号分类法用于传统图书馆的实践并不成功，这很大程度上是源于冒号分类法网状的联系不适合用于对实体图书进行线性排架。由于空间限制，传统图书馆中一本图书只能按照一个顺序进行摆放、固定在一个位置，除非在多个不同的位置为同一馆藏资源按照不同的顺序提供多个副本，而这毫无疑问与图书馆有限的资金和空间相矛盾。但这并没有影响分面组配的思想在知识组织领域发挥的空间，甚至早在1953年的Dorking会议上冒号分类法就被创造性地确认为知识组织的基础[9]。在当前的Web 2.0时代，超链接的存在使得资源访问可以跨越空间的限制，给分面组配思想带来了前所未有的机遇。

淘宝网作为中国最大的C2C电子商务交易平台，在其商品搜索中也引入了分面组配的思想。淘宝搜索的分面思想体现在：用户输入一个关键词并进行检索之后，淘宝搜索分析这个关键词与何种商品相关，并列出这类商品的各个面供用户进行组配筛选。

图1中是笔者输入"手机"之后，淘宝搜索提供的组配面。从图中可以看出，淘宝搜索中与手机相关的面包括"价格区间"、"品牌"、"主屏尺寸"、"CPU核心数"、"操作系统"、"网络类型"6个面。并且，不仅这6个面可以相互组配（面与面之间是"且"的关系），同一个面中也可以进行多选（同一个面之间各个点是"或"的关系），这十分类似于冒号分类法中"轮"的概念。淘宝搜索没有选择对所有的商品的特性做类似冒号分类法中5个范畴的抽象，而是选择根据不同商品的特性选择给以更加具体的面，这源于普通用户对简明性和易用性的要求。

价格区间	400元以下	400-900元	900-1700元	1700-3400元	3400元以上				
品牌	小米	三星	诺基亚	苹果	华为	联想	天语	中兴	酷派	索尼	HTC
	vivo	OPPO	摩托罗拉	魅族	大显	尼凯恩	西维	+多选		
主屏尺寸	1.8英寸	2.0英寸	2.2英寸	2.4英寸	3.5英寸	4.0英寸	4.3英寸	4.5英寸	4.7英寸
	5.0英寸	5.5英寸	5.7英寸	+多选					
cpu核心数	四核	双核	单核	无	四核+四核				
操作系统	ANDROID	无操作系统	iPhone	Symbian	Windows phone	阿里云操作系统	Windows Mobile
	黑莓	Linux	OMS	meego	Palm	+多选			
网络类型	WCDMA(3G)	TD-SCDMA(3G)	GSM	CDMA2000(3G)	双模(GSM/CDMA2000)	GSM/WCDMA/LTE
	GSM/WCDMA/CDMA/CDMA2000	CDMA	双模(GSM/CDMA)	GSM/TD-SCDMA/WCDMA	小灵通
	TD-LTE（4G）/TD-SCDMA/GSM	+多选				

图1 淘宝的商品分面[10]

3.2 本体

根据T. Gruber的定义，本体即对于共享概念体系的明确而又详细的形式化说明[11]。在OWL本体中，"形式化说明"是通过一系列的包含主语、谓语、宾语的三元组（triple）或者称之为称述（statement）来表示的，而充当主语、谓语、宾语的元素就是"共享概念"。本体中的每一个称述就是知识因子，而知识关联则通过多个称述之间共同拥有的元素（主语、谓语、宾语）体现出来。由此可见，本体十分适合用于知识组织、绘制知识地图。

当前将本体用于馆藏资源知识组织的研究仍然摆脱不了列举式分类法或叙词法，本体的类、子类、实例之间网状的联系可以完全兼容分类法或叙词法中的范畴索引树状的联系，这使得图书馆学的研究者们很容易就联想到利用拥有更强大的语义表达能力、并且更适合数字图书馆环境的本体对传统信息组织工具进行重新包装，将分类法、叙词法映射到本体中。映射之后的结果通常是分类法或叙词法的范畴索引中的类、子类转换为本体中的类，叙词法中的用、代、属、分、参、族转换为本体中的属性（以 OWL 本体为例，通常转换为 Object Property）。不得不说，这种映射实际上是十分初级的，且不谈分类表中的类目是否可以直接转换成本体的类目，对于列举式分类法，本体的语义表达能力被列举式分类法的线性的学科体系所限制而不能充分发挥，本体成为了列举式分类法的另一种展现形式。叙词表中描述的是网状的关系，但也仅仅只有用、代、属、分、参、族这几种关系，本体仍然无法发挥其强大的关系描述能力。在 OWL 本体中，一个类可以拥有多个父类，一个个体（individual）可以从属于多个类（区别于面向对象编程中的实例），继承多个类的特征，这种联系是网状的、组配的联系。

领域本体和上层本体是研究中最常涉及的两种本体。其中上层本体是基于"重用"这样一种思想，即为了减少重复的工作量而设计的。而当涉及具体的研究领域时，研究中提到的本体则是领域本体，即描述当前领域中的概念以及概念之间的关系。本体构建的核心目的之一是为了知识共享，因此在构建领域本体时应当考虑重用现有的本体尤其是上层本体中的知识，使得领域本体对上层本体具有兼容性，减少多个领域本体之间的知识映射的工作量。

3.3 分面组配与本体

分面组配与本体有着天然的联系。分面组配（比如冒号分类法是通过 PMEST 5 个面）通过多个维度对一个馆藏进行描述，不同的馆藏资源通过各个维度彼此联系起来。而在本体中一个个体（individual）可以从属于多个类，可以是多个类的具体化（specialization）。因此分面组配和本体描述的都是网状的联系，依据分面组配的思想设计本体不仅可以很好地表达分面组配的关系，也可以充分发挥本体丰富的语义表达能力。

依据分面组配的思想设计本体时要求将基本面以及其子面分别映射到本

体的基本类以及对应的子类中，在描述馆藏资源时则对馆藏资源进行分面分析，根据分析的结果将馆藏资源设置为其对应的子类的实例，即完成对该馆藏资源的分面组配的描述。

4 分析与应用

由于各个学科、不同的领域都有着自己的独特的知识结构，很难为所有的学科或领域统一设计一个通用的分面体系。基于这样的考虑，阮冈纳赞虽然在冒号分类法中将事物的特性抽象成5个范畴，但他的冒号分类法还是首先按照学科组织，然后在每个学科内部给出具体的面的划分和专有的组配公式。

即使同样都处于网络环境下，馆藏资源尤其是高校图书馆馆藏资源仍然同网络信息资源有着本质的区别。网络信息资源由于其产生自网络，信息质量无法得到保证，并且常常以无序、混乱的形式存在，其用户群体更加广泛、复杂。而馆藏资源主要以书目元数据信息、论文等为主，是经过图书馆员认真筛选、组织之后的高质量、有序的信息资源，并且其用户群体主要以学生、教师、科研人员为主，用户构成相对单一，整体素质相对较高，并且带有明显的学科特性。分面组配用于网络信息组织，其在类目设置时对简明性和易用性的要求较高（例如雅虎直接使用生活用语作为类目，并且一级类目之间有交叉、重叠甚至包含的关系），而在用于馆藏信息资源组织时，则在要求简明性和易用性的同时更加注重严谨性和专业性，以更好地帮助用户从事学术科研活动。

有鉴于此，本文在对类目进行划分时使用教育部最新公布的《普通高等学校本科专业目录（2012年）》中教育学的学科门类作为基本的学科分类体系[12]。《普通高等学校本科专业目录（2012年）》依次包括哲学、经济学、法学、教育学、文学、历史学、理学、工学、农学、医学、管理学、艺术学12个学科门类，本文只选择其中的教育学学科为例进行研究，并结合教育学学科的特点设计教育学的分面知识体系和领域本体。

4.1 面的划分

对馆藏资源的知识组织不仅要细化到馆藏资源内容特征中的知识因子和知识关联，还要对蕴含在馆藏资源外部特征中的知识关联进行挖掘，即同时用分面组配的思想来组织列举式分类法与元数据中的知识因子和知识关联。本文提出将馆藏资源划分为内容特征面和形态特征面，分别对应着列举式分类法和元数据的内容。

4.1.1 内容特征面的划分　本文将教育学的内容特征面分为教育水平、教育环境、教育内容、教育题材以及空间面，见表1。

表1中的时代和空间基本参照《中图法》的世界地区表、中国地区表、国际时代表、中国时代表4个表进行划分。教育水平面、教育环境、教育环境、教育内容、题材4个基本面则是参照了《中图法》中G4中的知识体系，但这种分面组配的结构与《中图法》的线性列举式结构有着本质区别。相比《中图法》，分面分类法有如下优点：

表1 内容特征面的划分

基本面	二级分面	三级分面
教育水平	幼儿教育	－－
	初等教育	－－
	中等教育	初中教育；高中教育；中专教育
	高等教育	大专教育；本科生教育；硕士生教育；博士生教育；博士后教育
教育环境	家庭教育	－－
	学校教育	课堂教育；课外教育
	社会教育	－－
	自学	－－
教育内容	德育	……
	体育	各种运动
	美育	
	智育	各学科
	劳动教育	……
题材	教育理论	－－
	教育方法	－－
	教育史	－－
	教育事业	
	教育与其他学科的关系	……
	教育学派	－－
时代	中国时代	……
	国际时代	……
空间	国内	各省市
	国际	各国家/地区

注："－－"表示不再进行进一步的细分，"……"表示细分类目太多，不再详细列举。下同。

（1）简化了类表，逻辑性更强。在 G4 教育大类下，表 1 中列举的基本面都被设置为其子类呈并列关系，其中 G61 到 G64 对应着表 1 中的教育水平面，而这些类目分别又按照教育理论、教育方法、教育环境、教育事业设置子类。这样不仅增加了类表的冗余度，而且破坏了类表的逻辑结构。

（2）使用灵活。图书馆工作人员在组织馆藏资源时，能够根据馆藏资源的内容特征任意选择各基本面和基本面的子类对馆藏资源进行组配描述，而无需按照《中图法》的线性逻辑从上到下进行，也无需遵循固定的类目体系。同样，用户在利用馆藏资源时，也可以根据自己的信息需求，任意选择各个基本面或基本面的子类进行组配，表达自己的信息需求。

（3）能够深入地揭示馆藏资源的知识单元和知识关联。分面组配的各个基本面及其子面使得其能够从多个角度深入到馆藏资源的知识因子中进行揭示，通过增加组配面的维度和深度使得图书馆工作人员和用户能够更精确地表达馆藏资源知识单元和自身的信息需求。同时，各个面的内部的等级关系可以将馆藏资源内部的知识因子之间的联系、馆藏资源之间的知识因子的联系从多个角度揭示出来，有助于帮助用户全方位地对馆藏资源进行检索利用。

4.1.2 形态特征面划分　教育学的形态特征面划分为名称和版本、相关责任者、说明、时间、载体形态、语言 6 个基本面，如表 2 所示：

表 2　形态特征面的划分

基本面	二级分面	三级分面
题名和版本	题名	－－
	统一题名	－－
	版本	－－
相关责任者	著者	个人著者
		团体著者
	出版社	－－
说明	摘要	－－
	内容目次	－－
时间	出版时间	－－
	入藏时间	－－
载体形态	内容形态	期刊；专著；论文集；学位论文；专利；技术标准；报纸；科技报告
	物质形态	纸张；磁带；磁盘；光盘；联机网络
语言	汉语、英语、日语、其他语言	－－

表2中面的划分参考了CNMARC和都柏林核心集的字段，并且考虑到易用性和逻辑性，进行了增删和调整：将题名、统一命名和版本抽象成为题名和版本基本面；将著者和出版社抽象成为相关责任者基本面；借鉴了都柏林核心集中的说明（Description）字段，将其区分为摘要和内容目次；将时间细分为出版时间和入藏时间；将载体形态细分为内容形态和物质形态，前者是指文献是以何种媒体形态存在，后者是指文献的物理存储媒介；依据文献保障原则将语言面细分为汉语、英语、日语和其他语言4个子类。

4.2 分面到OWL本体的映射

本文在使用本体制作知识库时选择重用都柏林核心集上层本体。都柏林核心集有两个不同的名称空间 http://purl.org/dc/elements/1.1/和 http://purl.org/dc/terms/，前者是一个精简的都柏林核心集，只包括15个基本的元素，后者则是对前者的一个限定版本，在前者的基础上添加了3个元素（Audience, Provenance, RightHolder）以及一些为方便进行资源发掘而对元素的语义进行限定的限定符（element refinements）[13]。OWL有3个子集：OWL Lite、OWL DL和OWL Full。这三者的知识表达能力依次递增，推理能力依次递减，本文选择兼顾知识表达能力和推理能力的OWL DL构建知识库，本体构建工具为Protégé 4.3.0。OWL DL将个体（individual）的属性（Property）严格区分为数据类型属性（Data type Property）、对象属性（Object Property）和注释属性（Annotation Property），本文主要涉及前两种属性。当属性值为个体时，该属性是对象属性，当属性值为通用数据类型（Datatype）时，该属性为数据类型属性。

本文将数据属性、对象属性、类和个体放在不同的名称空间下，见表3。这样一方面可以解决命名冲突的问题（例如下文出现的"载体形态"既是类，也是对象属性），另一方面可以通过命名空间表达一部分语义。

表3 子名称空间

本体元素	名称空间	前缀
类（Class）	http://www.lib.whu.edu.cn/class	class
个体（Individual）	http://www.lib.whu.edu.cn/individual	indi
数据属性（Data Property）	http://www.lib.whu.edu.cn/data_property	dp
对象属性（Object Property）	http://www.lib.whu.edu.cn/object_property	op

4.2.1 内容特征映射到本体的映射 馆藏资源的内容特征，即表1中的各个基本面，与馆藏资源之间是组成的关系，各个基本面组配表达蕴含在馆

藏资源中的知识单元。因此，本文直接将表1中的基本面和其子面映射成为本体的类目，通过将馆藏资源设置为类目的个体来表达内容特征，一个馆藏资源可以拥有多个父类。同时，本文重用了名称空间 http：//purl.org/dc/terms 下的 Linguistic System 类，将知识分类体系视为 Linguistic System 的子类，见图2。由于篇幅有限，这里仅选择教育内容基本面进行展示。

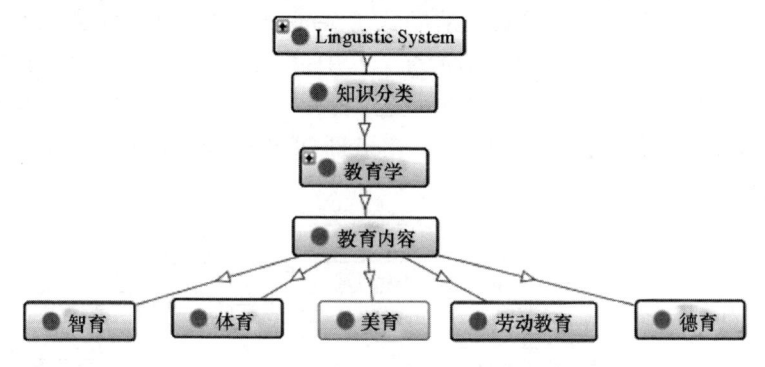

图2 内容特征映射（部分）

4.2.2 形式特征到本体的映射 形式特征区别于内容特征，形式特征与馆藏资源不是部分与整体的关系，而是属性和个体的关系。因此，本文将馆藏资源的形式特征映射为对象属性和数据类型属性，通过属性来表达形式特征，见表3和表4。时间面、说明面、题名和版本面被映射成为数据类型属性，而语言面、相关责任者面以及载体形态面被映射成为对象属性。

表4 本体属性

一级属性	二级属性	三级属性	定义域（Domain）	值域（Range）
top Data Property	dp：时间	dp：入藏时间	class：馆藏资源	xsd：dateTime
		dp：出版时间		xsd：dateTime
	dp：说明	dp：内容目次		rdfs：Literal
		dp：摘要		rdfs：Literal
	dp：题名和版本	dp：题名		rdfs：Literal
		dp：统一题名		rdfs：Literal
		dp：版本		rdfs：Literal
top Object Property	op：语言			class：语言
	op：相关责任者	dp：出版社		class：出版社
		dp：著者		class：著者
	op：载体形态	dp：内容形态		class：内容形态
		dp：物质形态		class：物质形态

13

表4中用到了名称空间前缀 xsd 和 rdfs，它们分别代表名称空间 http：//www.w3.org/2001/XMLSchema# 和 http：//www.w3.org/2000/01/rdf-schema#，用来定义 OWL 本体中的数据类型。

本体知识库的基本类目中除了载体类型，都重用了都柏林核心集中的元素，见图3。由于篇幅限制，图3只展示了本体的主要类目，而未展开全貌。图书馆的所有资源都是馆藏资源的成员（member），根据其内容特征分别设置其从属于教育学各个分面的详细情况。其中世界地区和中国地区类同时从属于 dc：Location 类和教育学下的空间类，表示与某地区相关的教育，同样，世界年代和中国年代也同时从属于 dc：Period Of Time 类和时代类，表示与某年代相关的教育。

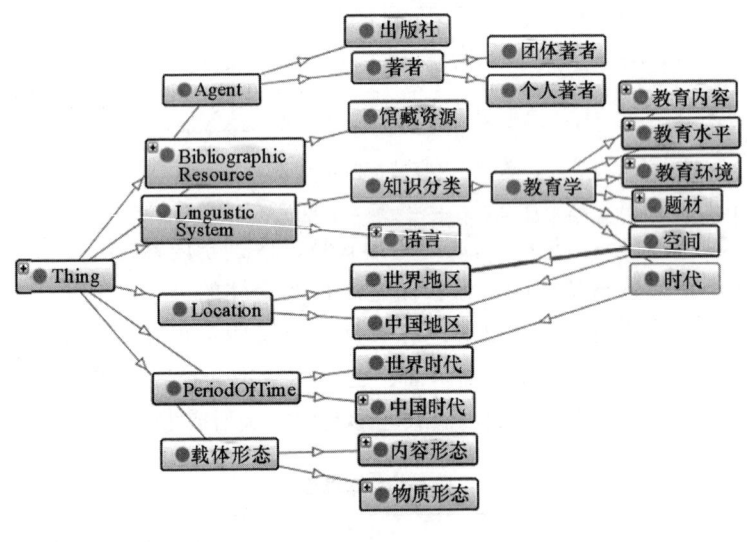

图3　本体结构

5　结语

本文在分析馆藏资源知识组织的现状和不足的基础之上，提出在数字图书馆环境下减少对列举式分类法和叙词法的依赖，使用分面组配的思想进行知识组织，并且以教育学领域为例，对教育学进行了分面分析并构建了本体知识库。文中关于类目的划分，大量地借鉴现有的知识体系，在对这些现有的知识体系进行综合的过程中难免有不严谨之处，在类目的设置和命名方面也有许多值得斟酌的地方。同时，笔者查阅文献尚未发现有人用分面组配的思想来设计本体，这种方法的可行性和科学性尚待进一步验证，在以后的研究中，笔者会进一步研究分面组配与知识组织二者之间的结合点。尽管如此，本文将分面组配的思想用于现代馆藏资源组织的探索研究具有积极意义，能够帮助图书馆领域的学者和工作人员摆脱在传统图书馆信息组织工作中的思维定势，减少对列举式分类法的依赖，认识到分面组配的思想在数字图书馆环境中的价值，使之更好地进行馆藏资源的知识组织工作。

参考文献：

[1] 王知津. 从情报组织到知识组织[J]. 情报学报,1998,17(3):230-234.

[2] 马费成,胡翠华,陈亮,等. 信息管理学基础[M]. 武汉:武汉大学出版社,2002:178-180.

[3] 王军. 基于分类法和主题词表的数字图书馆知识组织[J]. 中国图书馆学报,2004(3):43-46,66.

[4] 刘丽斌,张寿华,濮德敏,等.《中国分类主题词表》的 SKOS 描述自动转换研究[J]. 中国图书馆学报,2009(6):56-60.

[5] 贾君枝,卫荣娟,罗林强.《汉语主题词表》XML 文档的自动生成研究[J]. 现代图书情报技术,2009(5):50-54.

[6] 欧阳宁,胡飞燕. 基于本体的《中图法》类目可视化查询系统的设计[J]. 图书情报工作,2009,53(5):43-46,86.

[7] 徐晓梅,牛振东. 数字图书馆的知识组织研究[J]. 现代图书情报技术,2007(10):1-6.

[8] 张欣毅. 分面分析和检索语言[J]. 情报科学,1985,6(6):8-15.

[9] 施国良. 国内外分面分类法基本理论研究述评[J]. 图书馆学研究,2008(12):2-5,19.

[10] 淘宝网. 宝贝搜索[EB/OL]. [2013-11-21]. http://s.taobao.com/search?initiative_id=staobaoz_20140411&js=1&q=%CA%D6%BB%FA&stats_click=search_radio_all%3A1.

[11] Gruber T R. A translation approach to portable ontology specifications[J]. Knowledge Acquisition, 1993, 5(2): 199-220.

[12] 中华人民共和国教育部. 教育部关于印发《普通高等学校本科专业目录(2012年)》《普通高等学校本科专业设置管理规定》等文件的通知[EB/OL]. [2013-11-21]. http://www.moe.gov.cn/publicfiles/business/htmlfiles/moe/s3705/201210/xxgk_143152.html.

[13] Dublin Core Metadata Initiative. What is the Dublin Core? [EB/OL]. [2013-11-24]. http://dublincore.org/documents/usageguide/#whatis.

作者简介

邱均平,武汉大学信息管理学院教授,博士生导师,武汉大学中国科学评价研究中心主任;张聪,武汉大学信息管理学院硕士研究生,通讯作者,E-mail:agezhc@whu.edu.cn。

信息计量学视角下的数字文献资源语义化关联揭示[*]

王菲菲　邱均平　余凡　赵蓉英

（武汉大学信息管理学院）

1　引言

所谓语义化，就是在资源中建立有针对性的、适宜的语义标签（如 HTML、XML、RDF（S）、OWL 等形式），通过语义标签的内容反映出特定资源的语义特征，并将信息内容转化成计算机可识别的形式，在一定程度上实现计算机对特定资源特征与内容的理解和掌控[1]。数字文献资源语义化，则是指显性地、以机器可读的方式表达文献资源的属性特征和关联关系，即建立基于规范的组织模型，对文献实体之间和属性之间的关系进行序化，并提供基于语义关系的、统一的存取方式[2]。在数字文献资源的语义化中，宏观涉及内容语义化和组织语义化两个层面[1]。内容语义化，指通过自然语言处理技术实现对文献资源内容的语义标注，达到文献内容的计算机理解与掌握，即描述内容中的概念意义及不同概念间的关联。组织语义化则是通过不同形式标签的使用，实现文献资源组织形式的语义化，即揭示出文献组织中概念间的结构化和网络化关联。利用领域本体来实现资源内容的语义化标注和本体化[3]，利用元数据或主题词表、分类表的应用来实现资源组织的语义化[4-5]，这两种方式都能够成功地将语义化的理论、方法和技术引入到数字图书馆领域，在一定程度上实现了数字文献资源的有效组织，并为资源利用效率的优化和提供良好的知识服务奠定基础。

在实际应用中，上述两种语义化方式随着应用的推广逐渐暴露出不可重复性、本体重用困难、本体粒度难以权衡以及计算机自动化程度局限等问

---

[*] 本文系国家社会科学基金重大项目"基于语义的馆藏资源深度聚合与可视化展示研究"（项目编号：11&ZD152）和教育部人文社会科学基金项目"馆藏数字资源语义化深度聚合的理论与关键技术研究"（项目编号：13YJA870023）研究成果之一。

题[6-7]。为进一步解决这一问题,在数字文献资源语义化研究中,更多的新方法和新技术以及新的思路被引入进来,其中邱均平[3,8]与贺德方[9]等人所提出的将计量分析引入数字文献资源语义化的方法不失为一种新思路。他们分别从语义化模型与本体框架构建以及实例验证与应用策略等方面对数字文献资源的计量语义化进行了多方面的阐述,本文将尝试对计量语义化关联内部进行深入的揭示,以为这一新型研究思路的拓展提供铺垫。

2 数字文献资源计量语义概念与关系分析

实际上,以馆藏数字文献资源元数据为字段名构成的关系二维表已经具备了简单的语义关系。将特定的 title、authors、keywords、abstract 等聚合在一起,共同构成了一条完整的记录,record(title,authors,keywords,abstract,institutions,…,references,…),这些特定的字段以及字段值存在语义关系。用语义网的词汇,可以将字段和字段值描述成类和实例。基于馆藏资源元数据的知识语义化形式见图1。

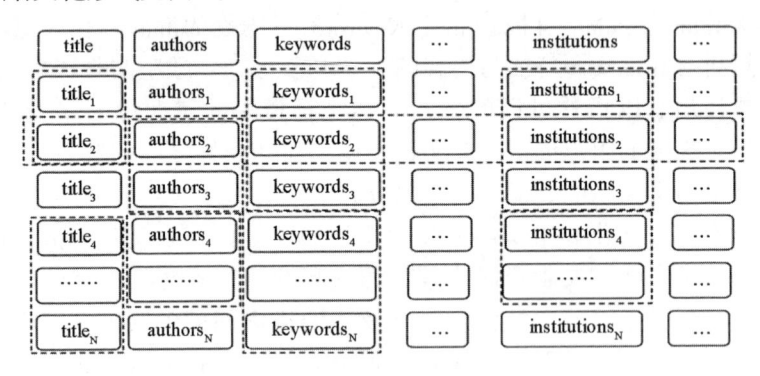

图1 基于数字文献资源元数据的知识语义化形式

图1和关系二维表非常类似。第一行相当于表的字段,从第二行开始,相当于表的记录,图中纵向虚线框内的字段值表示它们拥有共同的特征。例如,$author_2$ 和 $author_3$ 是同一位作者,$keyword_1$、$keyword_2$ 和 $keyword_3$ 使用了同一个关键词。这些不同的字段由于使用了相同的特征值再聚合到一起,产生了纵向的关联,但是字段之间并没有联系。横向的虚线框将多个字段联系起来,产生了横向的关联。通过纵向和横向字段的关联,整张表里的知识形成了关联。将知识以元数据为字段存储进关系表中的语义化方法简单易行,但这些关系过于简单,对知识的序化层次太浅,还需要进一步进行挖掘。

数字文献资源计量语义化有内容语义化与组织语义化之分。以元数据为基础的计量分析语义化多体现为组织语义化，其中的语义概念为文献标题、作者、期刊、机构、学科、关键词等元数据记录；若涉及文献主题词的抽取及其概念关系分析，则更侧重于内容语义化，其中的主题词便是语义概念。本文研究主要围绕以元数据为基础的计量分析组织语义化与引入共词分析的部分内容语义化展开，元数据概念间的计量语义关系揭示也成为计量语义化实现的关键。接下来将对数字文献资源计量语义概念进行剖析，并围绕发文共现与耦合、引文共现与耦合、发文-引文共现3个层面对数字文献资源计量语义关系进行揭示。

2.1 发文共现与耦合的计量语义关系揭示

在发文角度下的共现与耦合计量分析中，有关键词共现、文献关键词耦合、作者合作共现、作者关键词耦合、机构合作共现、机构关键词耦合等多种形式。可建立"作者-撰写-文献"，"文献-标引-关键词"，"作者-从属-机构"，"文献-载于-期刊"等基础三元组，分别用W（Author, Literature），M（Literature, Keyword），S（Author, Institution），P（Literature, Journal）等逻辑公式表示，这些三元组可以直接对元数据记录进行解读，也是进行计量语义关系揭示的根本所在。以上这些基础三元组都是以二元谓词的形式存在的，对它们进一步地推演整合可以得到具有计量语义关系的三元谓词形式：假如两个作者共同撰写发表同一篇文献，便可以从 W_i（A_i, L_p）和 W_j（A_j, L_p）得出 Author-Cooperation（A_i, A_j, 1）的作者合作共现三元组，其中 A_i 表示第 i 位作者，A_j 表示第 j 位作者，L_p 表示第 p 篇文献。新的三元组则表示 A_i 与 A_j 合作发表文献一篇，当两位作者合作发文数量增加时，该三元组便成了 Author-Cooperation（A_i, A_j, n），其中 n 表示两位作者共同撰写发表文章的数量。类似地，也可以根据相同文献标引不同关键词的情况推演出 Keyword-Co-occurrence（K_i, K_j, n），其中 n 表示两个关键词共同在同一篇文献中出现的频次；依据不同文献标引相同关键词的情况可推演出 Literature-Co-word（L_i, L_j, n），n 表示两篇文献共同标引相同关键词的次数。同样地，两个机构合作发表相同的文献可以有 Institution-Cooperation（I_i, I_j, n）。这种由基础三元组推演出的特殊三元组实际上还属于一种特殊的二元关系，只不过关系中主体、谓词、客体均发生了改变，同时又增加了一个关联属性值，这个属性值在不影响二元关系存储的情况下，本体构建时建立 annotation 注解，称之为"复杂三元组"；这个特殊的三元组也可以分解为两个单独的二元关系（称为"简单三元组"），即在构建"计量主体 1 – 计量关系 – 计量主体 2"的特定三元组的同时，还将属性值单独处理作为一个客体而形成描述三元组"计量关系 – 具备 – 属性值"，如 Author-Cooperation（A_i，A_j，n）可视为由 Author-Cooperation（A_i，A_j）和 Property（Author-Cooperation，n）联合组成，其他推导三元组的关系原理与之雷同。

再进一步地推演，如果两个作者在其所撰写的不同的文献中标引了相同的关键词，同样也可以建立这种类似的三元组，即由 Author-Keyword（A_i，K_o，n）（意为作者 A_i 曾在其所撰写的文献中标引关键词 K_o 共计 n 次）推导出 Author-Keyword-coupling（A_i，A_j，n），表示作者 A_i 和 A_j 在其分别撰写的文献中标引相同的关键词达 n 次。这里的 n 值有多种计算方式[10]，在此笔者选用 $\sum \min(m(K_i), n(K_i))$（其中 $m(K_i)$，$n(K_i)$ 分别表示 A_i 和 A_j 在文献中标引关键词 K_i 的频次）作为 n 的最终取值。类似地，在作者合作共现三元组中，如果不同的作者分属不同的机构，则有 Institution-Cooperation（I_i，I_j，n），即 I_i 和 I_j 两个机构中的学者合作发文 n 篇，这里的 n 值计算也需注意：如果同一机构的多个作者与另一机构的多个作者合作发表一篇文献，则这两个机构合作频次为 1，不能累计。另外，由 P（Literature，Journal）还可建立 Author-Venue（A_i，J_o，n）的三元组（意为作者 A_i 在期刊 J_o 发表论文 n 篇），进一步推演出 Author-Venue-coupling（A_i，A_j，n），用以表示两位作者同时在同一个期刊上发表了 n 篇不同的文章（此处 n 值的计算需排除作者合作发表文章的情况）。

对上述发文视角下的文献、关键词、机构、作者和期刊之间的共现与耦合计量语义关系进行综合描述，如图 2 所示：

图 2 中，$T_i(i = 1, 2, \cdots, n)$ 表示标题为 T_i 的文献。$K_i(i = 1, 2, \cdots, n)$、$A_i(i = 1, 2, \cdots, n)$、$I_i(i = 1, 2, \cdots, n)$、$J_i(i = 1, 2, \cdots, n)$、$S_i(i = 1, 2, \cdots, n)$ 分别表示关键词、作者、机构、期刊和学科。虚线框表示存在共现或耦合关联的文献、关键词、作者、机构等。双向箭头表示它们所连接的不同元数据之间的共现或耦合关系，其中实线表示显性存在的共现关系，虚线表示基于第三方元数据共现的耦合关系。以关键词共词为例，用 Keyword_ Co-word 表示关键词共现，K_1 和 K_2 分别表示两个不同的关键词，则有 $Keyword\_ Co\text{-}word(K_1, K_2)$ 表示 K_1 和 K_2 存在关键词共词语义关系。从图 2 可以看出，T_1 的（K_1，K_2）、T_2 的（K_1，K_2）和 T_3 的（K_2，K_3）之间两两存在相同的关键词共词，即这 3 篇文献存在关键词共词关系。为了区分不同关键词共词的强弱，引入共词强度的概念，$Keyword\_ Co\text{-}word(K_1, K_2, n)$ 表示 K_1 和 K_2 存在关键词共词语义关

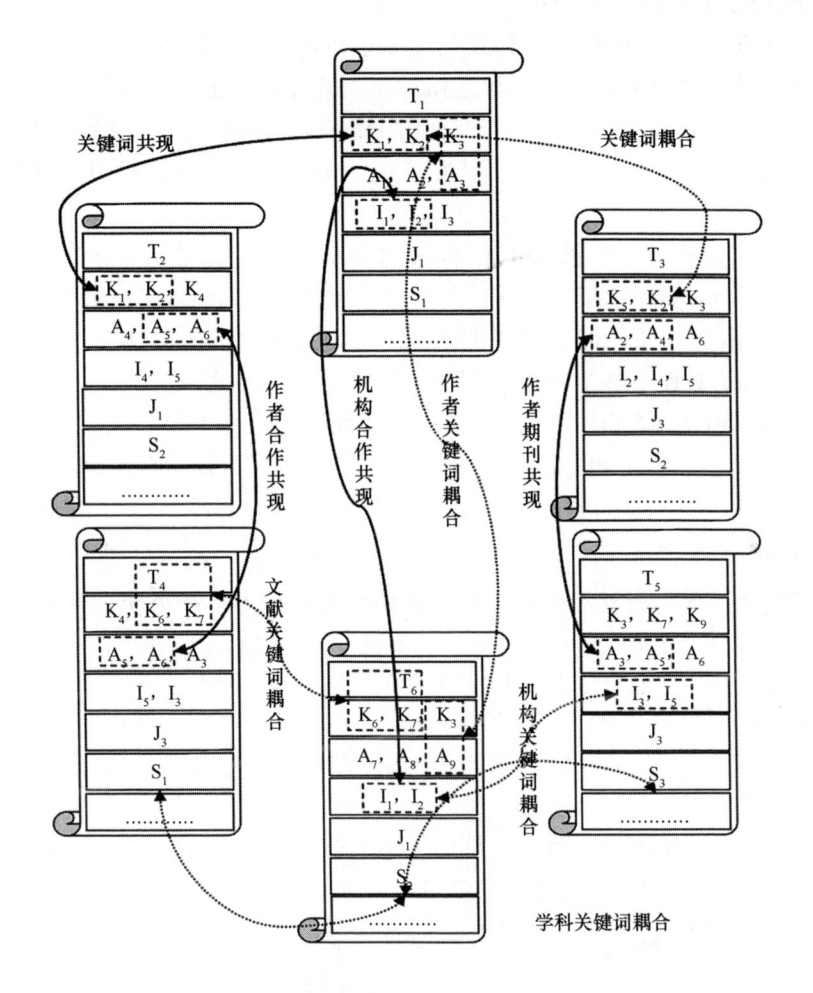

图2　基于发文共现与耦合的数字文献资源语义关系示意

系，并且 K_1 和 K_2 共同出现了 n 次。

2.2　引文共现与耦合的计量语义关系揭示

在引文视角下的共现与耦合计量分析中，有文献共被引、文献耦合、作者共被引、作者文献耦合、期刊共被引、机构共被引等多种形式。在上述发文层面所构建的三元组中，引入引文后，将产生"施引文献－引用－被引文献"这一新的三元组，可用 C（Citing Literature, Cited Literature）来表示，该三元组将成为发掘引文计量语义关系的关键。若有两篇被引文献同时被另外

21

一篇施引文献所引用，便产生了文献共被引三元组 Literature-Co-citaion（C_dL_i，C_dL_j，n），其中 C_dL_i 和 C_dL_j 分别表示两篇不同的被引文献，n 为二者被其他文献同时引用的频次；与之相对应，若有两篇施引文献同时引用了一篇被引文献，便产生了文献耦合三元组 Literature-Coupling（C_gL_i，C_gL_j，n），其中 C_gL_i 和 C_gL_j 分别表示两篇不同的施引文献，n 为二者同时引用其他文献的频次。

再进一步分析，文献是由作者撰写发表的，也就是在基础三元组 W（Author，Literature）的辅助下，还可以得到作者共被引三元组 Author-Co-citaion（C_dA_i，C_dA_j，n），其中 C_dA_i 和 C_dA_j 分别表示两篇被引文献的不同撰写者，n 为这两个作者所著文献被其他文献同时引用的频次。与其相对，若有两篇施引文献的不同的撰写者同时引用了同一篇被引文献，便可产生作者文献耦合三元组 Author-Literature-Coupling（C_gA_i，C_gA_j，n），其中 C_gA_i 和 C_gA_j 分别表示两个不同的施引作者，n 为二者在撰写文献中引用其他相同文献的频次。实际上，该三元组的建立与作者关键词耦合三元组类似，即通过对不同作者实例所具有的作者被引文献共现关系 Author-Literature（C_gA_i，C_dL_p，n）（其中 C_gA_i 表示施引作者 i，C_dL_p 表示被引文献 p，n 表示作者 i 在其撰写的文献中引用文献 p 的频次）进行汇总整合得出，最后 n 的取值同样有多种途径。笔者选用 $\sum \min(m(L_i), n(L_i))$（其中 m（$L_i$）、n（$L_i$）分别表示 C_gA_i 和 C_gA_j 在所著文献中引用文献 L_i 的频次）作为 n 的最终取值。

对引文耦合和作者共被引两种计量语义关系的具体图示分析，可参见文献[8]。由于篇幅限制，此处不复赘述。

2.3　发文与引文融合共现与耦合的计量语义关系揭示

值得一提的是，引文与发文是相对应存在的，有了文献的施引，才有参考文献的被引，二者是相生相伴的，这也是引文三元组 C（citing literature，cited literature）所解释的本质涵义所在。对于已发表的文献来讲，引用关系是既定的，不会再发生改变，但是对于撰写文献的作者来讲，却有变化的可能，作者文献耦合三元组的建立说明了这一点。随着时间的推移，还会产生作者之间直引/互引关系的建立，即在文献引用这一原始三元组的基础上，演化出作者直引三元组 Author-Direct-citation（C_gA_i，C_dA_j，n）（其中 C_gA_i、C_dA_j 分别表示施引作者 A_i 和被引作者 A_j，n 表示作者 A_i 在所著文献中引用作者 A_j 的文献的次数）和作者互引四元组 Author-Cross-citation（A_i，A_j，n_1，n_2）（其中 A_i，A_j 分别表示作者 A_i 和作者 A_j，二者都可以成为施引作者和被引作者，n_1 表示作者 A_i 在所著文献中引用作者 A_j 的文献的次数，n_2 表示作者 A_j 在所著文献中引用作者 A_i 的文献的次数）。

同时，一般来讲，文献是有施引文献和被引文献双重身份的，即使当下未被引用，但将来也有被引用的可能，作者同时也有双重身份，即施引作者和被引作者，这一点在作者互引三元组的建立中已经得到了印证。既然引文本身也是发表过的文献，这就决定了它同样具有发文共现与耦合的计量语义关系的所有属性。不仅如此，引文与其施引文献中的关键词仍然可以形成共现关系，从而进一步深入地揭示引文所具有的潜在的语义关系。为此，可以构建引文共词三元组 Citation-Co-word（C_dL_i，C_gK_j，n），其中 C_dL_i 为被引文献 L_i，C_gK_j 为施引文献中的关键词 K_j，n 表示文献 L_i 与关键词共现频次，进而可以推导出引文关键词耦合三元组 Citation-keyword-Coupling（C_dL_i，C_dL_j，n），其中 C_dL_i 为被引文献 L_i，C_dL_j 为被引文献 L_j，n 表示文献 L_i 与文献 L_j 与相同关键词共现的次数。

图 3 展示了发文与引文融合共现与耦合的错综复杂的计量语义化关系。为了阐释上述多种演化的语义三元组形式，该图增加了关键词、作者等元数据标识。图中的 T_1 引用了 T_2 和 T_3 两篇文献，T_4 也引用了 T_3，这样 T_2 和 T_3 形成了共被引关系，T_1 与 T_4 又形成了耦合关系，而 A_{32} 也就分别与 A_1、A_2、A_3 产生了作者文献耦合关系。作者 A_1 在文献 T_1 中引用了 A_{11}、A_{12}、A_{13} 共同所著的文章 T_2，而文献 T_2 也曾引用了 A_1 所著的文章作为其参考文献，这样便产生了作者 A_1 与 A_{11}、A_{12}、A_{13} 之间的互引关系。文献 T_3 同时被 T_1 和 T_4 引用，这样，便与两篇文章中的关键词均产生了共现，而使得原本没有任何关联的 R_2（A_{21}，A_{22}，A_{23}）与 R_5（A_{51}，A_{52}，A_{53}）也因为有 K_4 这个关键词的引文－共现关联，而产生了引文关键词耦合的语义化关联，图中已用虚线双向箭头表示。这种融合被引文献与施引文献内容的语义化关联发现在计量学领域的应用也尚属新生，有较强的研究拓展潜力。

3 数字文献资源计量语义关系推理

从以上分析可以看出，信息计量分析方法主要是围绕文献（其本身又有发表文献与参考文献双重身份）、关键词、作者、机构、期刊和学科（主题）这 6 个元数据进行的语义分析。笔者将在信息计量学的分析方法基础上进行扩展，丰富数字文献资源的计量语义关系。

首先以 6 个元数据为基础，共现分析可涉及关键词共现、作者共现、机构共现、学科共现、期刊共现以及元数据间交叉共现等不同的途径，尤其是交叉共现关系的揭示是计量语义关系扩散分析的重点。耦合分析本质上也是

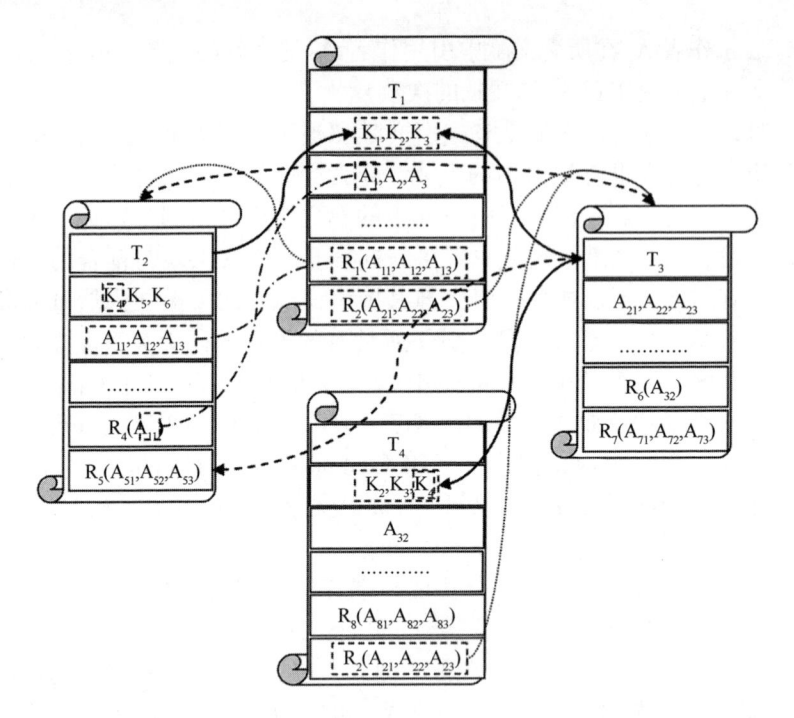

图3 基于发文与引文融合共现与耦合的数字文献资源计量语义关系示意

一种交叉共现[11],可实现文献、关键词、作者、机构、期刊以及学科(主题)之间基于其他不同元数据的交叉共现的语义关联发现。例如在已经揭示出的共词关系的基础上,从发文的角度,可以衍生出关键词-关键词耦合、文献-关键词耦合、作者-关键词耦合、期刊-关键词耦合、机构-关键词耦合、学科(主题)-关键词耦合共6种不同的耦合关系。作者合作关系范围相对较为固定,可在此基础上衍生至机构合作、学科(主题)合作两种共现关系。

实际上引文分析与共现分析的结合对于计量分析的应用产生了极为重要的影响,在此基础之上的语义关联也更为丰富。依照引文分析最经典的共被引分析思路,在文献共被引的基础之上还可衍生出作者共被引、期刊共被引、机构共被引、学科(主题)共被引等计量语义关系。与共被引所对应的,在引文耦合的基础上,还可有作者-引文耦合、期刊-引文耦合、机构-引文耦合以及学科(主题)-引文耦合的衍生关联。作为引文分析最直接的分析思路直引与互引分析,在文献关联的基础上还可产生作者直引-互引、期刊直引-互引、机构直引-互引以及学科(主题)直引-互引等。

而实际上发文和引文只是文献本身所扮演的两个不同的角色，其实质内容是相同的。同时引文语义关联的分析与其本身所具有的关键词的语义性质分析是密切不可分割的。因此，从发文与引文的关联角度出发，综合引文分析与共词分析两大分支，还可形成发文关键词-引文文献耦合、引文文献内词-词共现、发文关键词-引文关键词共现；发文关键词-引文作者耦合、发文关键词-引文机构耦合，发文关键词-引文期刊耦合，发文关键词-引文学科（主题）耦合；发文期刊-引文学科（主题）耦合，发文作者-引文学科（主题）耦合，发文机构-引文学科（主题）耦合；发文期刊-引文期刊耦合，发文作者-引文作者耦合，发文机构-引文机构耦合，发文学科（主题）-引文学科（主题）耦合等。

除此以外，运用相同作者在不同期刊上发表文章来测度期刊相似度的期刊-作者耦合分析（或期刊-机构耦合分析），与运用不同作者在相同期刊上发表文章测度作者相似度的作者-期刊耦合分析（或期刊-作者耦合分析），以及利用期刊编委会的共同成员情况来测度期刊相似性的编委共现分析等都可作为计量语义关系新的扩展[12]。基于上述共现与耦合分析在文献产生与使用过程以及存在状态中的计量关系推理事实描述情况，可建立基本的计量语义推理机制，如表1所示（其中annotation指代相应的关联测度值，可在Protégé软件构建本体的实例间特定关联属性中进行定义）。

4 数字文献资源计量语义网络的形成

作为一种典型的知识表示方法，语义网络已经在人工智能领域获得了成功应用，对于知识体系网络化、基于联想式推理而进行复杂推理扩展等方面都有很大的帮助。一般的语义网络是由节点与连接节点间的弧以及相应的标识组成的，其核心也是三元组的形式，可表示为（node1_1, relation_name, node_2），其中node_1和node_2分别表示两个概念节点，relation_name作为语义网络中连接两个节点的弧线，用于描述节点间的语义关系[13]。前文所揭示的数字文献资源计量语义关联实际上就可以构成一定的计量语义网络。其中，计量分析中所涉及的各种元数据记录便是数字文献资源计量语义网络中的概念，而它们之间的复杂计量语义关系便是语义网络中概念间的关联，若再进一步为这些关联计算出其中的关联程度（上述关联三元组中的n即可视为一种语义关联程度值），则是这些关系弧的标识（在图中用sim_i表示，其中$i=1, 2, \cdots, n$）。而通过计量语义关系以及元数据本身的特征关联，即可形成完整的数字资源计量语义网络。其核心结构见图4。由于篇幅有限，图中

表 1 计量语义关系核心推理规则

推理条件	推理算法	推理结果
Creating(Author, Literature); Label(Keyword, Literature)	If $Creating(a \in \{Author\}, l \in \{Literature\})$, $Creating(a' \in \{Author\}, l \in \{Literature\})$, $Label(k \in \{Keyword\}, l \in \{Literature\})$, $Label(k' \in \{Keyword\}, l' \in \{Literature\})$, $a \neq a'$, $l \neq l'$, 且 $k = \forall k'$ then $AuthorKeywordCoupling(a, a')$; $Value(AuthorKeywordCoupling(a, a')) f(k, k')$; 其中 $f(k, k')$ 为数据集中二者同时出现的频次之和,其值记为 n	AuthorKeywordCoupling $(Author_i, Author_j)$, annotation 为 n
Creating(Author, Literature); Cocitaion(Literature, Literature)	If $Creating(a \in \{Author\}, l \in \{Literature\})$, $Creating(a' \in \{Author\}, l' \in \{Literature\})$, $Cocitaion(l \in \{Literature\}, l' \in \{Literature\})$, $a \neq a'$, $l \neq l'$ then $AuthorCocitation(a, a')$; $Value(AuthorCocitation(a, a')) f(l, l')$; 其中 $f(l, l')$ 为数据集中二者同时出现的频次之和,其值记为 n	AuthorCocitaion $(Author_i, Author_j)$, annotation 为 n
Creating(Author, Literature); IndirectCiting(Literature, Literature)	If $Creating(a \in \{Author\}, l \in \{Literature\})$, $Creating(a' \in \{Author\}, l' \in \{Literature\})$, $IndirectCiting(l \in \{Literature\}, l' \in \{Literature\})$, $a \neq a'$, $l \neq l'$ then $AuthorIndirectCiting(a, a')$; $Value(AuthorIndirectCiting(a, a')) f(l, l')$; 其中 $f(l, l')$ 为数据集中二者同时出现的频次之和,其值记为 n	AuthorIndirectCiting $(Author_i, Author_j)$, annotation 为 n
Creating(Author, Literature); Cojournal(Literature, Literature)	If $Creating(a \in \{Author\}, l \in \{Literature\})$, $Creating(a' \in \{Author\}, l' \in \{Literature\})$, $Cojournal(l \in \{Literature\}, l' \in \{Literature\})$, $a \neq a'$, $l \neq l'$ then $AuthorCojournal(a, a')$; $Value(AuthorCojournal(a, a')) f(l, l')$; 其中 $f(l, l')$ 为数据集中二者同时出现的频次之和,其值记为 n	AuthorCojournal $(Author_i, Author_j)$, annotation 为 n
Affiliate(Author, Institution); Coauthor(Author, Author)	If $Affiliate(a \in \{Author\}, i \in \{Instituation\})$, $Affiliate(a' \in \{Author\}, i' \in \{Instituation\}, i \neq i'$ then $Coauthor(a \in \{Author\}, a' \in \{Author\})$, $a \neq a'$ then $InstituationCooperation(i, i')$; $Value(InstituationCooperation(i, i')) f(Coauthor(a, a'))$; 其中 $f(Coauthor(a, a'))$ 为依据 $Coauthor(a, a')$ 的取值按 a 与 a' 分属机构进行 distinct 处理之后的结果,其值记为 n	InstitutionCooperation $(Instituation_i, Instituation_j)$, annotation 为 n

26

续表

推理条件	推理算法	推理结果
Creating(Author, Literature); Citingcoupling(Literature, Literature)	If $Creating(a \in \{Author\}, l \in \{Literature\})$, $Creating(a' \in \{Author\}, l' \in \{Literature\})$, $a \neq a'$, $l \neq l'$ then $AuthorLiteratureCoupling(a, a')$; $Value(AuthorLiteratureCoupling(a, a'), f(Citingcoupling(l, l')))$; 其中 f 为文献集合中 $Citingcoupling(l, l')$ 取值之和,其值记为 n	AuthorLiteratureCoupling$(Author_i, Author_j)$, annotation 为 n
JournalPublishing (Journal, Literature,); Cocitaion(Literature, Literature)	If $JournalPublishing(j \in \{Journal\}, l \in \{Literature\})$, $JournalPublishing(j' \in \{Journal\}, l' \in \{Literature\})$, $j \neq j'$, $l \neq l'$ then $PublicationCocitation(j, j')$, $Cocitation(l \in \{Literature\}, l' \in \{Literature\})$, $f(Cocitation(l, l'))$; $Value(PublicationCocitation(j, j'), f(Cocitation(l, l')))$; 其中 f 为文献集合中 $Cocitation(l, l')$ 取值之和,其值记为 n	PublicationCocitaion$(Journal_i, Journal_j)$, annotation 为 n
JournalPublishing (Journal, Literature,); IndirectCiting(Literature, Literature)	If $JournalPublishing(j \in \{Journal\}, l \in \{Literature\})$, $JournalPublishing(j' \in \{Journal\}, l' \in \{Literature\})$, $j \neq j'$, $l \neq l'$ then $JournalIndirectCiting(j, j')$, $IndirectCiting(l \in \{Literature\}, l' \in \{Literature\})$, $f(IndirectCiting(l, l'))$; $Value(JournalIndirectCiting(j, j'), f(IndirectCiting(l, l')))$; 其中 f 为数据集中 $IndirectCiting(l, l')$ 关系频次的统计值,其值记为 n	JournalIndirectCiting$(Journal_i, Journal_j)$, annotation 为 n
Label(Keyword, Literature); IndirectCiting(Literature, Literature)	If $Label(k \in \{Keyword\}, l \in \{Literature\})$, $l' \in \{Literature\})$, $IndirectCiting(l \in \{Literature\}, l'' \in \{Literature\})$, $IndirectCiting(l' \in \{Literature\}, l''' \in \{Literature\})$, $l \neq l'$, $l'' \neq l'''$, $\exists k = \forall k'$ then $CitationKeywordCoupling(l'', l''')$; $Value(CitationKeywordCoupling(l'', l'''), f(k, k'))$; 其中 $f(k, k')$ 为数据集中二者同时出现的频次之和,其值记为 n	CitationKeywordCoupling$(Literature_i, Literature_j)$, annotation 为 n
……	……	……

只列出了部分计量语义关系,在具体的应用中可进行拓展和延伸。

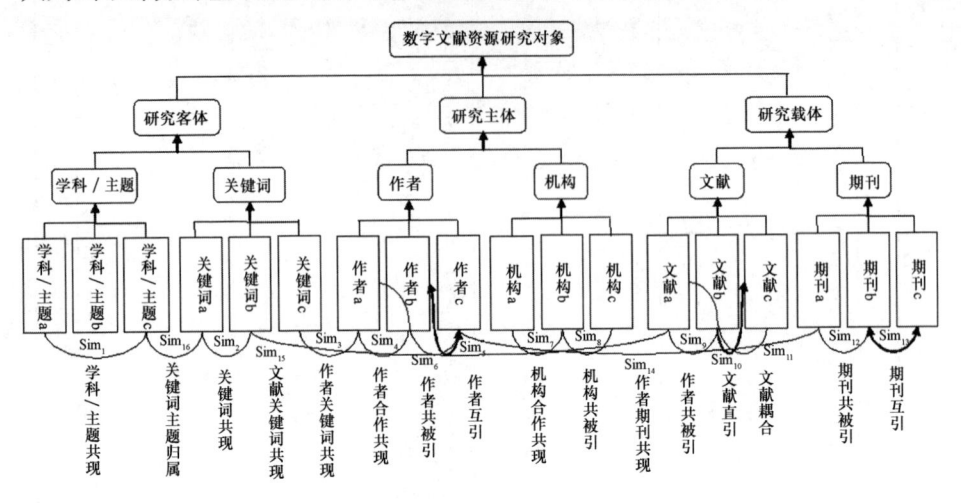

图4 数字资源计量语义网络核心结构

该数字文献资源计量语义网络与人工智能领域的语义网络在本质上是相通的,作为一个有向网络图,由节点表示概念,边表示概念间的关系,边上的标识则表示关联强度。其中节点可由数字文献资源研究对象分解为研究客体、研究主体、研究载体3个大类。研究客体又细分为学科/主题和关键词;研究主体包括作者和机构;研究载体涵盖文献本身及其来源期刊。这些第三层面的概念则属于概念元,对其进一步分解则是研究实例,具体的研究实例对象称之为实例元。而对数字文献资源进行计量语义化的实质便是对同概念元内或不同概念元间实例元之间关系的发现与处理。它们之间的关系可以有多种,既可能有有向关联,又可能产生无向关联。这种实例元之间关系的多元化和方向不确定性便是数字文献资源计量语义网络与传统意义上的语义网络之间的不同点所在,这也在一定程度上为数字文献资源计量语义化的全面系统实现增加了难度。

该网络具有本体模型、语义网络以及社会网络的共有特性。它由文献、关键词、作者、期刊、机构、学科(主题)等基本概念组成,每个概念下又有相应的具体实例,并对概念自身的属性情况以及概念间的语义关联进行相应的描述。这些都满足了本体模型[14]和语义网络的基本结构。同时,由于计量语义网络中除了涉及关键词与主题等术语相关的客观概念外,还包含了大量具有社会属性的非术语类概念,如作者、机构、期刊等,而这些概念之间关系的建立在一定程度上又可反映出它们之间的社会关联,从而又属于社会网络的范畴，这些社会对象间的关联比术语概念间的关联更为复杂，其关联隐含性、动态变化性更为明显，这也就对该网络中的语义关联演化机制和推理规则提出了更高的要求。实际上，当前计量学研究中的社会化计量网络的构建也是计量语义网络的一种特殊化的表现形式，只是在语义关系推理演化与语义关联深入测度上还有待进一步加强。

5 结语

本文通过对基于计量分析的数字文献资源语义化概念及关系进行深入揭示和扩散推演，系统性地构建了一个面向全局数字文献资源的计量语义网络。通过该项研究，计量语义化过程的决定性要素——概念与关系组成已经基本明朗，关系之间还可以进行叠加和演化，这也就是计量语义化推理实现的前提所在。然而，在将这种特殊的语义化关联投入应用时，还需要对其中的语义关联度定义作出统一的规定，这也是笔者未来进一步研究的重点所在。当这些问题都解决之后，真正的计量语义化实证研究方可展开。笔者期待更多的研究者投入其中，共同推进这一语义化创新思路的完善和推广。

参考文献：

[1] 刘耀, 穗志方, 胡永伟, 等. 基于内容与形式交互的图书馆资源组织语义化方法研究[J]. 情报理论与实践, 2010(10):105-107,112.

[2] 白海燕, 乔晓东. 基于本体和关联数据的书目组织语义化研究[J]. 现代图书情报技术, 2010(9):18-27.

[3] 邱均平, 余凡. 基于计量分析的馆藏资源语义化理论研究[J]. 中国图书馆学报, 2012, 38(4):71-78.

[4] Ding Li, Finin T, Joshi A. Swoogle：A search and metadata engine for the semantic Web[J]. D-Lib Magazine, 2004, 5(12):653-658.

[5] McCray A T, Gallagher M E, Flannick M A. Extending the role of metadata in a digital library system[C]//Proceedings of Research and Technology Advances in Digital Libraries. Baltimore:IEEE, 1999:30-35.

[6] 张云秋, 冷伏海. 领域本体整合的问题及对策研究[J]. 中国图书馆学报, 2007, 30(2):237-238.

[7] 丁晟春, 李岳盟, 甘利人. 基于顶层本体的领域本体综合构建方法研究[J]. 情报理论与实践, 2007(3):52-55.

[8] 邱均平, 楼雯, 余凡, 等. 基于资源本体的馆藏资源语义化研究[J]. 图书馆论坛, 2013, 33(6):1-7.

[9] 贺德方, 曾建勋. 基于语义的馆藏资源深度聚合研究[J]. 中国图书馆学报, 2012

(4):79-87.
[10] 马瑞敏,倪超群.作者耦合分析:一种新学科知识结构发现方法的探索性研究[J].中国图书馆学报,2012,38(2):4-11.
[11] 杨立英.科技论文共现理论研究与应用[D].北京:中国科学院文献情报中心,2003.
[12] Ni C, Sugimoto C R, Cronin B. Visualizing and comparing four facets of scholarly communication: Producers, artifacts, concepts, and gatekeepers [J]. Scientometrics, 2013, 94(3):1161-1173.
[13] 甘健侯,夏幼明,徐天伟,等.基于RDF的知识表示到语义网络语言SNetL的转换研究[J].微型机与应用,2006,24(12):69-72.
[14] 王洪伟,霍佳震,王伟,等.面向语义检索应用的本体模型结构设计[J].系统工程与电子技术,2010(1):166-174.

作者简介

王菲菲,北京工业大学经济与管理学院讲师,E-mail:feifeiwang@bjut.edu.cn;邱均平,武汉大学信息管理学院教授,博士生导师,武汉大学中国科学评价研究中心主任;余凡,武汉大学质量发展战略研究院研究员;赵蓉英,武汉大学信息管理学院教授,博士生导师,武汉大学中国科学评价研究中心副主任。

基于作者共被引的馆藏资源深度聚合模式与服务探析*

——以 CSSCI 中图书情报领域本体研究为例

邱均平 周毅

（武汉大学信息管理学院）

1 引言

长期以来，图书馆承载着传承人类文明的使命。在信息化不断发展的今天，信息载体逐渐多样化，期刊数据库、电子图书、图书馆特色数据库等数字资源与纸质资源共同构成了当代图书馆的馆藏资源。数字资源是图书馆馆藏资源的重要组成部分，但目前对数字资源的揭示与利用并不充分，例如，当前绝大多数期刊数据库仅提供主题、关键词、篇名、摘要、全文、参考文献、《中国图书馆分类法》分类号等检索字段单独或者组配检索，但对资源之间的联系的揭示缺乏足够的关注。随着图书馆馆藏资源规模的不断扩大，用户获得所需信息面临的困难越来越多，图书馆有必要通过各种途径对馆藏资源进行深入揭示和充分挖掘，在广度和深度上进一步满足用户的信息需求。

2 理论与方法

随着图书馆资源多元化和数字化的发展，图书馆界开始探寻各种途径揭示资源之间的联系，实现馆藏资源的聚合。聚合是利用资源的各项特征和联系，将有共同特征的资源聚集起来。利用可视化手段，可将聚合的结果——资源存在的网络状态呈现给用户，便于用户分清主次，选择所需。聚合是充分揭示和利用图书馆馆藏资源的一种有效途径。数据库中的资源之间存在各种联系，从信息计量学的角度来看，可以分为4类：①文献特征之间的关联，例如关键词与关键词的共现、发文作者之间的共现等；②文献利用过程的关

---

* 本文系国家社会科学基金重大项目"基于语义的馆藏资源深度聚合与可视化展示研究"（项目编号：11&ZD152）研究成果之一。

联，引文共现、关键词与引文共现、引文作者与引文作者共现等；③知识关联，即知识单元共现；④用户需求关联，包括资源标签共现、检索词共现等[1]。基于信息计量学视角的聚合是图书馆馆藏资源聚合的重要方面，本文将利用信息计量学的方法之一——作者共被引分析来探讨信息资源数据库中信息资源的聚合模式，以深入揭示同领域作者之间的学术关系，并探索在此基础上可产生的聚合服务。

美国德瑞克赛大学的 H. D. White 和 B. C. Griffith 于 1981 合作发表的论文中[2]首次论述了作者共被引分析。该方法以某一领域的作者为分析对象，研究同一领域内多个作者同时被其他文献引用的情况；作者共被引的强度以作者共同被其他文献引用的次数多少来衡量，按照共被引强度的高低，可以形成相关作者群，揭示同一领域内研究人员的组织结构、学术关系，进而反映出学科专业的联系和发展变化[3]。1990 年，K. W. McCain 将作者共被引的分析步骤归纳为选择分析对象、统计共被引频次、构造共被引矩阵、转化为皮尔逊相关系数矩阵、多元分析和解释结果及效度分析这 6 个步骤[4-5]，为后来的研究者所沿用。以作者共被引分析的流程为参考，笔者构建了基于作者共被引的馆藏资源深度聚合模式（见图 1）。从关联维度到共现路径与计量方法，再到资源聚合模式，最后到应用服务，是串联资源与用户的整个路径[1]，也是馆藏资源聚合的流程。

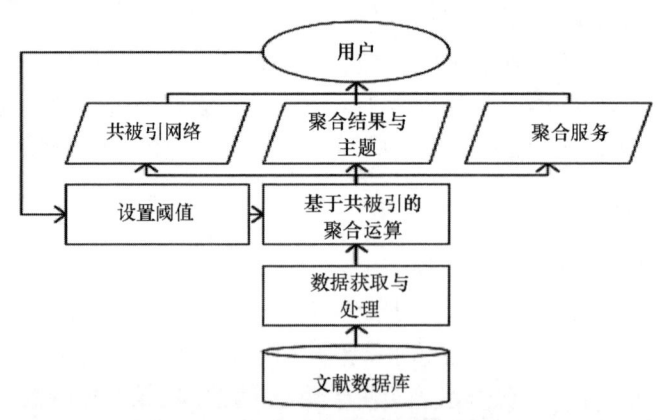

图 1 基于作者共被引的聚合过程

数据库中存储的大量结构化和非结构化数据是聚合的数据来源。从图 1 可以看出，其实现流程是首先从数据库中提取相关数据，并进行初步处理，设定合理阈值选择聚合对象，进一步利用相关程序或软件数据对聚合对象进行共被引分析，实施聚合运算，用户可根据数据库系统提供的选项设置阈值，选择聚合结果的可视化方式展示方式。分析可视化结果，用户可以区分不同的学术群体，选择所需资源，享受聚合服务。聚合环境下，如果用户在数据库的个人账户中设置了关注的作者或学科，数据库就可以根据聚合运算的结果为用户推送与其关注对象相似的作者或者论文。

3 数据获取与数据处理

依据基于作者共被引的馆藏资源聚合模式，笔者以图书情报领域研究本体的作者为例进行实证分析。

近年来，随着新一代语义 Web 的迅速发展，作为语义 Web 基础的本体成为国内外学者、机构的研究热点。本体的概念来自哲学领域，古希腊哲学家亚里士多德将本体定义为"存在"的科学，包括研究存在的本质和整个世界的基本特征。20 世纪 90 年代，人们将本体的概念引入人工智能、知识工程和图书情报领域，用于知识表示和知识组织。最著名并被广泛引用的定义是由 T. R. Gruber 提出的"本体是概念模型的明确的规范说明"[6]。通俗地讲，本体是用来描述某个领域甚至更广范围内的概念以及概念之间的关系，使得这些概念和关系在共享的范围内具有大家共同认可的、明确的、唯一的定义，这样，人机之间以及机器之间就可以进行交流。目前，本体已经被广泛应用于语义 Web、智能信息检索、信息集成、数字图书馆等领域[7]。

本研究以中国社会科学引文索引为数据来源，以"本体"为检索词，限定学科分类为"图书馆、情报与档案管理"，选择 2001 年到 2013 年 CSSCI 核心期刊来源数据库进行检索，检索时间是 2013 年 11 月 6 日。经过数据清洗，得到有效数据 440 条。

本研究中的来源作者统计全部作者，被引作者仅统计第一作者。通过初步分析共得到作者 689 位。传统的作者共被引分析中，研究人员通常选取核心作者或者是高被引作者为研究对象。事实上，将发文量与被引量相结合，更能体现作者在该领域的影响力，因此本文采用核心作者与 H 指数相结合的方法来选取分析对象。

根据普赖斯定律，核心作者最低发文数量 M 的值为：$M \approx 0.749 * \sqrt{N_{max}}$ 计算核心作者，N_{max} 为某领域作者的最高发文数。利用这一定律计算图书馆情报领域研究本体的核心作者，得出发文量在 4 篇以上的 51 位作者可以被看做核心作者。利用中国知网检索出每一位核心作者的 H 指数。最后选取核心作者中 H 指数在 5 以上的 28 位作者为研究对象，如表 1 所示：

表1　图书情报领域本体研究高影响力作者分布

序号	作者	单位	序号	作者	单位
1	杜小勇	中国人民大学信息学院	15	马静	南京航空航天大学经济与管理学院
2	马文峰	中国人民大学图书馆	16	李景	中国科学院文献情报中心
3	毕强	吉林大学管理学院	17	何琳	南京农业大学信息管理系
4	苏新宁	南京大学信息管理系	18	王昊	南京大学信息管理系
5	刘柏嵩	宁波大学网络中心	19	韩毅	西南师范大学信息管理系
6	牟冬梅	吉林大学公共卫生学院	20	曾新红	深圳大学图书馆
7	董慧	武汉大学信息资源研究中心	21	徐国虎	武汉大学信息管理学院
8	孙坦	中国科学院文献情报中心	22	任瑞娟	河北大学图书馆
9	王洪伟	同济大学经济与管理学院	23	冯兰萍	河海大学常州分校商学院
10	王惠临	中国科学技术信息研究所	24	滕广青	吉林大学管理学院
11	徐宝祥	吉林大学管理学院	25	王效岳	山东理工大学科技信息研究所
12	真溱	中国国防科技信息中心	26	杜文华	武汉大学信息管理学院
13	贾君枝	山西大学管理学院	27	侯汉清	南京农业大学人文社会科学学院
14	张玉峰	武汉大学信息资源研究中心	28	宋文	中国科学院文献情报中心

从表1可以看出这些高影响力作者主要分布在高校或者高校图书馆，高影响力作者的单位分布较分散。吉林大学、武汉大学各有4人，中国科学院有3人，南京大学和中国人民大学各有2人，表明这几个研究单位对本体的研究贡献较大。

4　基于作者共被引的聚合及可视化展示

基于作者共被引的聚合及可视化展示过程主要综合采用Excel、SPSS以及社会网络分析软件Ucinet等工具实现。在进行聚合分析之前，首先要将数据导入Excel进行初步处理，利用VBA程序构造出28位作者的作者共被引矩阵。若一篇论文同时引用了某一作者的多篇文章，不重复计算。

4.1　社会网络结构分析

将作者共被引矩阵导入Ucinet，绘制出图书情报领域本体研究的作者共被引网络结构图（见图2）。其中，节点的大小代表作者被引频次的高低，连线的粗细表示作者之间共被引的强度。根据图中的节点大小和连线粗细，可以对本领域作者之间的共被引强度有一个直观和全局的认识，图2中武汉大学的董慧节点最大，被引次数最高，影响力大。李景、马文峰、杜小勇、毕强、张玉峰等几位作者的被引频次较高，各高被引作者之间的共被引强度较大，表明这几位作者是图书情报领域本体研究的核心力量。

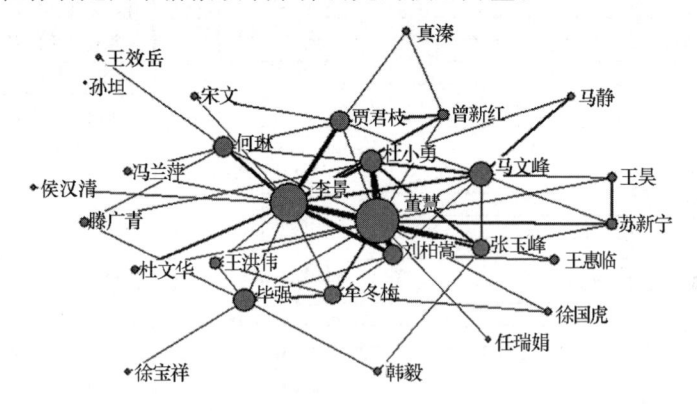

图2 作者共被引网络结构

4.2 聚类分析结果

聚类分析也称为群分析，它是研究样品（或指标、变量）分类问题的一种多元统计分析方法。聚类分析用于解决事先不知道应将样品或指标分为几类，需根据样品或变量的相似程度，进行归组并类[8]。本文采用 SPSS 的分层聚类方法，它的基本思想是开始将样品或指标个体视为一类，根据类与类之间的距离或相似程度将最近的类加以合并，再计算新类与其他类之间的相似程度，选择最相似的加以合并，不断重复这一过程，得到最后的分类结果。聚类得到图书情报领域研究本体高影响力作者的聚类分析树形图（见图3）。以图中右边的虚线为分界线，图书情报领域研究本体的高影响力作者被分为5组。

各组研究主题的结构可以通过高被引论文和共词分析相结合的方法进一步探析。共词分析常被用来分析某一领域的研究主题和热点，掌握学科发展现状，预测学科发展趋势，其原理是对一组词两两统计它们在同一篇文献中出现的次数，以此为基础通过聚类分析获取词间的亲疏关系，进而分析词所代表的学科和主题的结构变化[9]。通过提取各组作者发表论文的标引词，可以构建共词矩阵。由于"本体"是本研究获取数据的主要检索词，为了使各组的主题区分更明显，在主题分析中去掉了"本体"一词。

第一组，领域本体的本体进化、本体评价和本体构建的理论研究。第一组的成员有苏新宁、王昊、张玉峰、马文峰、马静、杜小勇，这6位作者发文的标引词共现见图4。节点的大小表示标引词词频的高低，连线的粗细代表

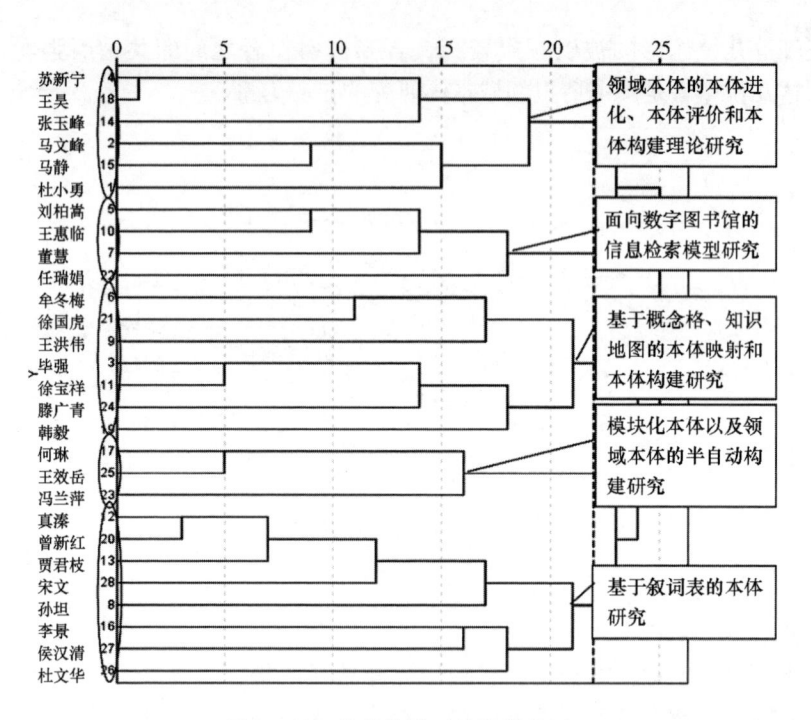

图3 基于作者共被引的聚类分析

标引词共现强度的大小（下同）。从图4中可以看出第一组的主题与"领域本体"和"知识组织"紧密相关。结合对本组高被引论文"领域本体进化研究"[10]、"基于领域本体的语义文本挖掘研究"[11]等的分析可知，本组围绕领域本体的本体进化、本体构建和本体评价的宏观理论进行研究。本体进化即是在现有领域本体的基础上，依据一定的理论、方法和标准，根据应用的需要，对本体概念结构、概念及关系不断进行丰富、完善、改进、更新和评估的过程和方法[10]。中国人民大学的杜小勇对这一研究主题贡献较大，他提出领域知识本体构建的基本过程是：本体需求分析、本体构建规划、本体信息获取、本体概念及关系确定、本体形式化编码、本体的评价、本体的进化和本体的表示[12]。

第二组，面向数字图书馆的信息检索模型研究。第二组的成员有刘柏嵩、董慧、王惠临、任瑞娟，他们发文的标引词共现情况见图5。由节点的大小和分布以及连线的粗细可以看出，本组作者的研究围绕数字图书馆进行。结合高被引论文分析，本组成员主要从本体学习、本体驱动研究数字图书馆信息检索模型。本体学习是指研究如何利用知识获取技术来降低本体构建的成本，

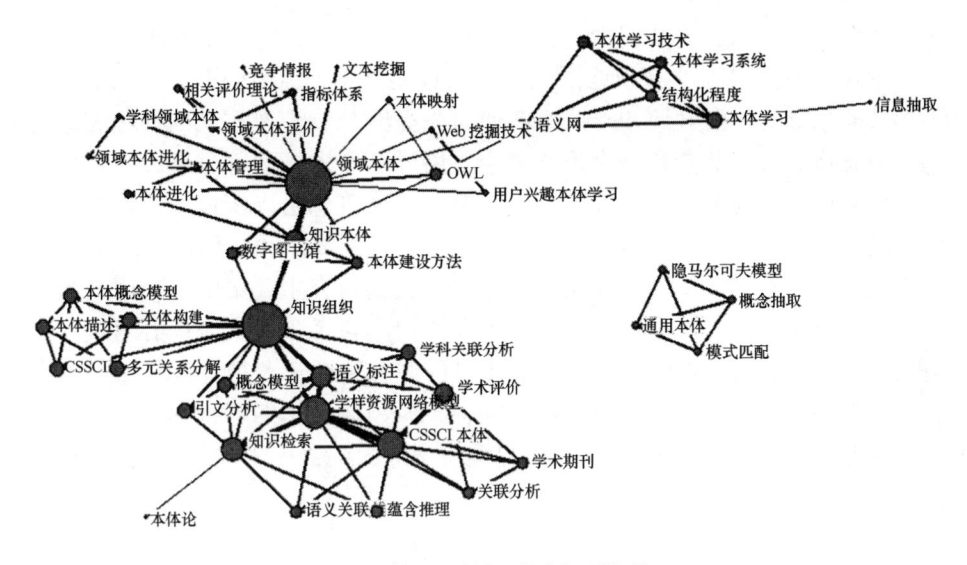

图4 第一组的标引词共现情况

其目标是利用机器学习和统计等技术，以自动或者半自动的方法，从已有的数据资源中获取期望的本体[13]。对本主题研究贡献较大的是武汉大学的董慧，他主持了一项题为"基于本体的数字图书馆信息检索模型"的自然科学基金项目。从体系结构解析、语义信息提取、本体构建到知识推理，系统地研究了数字图书馆信息检索模型的建设。

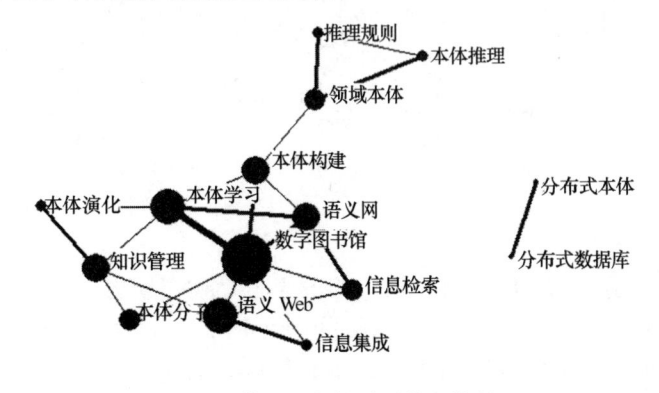

图5 第二组的标引词共现情况

第三组，基于概念格、知识地图的本体映射和本体构建研究。第三组的成员有牟冬梅、徐国虎、王洪伟、毕强、徐宝祥、滕广青、韩毅，7位作者中有4位来自吉林大学，表明吉林大学是这一研究主题的中坚力量。图6是第

37

三组作者发文的标引词共现情况，从图6中可以看出，第三组的研究重点主要集中在"概念格"、"知识地图"、"本体映射"3个标引词上。概念格又叫做形式概念分析，由R. Wille于1982年首先提出[14]。它是概念的一种表达模型，概念格的每个节点是一个形式概念，由外延和内涵两部分组成，依据概念在内涵或者外延上的依赖或者因果关系，建立概念层次模型，是数据分析领域的有力工具。本体映射是一套两个本体——源本体和目标本体间的语义重叠规范[13]。结合高被引论文分析，本组成员的研究主要集中于采用概念格理论和知识地图技术，探索数字图书馆本体构建和多领域本体映射的路径和方法。吉林大学的毕强研究了通过概念格的并叠置运算获得异构资源的概念格，进而探讨以异构资源概念格构建异构资源领域本体的可行性，并认为基于概念格的异构资源领域本体构建是未来数字图书馆本体构建的必由之路[15]。

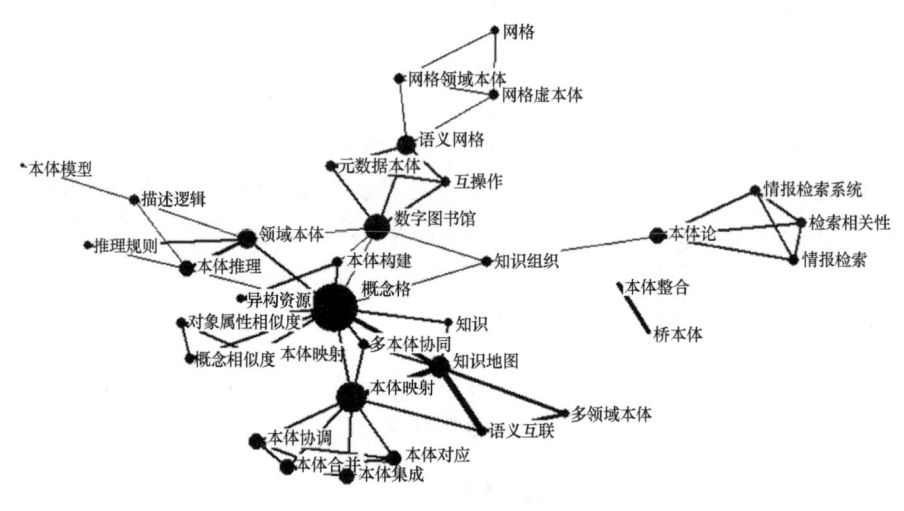

图6　第三组的标引词共现情况

第四组，模块化本体以及领域本体的半自动构建研究。第四组的成员有何琳、王效岳、冯兰萍。他们的标引词共现见图7，本组中领域本体的半自动构建和基于模块化本体的知识组织是研究重点。从通过统计和规则相结合的方法抽取候选术语，再对候选术语进行筛选的多策略领域术语抽取研究[16]，到借鉴机器学习以及自然语言处理等技术成果半自动构建本体方法研究[17]，比较系统地研究了本体的半自动构建。模块化本体方面主要侧重于模块化语言、知识组织方法和服务体系研究。

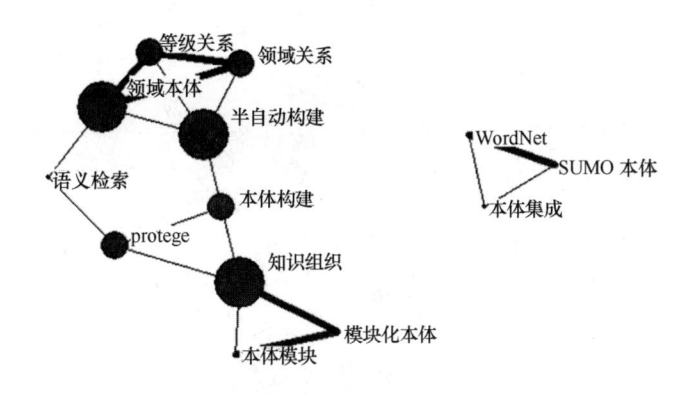

图7 第四组的标引词共现情况

第五组，基于叙词表的本体研究。第五组的成员有真溱、曾新红、贾君枝、宋文、孙坦、李景、侯汉清、杜文华，他们的标引词共现见图8。由图8可见，他们的研究方向侧重于基于"叙词表"的本体构建和共建共享系统研究。叙词表是将文献、标引人员或用户的自然语言转换成规范语言的一种术语控制工具[18]。搜索引擎的问世使自然语言成为网络信息检索的主力语言，传统的叙词表、分类法、规范档等受控语言由于其专业性强、共享性差和更新速度慢等原因而未能在网络环境下成为主流。当网络信息的海量和无序使得人们难以进行有效管理时，以叙词表为代表的情报检索语言开始吸引研究者的目光。本组成员中深圳大学图书馆的曾新红对叙词表作了大量的研究，她认为可以引入本体的形式化方法来表示叙词表，实现叙词表与本体的融合，形成中文叙词表本体，在此基础上创建中文叙词表本体共建共享系统，实现叙词表向本体的转换、推理和更新[19]。

5 相关聚合服务

聚合服务可分为面向资源主题的服务、面向知识演化的服务、面向学术社群的服务和面向科研决策的服务[20]。图书馆的服务宗旨是以用户为中心，满足用户的信息需求。馆藏资源聚合的最终目的就是改进图书馆的服务，促进图书馆的服务性质由信息服务向知识服务转变。聚合服务不仅可以使用户的显性信息需求得到更高程度的满足，还有利于发现和预测用户的隐性信息需求。基于作者共被引的聚合可以帮助用户发现学术共同体及其研究主题，跟踪学术共同体演化，进行相关作者推荐等。

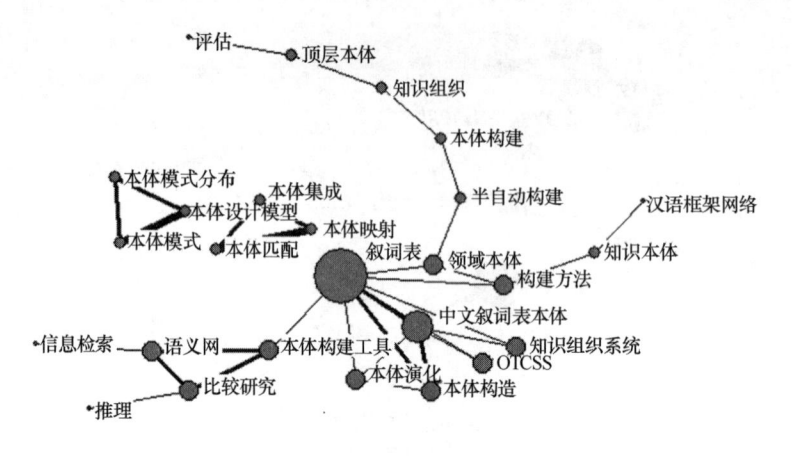

图8 第五组标引词共现图

5.1 发现学术共同体及其研究主题

基于作者共被引的聚合结果将某一领域的研究人员聚合成若干个学术群体。拥有聚合功能的数据库系统允许用户根据自身需求在用户界面设置阈值，选择聚合结果的可视化方式和细节表达，将基于作者共被引的聚合结果以清晰明了的可视化形式展现，如果用户需要可以进一步可视化展现各个学术共同体的研究主题分布，并通过系统运算向用户推荐研究主题探测结果，使用户对某一领域的学科结构一目了然，在掌握该领域的研究现状的前提下进行研究决策。

5.2 跟踪学术共同体演化

某一领域作者共被引的发生对象和强度是不断变化的，变化的方向取决于领域研究的发展方向和领域内作者研究方向的改变。某一领域的研究者结构也是不断发展变化的。基于作者共被引的聚合，可以持续关注领域内作者共被引的变化情况。用户可以通过数据库系统轻松获知本领域作者的动态，进而掌握学科发展动向。

5.3 相关作者推荐

数据库中设置用户账户，一方面可以使用户在账户中设置关注的领域和作者等；另一方面可以搜集用户的信息行为数据，以便提供定向推送服务。基于作者共被引的聚合，可以根据聚合结果向用户推荐与其关注对象相似的作者，也可向用户推荐与其本身相似度高的作者，以促进学术共同体内部的交流，进而促进学科发展。目前WOS可以通过作者、标题进行引文跟踪，了解关注作者或主题的最新动态。

6 结语

本文探讨了基于作者共被引的馆藏资源聚合模式和服务，并以图书情报领域研究本体的作者为例进行了实证分析，结果显示基于作者共被引的馆藏资源聚合是发现作者学术贡献与影响力，揭示学术共同体的有效途径。对聚合得出的学术共同体进行主题分析，可以揭示当前本领域的研究现状。就本文的实证分析领域——图书情报领域而言，通过聚合可以看出，本领域的本体研究尚处于雏形时期，没有形成系统的研究体系。对于本体的研究仅限于领域本体的本体库研究，本体基础理论研究较少，应用研究较分散。如果说某个领域的研究发展过程可以分为点、线、面几个阶段，那么图书情报领域的本体研究尚处在点的阶段。基于作者共被引的聚合是从信息计量学角度进行聚合分析的一个方面，要对馆藏资源进行全方位的揭示和聚合，为用户提供有效的知识服务，后续还需要进行更加全面深入的理论和技术研究。

参考文献：

[1] 邱均平,王菲菲.基于共现与耦合的馆藏资源深度聚合研究探析[J].中国图书馆学报,2013(3):25–33.

[2] White H D, Griffith B C. Author co-citation: A literature measure of intellectual structure [J]. Journal of the American Society for Information Science, 1981, 32 (3):163–171.

[3] 邱均平.信息计量学[M].武汉:武汉大学出版社,2007:408–409.

[4] McCain K W. Mapping authors in intellectual space: A technical overview[J]. Journal of the American Society for Information Science,1990, 41 (6): 433 – 443.

[5] 苑彬成,方曙,刘合艳.作者共被引分析方法进展研究[J].图书情报工作,2009,53(22):80–84.

[6] Gruber T R. A translation approach to portable ontology specifications[R]. London: Knowledge System Laboratory, 1993.

[7] Deng Zhihong, Tang Shiwei, Zhang Ming, et al. Overview of ontology[J]. Acta Scientiarum Naturalium Universitatis Pekinensis, 2002, 38(5):730–738.

[8] 冯国生,吕振通,胡博,等.SPSS 统计分析与应用[M].北京:机械工业出版社,2009:183.

[9] 冯璐,冷伏海.共词分析方法理论进展[J].中国图书馆学报,2006(2):88–92.

[10] 马文峰,杜小勇.领域本体进化研究[J].图书情报工作,2006,50(6):71–75.

[11] 张玉峰,何超.基于领域本体的语义文本挖掘研究[J].情报学报,2011,30(8):832–839.

［12］ 杜小勇,马文峰. 学科领域知识本体建设方法研究[J]. 图书情报工作,2005,49(8):74-78.

［13］ 李景,孟宪学,苏晓路,等. 领域本体的构建方法与应用研究[M]. 北京:中国农业科学出版社,2009.

［14］ Wille R. Restructuring lattice theory:An approach based on hierarchies of concept[C]// Proceedings of the 7th International Conference on Formal Concept Analysis. Berlin:Springer Verlag,2009:314-339.

［15］ 滕广青,毕强. 基于概念格的异构资源领域本体构建研究[J]. 现代图书情报技术,2011(5):7-12.

［16］ 何琳. 基于多策略的领域本体术语抽取研究[J]. 情报学报,2012(8):799-804.

［17］ 何琳,侯汉清. 基于统计自然语言处理技术的领域本体半自动构建研究[J]. 情报学报,2009(2):201-207.

［18］ 唐爱民,真溱,樊静. 基于叙词表的领域本体构建研究[J]. 现代图书情报技术,2005(4):1-5.

［19］ 曾新红. 中文叙词表本体-叙词表与本体的融合[J]. 现代图书情报技术,2009(1):34-43.

［20］ 贺德方,曾建勋. 基于语义的馆藏资源深度聚合研究[J]. 中国图书馆学报,2012(4):79-87.

作者简介

邱均平,武汉大学信息管理学院教授,博士生导师,武汉大学中国科学评价研究中心主任;周毅,武汉大学信息管理学院硕士研究生,通讯作者,Email:zyco@whu.edu.cn。

专题2：数字资源语义互联模式研究与互联方法实例

序

牟冬梅

教授，博士，博士生导师，中国医药信息学会理论与教育学组专家委员，中华医学会信息学会青年委员，吉林省第十二批有突出贡献中青年专家。研究方向：知识组织与知识服务、数据挖掘。主持与参与国家社会科学基金、国家自然科学基金、教育部人文社会科学基金等资助的多项科研项目，发表学术论文50余篇，E-mail：moudm@jlu.edu.cn。

简单地说，数字资源语义互联就是通过运用相应的技术手段或工具，在不同数字资源之间架构起共同认知的语义环境，克服异构性和差异化的天然壁垒，实现语义层面的互相识别、互相理解、互相融通，最终为用户提供精、准、专、深、廉的知识服务。

国内外学者对数字资源语义互联的研究，多集中于对语义互联的工具进行探讨，借此推动相关领域的理论进步和实践路径的进展，因此对数字资源的语义互联进行梳理、总结和分型，将使该领域的研究具有清晰的方向感，指引该领域的研究者按相应的、不同的模式继续向纵深开拓，并在理论和实践比较的基础上体现不同模式的优势和不足，最终寻求高效率、高质量、高公认度的更为科学的数字资源语义互联模式，进而达到语义互联从理论到实践的实质性突破。

国家社会科学基金项目"数字资源语义互联模式研究"项目组通过持续研究，对数字资源语义互联模式的认识不断深化，在前期相关研究的基础上，总结一般性规律，创见性地提出了4种模式。本组文章第一篇即是对4种模式作整体归纳分型，也是对前期有关语义互联模式研究（研究文章详见："医学数字资源语义互联模式研究"，刊于《图书情报工作》2011年第23期、"数字资源语义互联研究（Ⅰ）——体系结构设计"刊于《现代图书情报技术》2010年第9期和"基于知识地图的多领域本体语义互联研究"刊于《情报科学》2009 年第 3 期）的深化、归纳和总结。该文为 4 种模式赋予了形象化的命名，即中枢型、骨髓型、神经型和细胞型语义互联模式，以主要的语义互联工具为视角，深入探讨了不同语义互联模式的对象、互联原理、工作机理，探究了不同数字资源语义互联模式的核心与关键。第二篇文章单独论述了基于关联数据的数字资源语义互联模式，阐述了语义互联结构，分析了语义互联机理，以促进语义互联理论技术的发展与改革，为数字资源整合利用、知识发现提供新方法。作为已分别阐述的三种模式的后续和补充，结合第一篇共同构成比较系统的理论研究成果。

  为不断推动理论研究水平循环上升，在组织理论研究的同时，我们同样重视实证研究、实例说明和实践探索。本组文章中后两篇涵盖这方面的内容：一是从应用方面对语义互联模式之一的关联数据语义互联模式进行详论，以 VIVO 作为语义互联研究实例，探讨基于关联数据和本体互操作的语义互联机理，体现关联数据在数字资源的发布、语义互联、语义分析、推理和数据共享方面的重要价值；二是从实例角度作语义互联的方法论研究。在提出多领域本体映射与聚类理论模型的基础上，选取药物领域本体 RxNorm 与 NDF-RT 进行映射实例研究，提出一种领域本体之间映射的新方法，并实现 RxNorm 本体中药物信息的分类聚合，为数字资源的语义互联提供了新思路。

  囿于篇幅限制，我们没有详细阐述 4 种模式各自的优势、劣势、机遇与挑战，后续将择期就不同模式的比较研究成果与同行交流，以使模式及相关理论研究更加丰富。

数字资源语义互联的模式及其比较研究*

牟冬梅　张艳侠　黄丽丽

1　引言

当前，数字信息日渐成为信息资源的主流形式，数字资源形态的多样性、内容复杂性的急剧增加，导致存储分布性和组织异构性的状况日趋严重，优化数字资源利用环境，有效获取信息资源成为人们关注的重点。

数字资源语义互联的目的是连接语义层上的各种资源，将各种数字资源整合到一个统一的语义资源空间，以此来解决数字资源的异构性和语义的差异性问题，这种连接和整合贯穿于语义网信息组织的整个过程。国内外学者对数字资源语义互联的研究，多集中于对语义互联工具的深入探讨，借此推动相关领域的理论进步和实践路径的进展，因此以语义互联的工具应用为视角对数字资源的语义互联进行梳理、总结和分型将使该领域的研究具有清晰的方向感，指引该领域的研究者按相应的、不同的模式继续向纵深开拓，并在理论和实践比较的基础上体现不同模式的优势和不足，最终寻求高效率、高质量、高公认度的更为科学的数字资源语义互联模式，进而达到语义互联从理论到实践的实质突破。

2　数字资源语义互联的模式

通过梳理总结数字资源语义互联的工具，笔者发现顶层本体、桥本体、知识地图、关联数据是当今数字资源语义互联研究领域的主要应用技术。本文以这些表达语义和语义关系的工具为切入点，展开数字资源语义互联模式的研究，方便深入到模式内部，探讨语义互联的对象、语义互联的原理、语义互联的工作机理，从而探寻数字资源语义互联模式的核心所在。

---

* 本文系国家社会科学基金项目"数字资源语义互联模式研究"（项目编号：10BTQ025）研究成果之一。

2.1 以顶层本体为主导、多领域本体相融通的数字资源语义互联模式

在充分复用丰富的知识组织体系基础上，牟冬梅等构建了以顶层本体为主导、多领域本体相融通的数字资源语义互联模式，即一种由顶层本体统控、多种本体融通的模式框架。该模式由三个基本层（用户层、语义层和数据源层）和两个链接层（知识管理层和决策支持与推理层）构成。该模式的中心纽带是全局本体，该顶层本体不仅为语义互联提供标准化通用词汇支持，而且为数字资源语义互联定义了全局架构，提供全局本体与局部本体之间的映射[1]。如西班牙和澳大利亚的学者共同进行了一项研究，基于顶层本体框架实现从文本到生命医学领域的本体增殖[2]。丁晟春等结合本体工程方法论中的骨架法和七步法，融合了叙词表和顶层本体资源，提出了基于顶层本体的综合本体构建方法，对领域本体中的概念体系的规范化校验和本体的标准化处理提出了具体的措施和步骤，通过共享术语实现语义互联[3]。以该模式为基础构建的系统在顶层本体统控下，多领域本体相融合完成语义标引、语义检索和信息集成，致力于实现数据管理、本体学习、语义检索和知识发现。

本专题文章以药物本体映射研究为例，对此模式进行了实例研究。此实例充分借助已有知识组织体系进行关联扩展，通过药物领域本体 RxNorm 与 NDF－RT（美国国家药物文件－参考术语）的关联有效实现了概念关联与扩展，为数字资源的语义互联提供了新思路。在研究中，对于同一药物通用名或商标名，分别在 RxNorm 和 NDF－RT 中查找，此过程中，查找到的结果在 RxNorm 和 NDF－RT 中继承了各自本体的属性，此后利用 RxNorm 提供的丰富内在关系，使 RxNorm 本体内各种词汇类型的药物概念映射到 NDF－RT，进而实现药物的多轴分类聚合。

2.2 基于桥本体的数字资源语义互联模式

桥本体是一种特殊的本体，完成不同领域本体概念之间关系的映射，进而实现本体整合，形成领域内的共享本体[4]。桥本体拥有强大的能力来表示多本体的概念和关系间的复杂关系。基于桥本体的数字资源语义互联模式，是以元数据、领域本体、桥本体和本体解析体系为核心元素构建语义模型，所构建的语义模型为描述异构同质数字资源语义奠定了基础，为数字资源的语义互联提供了一种有效途径[5]。其中桥本体是数字资源语义互联的基础和工具，它将多个领域本体整合为统一的语义视图，为语义发现、语义标注、语义映射和语义服务提供支撑。对多领域本体之间的复杂联系进行分析和分类，根据语义关联矩阵将多个源本体映射到桥本体，利用桥本体进行语义标注，可视化地显示知识和知识对象及其各种关联关系，实现语义层面的共享

与查询。如 Wang Peng 等借助桥本体来解决基于多本体的语义标注问题[6]；毕强等对数字图书馆语义互联中的桥本体构建进行了研究，采用由底及顶的方式，运用底层动态概念之间相似度与上位桥的种类，通过映射方式产生具体的桥关系[7]。在此基础上，牟冬梅设计实现了面向医学领域的语义互联模拟系统[8]，该模拟系统是基于桥本体的数字资源语义互联模式的实例研究。其中由桥本体完成来自不同系统所构建本体的映射，之后对桥本体进行解析，将本体映射到关系数据库中，用于语义标注和查询解析，体现了桥本体能够表示多本体概念和关系间复杂关系的能力以及桥本体作为数字资源语义互联基础工具的作用。

2.3 基于知识地图的数字资源语义互联模式

N. A. Le-Khac 等将知识地图定义为：知识地图是关于知识的可视化表达而并非知识本身，它可以帮助人们发现知识源和理解知识结构，通过这种方式运用领域中的元素和链接结构[9]。知识地图是对知识的地图化描述，帮助人们定位知识，明确知识的所有权，发现知识的价值并利用知识，增强对已有知识的使用[10]。知识地图不仅揭示知识的存储地，同时也揭示知识之间的关系。

该模式将知识地图作为智能化的知识管理工具[11]，提供知识导航的能力，并且能够在语义层面上描述知识的内在关系，其主要目的是通过一种可视化的方式降低人们获取知识的难度，快速有效地定位知识的位置，以便实现隐性知识的显性化，促进知识的合理利用。如牙买加和美国学者将知识地图和本体应用于决策领域，基于知识地图来构建本体，实现业务流程重组工程[12]。毕强等通过对多领域本体互联存在的问题的分析，提出利用知识地图实现本体的导引，建立一个基于知识地图的多领域本体语义互联结构模型，解决多领域本体交流带来的复杂计算问题，简化本体交流，提高了数字资源的服务效率[13]，并通过知识地图实现了卓越网的异构数字信息资源在统一的语义层次上的知识共享和查询，实现了多领域本体的语义互联[14]。该实例研究将卓越网看作一个多领域本体环境，通过针对不同领域中相应的概念、属性、实例的分析，并根据不同领域概念间的相似关系，建立起跨领域的本体映射关系，在语义层面上描述知识的内在关系，从而实现基于知识地图的多领域本体语义互联。

在数字资源组织中，该模式引入知识地图来解决多领域本体语义互联问题，给出了从领域本体到知识地图的映射框架。利用知识地图技术，可以有效地对领域本体进行知识链接和引导并有效地解决目前多领域本体互联研究中所面临的问题。知识地图依据本体聚类原理，将现存的本体进行简单的语义标注，在本体之间增加必要的语义链，为本体建立了语义导引通道，将相关的本体进行语义关联。这样多个领域本体根据其相关性，利用语义知识链连接起来，形成一个既关联、又相对独立的知识地图。

2.4 基于关联数据的数字资源语义互联模式

互联网之父 T. Berners-Lee 在 2006 年 7 月提出了关联数据（linked data）的概念[15]，关联数据在数据层建立了富链接机制，使用 URI 和 RDF 发布、分享、连接各类数据、信息和知识。关联数据之所以被视为语义网环境下实现数据集成与共享的有效途径，从现实角度来看，它的共享机制直接来源于 URI 复用、LOD 发布与 RDF 链接机制[16]。

该模式结合语义网技术实现互联网信息的语义整合，实现关联数据浏览器和搜索引擎的应用，使计算机能够更加智能化地帮助人们组织和管理信息。关联数据使用 303 URIs 和 HASH URIs 两种方式对现实世界实体（即非信息资源）和抽象概念进行标识。RDF 通过简单的逻辑结构模型提供了一种更为广泛的、以图为基础的数据结构化和关联方式。RDF 提供这种通用数据表达框架，使得数据既可以被人理解，又可以被机器理解和处理，并可在应用程序间交换而不用丢失语义[17]。RDF 为语义互联提供了数据模型但并未提供相应的资源描述词汇，需要进一步利用本体语言来表达领域模型中各类实体、属性、属性值之间的各种逻辑关系，从而支持一定的语义搜索，甚至具有初步的逻辑判断和推理能力[18]。爱尔兰和德国学者共同提出一种方法，通过分布链接的关联数据资源实现有效的、可扩展的查询处理[19]。贺德方等基于概念与概念之间的关系、引证关系和科研本体进行了数字图书馆馆藏资源深度聚合研究，构建了数字图书馆资源集成描述框架[20]。

在本专题中，以 VIVO 为语义互联研究实例阐述了关联数据和本体技术的应用原理。通过搭建本地 VIVO 平台，建立以 RDF 格式存储的当地本体，系统自动为本体类、属性和添加的实例指定唯一的 URI 对数据对象进行定位从而实现数据的访问。由于 VIVO 本体定义的命名空间使用机器可读的 RDF 结构，可直接连接到可控词表的术语或页面需要的相关资源，为语义互联提供了结构基础，同时能够实现基于 RDF 的语义推理能力推断实体间的语义关联关系。此实例完全展现了基于关联数据的数字资源语义互联模式的特点，体现了关联数据技术在数字资源的发布、语义互联、语义分析、推理和数据共享方面的重要价值。

国内外学者多以单一要素或两个要素结合来进行数字资源语义互联的研

究，对多个数字资源语义互联模式进行对比的研究罕见，因此从客观的视角对数字资源语义互联模式进行总结，并从多个角度对数字资源语义互联模式进行比较分析，成为该领域理论研究的重要节点。

3 数字资源语义互联模式的比较

上述4种数字资源语义互联模式在运行机理、互联的对象和互联核心原理等方面均有着不同程度的差异。

3.1 运行机理

在以顶层本体为主导、多领域本体融通的数字资源语义互联模式中，顶层本体是多个领域本体的翻译中心，是语义互联的中继站。多个领域本体向顶层本体映射，在顶层本体主导、统控下，完成领域本体之间的互通，最终实现领域本体标注下的数字资源的语义关联和互操作。通过观察该模式的作用机理，可以发现其与人体中的中枢系统所起的主导作用极为类似，因此将其称为中枢型互联模式。

在基于桥本体的数字资源语义互联模式中，桥本体通过构建桥规则，在领域本体之间搭建起概念桥和关系桥，完成领域本体概念之间的连接，通过概念之间关系的连接支撑起数字资源的语义互联。这种"桥"类似于人体中的骨骼系统，将不同的组织有效地连接起来，使它们各安其位，发挥着各自应有的作用，笔者称其为骨骼型互联模式。

在基于知识地图的数字资源语义互联模式中，知识地图是类似于神经网络的导航工具或智能化的模型，它指向知识，虽不包含知识本身，但揭示知识的存储地和知识之间的关系。它是一个向导而不是知识集合，揭示了知识的来源，提供给用户一个人机交互的平台，在知识导引平台上，明确知识的分布以及分布于不同空间的知识资源间的内在联系[21]。知识地图由知识节点、知识关联、知识链接和知识描述有机构成，这些元素相互协同工作进行知识的导航。该模式在组成与功能上与人体的神经系统相似，笔者形象地称其为神经型互联模式。

在基于关联数据的数字资源语义互联模式中，关联数据进入到数字资源的内部，采用三元组的方式，以RDF模型来表达事物、特性及其关系[22]，这种三元组对不同形态数字资源进行语义化的描述，从数字资源的基质解决多语言描述问题，从而达到其语义的互联。由于这种模式运用的是海量的、成型的、种类繁多的含有主、谓、宾的三元组，类似于人体中数不胜数的、不同种类的、不停繁殖和凋亡的细胞，用细胞与细胞之间的连接构成不同的组

49

织、器官，最终形成一个功能健全的名字——语义互联的"人体"，因此笔者将该模式称为细胞型互联模式。

3.2 语义互联对象

4种数字资源语义互联模式均通过工具实现同领域或多领域的本体互联，以此达到数字资源的语义互联，但4种模式中语义互联的本体在本质上有明显的差异。

在顶层本体主导、多领域本体相融通的数字资源语义互联模式（中枢型）中，语义互联的对象是相同或不同层级的本体，该本体的归属领域既可以是相同的，也可以是不同的。顶层本体作为高层级的独立于领域的本体，已经构建出一套比较规范的关系定义和公理定义，使与其映射的低层级的领域本体可遵循这些标准来处理概念及概念间的关系，实现已有本体的重用和集成[23]，完成本体之间的互操作；另外，不同层级本体可使用一个共同的知识库，并且从顶层本体衍生出新的领域本体，新衍生的领域本体由于共享顶层本体的术语，从而达到语义互联。

基于桥本体的数字资源语义互联模式（骨骼型），实现的是相同领域不同本体之间的互联，语义互联的对象是多个领域本体，而这些领域本体描述的概念均为同一领域，桥本体将平行的领域本体之间的复杂联系进行分析、分类，将本体中概念之间的关系通过概念桥和关系桥进行连接，完成同质异构本体之间的互操作。

基于知识地图的数字资源语义互联模式（神经型），互联的对象是不同领域的多个异构本体。数字资源具有异构性、多样性和多领域性，在对数字资源进行语义标注时，可发现其涉及多个本体中的概念，需同时应用不同的领域本体进行标注以解决其语义冲突、歧义并将其进行融合。知识地图在领域本体间增加必要的语义链，该语义链形成了语义导引通道，通过语义导引将相关的领域本体进行关联。多个领域本体根据它们之间的相关性，利用语义关系链连接在一起，形成每个领域本体都既关联、又相对独立的知识地图。知识地图可视化地显示知识和知识对象及其各种关联关系，实现语义层面的共享与查询。

基于关联数据的数字资源语义互联模式（细胞型），重点在于利用实体与实体间的语义互联构建和维护数据集之间的RDF链接，互联的对象是数据（实体）。实体之间通过谓词相连，一个三元组中建立起两个实体的语义关系，这两个实体分别与其他实体建立联系，构建具有语义的三元组，这样不断地播散开来，建立了大量的三元组、RDF链接。根据W3C SWEO研究组的统计，截至 2011 年 9 月，关联数据云（LOD Cloud）含有 100 多个数据集合、310 亿个 RDF 三元组，5 亿个 RDF 链接[24]。不同数据源的相同实体具有同一标识或通过"owl：sameAs"建立链接[25]。不同数据集合之间通过语义相关联的实体建立联系，这种方式如同波的衍射。本体也可作为数字资源发布成关联数据，关联数据提供的 HTTP URI 标识既提供了本体的元数据信息，同时也保证本体可以被广泛获取使用，这种组织方式便于建立本体数据间的链接。本体的每一个实体或属性组成节点，节点间的有向弧代表实体间或者实体及其属性间的关系，使本体成为关联数据网络的一部分，促进本体的映射、互联、互操作、共享发现[26]，从而将原本分散的、多元异构的数据整合成为可供自由浏览、获取和重用的共享关联数据网络，并最终实现网络信息资源的有效整合。

3.3 语义互联模式的中心要义

纵观数字资源语义互联的 4 种模式，即中枢型、骨骼型、神经型和细胞型，分别呈现出各自的具有代表性的中心要义。不同的模式围绕着各自的固有的要义展开和运行，在运行过程中各自的要义集中反映了相应模式的精髓。

4 种数字资源语义互联模式的关键所在分别是"映射"、"连结"、"导引"和"衍射"，这 4 个描述、概括要义和精髓的关键词分别与中枢型、骨骼型、神经型和细胞型数字资源语义互联模式一一对应。这 4 个词是对 4 种模式的精神实质的高度概括，既是模式的力量源泉和推进动力，又是衡量每个模式成败、质量、水平的核心标志。对数字资源语义互联领域的研究者和实践者而言，这 4 个词伴随着工作的整个过程，某种程度上既是工作的出发点，又是工作的落脚点。

中枢型通过领域本体到顶层本体的映射完成语义互联；骨骼型通过构建同领域本体之间关系完成本体的互操作，使得这些领域本体连在一起、结成一体；神经型通过增添语义链建立知识通道，导引不同领域本体从而完成数字资源语义互联；细胞型通过 RDF 三元组的谓词完成实体之间关系的描述和限定（如波的衍射），不断建立语义关联，为数字资源之间的语义互联提供技术支持。

可见中枢型——映射、骨骼型——连结、神经型——导引、细胞型——衍射这 4 种模型已然成为语义互联的核心与关键所在。

上述 4 种数字资源语义互联模式在技术和工具、运行机理、互联对象等方面都其各自的特点，不同类型的数字资源语义互联模式也有其各自的优势和不足。如何克服自身的缺陷、发挥各自的优势从而更好地解决所遇到的问题，如何促进各种模式之间的不断融通从而推动进步，将是对每种模式的生存能力、发展后劲和生命魅力的直接考验与必然应答。4种数字资源语义互联模式的对比分析，如表1所示：

表1 数字资源语义互联模式的对比

模式	不同点			优点和缺点	
	技术工具	运行机理	互联对象	优点	缺点
中枢型	顶层本体	映射	同领域或不同领域的本体	①领域本体的专有名词语义互联有赖于顶层本体的概念性、普适性特征作用。②顶层本体和领域本体的构建技术和映射技术日趋发展完善。	①顶层本体与领域本体的语义关系为领域本体概念的繁杂性和多样性所累。②顶层本体的人工化设计受设计者个体特性差异影响较大。
骨骼型	桥本体	连接	相同领域的不同本体	①部分突破了本体构建纵横交错、映射关系错综复杂的限制。②桥本体的构建方式相对单纯，省却了繁琐的共享本体创建过程。	①桥本体的概念模型和关系界定有待于技术水平的进一步提升。②桥本体语义连接节点僵硬，延展性低。
神经型	知识地图	引导	不同领域的异构本体	①铺陈知识资源，使知识关系显性化，建立起知识浏览新导向。②语义链简单作用于本体互参，促使知识地图可视化程度明显。	①语义链的本体间导引作用成效有待进一步考证。②本体间定义的关联分析方法尚未形成定论。
细胞型	关联数据	衍射	不同数据源的相同实体	①对关联数据的研究逐步完善，同时形成了良好的范式，适用领域逐渐普及。②应用方法相对简便。	①细节应用还需进一步反馈提升。②关联构建方式的平衡和维持问题尚需解决。

4 结语

数字资源语义互联的有关理论和实践研究正在普遍重视下不断取得积极进展，各种实用的技术工具也将随之逐步深入演进。本研究经梳理、总结，提炼出了数字资源语义互联模式分型，并进行了比较研究。数字资源语义互联的中枢型、骨骼型、神经型和细胞型4种模式可在更多研究者的理论和实践中围绕"映射"、"联结"、"导引"和"衍射"进一步得到探究和验证，在比较中进步、在镜鉴中提升，4种模式间相互借鉴、相互融通的发展趋势也必将在未来得以呈现，催生出更高效率、更高质量、更高公认度的数字资源语义互联模式，进而推动语义互联从理论到实践的全面突破。

参考文献：

[1] 牟冬梅,王丽伟,高玉堂.医学数字资源语义互联模式研究[J].图书情报工作,2011,55(23):6-11.

[2] Ruiz-Martínez J M, Valencia-García R, Martínez-Béjar R, et al. BioOntoVerb:A top level ontology based framework to populate biomedical ontologies from texts[J]. Knowledge-Based Systems,2012,36:68-80.

[3] 丁晟春,李岳盟,甘利人.基于顶层本体的领域本体综合构建方法研究[J].情报理论与实践,2007,30(2):236-240.

[4] 牟冬梅,余鲲涛,范铁.数字资源语义互联研究(II)——桥本体系统的设计与实现[J].现代图书情报技术,2010,26(9):8-12.

[5] 毕强,牟冬梅,王丽伟,等.数字资源语义互联研究(I)——体系结构设计[J].现代图书情报技术,2010,26(9):3-7.

[6] Wang Peng, Xu Baowen, Lu Jianjiang, et al. Bridge ontology:A multi-ontologies-based approach for semantic annotation [J]. Wuhan University Journal of Natural Sciences,2004,9(5):617-622.

[7] 毕强,牟冬梅,范铁.数字图书馆语义互联中的桥本体构建[J].情报学报,2010,29(6):1051-1057.

[8] 牟冬梅.数字图书馆知识组织语义互联策略及其应用研究[D].长春:吉林大学,2009.

[9] Le-Khac N A, Aouad L M, Kechadi M T. Knowledge map:Toward a new approach supporting the knowledge management in distributed data mining[J]. Autonontic and Autonoumous Systems,2007(6):67-72.

[10] D'Amore R, Konchady M, Obrst L. Knowledge mapping aids discovery of organizational information[J]. The Edge,2000(1):8-9.

[11] 李大鹏.基于本体的学科知识地图构建研究[D].武汉:华中师范大学,2011.

[12] Rao L, Mansingh G, Osei-Bryson K-M. Building ontology based knowledge maps to assist business process re-engineering[J]. Decision Support Systems,2012,52(3):577-589.

[13] 毕强,韩毅,牟冬梅.基于知识地图的多领域本体语义互联研究[J].情报科学,2009,27(3):321-325,337.

[14] 毕强,滕广青,赵娜.基于知识地图的多领域本体映射研究[J].图书情报工作,2011,55(23):12-16.

[15] Berners-Lee T. Linked data-design issues[EB/OL].[2009-02-18]. http://www.w3.org/DesignIssues/LinkedData.html.

[16] 游毅,成全.基于关联数据的科研数据资源共享[J].情报杂志,2012,31(10):146-151.

[17] Manola F, Miller E, McBride B,et al. RDF Primer [EB/OL].[2013-01-20]. http://www.w3.org/TR/2004/REC-rdf-primer-20040210/.

[18] 刘炜,胡小菁,钱国富,等. RDA 与关联数据[J]. 中国图书馆学报,2012,38(1):34 -42.
[19] Karnstedt M,Sattler K U,Hauswirth M. Scalable distributed indexing and query processing over linked data[J]. Web Semantics:Science,Services and Agents on the World Wide Web,2012,10(1):3 -32.
[20] 贺德方,曾建勋. 基于语义的馆藏资源深度聚合研究[J]. 中国图书馆学报,2012,38(4):79 -87.
[21] 司莉,陈欢欢. 国内外知识地图研究进展[J]. 图书馆杂志,2008,27(8):13 -17.
[22] 白海燕. 关联数据及 DBpedia 实例分析[J]. 现代图书情报技术,2010,26(3):33 -39.
[23] 贾君枝,刘艳玲. 顶层本体比较及评估[J]. 情报理论与实践,2007,30(3):397 -400.
[24] 陶俊,孙坦. 基于 Linked Data 的 RDF 关联框架综析[J]. 现代图书情报技术,2011,27(12):1 -8.
[25] 黄永文,岳笑,刘建华. 关联数据应用的体系框架及构建关联数据应用的建议[J]. 现代图书情报技术,2011,27(9):7 -13.
[26] Blakeley C. Virtuoso RDF Views – Getting started guide[EB/OL]. [2012 -10 -25]. http://www.openlinksw.co.uk/.

作者简介

牟冬梅,吉林大学公共卫生学院教授,博士生导师,E-mail:moudm@jlu.edu.cn;张艳侠,吉林大学公共卫生学院硕士研究生;黄丽丽,吉林大学公共卫生学院博士研究生。

基于关联数据的数字资源语义互联模式研究[*]

黄丽丽　牟冬梅　张然

（吉林大学公共卫生学院）

1 引言

数据孤岛问题的出现，阻碍了网络数据的获取和有效利用，研究人员关注的焦点转移到寻求更为有效的方式在语义层面对数字资源进行整合、互操作。关于机器可理解、语义异构及资源互联、集成问题的研究，从理论、方法和技术等层面纷纷展开。其中，关联数据因为利用一套简单的语义 Web 技术在网上发布结构化数据并建立异构数据资源间的语义链接，实现了数据孤岛到全球互联的数据空间（即数据网络）的转变，成为业内研究热点。研究主要集中于关联数据技术基础理论、数据发布和应用工具开发与优化研究、浏览器和搜索引擎的开发及完善、利用关联数据进行知识组织和整合技术研究及在不同领域应用的实践研究等。英国学者 C. Bizer、R. Cyganiak 和 T. Gauβ 介绍了利用关联数据技术通过 RDF Book Mashup 将网络 APIs 的数据资源集成到语义网中[1]。伦敦大学学者 Y. Raimond、C. Sutton 和 M. Sandler 研究了在语义网上自动互联音乐相关数据集的互联算法[2]。法国学者 F. P. Servant 阐述如何在雷诺公司应用关联数据技术[3]。T. Berners-Lee、Y. Chen 和 L. Chilton 等学者研究了如何使用 Tabulator 工具使用户在语义网上获取和分析关联数据[4]。意大利学者 P. Bouquet、H. Stoermer、D. Cordioli 和爱尔兰学者 G. Tummarello 研究了使用实体命名系统语义互联数据，并讨论了该方法与关联数据技术的潜在整合[5]。中国科学技术信息研究所学者白海燕和乔晓东提出了基于本体构建语义关联，通过关联数据的一致化语义描述方法（RDFS/OWL）和统一存取机制（SPARQL）进行书目语义化组织并进行了实践[6]。

---

[*] 本文系国家社会科学基金资助项目"数字资源语义互联模式研究"（项目编号：10BTQ025）研究成果之一。

贵州大学学者吴玥和李占羽总结出将国内开放的政府数据发布到语义网络的工作流程[7]。武汉大学学者郑燃、唐义和戴艳清构建出基于关联数据的图书馆、档案馆和博物馆数字资源整合模式[8]。

本课题组也对关联数据这一热点问题予以跟踪，对其在语义关系描述和语义互联中的作用加以重点关注，发现其在解决数据孤岛问题、进行数据资源整合、互理解和互操作中的优势，因此在进行数字资源语义互联模式研究过程中，以关联数据为切入点，提出基于关联数据的语义互联模式。本研究意义是更为深入地认识该模式一般规律和主要架构，进一步明确关联在语义互联中的主体地位和运行机制，促进语义互联理论研究与技术的发展。

2 语义互联框架

该模式的语义互联框架分为5层，从下到上依次为数据层、标识层、逻辑层、描述层和应用层（见图1）。由图1可以看出，该互联框架以关联数据为主体，充分利用了关联数据本身的结构和技术特点，完成数据层、标识层、逻辑层、描述层和应用层之间的通讯，实现数字资源之间语义的无缝链接。

2.1 数据层

关联数据可以通过简单有效的方式解决非结构化、半结构化及不同类型结构化数据的语义互联问题，不但能够连接同一领域中的知识，而且可以实现跨领域的知识互联与发现，不同领域的资源间通过一对或多对三元组的主语或宾语间的关系链接进行互联，不同领域中通用的概念、模型或者公理等，都可以作为互联节点，通过他们间的属性关系实现跨领域资源的语义互联。RDF三元组充当领域知识交融的渠道，便于实现整个知识空间的语义互联。

2.2 标识层

标识层位于语义互联框架的数据层之上，利用关联数据的URIs对网络文件、现实世界实体和抽象概念及其间的关系进行标识，URIs不但是事物的名称同时也是获取所标识事物的方式。URI标识了的资源作为语义互联节点，是利用关联数据实现语义互联功能的最小结构单元。关联数据使用303 URIs和HASH URIs两种方式对现实世界实体（即非信息资源）和抽象概念进行标识。语义互联框架的标识层利用了关联数据的标识技术，使用URI作为事物唯一标识，通过HTTP URIs访问数据，当应用程序解引用URI时可以为用户提供有用的信息，同一事物可以具有不同的URI即URI别名。

2.3 逻辑层

该层的实现得益于关联数据的RDF逻辑结构。逻辑层在标识层的基础上

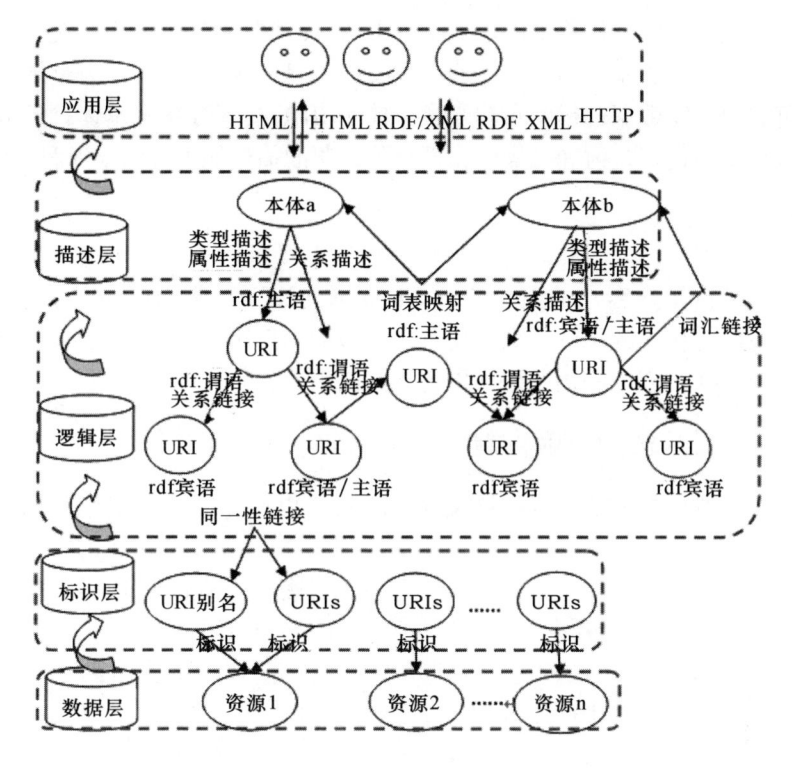

图1 基于关联数据的数字资源语义互联框架

提供逻辑结构模型，通过 RDF 三元组结构化数据并建立数据间的关联关系。数据间的关联主要是通过 RDF 链接实现的。RDF 链接由三个 URI 组成，主语、宾语的 URI 标识相应的资源，谓语的 URI 定义资源间关系类型。RDF 链接分为关系链接、同一性链接和词汇链接三种类型[9]。同一实体的 URI 别名通过同一性链接建立关联；相同或不同来源的资源间通过属性关系链接建立关联；资源与描述资源的本体间通过词汇链接建立关联；不同本体间可通过词表映射建立语义关联关系。逻辑层的数据模型保证了在访问某一 URI 时可通过大量的 RDF 链接发现更多潜在的相关 URI，无穷尽的语义链接将提供丰富的相关资源信息。

2.4 描述层

数据在逻辑层被结构化后，需要描述层本体进一步地进行语义描述，包括对以三元组形式表达的领域资源中各类实体、属性、属性值之间逻辑关系的语义化描述。该层体现了关联数据与本体在语义互联中的协同作用。本体借助于标准化了的结构化术语增加了 RDF 的领域资源表达能力，规范了领域术语的类和属性关系，丰富了数据间的语义关系；同时本体作为重要的网络资源可利用关联数据进行发布和互联，使用 RDF 技术表达的本体词汇表之间可以很容易地进行映射和互操作，提高了资源的描述能力并利于资源集成。

2.5 应用层

关联数据通过内容协商机制保证网络信息既可以被人又可被机器理解和使用，服务器检查客户端发送的 HTTP 标题（HTML 或 RDF/XML），并按照需要响应对应格式的文件。数据发布成关联数据后可通过关联数据搜索引擎、浏览器或 API 被获取利用并建立更智能的应用。

3 关联数据的衍射机制

基于关联数据的数字资源语义互联模式可以形容为"细胞型"语义互联模式，由节点和有向弧组成，每一个节点代表一个 URI 标识了的资源，是语义互联的基本结构单元，节点之间的有向弧代表了具有语义的 RDF 链接，即资源间固有的语义关系。一个 RDF 三元组由三个 URI 标识的节点组成，通过谓词节点链接两个实体节点，构成语义互联功能实现的基本结构单元，像"机体细胞"一样，RDF 链接类似于细胞间的"结缔组织"，起到连接的作用，将分散的资源互联在一起，并且能表达数据间的逻辑关系。每一个"细胞"都可以与另外一个或 n 个"细胞"建立语义链接，这 n 个"细胞"中的每一个又可以互联其他多个"细胞"，"细胞"借助于有向弧无限延伸下去，就组成了庞大的语义网络。从某一"细胞"单元出发，顺着链接可以发现下一个或多个互联的"细胞"，继续扩展将会发现更多的相关资源，也意味着完成了相关资源之间的语义链接，这个过程和波的衍射过程是一样的，如图 2 所示：

关联数据的衍射机制是基于关联数据的数字资源语义互联模式的实现机理，其中关联数据的质量、关联数据间距与关联数据的强度则直接影响语义互联的效率。

3.1 关联数据质量

关联数据语义链接资源的作用机理类似波的衍射，资源经过 URI 标识后通过 RDF 三元组将一个个分散的 URI 链接在一起，RDF 所表达的不仅仅是一个链接，而且富含语义，表明了当前资源与被链接资源的逻辑关系。URI 标识并定位一个个资源，RDF 则在结构上起到支撑并连接整个互联模型的作用，互联过程可以用波的衍射过程形象解释，任意一个 URI 都可作为波的起点，

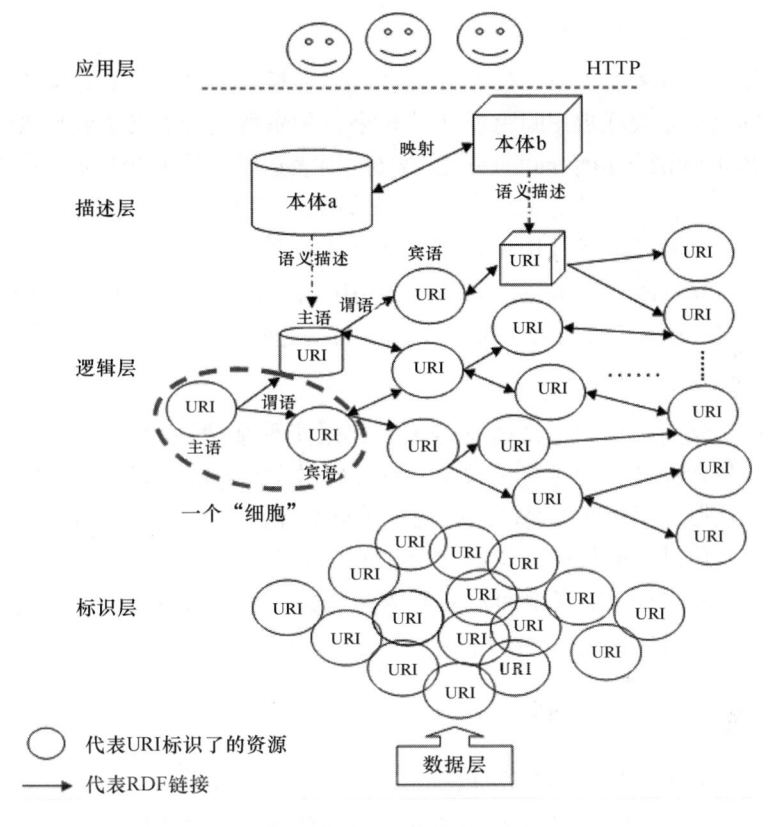

图 2 关联数据的衍射机制

借助资源间固有的语义关系，利用 RDF 结构互联直接相关的多个 URI，这些 URI 中的每一个又可以重新作为波的起点，继续链接更多的 URI，这个过程不断重复扩散，就形成了资源的互联"衍射"，而这一过程中关联数据本身就是波的创建者和传播者，它的健壮直接影响语义互联质量。

3.2 关联数据间距

数据间的关联主要是通过 RDF 链接实现的。RDF 中谓语的 URI 定义资源间关系类型。关联数据间据是指资源之间达到互联所需的谓词个数。这个间距可被形象地看做衍射的波长。在语义互联中通常首选同一研究领域或同一主题范围内的最相关资源进行互联，即尽可能地缩短关联数据间距（波长最短），这样不但可以提高链接的精准性和链接效率，而且能够最大程度地表达资源固有的语义信息，最大化资源的利用价值。

59

3.3 关联数据强度

资源间的语义互联实现过程分为直接链接和间接链接，最直接相关的资源 URI 间也就是关联数据间距短（波长小）的资源间，如文章和作者，可直接通过 RDF 的谓词 rdf：author of 在语义层面表达固有的属性关系，建立直接的互联关系。有些不同领域或不同主题的资源间即关联数据间距长（波长长）的资源间，不能直接利用 RDF 谓词建立链接关系，此时可以利用一个或多个与这两个互联资源直接相关的中间资源 URI，间接实现互联对象的语义链接，只不过这时的语义关系比较弱而已，但在数据挖掘中却有巨大的潜在价值。

3.4 关联数据推理

RDF 链接所提供的语义信息是关联数据实现推理功能的逻辑结构基础，RDF 指定资源间链接的存在和意义，使得数据发布者能明确地描述链接的本质。关联数据应用程序可通过理解两个关联数据间距较远资源间的多个 RDF 链接的语义信息，推断资源间的隐含的逻辑关系，以发现新的潜在的语义链接，从而在原来分散的资源间建立起语义链接关系，缩短两个资源间的关联数据间距，这可以视之为波绕过障碍物发生衍射。

4 本体的协同机制

4.1 本体在语义互联中的作用

本体在基于关联数据的数字资源语义互联框架的描述层，与关联数据在语义互联过程中发挥协同作用，其作用体现在语义描述、语义互操作和推理三个方面。本体能够补充关联数据的语义描述能力，规范高效地表达数据固有的语义信息，尤其在专业领域知识的语义表达中具有明显优势，本体还可以对数据进行元数据描述。语义互联机制的基本原理是在 RDF 结构之上通过本体的映射与互操作实现资源的语义互联。本体映射实现源数据到目标本体的结构化表达，进一步通过本体的互操作利用属性关系建立实例数据的语义互联关系。RDFS、OWL 等本体不但提供描述事物类和属性的词汇，配上合适的推理引擎时，还可推测数据间隐含的关系。RDFS 通过使用关系词汇，定义从 RDF 图谱推测额外信息的规则，简化了关联数据应用程序对错综复杂数据集的管理。

4.2 关联数据与本体在语义互联中的协同作用

基于关联数据的数字资源语义互联框架中（见图1），标识层和逻辑层利用关联数据技术使数据结构化并建立数据间的语义互联关系，描述层利用本体为数据添加丰富的语义描述,通过 RDF 的词汇链接在逻辑层数据资源和描述层本体间建立互联关系,应用层通过向系统发出 RDF 请求而获取和利用关联数据,关联数据从语义互联的数据层到应用层逐层发挥作用,在整个互联过程中处于主体地位,在本体的协同作用下不但可以实现数据间的语义链接,还可以推测数据间的隐含关系,发现新的潜在资源链接。关联数据和本体在数据网络的实现道路上是相辅相成、互利互惠的,如图 3 所示:

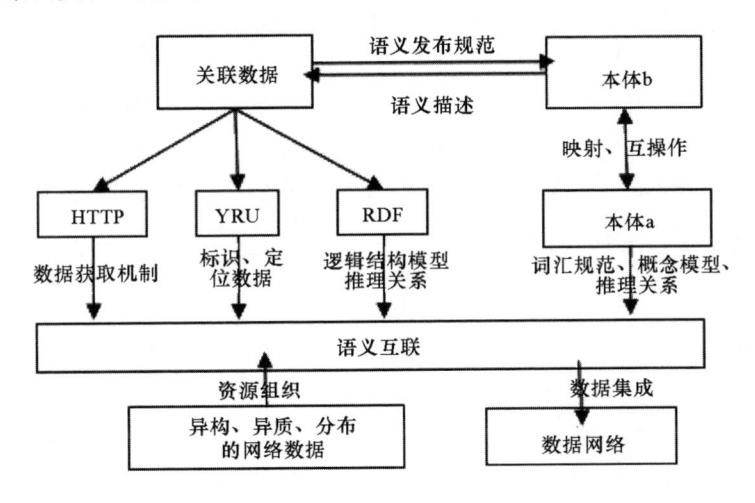

图 3 关联数据和本体在语义互联中的作用及相互关系

  关联数据是语义网的一种实现方式,是在网络上发布语义数据并实现数据间语义互联的最佳实践,利用 HTTP 作为数据的通用访问机制,URI 标识、定位数据,RDF 作为数据发布、互联和存储的逻辑结构模型。非结构化、半结构化数据使用关联数据进行结构化表达后可以很容易地进行互联。为了促进本体资源的共享和重用,将关联数据作为本体的语义发布规范,以关联数据形式发布的本体资源利用 RDF 词汇链接可简易地实现映射和互操作,简化了使用不同本体描述的资源间的集成和互联。本体是一种结构化的词汇规范,弥补了关联数据在资源语义描述方面的不足,丰富了数据的语义信息表达,用户可以重用已有本体或者构建自己的词汇表,通过关联数据技术和已有词表相关联,在语义层面上实现对网络资源的充分表达,这种用户参与的数据自组织方式是未来网络的发展趋势。关联数据利用本体的方式有两种:一是通过本体编辑器构建特定的本体,如 VIVO 中的 Vitro。二是复用 LOD 云图中的本体作为知识库的基础,以最大化数据被应用程序使用的可能性,同时为集成不同数据源所用的模式建立桥梁。利用关联数据实现资源语义互联过程中，可以先利用 RDF 使数据结构化，再用本体语言建模，如 DBpedia；也可以先建本体再以关联数据的形式添加实例数据，以适应不同结构类型的机构数据，如 VIVO。语义互联中是先建本体再映射实例数据，还是先结构化数据再用本体建模要看具体实例，首选低成本、易于实现的方式。

综上所述，在基于关联数据的数字资源语义互联模式中，RDF 是存储模型和逻辑结构模型，是数据结构化基础；本体丰富的结构化词汇完善了关联数据对资源的语义描述能力，本体一方面较容易地表达数据固有的语义信息，另一方面联合关联数据的推理功能，极大地促进了潜在的新链接的发现。关联数据是从文档网络向数据网络转化的一种优化策略，是数据网络的一种实现形式，为语义互联提供了数据获取与存储机制、标识定位方法及逻辑结构模型；本体赋予是语义描述工具，为语义互联提供了词汇规范和概念模型。

5 基于关联数据的数字资源语义互联模式的优势与面临的挑战

基于关联数据的数字资源语义互联模式具有通用、灵活、易实现、规范性高等优点，为数字资源的互联和整合提供了新途径。关联数据利用一套简单的语义网技术（URI、RDF 和 HTTP）实现万维网语义数据的发布，能够融入到资源内部实现数据结构化，可以对相同领域或不同领域中的结构化、非结构化和半结构化数据进行建模，没有资源领域、结构和类型的限制，因此具有通用性。关联数据的基本结构单位是 RDF 三元组，资源转化为三元组后具有无数个潜在的互联节点，每一个三元组都可以作为无限链接的起点，增加了语义互联的灵活性。无论网络数据访问和获取的 HTTP 协议、资源标识 URI 还是主谓宾三元组，都是易于理解和实现的网络技术。关联数据的 4 个基本原则和五星排行[10]决定了数据互联中的规范性和数据质量问题。该模式在未来的发展和应用中也面临着挑战：①标识层需要相应的机制保证 URI 的完整性、准确性和有效性，URI 别名的使用应有明确的规范，避免乱用 owl：sameAs。②逻辑层 RDF 链接的有效性和维护需要相应的技术支持，以避免过多的死链和断链影响数据网络效率。③描述层在本体构建的科学性、可行性、适用性及语义表达能力方面还需进一步加强，减少同一知识范畴出现多个质量参差的不同版本体的情况。④应用层关联数据的浏览器和搜索引擎应对当前的用户交互模式进行改进。

6 结语

在当前语义网研究热潮的推动下，数字资源的语义互联技术在理论和实践研究中日趋完善和成熟，关联数据的快速发展和有效利用丰富了语义互联理论，同时催生出一个新的语义互联模式，作为现有的以顶层本体为主导、多领域本体相融通的互联模式，基于桥本体的数字资源语义互联模式，基于知识地图的多领域本体语义互联模式三种语义互联模式的补充。基于关联数据的数字资源语义互联模式不仅在推进信息资源管理领域的文献组织、信息组织到知识组织的转型方面有着重要的现实意义，而且有利于推动数字资源语义互联实现方式的发展与创新，促进语义互联理论技术的完善与改革，为数字资源语义互联、整合利用和知识发现提供新途径。

参考文献：

[1] Bizer C, Cyganiak R, Gauβ T. The RDF book mashup: From Web APIs to a Web of data [EB/OL]. [2013 - 08 - 22]. http://www.dfki.uni-kl.de/~grimnes/2007/06/SFSW07Papers/6.pdf.

[2] Raimond Y, Sutton C, Sandler M. Automatic interlinking of music datasets on the semantic Web[EB/OL]. [2013 - 08 - 22]. http://citeseerx.ist.psu.edu/viewdoc/download?doi = 10.1.1.123.9753&rep = rep1&type = pdf.

[3] Servant F P. Linking enterprise data[EB/OL]. [2013 - 08 - 22]. http://events.linkeddata.org/ldow2008/papers/21-servant-linking-enterprise-data.pdf.

[4] Berners-Lee T, Chen Y, Chilton L, et al. Tabulator: Exploring and analyzing linked data on the semantic Web[EB/OL]. [2013 - 08 - 22]. http://student.bus.olemiss.edu/files/conlon/others/others/semantic%20web%20papers/Berners-Lee.pdf.

[5] Bouquet P, Stoermer H, Cordioli D, et al. An entity name system for linking semantic Web data[EB/OL]. [2013 - 06 - 28]. http://events.linkeddata.org/ldow2008/papers/23-bouquet-stoermer-entity-name-system.pdf.

[6] 白海燕,乔晓东.基于本体和关联数据的书目组织语义化研究[J].现代图书情报技术,2010(9):18-27.

[7] 吴玥,李占羽.基于关联数据开放政府数据[J].电脑知识与技术,2010,6(31):8688-8691.

[8] 郑燃,唐义,戴艳清.基于关联数据的图书馆、档案馆和博物馆数字资源整合研究[J].图书与情报,2012(1):71-76.

[9] Heath T, Bizer C. Linked data: Evolving the Web into a global data space[R]//Synthesis Lectures on the Semantic Web: Theory and Technology. San Rafael: Morgan & Claypool Publisher,2011:1-136.

[10] Berners-Lee T. Linked data[EB/OL]. [2013 - 06 - 27]. http://www.w3.org/DesignIssues/LinkedData.html.

作者简介

黄丽丽，吉林大学公共卫生学院博士研究生；牟冬梅，吉林大学公共卫生学院教授，博士生导师，通讯作者，E-mail：moudm@jlu.edu.cn；张然，吉林大学公共卫生学院硕士研究生。

关联数据的语义互联应用研究

——以 VIVO 为实例[*]

张艳侠　齐飞　毕强

1 引言

T. Berners-Lee 在 TED 2009 年会演讲中呼吁开放数据并重塑数据的使用方式（即整合并形成深度关联）。关联数据是从文档网络向数据网络转化的一种优化策略，为这一目标的实现提供简便方法[1]。本体是领域概念及其关系的结构化表示，在语义网环境下对知识共享和交换起着重要作用。专业领域资源集成时以本体为基础进行知识组织，其中最具代表性的是 VIVO[2]。VIVO 是一个开放的学术社交网络，能够促进移动的科研人员进行科研网络化和交流合作。VIVO 利用了关联数据技术、本体技术和可视化技术，是一个基于语义网的机构本体驱动的数据库网络。VIVO 通过分享科研人员和科研活动的语义互联信息促进全国性的科学发现、联网和合作[3]，是方便科研信息共享、发现的语义互联工具，创造了一个单点汇集式的学术交流访问平台[4]。

国内外对 VIVO 展开了广泛研究。美国心理学协会（APA）使用 VIVO 和开放身份交换（OIX）信任框架提供者进行实验性研究来配置作者身份平台并追踪科学归因[5]。Stony Brook 大学的 G. Janos 等人在 VIVO 平台上整合 UMLS 本体，能将自述的研究兴趣和 RDF 格式的同行评议论文标注匹配到 UMLS；英国 Leicester 大学的 A. Gudmundur 使用 ORCID 来辨别 VIVO 中人员身份，以区分和确认特定研究人员与特定作品的关系；哈佛医学院的 B. Nick 通过 penSocia 将 VIVO 与 Elesevier 相关联[6]。2008 年中国科学院国家科学图书馆以 VIVO 为基础，开发了面向学科的专业领域知识环境（SKE），利用 Vitro 作为 SKE 系统改造、定制和扩展开发的基础[7]。中国科学院国家科学图书馆

---

[*] 本文系国家社会科学基金资助项目"数字资源语义互联模式研究"（项目编号：10BTQ025）和国家自然科学基金资助项目"语义网络环境下数字图书馆资源多维度聚合与可视化研究"（项目编号：71273111）研究成果之一。

的黄金霞、景丽介绍了 VIVO 中的数据摄取工具，分析了关系数据模型向 RDF 数据模型的批量数据摄取并与 VIVO 本体匹配的原理[8]。

本研究的目的是用 VIVO 实例验证理论模型，体现关联数据在语义互联中的主体作用和本体的协同作用。

2 关联数据和本体在 VIVO 语义互联中的作用

2.1 关联数据的主体作用

关联数据通过 URI 决定数据的唯一性和可关联性，利用 RDF 实现数据的结构化，通过 RDF 链接表达数据间固有的语义关系并实现资源间的相互关联。在 VIVO 中创建本体和实例时，系统自动为本体类、属性和添加的实例指定 URI 作为语义互联节点，通过 HTTP URI 定位数据对象。RDF 将 VIVO 数据转化为独立的具有语义关系的三元组，作为语义互联实现的基本结构单位，以三元组的主语和宾语形式存在的资源间，通过 RDF 谓词链接灵活方便地建立关联，同时基于 RDF 的语义推理能力推断资源间潜在的语义关系。关联数据应用程序访问 VIVO 中的数据时指定 RDF/XML 作为响应格式。关联数据作为语义互联主体完成了语义互联过程中基础数据层、URI 标识层、RDF 逻辑层、本体描述层及关联数据应用层之间的通讯，提供了不需要集中式数据库或支持结构便可从不同机构的 VIVO 系统集成数据的机会。

2.2 本体的协同作用

语义互联中本体描述层通过词汇链接与 RDF 逻辑层建立通讯。本体在关联数据结构上为领域资源提供丰富的语义描述，提高了关联数据的语义表达能力，同时联合本体和关联数据的推理能力能够实现资源间潜在语义关系的发现。VIVO 使用了本体的构建、复用、数据摄取、信息互操作以及可视化技术[9]。VIVO 本体是科学家的语义模型[10]。VIVO 本体编辑器 Vitro 支持编辑和可视化本体。数据摄取工具[8]能够获得一系列地区和国家数据源的本体，自我编辑界面允许终端用户补充符合标准的资源。通过"核心本体+当地本体"的方式提供核心数据模型，支持添加和修改数据，通过将系统显示栏目与底层本体类灵活关联，提供基于本体的索引和检索功能，并基于 VIVO 本体的属性推理，开发人员的可视化功能。机构可创建当地本体满足数据源的独特需要，同时 VIVO 利用了一些外部本体[11]，如 DC、FOAF、SKOS 等。当地本体结构不同于复用本体，通过本体映射实现多个异构本体的互操作，进而实现数据的语义互联和共享。

VIVO 利用关联数据、本体和可视化技术实现数字资源的语义互联，运行机理如图1所示：

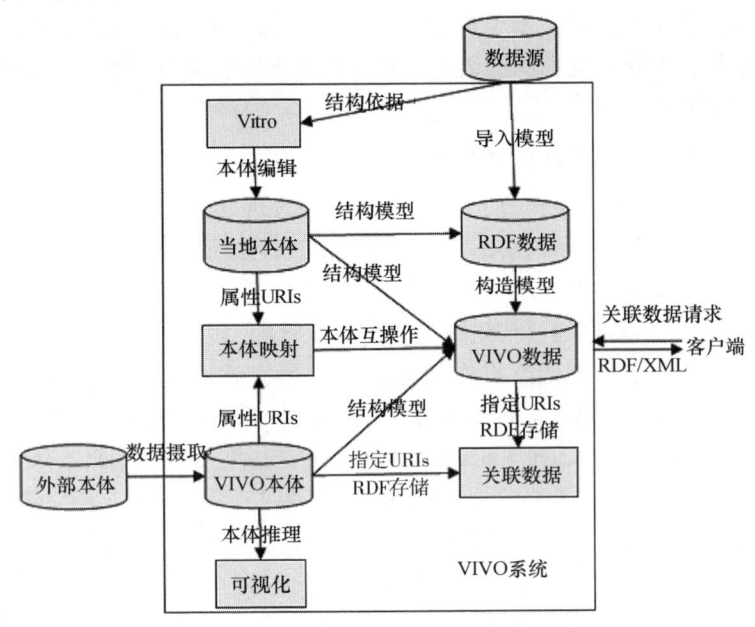

图1 VIVO语义互联运行机理

3 基于关联数据的语义互联实例VIVO

构建VIVO系统的明确目标是打开机构数据[12]并且使之成为开放数据空间的一部分，允许研究者信息与其他开源的出版物、项目、资助和学科信息间实现语义互联，通过提供研究者环境进行数据共享、发现和挖掘[3]。VIVO利用关联数据和本体技术实现了各个领域科学家及其科研信息的语义互联，为科研数据管理、数据挖掘和知识发现奠定了基础。基于此，笔者构建了吉林大学公共卫生学院VIVO系统，发布关联数据并实现机构数据的语义互联。

3.1 VIVO系统架构

VIVO是开源的，可以免费下载、安装或发布语义互联数据。安装配置相应版本VIVO系统支持软件，分别是Java（SE）1.6.x（Not OpenJDK）、Apache Tomcat 6.x、Apache Ant 1.7和MySQL 5.1。最后安装配置VIVO系统软件vivo-rel-1.4.zip or vivo-rel-1.4.gz。VIVO使用本体作为系统结构框架对数据进行管理，系统自带了DC、FOAF、SKOS等本体，可以利用这些外部本体管理数据，也可以构建不同结构类型的当地本体满足不同结构类型数据管理的需要。应用VIVO发布和语义互联数据的关键和难点是VIVO本体结构与当地数据源结构不符，需要构建适合数据源结构的当地本体作为数据录入的结构框架，在建立数据间的语义互联关系时需要实现当地本体与VIVO本体的映射和互操作。

3.2 语义互联中的当地本体模型

VIVO采用实体关系模型，用本体组织和表现知识内容。VIVO本体独立于填充在数据库和显示在网站上的内容，使VIVO可在不同领域使用同一内容，可拷贝相似的应用，或在内容完全不同的情况下作为一个空结构框架设置类和属性[4]。VIVO通过构建统一的术语和概念，为异构系统间的通讯提供共同的词汇，便于彼此间互操作和集成[13]。研究者可以利用Ontology List功能编辑当地本体。本体中添加的类和属性匹配当地数据源（http：//sph.jlu.edu.cn/?p=52&a=view&r=119）的结构需要。在编辑本体jlu ontology时，系统为添加到本体中的类和属性（见图2）赋予URI，用以定位数据。在类中添加实例时，为实体分配的URI就像居民身份证，既可标识也可定位，从而能够用以关联实例数据。具体的关联是依靠RDF文件中大量资源链接实现的，这些链接不仅决定数据的语义，也通过属性而关联到其所能链接到的大量的相关资源[14]。在jlu ontology中添加类jlu：Researchers，编辑11个数值属性、18个对象属性，添加研究人员数据时该实体类型可作为数据录入的结构模型。

每个对象属性和数值属性都对应着VIVO用户界面中的一个数据项，整个本体结构作为数据录入的结构框架将完整地体现在用户界面中，形成匹配本地数据源的数据结构模型。无论VIVO本体还是当地本体，与数据间的关联机制相同，都是通过类和（对象）属性，即类——类值、属性——属性值的方式来实现的。为本体添加实例数据的过程就是为各个类和属性赋值的过程，也是实现本体与数据相关联的过程。

3.3 本体协同作用机理

3.3.1 本体映射的实现机理 本体映射是在多个本体之间找到语义相同或相似的对应元素，从而在多个本体之间建立语义联系，消除不同本体或不同版本的本体之间知识表达不一致的现象[15]。VIVO本体映射通过SPARQL CONSTRUCT语句实现，见图3。

新建当地本体VIVO LOCAL EXTENTION，用它的类example和属性存储源数据（http：//sourceforge.net/projects/vivo/files/Data%20Ingest/），将它的命名空间作为导入资源的命名空间。数据摄取工具读取CSV/XML文件中的数

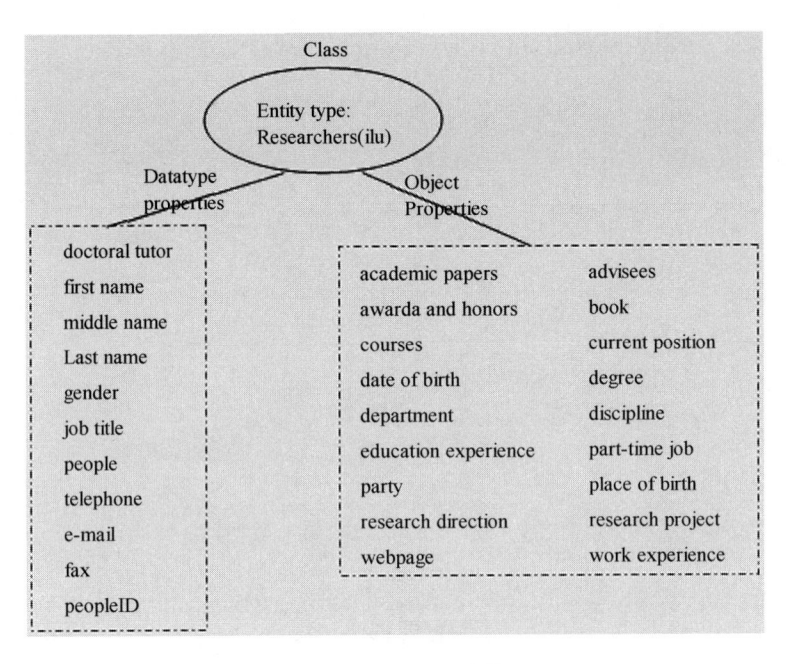

```
                    Class
              ┌─────────────┐
              │ Entity type: │
              │Researchers(ilu)│
              └─────────────┘
   Datatype   ╱               ╲  Object
   properties                    Properties
┌──────────────┐     ┌──────────────────────────────┐
│doctoral tutor│     │academic papers    advisees   │
│first name    │     │awarda and honors  book       │
│middle name   │     │courses            current position│
│Last name     │     │date of birth      degree     │
│gender        │     │department         discipline │
│job title     │     │education experience part-time job│
│people        │     │party              place of birth│
│telephone     │     │research direction research project│
│e-mail        │     │webpage            work experience│
│fax           │     └──────────────────────────────┘
│peopleID      │
└──────────────┘
```

图 2 jlu ontology 本体

据存储在导入模型中，完成 CSV/XML 到 RDF 的转变。获取导入资源（谓语）的 URIs，同时提取 VIVO 本体类和属性的 URIs，构建 SPARQL CONSTRUCT 查询，利用构造模型将源数据（RDF）与 VIVO 中的数据（RDF）进行匹配，若新导入的实体已经存在于系统中，则将导入数据与系统数据进行合并；新导入实体已经存在且所在的命名空间不同时，则会出现两个名称相同的实例[8]。若在系统中未发现导入的实体，则为系统添加新实例数据。本例在类 researchers（jlu）中添加了 40 个人员实例。源数据从导入模型的 RDF 转换为 VIVO 模型的 RDF。导入数据的查询利用导入本体被表达，而 SPARQL CONSTRUCT 使用了 VIVO 本体类和属性，所以数据摄取过程既是为系统添加实例数据的过程，也是实现源本体 VIVO LOCAL EXTENTION 与 VIVO 本体 jlu ontology 映射的过程[16]。

3.3.2 本体互操作的实现机理 关联数据使用 URI 赋予数据对象唯一标识并将其作为独立的实体对待，通过 RDF 结构模型将资源转变为三元组形式，作为数据存储和语义互联的基本结构单位。资源被分解为无数个独立的并具有语义关系的三元组后，对数据的处理更加灵活和方便。VIVO 中实例数据通过本体被表达和处理，以三元组形式存储的资源使得本体间可以通过简单的

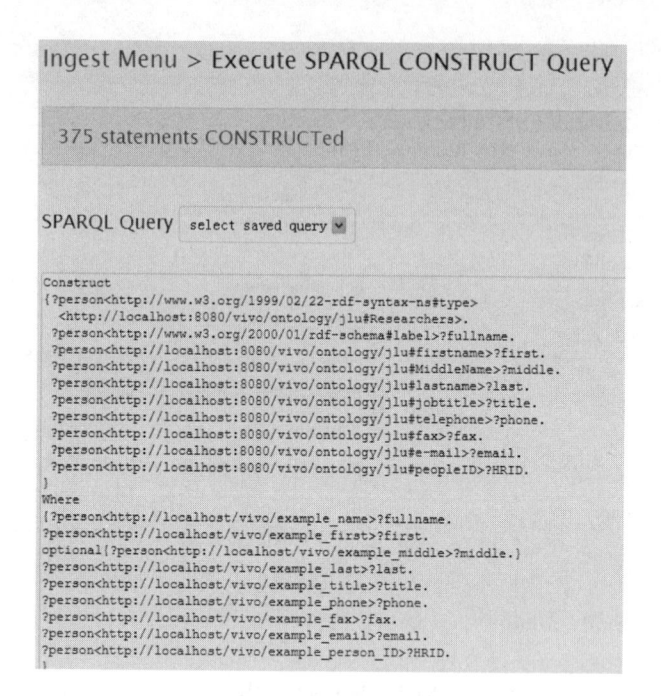

图 3　SPARQL CONSTRUCT 查询

方式实现互操作。本体互操作体现在不同本体之间类和属性的语义互理解和重用上，主要通过本体映射和语义互联两种方式实现。本体映射是实现异构本体互操作的有效方式。VIVO 系统中数据自动摄取过程就是实现源本体与目标本体映射的过程，也是实现两个异构本体类和属性重用和互操作的过程。本体互操作是实现资源语义互联的前提和关键，反过来利用语义互联过程也可以进行本体互操作。VIVO 中数据添加和互联的过程就是为本体类添加新实例，为属性赋值的过程。为源本体的对象属性赋值时可以选择目标本体中的类作为数据的实体类型；同时可以通过为源本体类设置上位类或下位类，将目标本体类的属性添加到源本体模型中，实现目标本体属性的重用；也可以为源本体的属性设置来自目标本体类的上位属性或下位属性，子属性继承父属性的性质。通过数据添加和互联过程，实现源本体与多个异构的目标本体间的互操作。

3.4　语义互联机理及其实现过程

3.4.1　语义互联运行机理　RDF 是 URI 标识的本体和数据的存储模型和逻辑结构模型。本体使用对象属性表达个体间的关系，使用数值属性支持个体属性。关联数据协同本体极大地促进了资源语义互联过程的实现。VIVO 中个体作为一种或多种组织好了的按层次显示的类成员输入[17]。数据成为VI-VO本体的实例后，需要人工进行对象属性的关联。在为对象属性赋值即指定三元组中宾语的过程中，可选择适宜类型的异构本体作为宾语的实体类型，从而实现两个或多个异构本体类的关联，这种关联在每个本体的每个对象属性中可重复多次，每一次关联都是从一个本体属性到其他本体多个属性的语义链接即数据的语义互联过程。类的关联还可通过类控制面板添加上位类、下位类、同位类链接，实现下位类对上位类属性的继承，而同位类链接实现两个本体类中属性的双向继承即属性的互用。VIVO基于RDF模型通过本体互操作（类的关联）在数据录入过程中实现了不同类型实体的语义互联。

3.4.2 语义互联实现过程　将researchers（jlu）作为当地数据源的个体类型，为18个对象属性（见图2）赋值时利用本体属性在多个个体间建立语义互联，该过程有赖于RDF结构将资源转化成独立的并具有语义关系的三元组，使数据的处理和互联更加灵活、简单。如为对象属性academic papers赋值时将Academic Article（BIBO）类作为实体类型，继续为BIBO本体的authors属性赋值，可将类Faculty Member（VIVO）、Person（FOAF）作为宾语的实体类型，实现BIBO、VIVO core、FOAF和jlu ontology本体的互操作和属性值互联。互联结果通过可视化技术展示为共同作者网络（见图4）。数据录入过程在语义层面完成资源间的链接，实现VIVO中不同结构类型的分散资源间的语义互联（见图5）。在VIVO中添加数据时自动指定URI，用以定位数据，RDF结构协同本体互操作在URI间建立语义互联，最终在数据间建立无限链接。

4　结论

VIVO借助互联、共享、发现优势提供强大的跨机构合作和共享数据能力，是科学家的数据网络，是关联数据在特定领域的典型应用，其优势在于：

提供关于个人和专业信息的集中资源，可通过不同方式加以利用。为各学科科研人员建立相关科研信息网站实现数据共享，可使不同领域的科研人员通过VIVO搜索跨领域的科研信息，便于同领域及跨领域的科学家进行交流与合作，促进学术交流和科研发现。

对资源进行语义标注和描述，构建资源间语义关系，支持异构、异质资源间的语义映射，实现语义层面的资源互联与融通。利用关联数据对资源进行语义标注，使得资源更容易被计算机理解和处理，同时为更智能的推理研究，为自动的数据获取、语义分析和数据挖掘奠定了良好基础。另外，内部数据库自动填充已验证信息资源，减少了手工输入数据的工作量。

数据间建立了丰富、良好的语义互联关系，为用户信息获取提供了多个

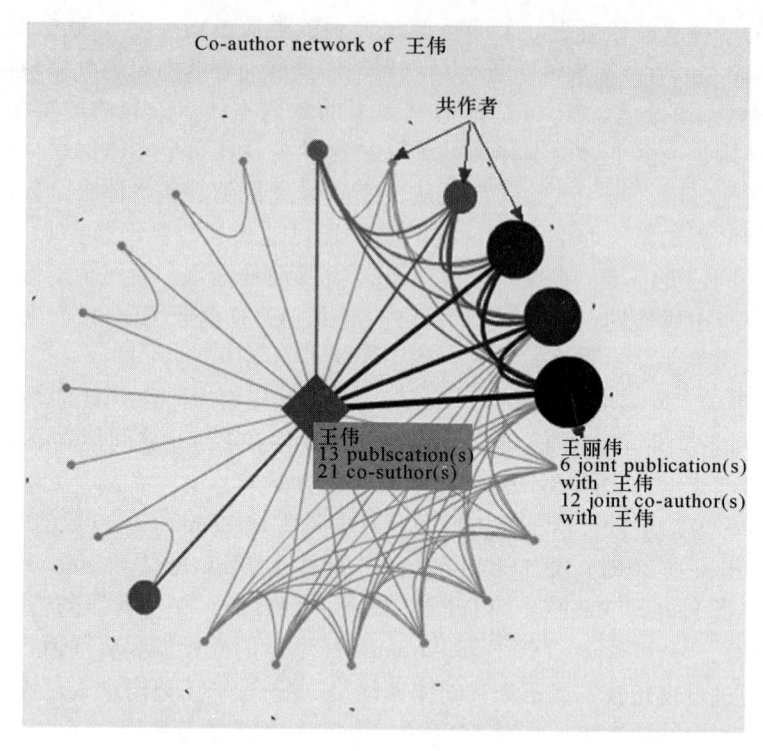

图4 共同作者网络

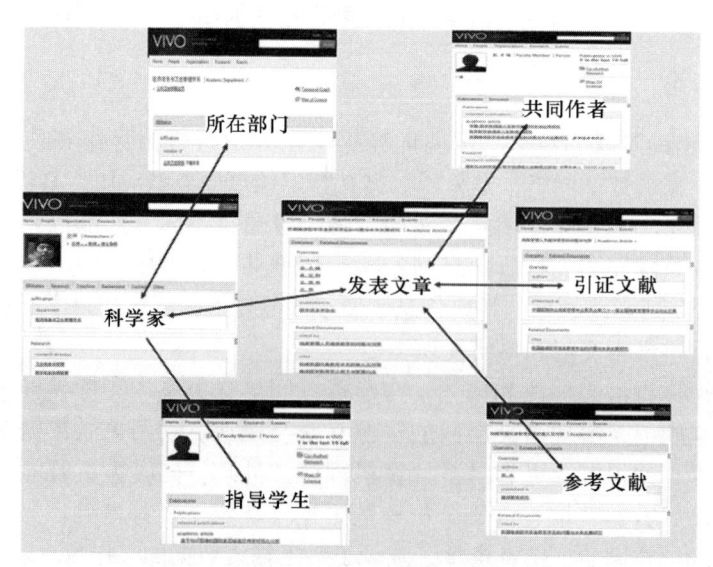

图5 语义互联结果

检索入口,极大地提高了信息查询效率,使研究人员可在最短时间内搜集到最具价值的信息,提高发现能力。

VIVO 提供网络分析和可视化工具,为科研发现与合作提供了良好的平台。

参考文献:

[1] 李亚婷,曹洁,彭洋,等.Web 环境下关联数据的应用[J].情报理论与实践,2010(11):122-125.

[2] VIVO[EB/OL].[2012-04-10].http://www.vivoweb.org/.

[3] Krafft D B, Cappadona N A, Caruso B, et al. VIVO: Enabling national networking of scientists[EB/OL].[2013-08-22].ftp://ftp.heanet.ie/disk1/sourceforge/v/vi/vivo/Conference%20Materials/Krafft-VIVO-websci10+final.pdf.

[4] 刘峥.国外专业领域知识组织模式研究[EB/OL].[2013-03-16].http://ir.las.ac.cn/handle/12502/3435.

[5] Warren H, Winer E. APA VIVO: A semantic framework for scholarly identity and trusted attribute exchange[EB/OL].[2012-04-10].http://scholar.google.com/scholar?q=related:tc_BozNxItcJ:scholar.google.com/&hl=zh-CN&as_sdt=0,5.

[6] 刘峥.VIVO 2011 年会议侧记[EB/OL].[2011-09-29].http://ir.las.ac.cn/handle/12502/3886.

[7] 黄金霞,宋文,刘毅,等.中国科学院专业领域知识环境的建设与应用[J].图书情报工作,2010,54(S2):337-341,352.

[8] 黄金霞,景丽.面向 VIVO 本体的数据摄取工具[J].现代图书情报技术,2011(2):16-20.

[9] 黄金霞.支持科研和学术发现的语义网应用实例研究[J].图书情报工作,2011,55(11):125-129.

[10] Semantic modeling of scientist:The VIVO ontology[EB/OL].[2012-05-19].http://vivoweb.org/files/SemanticModeling.pdf.

[11] VIVO ontology workshop[EB/OL].[2012-08-16].http://vivo.slis.indiana.edu/gallery.html#coauthor.

[12] 王思丽,祝忠明.利用关联数据实现机构知识库的语义扩展研究[J].现代图书情报技术,2011(11):17-23.

[13] 樊小辉,石晨光.本体构建研究综述[J].舰船电子工程,2011(6):15-18,53.

[14] 刘炜.关联数据:概念、技术及应用展望[J].大学图书馆学报,2011(2):5-12.

[15] 杨良斌,黄国彬,周静怡.近两年来国外有关本体基本问题的主要研究述评[J].图书馆建设,2008(8):80-83,90.

[16] Data ingest guide[EB/OL].[2012-08-16].http://vivoweb.org/support.

[17] Ontology editor's guide[EB/OL]. [2012-08-16]. http://sourceforge.net/apps/mediawiki/vivo/index.php? title = Ontology_Editor% E2% 80% 99s_Guide.

作者简介

张艳侠，吉林大学公共卫生学院硕士研究生；齐飞，北京理工大学计算机学院硕士研究生；毕强，吉林大学管理学院教授，博士生导师，通讯作者，E-mail：biqiang12345@163.com。

领域本体映射的语义互联方法研究

——以药物本体为例*

王丽伟　王伟　高玉堂　刘宏芳

1　引言

领域本体是某一学科领域中概念及其关系的可复用的术语词汇。在信息资源集成中，标准化的本体对于数据与信息系统之间一致性的知识表示和语义互操作起到重要作用。单一的领域本体难以描述和表达知识的多领域特性，因此，某个领域的知识通常涉及多个领域本体，信息资源集成也需要涉及到多个本体。为了在语义层面整合异构的本体数据，需要利用本体映射方法进行多领域本体语义互联。在映射过程中，领域本体自身结构的复杂性和领域本体之间的异构性，使得领域本体映射方法成为实现本体映射的难点之一。本研究提出多领域本体映射与聚类理论模型，并以该模型为指导，以药物领域本体为例，研究多个领域本体之间的映射方法，在映射的基础上，进一步实现领域本体信息的分类聚合，为数字资源的语义互联提供了新思路，为情报学领域制定信息资源集成的解决方案提供新启示。

2　国内外研究综述

国内外学者都对本体映射进行了大量的研究。英国拉夫堡大学的两位学者提出的本体映射方法使用了基于本体间的桥原理的描述逻辑。该方法利用同一性和公理的匹配找到两个本体间的一致性，不改变实体名而使用桥原理的形式来形成一个新的全局本体，这个过程可帮助我们实现本体间的互操作和更好地利用与共享数据、信息和知识[1]。当前多数的本体映射方法不能够根据本体的特征以不同方式完成不同映射任务，针对这样的问题，Wang Rujuan等提出了一种动态映射策略，该策略分析了相似的信息和实体，使用函

---

* 本文系国家社会科学基金项目"数字资源语义互联模式研究"（项目编号：10BTQ025）研究成果之一。

数决策方法来决定不同本体特征的组合权重，该方法能够保持稳定性和通用性，与此同时还能提高查全率和查准率[2]。德国的 Michael Hartung 等提出一种新的方法——COnto-Diff，以此方法来决定一个给定版本的本体间的进化映射。该方法能够通过不同的方式来定制以满足各类本体和应用的要求[3]。德国和澳大利亚的学者对本体对齐共同进行了研究，在研究中使用 MapPSO（ontology mapping using particle swarm optimisation，颗粒群最优化的本体映射）算法，解决了异构知识库支持下的语义应用的重叠识别问题，即本体对齐问题[4]。

曹锦丹等以医学领域中的公共卫生领域疫情监测本体与医学领域顶层本体为研究案例，通过基于字符串匹配与锚遍历相结合的 PROMPT 系统，探讨两个本体的语义相似性，旨在从中发现两个医学本体间的相似性特点，为医药卫生领域本体语义互操作解决方案的优化提供一定的实践基础[5]。吕刚等为提高多个本体参与的大规模本体映射效率，提出了基于概念分类的映射模型，将大映射问题转换为概念分类匹配问题，该方法在保证映射准确性的同时减少了概念比较次数，降低了复杂度，具有可行性[6]。王效岳等通过对本体概念与自然语言词汇的内在机制、两者之间的映射动机、映射模型、映射实例、映射效果及应用进行深入分析与研究，使得本体概念与自然语言词汇之间能够进行有效沟通和互操作[7]。

综上，通过本体映射能够实现不同数据库的相互理解，是解决本体异构问题并在不同本体间建立语义关联的一种有效的方法，它使用户以一种透明的方式，在多个本体中实现对知识的访问。这些方法有的侧重于算法的设计，有的在映射基点中寻找突破，有些研究实现映射的工具，但将领域本体进行映射，将映射结果进行分类聚合，将分类聚合后的信息进行知识化，提供知识服务的研究并不多见。基于此，本课题组进行本体映射与分类聚合的理论与实践研究，借此推动数字资源语义互联的研究。

3 多领域本体映射与分类聚合理论模型

本文提出的多领域本体映射理论模型涉及到多个领域本体（见图1），在领域本体的映射上，首先要找到多个本体进行映射的桥接点，用来联系多个本体；而在某一个领域本体中桥接点的寻找需要利用到本体内部提供的丰富语义关系，同时，在另一领域本体中，桥接点是找到分类聚合信息至关重要的因素。

由于本体开发的局限性，当前领域本体各有特点，例如，有的领域本体提供了分类聚合信息，而有的领域本体虽然没有分类聚合信息，却在覆盖范围上或者本体内容上与其他本体形成互补，因此，多领域本体映射理论模型充分利用不同本体的特点，通过本体映射，实现本体的分类聚合，从而节约本体开发成本，实现本体充分复用。

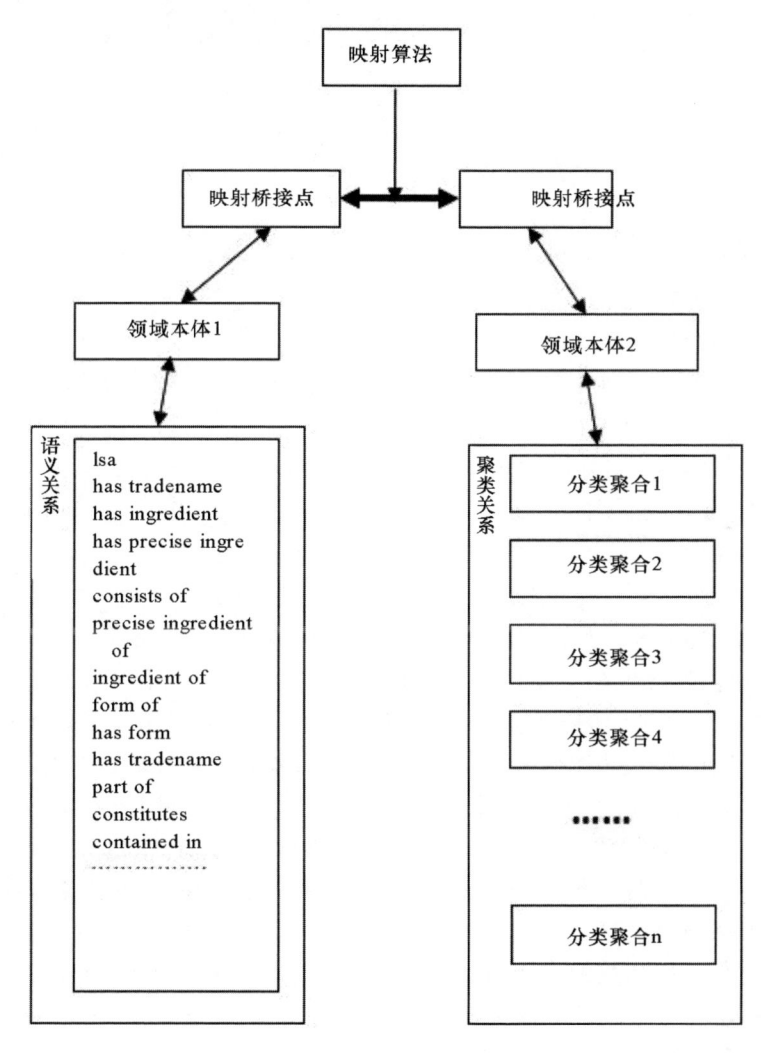

图1 多领域本体映射与分类聚合理论模型

4 多领域本体映射及语义聚合实例研究

4.1 选取的领域本体

4.1.1 RxNorm RxNorm 是美国国立医学图书馆在 2004 年发布的临床药物本体[8]。在其发布之后，RxNorm 逐渐被生物医学信息学领域公认为临床药物信息交换的新标准[9]。RxNorm 中的数据以美国国立医学图书馆默认的 RRF（rich release format）数据格式发布。RxNorm 计划收录美国境内批准使用的所有处方药物，非处方药物（over-the-counter，OTC）在能够找到其可靠信息的情况下以及出现在一体化医学语言（unified medical language system，UMLS）的其他源词表之中时，也会被收录进来。

临床药物的 RxNorm 标准名称与 UMLS 超级叙词表（Metathesaurus）内的许多其他本体的药物名称相连接，这些连接旨在促进处理临床药物相关数据的计算机系统之间的互操作性。依据 Metathesaurus 的许可协议[10]，RxNorm 中的大多数内容均可在遵循其基本和开放条款的前提下进行使用。

RxNorm 是按照概念组织的，每个概念代表了含义相同的不同形式药名的集合，本体中的每个药物概念都由一个 RxNorm 概念标示符（RXCUI）来表示，同时规范化的药物利用词汇类型（TTYs）来表示不同级别的通用药物名称与商标药物名称，并通过这些词汇类型将相关概念联系起来，见图 3A[11]。词汇类型包括商标名（BN）、语义商标药物（SBD）、语义商标药物剂型（SBDF）、语义临床药物（SCD）、药物成分（IN）、多种成分（MIN）、精确成分（PIN）、语义临床药物组成（SCDC）、语义临床药物剂型（SCDF）等。

4.1.2 美国国家药物文件—参考术语（The National Drug File-Reference Terminology，NDF-RT） NDF-RT 由老兵健康管理局（Veterans Health Administration）开发，提供药物的临床信息。NDF-RT 是 RxNorm 的数据来源之一，包含在 RxNorm 的 RRF 文件中。这个本体的主要特点在于提供了药物的不同分类信息，例如药物的作用机制（MECHANISM_ OF_ ACTION）、药代动力学（PHARMACOKINETICS_ KIND）、生理作用（PHYSIOLOGIC_ EFFECT_ KIND）等）。NDF-RT 的内容模型[12]如图 2 所示：

当前本体存在的形式有多种，包括 OWL、RDF（S）、OBO（开放生物学和生物医学本体）和 RRF（UMLS 术语格式）等。RxNorm 是 RRF 格式的本体，而 NDF-RT 的英文是"The National Drug File-Reference Terminology"，翻译成汉语即为"美国国家药物文件—参考术语"，实际上 NDF-RT 也是一个本体，有作为 OWL 形式存在的，也有 RRF 格式的。在本文研究中所用的 Rx-

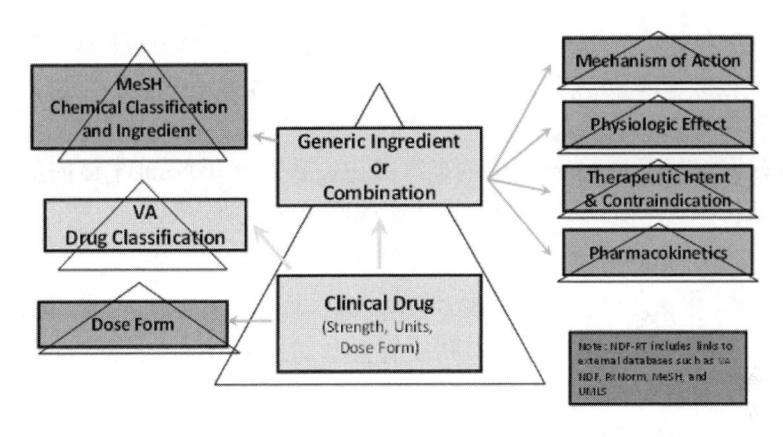

图 2　NDF-RT 内容模型

Norm 和 NDF-RT 都是 RRF 格式的本体。因此本文研究的不是本体与术语表之间的映射，而是本体之间的映射。

4.2　药物领域本体 RxNorm 与 NDF-RT 的映射及研究现状

RxNorm 既是美国国立医学图书馆（NLM）开发的一体化医学主题词表（UMLS）中超级叙词表的一个来源，又是它的一个子集（subset）。RxNorm 含有 11 个来源词表，其所覆盖的范围取决于其源词表覆盖范围的组合。如同超级叙词表，RxNorm 也反映和保持其来源术语中的含义、概念名称和各种关系。在 RxNorm 提供的 RXNCONSO.RRF 文件中，11 个来源词表（包括 NDF-RT 本体）的所有概念都被赋予了相应的 RxNorm 概念标示符，其中，相同的概念，即使来源于不同的词表，也被赋予相同的概念标示符，藉此将不同的词表中相同的概念映射起来，从使用角度来说，这种映射属于简单的映射。

虽然 RxNorm 集成了包括 NDF-RT 在内的 11 个药学数据来源词表，但是由于当前 RxNorm 本体开发的局限性，单独利用 RxNorm 提供的对源词表的集成映射信息无法实现其他 10 个来源与 NDF-RT 的映射，也无法获得 NDF-RT 特有的药物分类聚合信息。

目前国内外对 NDF-RT 和 RxNorm 本体映射的研究仅有几项。M. B. Palchuk 等人利用电子病历中的数据，将 NDF-RT 的药物树状分类组织为 RxNorm 的等级结构，此研究仅限于对临床药物进行分类[13]，没有考虑到其他的多轴等级分类，例如药代动力学。J. Pathak[14] 等人研究了利用 RxNorm 和 NDF-RT 对电子病历中的药物数据进行标识和分类，分类也仅限于临床药物的分类。J. Pathak 的另一项研究[15]利用 NDF-RT 的多轴分类对 RxNorm 中的药物进行了映射和分类，此研究主要探索了两个药物本体之间的映射，并仅仅对语义临床药物（SCD）进行了映射和分类，没有考虑到其他的药物名称，例如通用名药物。

本研究将利用 RxNorm 提供的丰富内在关系，使 RxNorm 本体内各种词汇类型的药物概念映射到NDF-RT，进而实现药物的多轴分类聚合。

4.3 RxNorm 与 NDF-RT 本体映射方法

4.3.1 本体映射资源 本研究利用2012年4月版 RxNorm 提供的两个本体文件：①RXNCONSO.RRF，包括所有来源词表中的词汇，也包括 NDF-RT 本体。②RXNREL.RRF，包括概念之间的关系，"PAR"或者"CHD"表示两个概念直接是父子关系，"ingredient_ of"或者"constitutes"表示药物具有某种成分或者构成其他药物，"has_ mechanism_ of_ action"或者"has_ physiologic_ effect"表示出药物具有的相应属性（即作用机制以及生理作用）。

4.3.2 映射步骤 第一步：提取 RXNCONSO.RRF 文件中所有概念，对这些概念进行排序和唯一化处理；第二步：将上一步中得到的概念列表作为输入文件，通过笔者所提出的算法（脚本语言 perl 编程）进行本体映射；第三步：对映射后的结果进行整理。

4.3.3 算法设计 本研究的算法包括循环运算与子程序，并利用哈希数据结构实现映射。图3显示了总体的设计思路。具体的算法如下：

｛如果 RXNREL.RRF 文件中提供的 RxNorm 与 NDF-RT 的映射可以在 NDF-RT 中找到相应的多轴分类，则利用此映射｝；

｛否则，通过 RxNorm 提供的丰富内在关系（RXNREL.RRF 与 RXNCONSO.RRF 文件）对 RxNorm 的概念进行映射，找到能与 NDF-RT 映射的桥接点｝；

｛一旦找到桥接点，可以进一步映射到 NDF-RT 中并找到相应的多轴分类（RXNREL.RRF 文件），就利用此概念进行映射｝；

｛否则，继续通过 RxNorm 提供的丰富内在关系（RXNREL.RRF 与 RXNCONSO.RRF 文件）对 RxNorm 的概念进行映射，继续寻找桥接点｝。

本算法使用了药物概念之间的各种关系，例如"ingredient_ of"、"constitutes"将不同概念归一到具有相同组成成分或者相同商标名的统一概念下，已达到寻找映射桥接点的目的；使用"PAR"来查找上级类别，并使用表示药物属性的各种关系，例如"has_ chemical_ structure"来对药物进行多维度的聚合。本实例中，RxNorm 本体中包含的全部概念数量为 321 246 个，RXNCONSO.RRF 提供了 RxNorm 与 NDF-RT 映射的部分桥接点共 41 343 个概念。

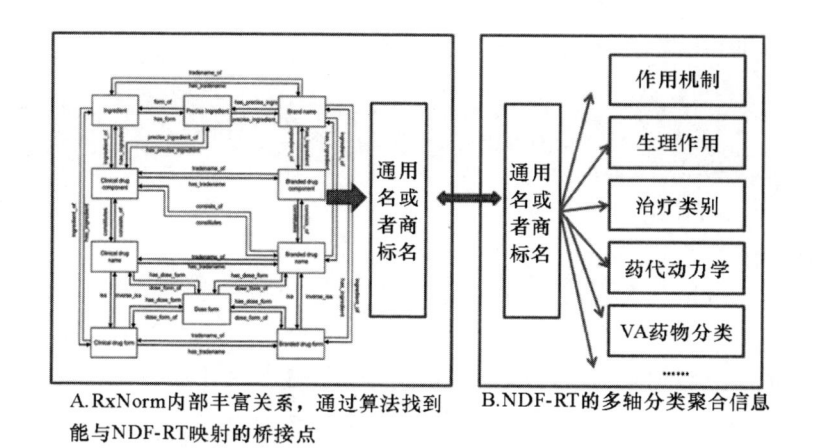

图3 RxNorm 与 NDF-RT 映射及分类聚合流程
（箭头表示映射部分）

映射的目的既包括对部分桥接点共 41 343 个概念进行进一步的分类聚合，也包括对非桥接点概念在 RxNorm 本体内进行概念映射，从而找到能进一步在 NDF-RT 中分类聚合的桥接点。根据 SKOS 映射标准，映射关系包括 skos：closeMatch 与 skos：exactMatch。当 RxNorm 内的一个非桥接点概念经过算法处理后映射到多个桥接点时，映射关系为 skos：closeMatch；当 RxNorm 内的一个非桥接点概念经过算法处理后映射到唯一的一个桥接点时，映射关系是 skos：exactMatch。

4.3.4 程序举例 本研究利用 perl 脚本语言进行编程，部分实例如下：

```
$ ingre   = shift;
$ rxn     = shift;
$ rxnorm  = shift;
local % paths;
open ( FILE, " $ rxnorm" );
while ( <FILE> ) {
chomp;
@ e = split (/\|/);
if ( $ e [11] eq " RXNORM" ) { $ type { $ e [0] } . = " +" . $ e [12]; }
if ( $ e [11] eq " NDFRT" ) {
$ ndfrt { $ e [7] } { $ e [0] } = 1;
```

```perl
$inndfrt{$e[0]} = 1;
}
}
open ( FILE, $rxn );
while ( <FILE> ) {
chomp;
@e = split (/\|/);
if ( $e[0] ne "" ) {
$orel{$e[0]}{$e[7]}{$e[4]} = 1;
}
else {
foreach $cui1 ( keys %{$ndfrt{$e[1]}} ) {
foreach $cui2 ( keys %{$ndfrt{$e[5]}} ) {
$orel{$cui1}{$e[7]}{$cui2} = 1;
}
}
}
if ( $e[3] eq " PAR" && $e[10] eq " NDFRT" ) {
foreach $cui1 ( keys %{$ndfrt{$e[1]}} ) {
foreach $cui2 ( keys %{$ndfrt{$e[5]}} ) {
next if ( $cui1 eq $cui2 );
$rel{$cui1}{$cui2} = 1;
}
}
}
}
local $check;
open (IND, $ingre );
while ( <IND> ) {
chomp;
$check = $_;
$flag = 0;
$lpath = "";
.......
```

4.4 结果展示

RxNorm 本体中包含的全部概念数量为 321 246 个，RXNCONSO.RRF 文件中所提供的 RxNorm 与 NDF-RT 映射的概念总量为 41 343 个（占总概念的 12.9%），本文提出的方法使两个本体之间映射的概念总量达到 155 006 个（占总概念的 48.3%）。在通过丰富内在关系查找后，对 155 006 个映射概念进行进一步分类聚合，结果见表 1。表 1 中，药物数量一列加和后的总量并不是 155 006 个，因为在 NDF-RT 提供的分类中，某种药物可能仅仅具有下表中的某一种或者某几种分类信息。

表 1　RxNorm 中药物在 NDF-RT 中的分类聚合信息

NDF-RT 中的分类	RxNorm 的药物数量（个）
VA 药物分类	87 982
治疗类别	33 329
生理作用	7 989
作用机制	8 061
有效成分	9 813
化学成分	9 331
FDA 药理学分类	3 049
药代动力学	730

5　结语

本文提出了一种多领域本体映射与分类聚合理论模型，并以药物领域本体为例进行了实证研究，研究结果证明该模型不仅具有可行性，也显示出其对多本体能够充分复用的实践价值；该理论模型也将在语义层面上进一步深化信息资源的知识组织方法，促进数字资源语义体系的构建。模型的不足之处在于，理论模型的使用是以现有本体为基础的，因此现有本体中的概念关系以及分类聚合信息的不足将最终影响本体映射分类聚合的效果。另外，领域本体的其他特性也可能是改善知识组织方法的因素，因此，未来研究中应对领域本体进行更全面的调研，抽取有效的共有特征，促进模型的完善。

实例研究中，本文提出了领域本体映射及信息分类与聚合的一种新方法。实现本体映射以及对药物信息的分类与聚合将为药物相关知识决策和推理支持提供前提条件，同时也是构建领域知识库的重要基础，对于进一步针对药物的作用机制、药代动力学及生理作用等方面的深度数据挖掘具有重要意义。

参考文献：

［1］ Kumar S K,Harding J A. Ontology mapping using description logic and bridging axioms［J］. Computers in Industry,2013,64(1):19 – 28.

［2］ Wang Rujuan, Wang Lei, Liu Lei, et al. Combination of the improved method for ontology mapping［EB/OL］.［2013 – 06 – 21］. http://www. sciencedirect. com/science/article/pii/S187538921200781X.

［3］ Hartung M,Groβ A,Rahm E. COnto-Diff:Generation of complex evolution mappings for life science ontologies［J］. Journal of Biomedical Informatics, 2013,46(1):15 – 32.

［4］ Bock J,Hettenhausen J. Discrete particle swarm optimisation for ontology alignment［J］. Information Sciences,2012,192(1):152 – 173.

［5］ 米杨,曹锦丹. 基于 PROMPT 的本体映射实例分析［J］. 情报学报,2010,29(6):987 – 991.

［6］ 吕刚,郑诚,胡春玲. 基于概念分类的多本体映射方法研究［J］. 计算机应用研究,2011,28(9):3335 – 3337.

［7］ 王效岳,胡泽文,白如江. WordNet 与 SUMO 本体之间的映射机制研究［J］. 现代图书情报技术,2011,27(1):22 – 30.

［8］ An Overview of RxNorm［EB/OL］.［2012 – 06 – 15］. http://www. nlm. nih. gov/research/umls/rxnorm/overview. html.

［9］ Zhou Li, Plasek J M, Mahoney L M, et al. Mapping partners master drug dictionary to rxNorm using an NLP-based approach［J］. Journal of Biomedical Informatics, 2011,45(4):626 – 633.

［10］ NLM. UMLS 许可协议［EB/OL］.［2012 – 09 – 15］. http://www. nlm. nih. gov/research/umls/license. html.

［11］ Peters L, Bodenreider O. Using the RxNorm Web services API for quality assurance purposes［EB/OL］.［2013 – 06 – 21］. http://www. ncbi. nlm. nih. gov/pmc/articles/PMC2656097/.

［12］ National Drug File-Reference Terminology (NDF-RT™) Documentation［EB/OL］.［2012 – 06 – 12］. http://evs. nci. nih. gov/ftp1/NDF-RT.

［13］ Palchuk M B, Klumpenaar M, Jatkar T, et al. Enabling hierarchical view of RxNorm with NDF-RT drug classes［EB/OL］.［2013 – 06 – 21］. http://www. ncbi. nlm. nih. gov/pmc/articles/PMC3041416/.

［14］ Pathak J, Murphy S P, Willaert B N, et al. Using RxNorm and NDF-RT to classify medication data extracted from electronic health records:Experiences from the rochester epidemiology project［EB/OL］.［2013 – 06 – 21］. http://www. ncbi. nlm. nih. gov/pmc/articles/PMC3243205/.

[15] Pathak J, Chute C G. Analyzing categorical information in two publicly available drug terminologies: RxNorm and NDF-RT[J]. Journal of the American Medical Informatics Association, 2010,17(4):432-439.

作者简介

王丽伟,吉林大学公共卫生学院副教授、博士研究生,梅奥医学中心访问学者;王伟,吉林大学公共卫生学院教授,博士生导师,通讯作者,E-mail:w_w@jlu.edu.cn;高玉堂,长春市妇产医院院长,副主任医师;刘宏芳,梅奥医学中心副教授,临床自然语言处理项目主任,博士。

专题3：面向下一代知识服务的图书馆资源整合与检索研究

序

汪东波

研究馆员，国家图书馆研究院院长，中国图书馆学会学术研究委员会副主任兼信息组织专业委员会主任、全国图书馆标准化技术委员会副主任委员、全国文献信息标准化技术委员会委员兼第九分会主任委员、《中国图书馆分类法》编委会副主任委员兼主编。主要研究领域：信息资源建设、知识组织、图书馆标准化建设等。E-mail：wangdb@nlc.gov.cn。

当今时代，图书馆以其海量的文献与信息收藏以及不断进步的文献与信息组织加工技术，继续在文献、信息与知识服务领域占据重要位置。然而，随着现代网络信息技术的进一步发展，信息需求方式多样化与信息提供便捷性要求不断提升，原本专属于图书馆巴别塔的信息收集与组织加工工作向更广的社会空间拓展：Google等搜索引擎发起的信息获取革命方兴未艾，Twitter等社交网络又将草根网民拽入知识发现的浪潮。图书馆人突然意识到，这个行业下一步的发展已经走到一个十字路口，继续占据主导位置还是被边缘化？这是一个问题，一个生存与发展的问题。值得庆幸的是，无论是出于主动抑或不得已，已经有越来越多的研究开始重新思考知识资源的整合揭示与发现服务，知识本体、语义网、关联数据等新的理论在图书馆工作中得到应用，包括推动信息组织与加工描述系列标准的更新换代，进行图书馆资源检索系统的升级改造，以及与社会化信息服务机构展开深入的交流与合作等。武汉大学董慧教授关于数字图书馆本体检索模型的研究、上海图书馆刘炜博士关于关联数据理念在图书馆知识组织中应用的探讨、武汉大学邱均平教授关于可视化知识图谱的研究以及中国科学院文献情报中心、中国科技信息研究所等14家单位联合开展的"面向外文科技文献信息的知识组织体系建设与应用示范（STKOS）"等都是比较具有影响的研究项目与研究成果。

在综合梳理了国内外相关领域研究与实践成果的基础上，2011年9月，邱均平教授以"基于语义的馆藏资源深度聚合与可视化展示研究"为题，申请国家社会科学基金重大招标项目并获准立项，重点研究图书馆馆藏数字资源的语义化加工整合和可视化展示的相关问题。为了在具体的实践工作中对课题研究过程进行全面检验，同时充分发挥研究成果对实践工作的指导作用，项目分别以公共图书馆和高校图书馆为例，设立了专门的实证研究子项目。其中，公共图书馆实证部分由国家图书馆研究院汪东波院长主持。国家图书馆在馆藏资源数字化加工描述及知识组织与整合揭示领域的研究起步较早且已有研究成果应用于实践。2011年，国家图书馆依托全国图书馆标准化技术委员会，将国家数字图书馆工程一批17项数字资源组织加工与整合揭示相关标准成果成功立项为文化部行业标准，并于2012年和2013年陆续完成了这些标准的审核发布工作；同年，数字图书馆推广工程支持的全国公共图书馆元数据仓储建设项目正式启动，通过数据转换、清洗、装载等程序，实现了对各类外购数字库资源元数据的整合，同时通过标准化建设等方式，实现对各级公共图书馆自有版权数字资源元数据的整合；2012年，国家图书馆在积极跟踪国际知识组织领域最新研究与实践进展的基础上，邀请国内外知名专家围绕数字环境下图书馆资源整合揭示与检索发现的新要求和新举措进行深入研讨；同年9月，国家图书馆"文津"搜索系统上线试运行，在对国家图书馆馆藏各类型文献资源、全国联合编目系统书目信息资源以及数字图书馆推广工程中各级公共图书馆自建或联建的数字资源进行全面整合的基础上，初步实现了检索结果的多维聚类和导航，以及面向各类社会化信息服务机构的开放合作与共享。

  本专栏的3篇文章，从不同侧面对国家图书馆近年来上述领域的部分主要成果进行了初步的梳理和介绍，包括资源整合与检索系统的建设和发展、馆藏方志资源知识聚合服务的探索与实践以及对关联数据在图书馆书目组织工作中应用的思考与分析等。这些研究，来源于国家图书馆的具体业务实践，具有一定的探索性和较强的实践性，是我们继续深入开展下一步课题研究工作的基础。希望借《图书情报工作》杂志提供的平台，与业界同行进行交流和探讨，推动基于语义的馆藏资源深度聚合与可视化展示这一研究与实践领域的进一步发展。

略论图书馆资源整合与检索系统的发展[*]

——以国家图书馆"文津"搜索系统为例

申晓娟 李丹 王秀香

(国家图书馆)

近年来,随着网络化、数字化环境的形成以及信息技术的发展,图书馆正在向大规模数字化方向发展,图书馆的资源、技术和服务将随之发生新一轮变革,图书馆面临着资源复杂性和需求迫切性的矛盾和挑战。为此,国内外图书馆在资源的组织加工和检索利用方面做了很多深入的探索和实践,一方面,图书馆致力于改造和优化原有的资源检索系统,使其界面友好性、易用性及快速响应能力不断提高;另一方面,图书馆也越来越重视提升资源的组织加工质量,推进图书馆资源组织逐步实现从基于记录单元的简单著录到基于知识单元和语义关联的深层次揭示,并在此基础上实现各种来源、各种类型资源的深度整合,从而从根本上提升资源检索系统的检索效率。本文将以国家图书馆"文津"搜索系统为例,结合国内外图书馆在资源整合与检索系统方面的最新发展,对图书馆资源检索系统与图书馆资源整合工作的关系进行简要分析,并以此为基础,对上述两方面的研究和实践在未来一段时期内的发展方向做一初步探讨。

1 图书馆资源检索系统的发展

图书馆资源检索系统已由最初的 OPAC 系统发展到现在的知识发现系统,从资源检索方法以及图书馆资源整合方法的角度分析,它大致经历了以下 4 个阶段:

1.1 逐一检索阶段

在图书馆资源检索系统发展的初级阶段,各类型资源处于分布存储的状

---

[*] 本文系国家社会科学基金重大项目"基于语义的馆藏资源深度聚合与可视化展示研究"(项目编号:1182D152)和国家科技支撑计划课题"文化资源服务平台解决方案及标准研究"(项目编号:2012BAH01F01)研究成果之一。

态，图书馆各类数据库检索系统之间以及它们与图书馆 OPAC 系统之间都是相互独立的，用户需要根据自己的需求，逐一向这些相互独立的资源系统发送检索请求，并对各资源系统返回的检索结果进行人工整理和分析。在这种检索环境下，检索过程不仅耗时耗力，而且很容易因为对图书馆资源情况缺乏全面、系统的了解而造成对重要资源内容的漏检。因此，在这一时期，一些图书馆也尝试建立基于学科或主题的资源导航，以帮助用户更好地了解和利用图书馆的各类资源。

1.2 联邦检索阶段

联邦检索阶段也称跨库检索阶段，图书馆建立统一的检索平台，代理用户的检索需求，面向各资源系统分别发送检索请求，并对各资源系统返回的检索结果进行自动去重和相关性排序等操作，然后统一返回给用户。联邦检索需要在异构数据库之间进行数据交换与互操作，因此必须遵循一定的数据交换与互操作标准，如 Z39.50 协议等。在联邦检索环境下，对检索结果的全面性产生决定性影响的，不再是用户对图书馆资源的认知程度，而是联邦检索平台对各类数据库系统的集成程度。但是由于联邦检索系统仅仅是以自动化处理的方式来模拟用户逐一检索的过程，其检索效率仍然比较低。

1.3 基于元数据仓储的整合检索阶段

为了解决联邦检索效率偏低的问题，同时伴随着元数据理论与实践发展的逐步成熟，近年来，国内外图书馆开始探索新的基于元数据仓储的整合检索模式。其工作原理类似于谷歌等网络搜索引擎，元数据仓储即相当于搜索引擎的索引数据库。仓储平台通过元数据交换协议，将各类资源系统中的元数据信息集中收割起来，并根据统一的元数据标准进行预处理，存储在本地，同时建立与相应资源系统之间的映射。用户进行检索时，只需在本地仓储库中进行匹配，确认检索结果与其实际需求相匹配时，才向相应的资源系统提交资源获取请求。元数据仓储的优点是收集元数据全、更新快，数据经过收集转换后不仅格式统一，而且结构清晰，可以按照需求建立各种分类体系，或者按照更高级的知识本体对数据进行再组织和管理[1]，因而不仅可为用户提供一个简洁易用的检索界面并大大提升检索系统的响应速度，也有利于在结构化数据仓储的基础上进一步开展数据挖掘和知识发现等深层次服务。

1.4 基于语义关联的资源发现阶段

进入到语义网时代，资源描述更进一步深入到内容层面，通过各种可识别的人际关系和数据关联来建立知识之间的关联；与此同时，资源检索技术也更进一步强调对知识之间内在关联的挖掘，从而提供适应用户环境与用户需求的个性化知识服务。这一时期，传统资源检索开始向新型资源发现转型。新型发现系统不仅在检索内容方面更加深入，同时在检索结果的表现形式上也进行了多重创新，包括构建个人知识环境和进行可视化表达等。例如，大英图书馆于2012年1月推出的"发现大英图书馆"（Explore the British Library）系统[2]，不仅可以按照资源类型、作者、主题、出版社、语言等不同角度为用户聚合相关检索结果，同时还在资源检索页面提供各种关联资源链接，此外，该系统还允许用户为资源记录添加标签和评注，一方面，用户可以在自己的个性化工作空间（My Workspace）中根据自己的标签和评注进行资源管理，另一方面，这些标签和评注也将成为图书馆资源记录的一部分，可以供其他用户在资源检索和获取时参考使用。另外，2013年5月上线的"台湾书目整合查询系统"（SMRT）还提供可视化的关键词关联浏览功能[3-4]。

2 图书馆资源整合及其对检索系统效能的影响

图书馆资源整合，就是将各种载体、各种来源的信息资源，根据用户需要，依据一定的原则，进行评价、组织和揭示等，重新组合成一个效能更高的信息资源体系，使人们能够通过统一的检索平台查找和获取相关信息资源[5]。姜爱蓉等人指出[6]，图书馆对资源整合的期望可以归纳为7个方面：①帮助用户准确地利用最有用的目标内容；②针对分布异构数字资源进行跨库检索；③检索结果的灵活管理和输出；④实现一步到位的获取服务；⑤提供最恰当的链接；⑥目标资源的分级访问和授权用户的管理；⑦提供灵活、方便的个性化服务。由此可见，图书馆资源整合的最终目的是服务于基于资源检索与获取的各类信息和知识服务。在图书馆服务活动中，资源整合与资源检索是互为表里的两个层面：资源整合是底层，是资源检索系统建设的基础；资源检索系统是窗口，是用户使用资源的信息门户，是网络环境下图书馆资源和服务的综合体现。

近年来，信息技术的发展、用户信息需求的变化、图书馆服务内容激增和服务能力的提升，使图书馆资源整合经历了一个由内而外、由浅入深的过程，对图书馆资源检索系统的发展带来了革命性的影响。

2.1 整合范围不断拓展，提升了检索系统查全率

从资源整合的内容范围来讲，图书馆资源整合的变化主要体现在4个方面：①图书馆的在线联机查询目录（OPAC）从最初的书刊目录逐步拓展到将图像、声音、视频等各种载体类型文献目录包含在内；②在分布异构数据库资源的整合方面，逐步实现了基于数据交换和互操作协议的统一调用和基于

元数据的集中仓储管理；③随着数字资源不断丰富并成为图书馆馆藏中的重要组成部分，传统介质馆藏与数字资源之间的融合发展也开始从理论走向现实，OPAC系统与数字资源检索系统的整合检索已逐步实现；④在网络化环境下，进一步实现了馆内资源与其他图书馆资源甚至互联网资源的整合利用。

资源整合范围的不断拓展，直接带来了资源检索系统检索范围的拓展。在资源充分整合的基础上，检索系统可以实现对多种来源、多种类型资源的一站式检索，从而避免了由于用户掌握信息不充分，或对各类资源检索系统的检索策略不熟悉等原因造成的缺检、漏检，使系统的一次性查全率得到明显提升。与此同时，越来越多的检索系统对用户公开其检索范围，并允许用户在可检范围内进行自由选择，从而有效提高了检索过程的透明度，进一步节省了用户的时间，优化了用户的检索体验。

2.2 整合层次不断深化，提升了检索系统查准率

在资源整合的深度方面，图书馆资源整合的发展经历了以下阶段：

首先是在传统图书馆发展阶段，基于文献实体的载体类型等外部特征进行整合，典型代表就是按资源类型规划的书库和阅览室布局。在此基础上，各类型载体文献通常又依据一定的学科分类进行整合，具体体现为传统书库的分类排架等。通过上述整合过程，图书馆为用户有针对性地寻找自己所需的文献提供了有限的帮助，其中仍需在很大程度上依赖用户对图书馆资源分类组织体系的认知和了解。同时，由于传统文献具有内容和载体不可分离的特性，这一时期的资源整合通常是单一维度的，不能充分满足用户多元化的信息需求，特别是随着跨学科知识的不断发展，其局限性也越来越明显。

进入数字化时代，图书馆资源揭示也随之实现了数字化，在书目信息层面的资源整合也得以突破资源类型、学科分类的局限，进一步从责任者、主题词、出版年等多个不同维度进行整合揭示，检索系统因此也可以根据用户的不同需求，选择不同的维度对检索结果进行筛选和排序。在此基础上，图书馆资源揭示的内容也逐步从上述外部特征深入到文献内部的知识单元，并不断细化。资源整合系统因而得以对各类型资源的内容进行更加深入的挖掘和分析，在资源之间建立起更加丰富的关联，包括二次文献与一次文献的关联、共引和同被引关联、共现作者关联、共现主题词关联等，从而形成一个更加立体、多元的知识网络。基于这一知识网络，一方面，检索系统可以在检索过程中给予用户更多的引导，帮助其更加有针对性地查找所需资源；另一方面，系统在返回检索结果的同时，还可以基于语义关联，有效地清除歧义数据，向用户更加直观地展示检索结果之间的关联关系，帮助其更加精准

地定位所需资源。

2.3 整合技术方法不断更新，提升了检索系统响应速度

图书馆资源整合技术首先经历了从人工组织到自动化处理的过程，相应地，检索系统的发展从传统的卡片目录和辅助索引翻检到实现了自动化检索，其检索效率的提升是显而易见的。进入自动化处理阶段以后，资源整合又经历了从系统层面的技术整合到资源层面的内容整合的过程。所谓系统层面的技术整合，实际上并不是真正意义的资源整合，而是在检索过程中，由检索系统对检索过程进行的整合，在为用户返回检索结果时实现表面的资源整合，与之相对应的检索系统发展阶段为联邦检索阶段。资源层面的内容整合，则是在检索过程之前，对资源内容进行重新组织、加工，实现聚合、分类、关联等体系化、网络化的整合过程，包括基于元数据的内容整合，如元数据仓储建设；基于语义关联的内容整合，如各种类型的本体知识库建设等。关于联邦检索与基于元数据仓储的整合检索在检索效率方面的区别，前文已详，不赘述。

基于知识关联的内容整合对资源检索效率的影响是两面的：一方面，资源之间日益丰富的关联关系，在检索过程中需要发挥其效益，则必然会给资源检索系统带来新的负担；另一方面，在海量信息环境中，资源间的关联关系又能够帮助系统及用户更加有效地排除无关信息干扰，从而在一定程度上提高整个检索过程的实际效率。为了更好地发挥资源间关联关系在这方面的效用，黄莉在其博士论文中提供了一种基于语义关联的重复数据清理技术，通过数据之间的语义关系来检测数据之间的重复性、区分模糊信息、过滤掉不相干的数据，以解决去重过程中大规模数据降低检测效率的问题[7]。

3 "文津"搜索系统的功能特点及其资源整合基础

国家图书馆"文津"搜索系统[8]（http：//find.nlc.gov.cn）于2012年9月29日上线试用。该系统由国家图书馆自主开发，以避免直接采用商业化检索系统带来的定制性不够等问题，也为在数字图书馆推广工程中将这一系统复用到全国各级公共图书馆奠定了基础。

3.1 "文津"搜索系统的功能特点

"文津"搜索系统在全面整合国家数字图书馆通过自建、购买、征集、采集、受赠等各种方式所获取的数字资源的基础上，致力于向用户提供一个统一、实时、高效、精准的数字图书馆数字资源元数据搜索服务平台，其功能特点主要包括以下几个方面：

3.1.1 海量资源的一站获取 "文津"搜索系统借鉴谷歌等网络搜索引擎，采用简约的单框检索入口，用户输入一次检索词，即可实现对系统内所有资源的一站式检索，其可检内容除了国家图书馆原 OPAC 系统内各类型书刊文献资源以外，还涵盖了国家图书馆各类中外文自建和外购数据库资源。其一般检索以从各资源系统采集和收割的近 2 亿条元数据本地仓储为基础。与此同时，系统仍然提供基于联邦检索技术的"整合检索"，面向部分尚未实现元数据统一收割的外购数据库进行补充检索。检索结果与国家图书馆的各类资源系统实现了无缝整合，用户可以通过检索结果界面直接预约、续借本馆馆藏信息，直接获取各类自建或外购数据库系统的全文信息，或直接向全国联合编目系统中的成员馆发送馆际互借或文献传递请求等。在检索结果的详情页面，系统还提供书封、摘要、目次等详细信息，其中部分书封和目次信息来自当当、豆瓣、京东、China-pub 等图书服务网站。此外，为了进一步满足用户同步获取相关网络资源的需求，系统还提供了面向谷歌、百度等外部搜索引擎的延伸检索链接。

3.1.2 检索结果的多维聚类与导航 "文津"搜索系统主界面除提供一站式检索入口以外，也提供按图书、古文献、论文、期刊报纸、多媒体、缩微文献、文档和词条等文献类型聚类的分类检索；在"文津"搜索系统结果列表页中，还提供了文献类型、年份、著者、语种、来源数据库等多维度的导航选项，用户可以通过这些导航选项进一步缩小检索范围，实现基于不同需求的检索结果聚类显示。另外，在国家数字图书馆的海量数字资源中，针对同一内容经常存在多个版本或多种载体类型的情况，为减少检索结果的重复，系统按照一定的规则对检索结果进行合并（目前主要是按同一作者合并），仅显示其中部分主要条目信息，被合并的其他条目则可以通过点击"查看其他版本或格式"来查看。与此同时，系统还提供基于馆藏位置信息的导航功能，包括对国家图书馆内部馆藏的架位导航服务以及联合编目成员馆馆藏信息的可视化地图展示服务，并有望在近期实现基于 GPS 的最近馆藏地推荐。

3.1.3 检索服务的个性化定制与推送 "文津"搜索系统为用户提供个性化的搜索服务。一方面，用户可以在"我的检索历史"中查看自己历次检索所使用的检索词、检索字段以及检索的执行时间等信息，同时可以在"我的搜索设定"中对网页显示语言、检索结果每页显示的条目、是否展现封面信息、是否保存检索历史以及用户职业信息和兴趣爱好等选项进行设定；另一方面，系统通过深入的数据挖掘，对用户的检索行为进行分析，建立基于元数据的文献相似模型，为用户提供相关文献推荐、相似文献推荐和个性化文献推荐功能。例如，系统通过对用户历史检索词及系统规范词库的分析，在检索页面底端提供"相关搜索"选项，以帮助用户进一步明确自己的检索词。

3.2 "文津"搜索系统的资源整合基础

3.2.1 基于OPAC的馆藏印本文献与数字资源整合 OPAC是图书馆最先引进的自动化系统，通过多年的使用、宣传，已成为读者最熟悉、最常用的图书馆资源检索工具[9]，拥有强大的资源基础、稳定的系统保证、成熟的用户需求和灵活的系统架构等优势[10]，因而成为数字时代图书馆整合馆藏印本文献与新兴数字资源的首选平台。国家图书馆也在这一时期积极开展了基于OPAC系统的馆藏资源整合。具体而言，主要是将各类外购或自建数字资源的书目数据与系统中已有的印本文献书目数据进行匹配和转换，实现基于MARC格式的整合揭示，从而提供符合读者使用习惯的馆藏资源检索途径，使用户在OPAC系统进行检索时，可以以结构化的方式同时获得相应的印本文献和电子资源信息。只莹莹等人对国家图书馆OPAC资源整合的规则和实现过程进行了详细阐释[11]。

3.2.2 全国图书馆联合编目系统的发展 1997年10月，在全国越来越多的图书馆开展计算机编目的背景下，国家图书馆成立了全国图书馆联合编目中心，在全国范围内组织和管理图书馆联机联合编目工作，逐渐实现了全国各级公共图书馆书目资源的共建、共知与共享。2011年，该中心通过在国家数字图书馆工程中专设全国图书馆联合编目系统子项目，建设了新一代书目信息共知共享平台——全国图书馆联合目录。截至2013年5月，该中心已拥有成员馆1 336家，分中心25家；全国图书馆联合目录面向全国征集中外文书目数据总量达919万余条，涵盖图书、期刊、报纸、学位论文、音像资料、电子资源等多种文献类型、多种载体形式和中、英、俄、日等80余个语种；联合馆藏总量达2 508万余条。此外，全国图书馆联合编目中心还于2008年开始与OCLC共享书目资源，进一步补充了中心的书目信息[12]。这些书目资源依据统一的编目规则进行标准化加工，无须进行二次处理即可直接实现整合检索，已成为"文津"搜索系统最重要的资源基础之一。

3.2.3 面向数字图书馆推广工程的元数据仓储建设 推广工程的元数据仓储建设于2011年正式启动，分别通过元数据采集和自建资源登记的方式对各类中外文外购数据库和各级公共图书馆自建数字资源的元数据进行整合。截至2012年6月底，国家图书馆元数据仓储共收集到44个中文数据库的1.1亿条元数据和16个外文数据库的249万条元数据。2012年，国家图书馆还启动了公共图书馆自建资源登记项目,截至当年6月底,共完成32家图书馆137个自建数据库共计约10万条元数据的登记工作。其中,外购数据库资源的元数据主要通过数据转换、清洗、装载等程序实现整合,而各级公共图书馆自建资源的元数据则主要通过预先设定的标准规范(《全国公共图书馆自建数字资源登记元数据规范》等)实现整合[13]。

3.2.4 与外部网络信息服务机构的合作 除了与各级公共图书馆积极开展合作以外,在网络环境下,国家图书馆也日益重视与提供同类服务的网络信息服务机构,如豆瓣、当当、卓越等图书服务网站的合作。在2009年推出的新版OPAC系统中,已经将这些网站提供的资源链接成功嵌入到相关书目检索结果页面中。与此同时,系统还实现了对部分网站的书封、内容目次等信息的自动爬取,为进一步丰富"文津"搜索系统的检索结果提供了条件。

4 关于图书馆资源整合与检索系统未来发展的思考

综上所述,经过数十年的发展,图书馆资源整合的广度、深度以及整合过程中所采用的技术方法都实现了较大飞跃,从而推动图书馆资源检索系统在检全率、检准率以及检索效率方面不断提升,图书馆用户的检索体验也随之不断完善。但是,在现代信息处理技术进一步向纵深发展,以及用户在知识经济时代信息需求的进一步提升,包括国家图书馆在内的各级各类图书馆在资源整合与检索方面仍然需要进行与时俱进的战略思考和实践探索。

首先,在基于元数据仓储的资源整合层面,元数据采集的完整性仍然受到部分数据库商自我保护意识的制约。以国家图书馆的元数据仓储为例,截至2011年底,获得元数据的中外文数据库占购买数据库的比例分别仅有44.5%和13.8%[13],远远不能实现基于元数据仓储对所有外购数据库资源的整合检索。因此,图书馆一方面仍然需要就元数据采集的相关问题与数据库商之间进行更加深入的交流与协商;另一方面也需要进一步研究其他可行的元数据获取策略,包括与Primo、Summon、EDS等商用元数据仓储检索平台寻求某种程度的合作等。

其次,在基于语义关联的资源发现层面,目前有关的实践应用尚处在研究探索阶段,虽然前文提及的"发现大英图书馆"、"台湾书目整合查询"等系统已经在这方面进行了初步的尝试,但其揭示的知识关联还比较有限,大多仍止步于同类型、同作者、同时期、同来源等外部特征的简单关联揭示,与EBSCO、CNKI等商用数据库提供的共引与同被引关联、同主题与相关主题关联、作者族群关联等深层次关联揭示以及用户实际所期待的基于知识单元的细粒度内容关联揭示相比,还存在较大差距。因此,图书馆一方面需要进一步吸收借鉴各类商业机构的经验,继续推进基于语义关联的资源整合与数据挖掘技术的研究与应用,另一方面也可尝试利用 Web 2.0 的技术理念,将用户的社会属性融入资源整合与检索系统中,突破图书馆固化知识体系的局限,通过各种可识别的人际关系,结合用户的检索偏好等行为信息,建立起更加有针对性的、个性化的知识关联。

此外,随着 Web 2.0 技术的进一步普及,用户在信息社会中的角色更加多元,将越来越多地影响信息资源生产、传播、利用的全过程。因此,在图书馆的资源整合与检索过程中,更加广泛地将用户作为一种资源纳入视野是必要的。前文已经提到,可以利用用户的社会属性和信息行为信息,建立更加有针对性的知识关联;与此同时,用户在信息利用过程中对信息做出的评价以及基于该信息进行知识再创造的过程及其成果,都将成为图书馆资源整合的重要内容,并在资源检索过程中为具有某种同质性的用户提供参考借鉴,从而帮助其他用户提升检索的针对性。这些都值得图书馆在未来进行更加深入的研究和探索。

参考文献:

[1] 徐荣华. 基于元数据的资源整合应用[J]. 图书馆杂志,2012(4):67-73.

[2] British Library. Explore the British Library [N/OL]. [2013-08-08]. http://www.bl.uk/catalogues/search/catfaqs.html.

[3] "台湾书目整合查询系统"正式上线[EB/OL]. [2013-05-21]. http://enews.ncl.edu.tw/.

[4] 台湾书目整合查询系统[EB/OL]. [2013-05-21]. http://metadata.ncl.edu.tw/blstkmc/blstkm#tudorkmtop.

[5] 陈定权,刘胜,莫秀娟. 基于 OPAC 的图书馆资源整合探析[J]. 图书馆建设,2008(11):43-46.

[6] 姜爱蓉,黄美君,窦天芳. 数字资源整合与信息门户建设——清华大学图书馆的探索与实践[J]. 现代图书情报技术,2006(11):2-6.

[7] 黄莉. 基于语义关联的重复数据清理技术研究[D]. 武汉:华中科技大学,2011.

[8] 文津搜索[OL]. [2013-08-12]. http://find.nlc.gov.cn/.

[9] 金岩,于静. 基于 OPAC 的资源整合研究[J]. 图书馆杂志,2009(2):27-30.

[10] 江波. 论基于 OPAC 的信息资源整合[J]. 图书馆论坛,2005(2):139-141.

[11] 只莹莹,刘金哲,张红,等. 国家图书馆 OPAC 资源整合应用实践[J]. 图书情报工作,2012,56(S2):100-102,124.

[12] 屈菡. 书目信息共建共享 助力图书馆高速发展——全国图书馆联合编目中心发展纪实[N/OL]. 中国文化报,2013-06-12(3). [2013-08-12]. http://news.idoican.

com. cn/zgwenhuab/html/2013 - 06/12/content_4898347. htm? div = - 1.

[13] 梁蕙玮,萨雷. 数字图书馆推广工程面向数字资源整合的元数据仓储构建[J]. 国家图书馆学刊,2012(5):27 - 32.

作者简介

申晓娟,武汉大学信息管理学院博士研究生,国家图书馆研究院副院长,研究馆员,E-mail:shenxj@nlc. gov. cn;李丹,北京大学信息管理系博士研究生,国家图书馆馆员;王秀香,国家图书馆助理馆员。

基于地方志资源的知识聚合服务系统构建[*]

李春明　萨蕾　梁蕙玮

（国家图书馆）

国有史，地有志，家有谱，方志记述了特定时期内某一地区社会生活等各方面情况，其内容涉及有关自然、社会的各类历史文献资料，包括了各地区的疆域、气候、山川、物产等地理资料，涵盖户口、人物、赋税、艺文等人文历史各方面的记载，是地方的百科全书，一地之全史，历来被誉为具有"资治、教化、存史"的功能。据1985年《中国方志联合目录》记载，我国现存旧方志8 264种，占全部古籍总数的10%。

近年来，各方志文献收藏机构开始对方志进行数字化建设，以更好地保存与利用方志。与印本相比，在对文献各种粒度的知识进行深度挖掘、提供知识聚合服务方面，数字文献具有得天独厚的优势。因此，在这一大的发展趋势下，图书馆应注重数字方志知识体系的建设，构建多层次的知识聚合服务系统，为用户提供更优质的知识服务，使方志的价值得到充分利用。

1　方志资源知识聚合需求分析

目前图书馆对馆藏方志资源的组织与利用均是基于书目数据库的建设，书目数据产生于对印本文献的编目，在大量的数字资源成为编目对象时，书目数据暴露出一些弱点，导致对文献的整合得不到进一步的深化，无法提供知识关联与聚合服务，这样蕴含在文献中的知识价值不能被呈现。

1.1　需要知识间多维度关联的揭示

知识是由众多结点（即知识因子）和结点间联系（即知识关联）两个要素组成的[1]。知识关联具有重要的作用，从知识角度看，知识关联在产生新

---

[*] 本文系国家社会科学基金重大项目"基于语义的馆藏资源深度聚合与可视化展示研究"（项目编号：11&ZD152）研究成果之一。

知识、形成新文献中起重要作用，是使知识有序化的必要条件[2]；从用户角度看，用户不仅希望检索到某个具体的文献，更希望获得跨学科、跨领域、跨文献类型的知识发现服务，这一需求必须基于知识关联实现。目前对数字方志进行整合主要是基于书目数据对文献间的关系进行揭示，没有深入到内容层面进行对知识的表示与组织，缺乏对知识之间各种维度关联的揭示，无法实现语义层面上的知识聚合，难以形成多维度揭示。

1.2 需要立体的知识网络

知识网络的结构是多层的、立体的，从"网络说"（对知识网络进行研究的一种学术派别）的认识角度看，知识分为知识因子（元素组）、知识因子（个体级）、知识因子（单元级）、知识网络（个体）、知识网络（群落）几个层次，以知识元（素）为最小的知识结点，依靠知识关联，逐层扩展，最终形成立体的知识网络。只有当知识结构进化为网状的具有各种关系的概念群时，才能够支持对知识的深度聚合。基于书目数据形成的知识结构是线性的、等级式的，在信息资源向数字化、网络化发展的环境下，无法满足用户的多元信息需求。

1.3 需要语言自动分析技术在方志资源组织中的应用

旧方志所用的文字非常庞杂，书写也不规范，存在大量异体字、集外字等，在旧志的人名、地名、物产、方言、乐谱、图例、金石等部分中也有大量罕用字。因此，要对方志文献的内容进行知识的提取、聚合必须对自动分析技术进行深入的研究。由于还未对数字化后的方志中的内容进行深入的挖掘和分析，因此，对自动分析技术在方志文献整合中的应用还缺乏研究与实践。

1.4 需要适用于数字资源组织的工具

书目数据的规则与结构的设计主要是基于手工编目的需求，在对数字资源进行组织时，存在着一些天然的缺陷，如：只能支持基于词形匹配的检索，而不支持智能推理；书目数据只是作为原始文献的替代物，无法通过对知识的自动学习发展出新知识，完成自身的进化等，因此，并不适用于数字资源的组织，需要开发更适用于数字资源的知识组织工具。

2 方志资源知识聚合方法分析

方志资源理想状态的知识聚合是实现系统的、立体化的、全方位的融合、类聚，在多个独立的个体间建立动态的关联，从而将方志文献整合成一个各部分相互依存的知识整体，给用户提供更高效的知识服务。

2.1 基于书目关系的知识聚合

各种文献表面看起来相互独立,但是可以通过对书目关系的揭示和挖掘实现文献乃至知识之间的立体关联。书目关系包括等同关系、衍生关系、描述关系、整体/部分关系、附属关系、连续关系、共有特性关系。对应到方志文献中,存在着的7种书目关系有:原抄、原刻、原印与影抄、影刻、翻刻、影印之间的等同关系;原刻与附刻之间的附属关系;合刻书、合函书、合装书之间的整体/部分关系;同一地区不同时期所修方志之间的连续关系;方志与对方志进行研究的文献之间的描述关系;同一种方志不同版刻与版印之间的衍生关系;同一地区的通志(一般的省、州、县志和全国性的总志)与杂志(记述一地的舆地、政治、经济、文化等)之间的共有特性关系。

基于方志的特点,对以下两种书目关系的揭示尤为重要:一是整体/部分关系中的文献与目次的关系。方志文献的题名往往过于空泛,不能体现方志的内容,相较之下,目次则可以提供更为丰富的信息,除能够揭示方志文献内容外,还在一定程度上提供方志文献的分类体系,如:记录人物的门目主要有人物志、职官志、选举志、烈女志、名宦志、人才志、秩官志、爵秩志、官师志、耆旧志等。因此,可以对如一统志等类型方志的体例进行分析,以清晰地了解方志的分类体系及结构。二是共有特性关系。共有特性关系可以揭示方志文献与其他相关文献间的一些隐性的关联关系,不止汇集同一文献的不同载体、不同版本,还能汇集同一知识内容的所有类型文献,有利于为用户提供以内容为核心的知识导航。如方志的人物志与家谱文献中很多内容可以互为考证;又如,方志与地方文献关系十分密切,因此,应对地方年鉴、地方文史、个人诗文集、地方舆图、地名志中与方志相关的共性内容进行深入挖掘。

2.2 基于知识本体的知识聚合

本体(Ontology)是某一领域中的术语及术语间关系的规范说明,提供对领域知识的共同理解与描述,用于共享、交流和重用,由概念及概念之间的关系构成,概念及概念间的关系经过精确定义,主要供机器或计算机所使用并可用数学方式表达[3]。本体可以揭示丰富的语义关系,因此,应成为应用于数字方志知识聚合主要的知识组织工具。

对于方志文献,本体的建立可以实现:①基于语义分析,支持对文本的自动分析,实现对方志中有价值信息的自动抽取与分析。用于支持对方志的自动编目,支持对已建元数据进行信息补充与功能强化,支持对方志进行智能化整理。②支持对传统知识组织工具的补充、维护及概念关系的管理,使之具备吸收新信息、新概念的能力，实现对其概念关系进行自动推理，对与已建知识组织工具中规范标目的关系进行自动分析，以之作为进一步人工分析的依据。③支持语料库的智能扩展，自动发现和挖掘新词，发现缺失的概念，支持知识库的自动推理、自动聚类的功能。④支持文本自动分析技术在数字方志聚合中的应用。包括：对复杂的古汉语进行自动分词，提高准确度，并结合方志的来源（如地域、机构等）、上下文语境等信息自动抽取文本，加强信息抽取的专指性、准确性、客观性、完整性。⑤支持对方志进行注释、标点、校勘、索引等处理，使方志便于当代人研究与利用，并将之作为知识聚合的一种途径，通过对字、词、句的注释、校勘等加强文献及知识间的关联。

3 基于方志的知识聚合服务系统建设

基于方志构建知识聚合服务系统是以方志文献为核心内容，从知识的角度关联各种类型的信息资源，形成多维知识体系，为用户提供知识服务。

3.1 知识聚合服务系统体系架构研究

该系统由知识源、知识组织层、知识服务层组成，具体架构如图1所示：

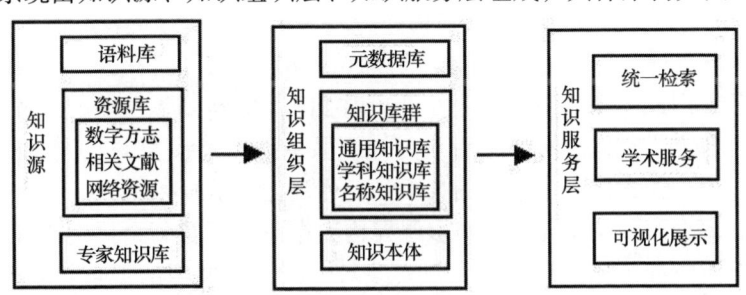

图1 知识聚合服务系统架构

3.1.1 知识源　知识来源于三个方面，包括资源库、语料库、专家知识库。资源库中存储了经过数字化的方志文献、相关文献及网络资源。语料库中存储的是经过初步处理的基础语料，是进行文本自动分析的重要工具，支持知识本体乃至知识库的构建。一个完整规范的语料库对知识挖掘的准确性具有重要的作用。在构建知识聚合服务系统的过程中，领域专家是领域知识产生的重要来源，是对知识进行组织的辅助者，也是对知识聚合成果进行校准、评价的监督者。专家知识往往具有碎片化的特点，因此，提取专家知识进行利用的难点在于如何对专家知识进行组织，并将之有机地嵌入到知识组织与利用的全过程中。

3.1.2 知识组织层　知识组织层汇集了各种对知识进行组织的工具，包括元数据库、知识本体、知识库群。这是服务体系的核心，是知识从产生来源到利用终端的中间过程，经过这一层的提取、淬炼、组织，数据、信息形成了相互关联的、能够得到充分利用的知识，此后，通过用户主动反馈知识或对用户使用行为进行分析两种方式获取的新知识返回到这一层中，与原有知识融合、重组，实现知识的扩充与创新。

元数据库整合的元数据主要包括书目数据、目次数据、索引数据、规范数据等。元数据是对资源进行组织的有效工具，其功能是对信息资源进行描述、定位、检索、利用、管理。知识库群由以支持对知识的表示、利用等为功能的相互关联的各种知识库组成，包括通用知识库、学科知识库、名称知识库。本体是连接知识流动各环节的核心技术，在知识获取和知识重用中具有重要的应用模式[4]。知识本体在知识的生命周期中承担着知识表示、知识创新的功能。一方面，经过知识采集而获得的领域知识采用本体方式，以OWL等形式化语言进行具体描述，进而形成半结构化的知识库[5]。另一方面，基于知识本体对领域内知识进行挖掘、对领域外知识进行归纳、吸收，不断地促进本体的进化与知识的创新，形成一种知识扩展的良性循环。

3.1.3 知识服务层　对方志进行知识挖掘、聚合的目的在于为用户提供知识服务。因此，知识组织层服务于知识服务层。从知识获取的深度、广度、便利性等各方面进行总结，笔者认为知识服务层主要应实现三方面的信息服务，即：统一检索服务、学术信息服务、可视化展示服务。

知识聚合服务系统应支持对多源异构数据的统一检索，提供检索、浏览、知识聚合及链接等相关服务，真正实现对馆藏方志资源的整合与利用。方志资源的用户具有较明显的研究特征，主要为中国历史、文化整理者及研究者，高等院校研究人员及学生，文史爱好者等，因此，提供学术信息服务是知识服务的重要内容。对存在内在关联的信息资源进行深入挖掘与分析，有利于提高图书馆知识服务的能力和水平以及馆藏利用率，拓展科学研究的视野，提供增值服务，实现知识创新。通过可视化技术将知识聚合服务系统中所产生的知识、建立的知识关联展示给用户，有助于发现隐藏在信息内部的特征和规律，能够更好地帮助人们解构、表现、利用知识，是知识聚合的重要工具。

3.2　关键问题研究

3.2.1　方志知识本体的构建　由于本体构建的方法还没有成熟的理论作

指导，在实际构建过程中，每个本体开发组根据问题领域和具体工程的不同，制定了自己的原则、设计标准、定义方法等[6]。

方志除了史料性的特点，其广泛性、系统性、交叉性决定了方志的本体构建方式。基于方志内容广泛性这一特点，方志本体的构建应分步实现。在本体分步构建的过程中应遵循一些基本原则，如：本体包含的概念数目尽可能最小化；规模有限增长；类的设计应遵循独立性与共享性原则，使类的设置既可以独立存在，又具有复用性。基于方志与其他古籍具有交叉性的特点，本体的构建应基于古代汉语构建关于语言、词汇等的语言学本体。这类本体不依赖于特定的问题或学科领域，被定义的知识可以跨学科应用。这些知识还包括与事物、事件、时间和地区等一般性范畴相关的词汇表。此外，在构建方志本体时，不能只孤立地考虑方志文献，而应从内容上在方志与其他古籍之间建立有机的联系，从而拓展知识获取与关联的范围。基于方志体例与内容的系统性，应充分利用方志原有的分类体系，对之进行改造，在此基础上，从知识、空间、时间三个维度构建三维立体的方志本体模型。

3.2.2 文本自动分析技术在方志知识聚合中的应用研究　对数字方志进行智能化处理以文本自动分析技术为基础，较为关键的技术主要包括：信息抽取技术、命名实体识别技术。

信息抽取的方式主要为基于规则与基于统计。基于规则的信息抽取对于规律性较强的文本是高效的。基于统计的信息抽取主要是通过机器学习实现。由于方志文献具有文献数量较多、先期研究不足的特点，因此，可先采用基于统计的方式，提供大量的文本语料进行机器训练，经过一定的知识积累后，逐渐引入基于规则的方法，通过多种方法的结合使提取出的信息具有专指性、准确性、客观性、完整性。

命名实体是指现实世界中具体的或抽象的实体，如人、地点、组织等。通常用唯一的标志符（即专有名词）表示，如人名、地名、组织名等。广义上讲，命名实体还可以包含时间、数量表达式等[7]。这一技术在知识点抽取方面具有重要意义。对方志中的实体进行识别的难点之一在于方志涉及到的命名实体种类众多，如：人名、地名、职官名、物名、称谓名等，且目前可供应用的相关语料库并不多；难点之二在于方志所述内容的时间跨度大，很多名称都有了变化，需对各种名称进行规范控制，揭示历史沿革、地域差异等对实体的影响；难点之三在于对方志进行知识聚合所涉及的资源不止是各个历史时期的古文献，还有现当代文献，古代汉语与现代汉语间具有较大的差异，需分别进行分析。

3.2.3 可视化技术在知识聚合服务系统中的应用研究　在数字图书馆中

引入可视化技术，能将各种抽象信息及其内在联系以图形化的具体方式呈现在用户面前，使信息转化为有意义和可理解的视觉表征，从而促进用户对信息的搜索和认知加工过程[8]。可视化技术在知识聚合服务系统中主要应用于知识组织层与知识服务层。

在知识组织层，通过有效的可视化工具建立资源聚合、知识组织的可视化界面，可为知识本体的建设提供支持，提高构建知识网络的准确率和效率；同时，为语义化资源聚合程度的测试及评价提供有效方法。

在知识服务层，通过可视化技术体现资源聚合的立体多维关联及知识脉络。可视化展示的范围包括知识导航、知识检索的过程及结果。为了发现知识之间的潜在关联，可以利用可视化工具生成分布式的多维图表。对于方志而言，时间、空间是对知识展示的两个最重要的维度。在时间维度上，应关注不同的时间点发生的各种事件，建立历史演示系统，以可交互的历史年表等可视化图呈现历史事件的发生规律、发展趋势、时间密度等。在空间维度上，应关注同一区域的历史变迁，建立地理信息系统（GIS），以地理空间可视化将复杂的空间和属性数据以地理信息的形式展现出来，反映社会的发展历程，记录民族的变迁、融合等。

4 结语

图书馆收藏的方志资源内容丰富，对于历史、地理、社会、人文等各方面的研究都具有重要价值。因此，图书馆对于方志的整理、保存、利用都非常重视，制作了大量的书目数据，以实现对实体馆藏的充分利用。随着数字图书馆的快速发展，对方志文献内容进行深入挖掘的重要性逐渐凸显，仅仅依靠书目数据对资源进行组织已不能满足用户知识发现的需求。面对资源的变化、用户需求的发展，一方面图书馆应深化对文献内容的揭示、对知识体系的构建，另一方面，应以知识为核心，扩展资源整合的范围，为用户提供一站式信息服务。因此，必须充分利用各种新技术，如以本体等知识组织工具及新媒体技术建设知识库，构建语义网环境下的知识聚合服务系统；以大数据技术等进行用户数据挖掘，以提供更优质的个性化服务，等等。真正实现基于方志的馆藏资源的深度整合，提供知识服务，是馆藏方志利用的必然发展趋势。

参考文献：

[1] 王知津.文献演化及其级别划分——从知识组织角度进行探讨[J].图书情报工作，1998(1):4-7.

［2］ 赵蓉英.知识网络及其应用［M］.北京:北京图书馆出版社,2007:35.
［3］ 司莉.KOS在网络信息组织中的应用与发展［M］.武汉:武汉大学出版社,2007:156.
［4］ 陈韧,韩永国.基于本体的知识管理研究［J］.科协论坛,2007(1):103-106.
［5］ 王昊,谷俊,苏新宁.本体驱动的知识管理系统模型及其应用研究［J］.中国图书馆学报,2013(3):98-110.
［6］ 李梦莎.基于叙词表的领域本体构建方法研究［D］.北京:北京工商大学,2010:5.
［7］ 朱锁玲.命名实体识别在方志内容挖掘中的应用研究［D］.南京:南京农业大学,2011:7.
［8］ 张继东.数字图书馆信息可视化应用模型研究［J］.情报理论与实践,2011(1):103-106.

作者简介

李春明,国家图书馆研究馆员,E-mail:licm@nlc.gov.cn;萨蕾,国家图书馆副研究馆员;梁蕙玮,国家图书馆副研究馆员。

关联数据在馆藏书目组织中的应用进展研究[*]

赵悦

(国家图书馆)

1 引言

书目组织是图书馆的核心工作，图书馆通过馆藏书目的建设实现对文献资源的序化组织、管理与服务。而随着语义网的发展，图书馆传统的书目组织已不能满足人们对信息与知识的需求，图书馆的书目组织与服务面临着新的挑战。

2006 年蒂姆·伯纳斯－李（Tim Berners-Lee）提出了"关联数据"的概念，是指在网络上发布、共享、连接各类数据、信息与知识的一种方式，是语义网环境下的一项应用技术。2007 年 W3C 关联开放数据项目（Linking Open Data, LOD）正式启动，其目标是号召人们将现有的数据发布成关联数据，并将不同数据互联起来[1]。此后，越来越多的机构将它们的数据发布到 Web 上，加入到关联数据的行列之中，英国广播公司、美国《纽约时报》、世界银行等机构都以关联数据的方式发布了数据。据 LOD 社区统计，截至 2011 年 9 月，LOD 云图中拥有 295 个开放数据集，包括 310 多亿个 RDF 三元组、5 亿多个 RDF 链接[2]，而目前在开源数据门户平台 CKAN 登记的开放数据集已达 337 个（截至 2013 年 3 月）[3]，涉及多媒体、政府、出版物、生命科学、地理科学、用户产生的内容及跨领域的数据等众多领域，包括 DBpedia 等很多知名的数据集。Google、Yahoo 等搜索引擎也已经开始抓取关联数据，并利用关联数据丰富其检索结果[4]。

关联数据的出现为图书馆馆藏书目组织与服务提供了新的方法与思路，在图书馆界也引起了广泛的关注和认可，并得到了一定的应用。本文旨在通

---

[*] 本文系国家社会科学基金重大项目"基于语义的馆藏资源深度聚合与可视化展示研究"（项目编号：1182D152）研究成果之一。

过比较研究、典型应用项目分析等方法对关联数据在图书馆知识组织中的应用进展进行综合分析，以探索如何将图书馆书目中包含的大量结构化、高质量的数据发布为关联数据，并与其他领域的数据相连接，使其纳入到语义网环境中，为用户提供知识化的服务。为了全面掌握目前该领域的研究与实践进展，笔者以"关联数据"（linked data）为关键词对 2006 – 2013 年 CNKI、EBSCO 等数据库及互联网资源进行了查询，获得中文文献 119 篇、外文文献 92 篇，经筛选得出其中与图书馆书目组织、知识组织等相关的中文文献共 64 篇、外文文献 54 篇。通过对文献内容的全面分析，可以看出国外图书馆在关联数据应用方面已取得了一定的进展，在馆藏书目体系关联化组织上已有一些项目实践经验，并且开展此项应用的图书馆越来越多；从国内研究文献情况看，自 2011 年开始该领域的文献量明显增加，2012 和 2013 年则继续大量增长，2013 年上半年的发文量已达 33 篇，可以看出国内对关联数据应用的研究日益活跃，已将之作为新的研究热点，但目前仍以理论和跟踪性研究居多，缺乏成规模的、相对成熟的应用实践。

2 关联数据的理念与实现

关联数据提出的目的是构建一个计算机能理解的具有结构化和语义信息的关联的数据网络，而不仅是人能读懂的文档网络。Tim Berners-Lee 在提出"关联数据"概念的同时，亦提出了关联数据遵循的几个基本原则，即：①使用 URI 作为任何事物的标识名称；②使用 HTTP URI，使任何人都可以访问名称；③当有人访问名称时，提供有用的 RDF 信息；④尽可能提供相关的 URI，以使人们发现更多的信息。可以认为符合上述 4 项原则的数据即为关联数据，其核心理念是开放、关联及复用[5]。

关联数据被认为是一种轻量级的语义网实现技术，其关键内容即是 URI、RDF 三元组及通过 HTTP URI 的方式发布并可获取数据，是实现从"文档的网络"（Web of document）到"数据的网络"（data of document）的关键技术。关联数据实现应遵循两个基本准则：①利用 RDF 数据模型在万维网上发布结构化数据；②利用 RDF 链接将不同数据源的数据互连起来[6]。仅就技术而言，关联数据的实现并不复杂，主要建立在已有的 Web 技术（如 URI、HTTP）及 RDF 三元组基础上，目的是使数据之间建立尽可能多的关联，关联关系越丰富，数据的价值越能得到体现。夏翠娟等曾将关联数据的发布简单概括为如下步骤：①用 RDF 数据模型描述要发布的数据资源，为其生成 HTTP URI（通常是一个 Cool URI），并生成资源的 RDF 描述文档；②在数据与数据之间建立 RDF 链接；③在 Web 上发布 RDF 文档；④提供一个标准开放的访问接口，支持使用 RDF 的标准化检索语言 SPARQL 对 RDF 数据库进行检索，供远程调用本地数据[7]。

3 传统元数据 vs 关联数据

W3C 图书馆关联数据孵化小组的最终报告中将图书馆数据定义为"图书馆为描述及检索信息资源所产生的数字化信息"，并将其分为三大类，即数据集、元素集、取值词汇；将图书馆关联数据定义为"任何应用关联数据技术描述的图书馆数据"。由此可以看出，传统图书馆数据主要是馆藏书目体系组织与服务相关的元数据，包括书目数据、规范数据、知识组织系统数据以及术语词汇数据等，而目前图书馆关联数据应用较多的也正是这几类数据，同时也表明关联数据主要针对的是结构化数据，而非各类文档。通过对图书馆传统元数据与关联数据的对比分析，可以发现二者在应用中的区别主要体现在：

● 封闭 vs 开放。图书馆传统元数据是在一个相对封闭的系统内运行的，数据不易为其他系统所整合，如 MARC 数据大多为 ISO 2709 格式，与基于 XML 的 RDF 描述相比，不仅更依赖于特定的平台，而且不易于实现与其他系统的互操作，缺乏开放性。

● 孤立 vs 互联。图书馆传统元数据可以说是因封闭而孤立，不仅缺乏与外部数据的关联，即使是内部数据间的关联也比较缺乏，其中有些书目数据字段与规范数据、词表数据的关联也主要是依靠文本字符串，而非采用 URI 标识符的关联机制，发展受到很大限制。

● 静态 vs 动态。图书馆传统元数据一般是在制作完成后提供服务，内容基本是稳定的、静态的，但关联数据因其开放性、关联性，会随着环境的变化、外部数据的增长而不断丰富关联的内容，出现动态变化。当然，也有可能因外部连接失效等原因导致关联内容的不可获得。

● 记录 vs 数据。"记录"到"数据"的变化是传统元数据与关联数据在组织理念与方法上的根本改变，是二者的本质不同，是其他区别点的基石。关联数据将一条记录变成一条条描述，以记录中的知识点为单位，将揭示粒度尽可能地变小，为用户提供的不再只是对文献整体的描述，而是片断化的知识信息。

此外，W3C 针对数据的关联程度提出了一个"五星"排行标准，也可以从一个侧面反映出传统元数据与关联数据的差异，具体为：

● 一星数据★：以任何开放协议和格式发布在网上；

● 二星数据★★：以一种机读格式，如 excel 表格格式而不是扫描图片格式，发布在网上；

● 三星数据★★★：以一种开放而非私有的格式，如 CSV 而不是 excel，发布在网上；

● 四星数据★★★★：采用开放格式，并以 W3C 的开放标准标识和描述（URI 和 RDF），使人们可以链接指向；

● 五星数据★★★★★：采用开放格式，并以 W3C 的开放标准进行标识和描述，并尽可能关联、引用其他人以 URI 标识、RDF 描述标准发布的数据[5]。

目前，图书馆数据还基本处在二星或三星的位置上，而四星数据才开始符合关联数据的定义，采用语义描述规范，具有了表达语义的功能[8]。

4 关联数据在馆藏书目组织中的应用

图书馆拥有大量高质量、结构化的馆藏书目资源，有着不断积累的数据优势和规范控制的实践经验，但随着网络环境尤其是语义网技术的发展，图书馆数据在标准、格式、系统等方面相对的封闭性导致了这些数据无法融入到语义网环境中，其发展受到了很大的限制。关联数据的出现为图书馆书目组织提供了新的发展思路与技术路线，为图书馆数据融入到语义网提供了可能，自产生起就受到了图书馆界的关注。而另一方面，语义网的发展也需要图书馆高质量、可信任的数据资源。2010 年 5 月 W3C 成立的图书馆关联数据孵化小组（W3C Library Linked Data Incubator Group），其主要目标就是促进图书馆数据在万维网上的互操作，探讨图书馆如何应用关联数据技术来增进图书馆数据的组织与服务。

4.1 应用现状

图书馆馆藏书目体系主要包含书目数据、知识组织系统数据、名称规范数据等。馆藏书目体系关联化组织即是要实现馆藏书目体系内部及与外部万维网相关数据的自动化、知识化的互联，关联数据技术的引入正是为实现这一目标。2008 年美国国会图书馆的 Ed. Summers 建立了 lcsh. info 网站，将美国国会图书馆标题表（LCSH）以关联数据的形式发布；同年，瑞典国家图书馆将瑞典全国联合目录 LIBRIS 按照关联数据框架发布，成为首个以关联数据形式发布的国家书目，并且二者之间还实现了数据的关联。作为图书馆领域应用关联数据的开拓性项目，这两个项目充分实践并验证了关联数据在图书馆书目组织中的应用，起到了很好的示范作用。此后大量的关联数据应用在图书馆界涌现，西班牙国家图书馆、德国国家图书馆、法国国家图书馆、匈牙利国家图书馆、英国国家图书馆、OCLC 等均开放了其书目数据（或规范数据）的关联数据服务。根据对 CKAN 图书馆关联数据小组站点的统计，图书馆关联数据项目目前已达 57 个，总计提供了约 50 亿个 RDF 三元组[9]，主要集中在书目数据、知识组织系统数据及名称规范数据方面。

4.1.1 书目数据的关联数据化 书目数据是馆藏书目体系的核心部分。目前图书馆书目数据大多是以 ISO 2709 格式存在的 MARC 记录，其关联数据化的关键点在于：①将 MARC 2709 格式转变为 MARC XML 格式，进而采用 RDF/XML 进行描述；②将记录标识（ID）转变为数据标识（URI），并为属性、属性值分别赋予 URI；③发布 RDF 三元组并建立关联。因各机构书目数据及相关系统的差异，其关联数据化的方法、步骤以及面临的难度是不同的，但总体上都需要解决描述的颗粒度问题以及 URI、RDF 三元组生成等关联数据实现的核心技术。目前，书目数据主要是与内部的知识组织系统数据（如 LCSH、DDC）、规范数据（如 VIAF）以及外部的 DBpedia 等数据实现了关联。

瑞典国家图书馆是世界上首个将国家书目发布成关联数据的图书馆，其全国联合目录 LIBRIS 开放了 200 多个成员馆的大约 650 万条书目记录、20 万条规范记录，并创建了与美国国会图书馆标题表（LCSH）和维基百科（DBpedia）的链接。该项目在关联数据应用方面颇具影响力，是第一个书目数据关联数据化的实例。此外，2012 年 6 月，OCLC 宣布 WorldCat 增加关联数据服务，成为目前 Web 上最大的关联书目数据集，8 月又宣布已提供近 120 万条最有代表性作品的关联数据文件下载，其中包含约 8 000 万个三元组[10]。目前，英国国家书目（BNB）[11]、德国国家书目（DNB）[12]等也已加入关联数据发布的行列。

4.1.2 知识组织系统的关联数据化 图书馆采用关联数据形式发布最多的即是词表、分类法等知识组织系统，其中最具代表性的是 LCSH 的关联数据。知识组织系统的语义化、关联化大多是采用将原有数据 SKOS 化的模式。美国国会图书馆亦是将 LCSH 的 MARC 数据转化为 SKOS 数据，并提供了 LCSH 词表 SKOS 数据的下载[13]。SKOS 即简单知识组织系统（Simple Knowledge Organization System），是由 W3C 制订的推荐标准，是建立在 RDF 基础上，支持语义网框架下对知识组织系统描述的一种简单的语义置标语言，其为词表、分类法等知识组织系统提供了一套简单、灵活、可扩展、机器可理解的描述和转换机制，目的是为了实现资源的共享和重用。SKOS 提供了表达各种知识组织系统基本结构和内容的模型，将概念模式及语义关系表达为机器可理解的方式，支持概念在万维网上编辑和发布，将概念与 Web 上的数据相连接，并支持将概念集成到其他概念体系中，是目前实现知识组织系统语义化、关联化的首选途径[14]。除美国国会图书馆标题表（LCSH）外，杜威十进分类法（DDC）、联合国粮农组织叙词表（AGROVOC）等都采用 SKOS 对其数据进行了组织和描述（见表 1）。我国国家图书馆也已对《中国分类主题词表》数据进行了 SKOS 转换，为知识组织系统的共享打下了基础。

表1 关联开放词表（Linked Open Vocabularies）[15]

资源 (resource)	主题 (topics)	概念 (concepts)	语言 (languages)	关联数据 (linked data)	链接类型 (type of link)
AGROVOC	农业 食品 渔业 林业	31 956	多语种	是	skos：broader skos：narrower skos：related
EUROVOC	综合	6 799	多语种	是	skos：exactMatch
GEMET	环境	5 298	多语种	是	skos：exactMatch
LCSH	综合	30 784	英语	是	skos：exactMatch
NAL Thesaurus	农业	30 298	英语 西班牙语	是	skos：exactMatch
RAMEAU	综合	16 407	法语	是	skos：exactMatch
STW	经济	1 165	英语 德语	是	skos：exactMatch
TheSoz	社会 科学	7 750	英语 德语	是	skos：exactMatch
Geopolitical Ontology	国家地理	253	多语种	是	skos：exactMatch
DDC	综合	409	多语种	是	skos：exactMatch
DBpedia	综合	10 989	多语种	是	skos：exactMatch
SWD	综合	6 245	德语	是	skos：exactMatch skos：closeMatch skos：broadMatch skos：narrowMatch
GeoNames	地理	212	多语种	是	skos：exactMatch

资料来源：根据 Dr. Johannes Keizer 的报告"Linked open data for science, culture and society"整理而成

4.1.3 规范数据的关联数据化 世界上许多国家图书馆或大型图书馆为对书目进行规范控制，建设有人名、题名、地名等规范数据，它们是高质量的知识性资源，是馆藏书目体系的重要组成部分。通过将规范数据关联数据化，在互联网上发布并服务，可以为用户获取精确、完整的检索结果及相关知识提供便利，有利于丰富用户的体验，也有利于规范数据的整合，是图书馆应用关联数据的重要方面。

OCLC 虚拟国际规范文档（VIAF）的关联数据是最具代表性的项目，其主要是利用 SRU 信息检索服务为 VIAF 项目提供关联数据，并支持机器和 Web 浏览器的访问[15]。VIAF 是 OCLC 实施的多个国家图书馆及其他机构共同

参与的联合项目,该项目是将参与机构的名称规范文档整合成一个名称规范服务,旨在通过匹配和关联不同语种的国家图书馆的规范文档,提高图书馆规范数据的利用效率,目前已有 24 个机构参与其中。此外,前文提到的发布了国家书目关联数据的国家图书馆一般也将其规范数据发布为关联数据,并与书目数据建立内部关联,提供整合服务。

4.2 应用特点

目前关联数据在馆藏书目组织中的应用主要呈现出以下特点:

4.2.1 应用对象类型广泛 涵盖书目数据、规范数据、知识组织系统数据等,均为图书馆拥有的结构化数据,是图书馆最主要的数据资源,它们之间的关联也构成了图书馆整个书目组织体系,而将其扩展至网络上,与其他国家、语种甚至其他领域的数据资源进行连接,将使其更具价值。从目前来看,国外图书馆界开展的关联数据应用大多都是以国家图书馆为先导,这主要是由于国家联合目录数据、规范数据、词表数据大多由国家图书馆作为主要的建设者和维护者,国家图书馆的关联数据应用将有效带动整个图书馆界的应用,起到一定的引领作用。

4.2.2 图书馆的角色发生转变 图书馆在关联数据应用中,既可以作为数据发布者、提供者,将其数据发布成关联数据,供外界使用,也可以作为消费者、利用者,充分关联、利用外部数据,以丰富自身的资源及服务。长期以来,发布者是图书馆在数据网络中的主要角色之一,这是由图书馆及其数据的使命与特点决定的,图书馆特有的书目数据、规范数据等资源需要"走"出去,被更多的用户利用、消费。关联数据的应用使得图书馆的书目数据成为能够通过网络向其他应用提供服务的数据,同时"走"出去的数据也将实现与其他语义网络数据的融合。但就图书馆而言,无论从哪个角度考虑,都不应忽视自身作为关联数据"消费者"的角色,应充分利用关联数据所能提供的数据整合和重用的功能,以"消费"的模式整合其他机构、领域的数据,促使图书馆自身的书目体系与服务日趋完善和丰富。从目前的应用来看,图书馆已日益重视与其他领域的数据关联服务,但与发布相比,图书馆在"消费"关联数据方面还比较欠缺,需要我们在理念上和技术上进行更多的探索与实践。

4.2.3 带动了图书馆在知识组织、聚合与发现方面实现新的突破 传统图书馆的资源组织基本是以文献为单位,如一本图书一条 MARC 记录,而关联数据则把记录细化到数据,为题名项、作者项、出版项等均赋予 URL,并用 RDF 三元组进行说明,揭示粒度更加细化,是以概念及关系作为组织的核心，突破了传统图书馆资源组织的理念，将以文献为单元的组织模式拓展为以知识为单元的组织模式，并将有助于图书馆知识聚合与知识发现的实现。馆藏资源语义层面的聚合是图书馆在语义网环境下实现知识服务所面临的重要课题，以往图书馆信息聚合研究大都集中在跨库、跨文献类型的资源集成与聚合上，无法很好地解决语义异构的问题，而关联数据提供的是一种数据语义化的方法，支持实现知识内容的关联、聚合与展示，可应用在馆藏资源语义聚合与服务中。关联数据亦为图书馆知识发现服务提供了有力的技术支持，创造了图书馆数据与外部知识世界关联的机会，不仅促进了图书馆数据的开放，使其能被外部网络世界发现与利用，也扩展了图书馆自身作为知识发现平台的能力，通过关联可以使用户获得更多的知识与体验。

4.3 趋势与挑战

语义网环境下图书馆数据必然走向开放与互联，关联数据在图书馆领域的应用已成为一种趋势。关联数据的良好应用前景主要得益于其技术相对简便易行，且对目前图书馆馆藏书目数据的制作冲击较小，初步实现起来相对于本体等语义技术成本较低，而又非常利于图书馆提供知识服务、整合外部资源，进而达到吸引更多用户、提升自身价值的效果，因此短短几年的时间里，关联数据在图书馆已有很多的应用实例。与此同时，也应看到关联数据的应用还面临着诸多挑战，主要有：

4.3.1 理念转变 关联数据带给图书馆的不仅是技术、标准的改变，还有理念的转变，既要"走出去"又要"请进来"，将一个相对封闭的、自成体系的系统开放，真正融入到语义网环境中，做到你中有我、我中有你，需要的不仅是技术，还有决策。在W3C图书馆关联数据孵化小组的最终报告中也指出图书馆领导者"应尽早地确定哪些数据集可以以关联数据形式发布。应尽早地确定高优先级、低成本的关联数据项目"[16]。

4.3.2 数据发现与维护问题 图书馆数据一向以高质量著称，大多由专业人员制作并维护。在关联数据应用实践中，如何发现、选择并整合网络上高质量的开放数据资源，如何应对大量外联数据及关联关系增多带来的维护问题，一直保持数据的可靠性、权威性及可获取性，是图书馆面临的一大挑战。

4.3.3 版权问题 关联数据涉及数据被其他人利用，也涉及利用其他人的数据，这就必然牵扯到权属、利益等问题。目前在协议方面应用较多的是知识共享（Creative Commons）许可协议，其授权机制比较灵活[17]。但在具体应用实践中，版权问题涉及内容比较复杂，需要项目实施者进行全面考虑。

通过对相关应用进展的分析研究，笔者认为实现馆藏书目体系的关联化组织需从两方面入手：①数据基础建设。就图书馆而言，主要是通过对传统元数据的关联化改造来实现。数据关联化改造需要打破图书馆传统的资源描述方法，涉及对描述规则等的变革，其中最主要的是描述粒度的变化，将以文献为描述对象形成记录变为以某一知识点为描述对象形成多个 RDF 三元组描述，进而实现以知识点为核心的关联化组织。②技术基础建设。主要是需要在技术层面解决标识机制、查询语言、开放接口等问题，这其中标识机制是实现关联的重点，而查询语言、开放接口等则为实现与外部数据的互联打下基础。总体上，馆藏书目体系关联化组织的难点并不在于技术的应用与实现，而更在于编目理念与描述规则的变革。

5 图书馆书目组织的未来

语义网环境下图书馆书目组织的发展是机遇与挑战并存。馆藏书目的组织与服务受到了来自网络新理念、新技术的巨大挑战，图书馆传统的以文献为单元的组织模式已不能满足人们的需求。但同时语义网技术的发展也为图书馆目组织带来了新的发展机遇，尤其是图书馆多年积累下来的高质量数据优势和规范控制的经验，如能与新技术相结合，将使图书馆在关联数据运动中担当领导者的角色[18]。图书馆面对的是多学科、多领域的文献资源，需要建立一种通用的、与领域无关的文献资源的描述和组织方法[19]。结合关联数据的发展与应用，笔者认为图书馆书目组织的未来将会有以下转变，需要予以关注：

5.1 文献单元向知识单元的转变

这种转变一直是图书馆实现知识组织的目标，以往的一些方法和技术都因对现有资源冲击太大或技术实现难度较大而较少在实践领域中大规模应用，而关联数据的出现加快了这种转变的进程。关联数据的技术特点会促使未来有越来越多的图书馆数据实现关联化、语义化，使基于知识单元的书目组织从理想变为现实。

5.2 概念模型与编目规则的转变

FRBR（《书目功能记录需求》）及之后发布的 FRAD（《规范记录功能需求》）和 FRSAD（《主题规范记录功能需求》），分别是针对书目记录、规范数据、主题规范数据的概念模型，从根本上打破了传统元数据描述与组织的理念与方法，为组织不同层次和粒度的信息资源、更清晰地描述和聚合相关资源提供了模型基础。而适应 FRBR 模型思想和结构的新一代编目规则 RDA

(资源描述与检索)也已正式出台,旨在取代 AACR2 成为新的内容标准。RDA 描述粒度细化(即把记录细化到数据)等特点将更有利于实现数据的关联化,有利于提高关联数据发布与服务的质量,甚至有研究者指出"RDA 是图书馆由传统数据观转轨至关联数据及语义网的开端"[20]。FRBR、RDA 与关联数据的结合,将使图书馆书目组织呈现全新的风貌。

5.3 专有封闭向相互融合的转变

网络环境特别是语义网技术的发展,已使图书馆书目从封闭走向开放、互联成为必然,如何将图书馆数据纳入到语义网环境中,是我们目前的重要任务。国外图书馆界在这方面已取得了很大突破,在关联数据应用上产生了许多成功的案例,并且无论是理念还是技术都日趋成熟,非常值得我国图书馆界借鉴。

参考文献:

[1] SweoIG. LinkingOpenData[OL]. [2013 - 03 - 11]. http://www.w3.org/wiki/SweoIG/TaskForces/CommunityProjects/LinkingOpenData.

[2] Cyganiak R, Jentzsch A. Linking open data cloud diagram[OL]. [2013 - 03 - 11]. http://lod - cloud.net/versions/2011 - 09 - 19/lod - cloud.html.

[3] Open Knowledge Foundation. Linking open data cloud:The data hub[OL]. [2013 - 03 - 12]. http://datahub.io/group/lodcloud.

[4] 王涛. 基于关联数据的馆藏信息资源聚合研究[J]. 图书馆学刊, 2012(8): 44 - 46.

[5] Lee T B. Linked data[OL]. [2013 - 02 - 27]. http://www.w3.org/DesignIssues/LinkedData.html.

[6] Bizer C, Cyganiak R, Heath T. How to publish linked data on the Web[OL]. [2013 - 03 - 11]. http://wifo5 - 03.informatik.uni - mannheim.de/bizer/pub/LinkedDataTutorial/.

[7] 夏翠娟, 刘炜, 赵亮, 等. 关联数据发布技术及其实现——以 Drupal 为例[J]. 中国图书馆学报, 2012(1): 49 - 57.

[8] 刘炜, 胡小菁, 钱国富, 等. RDA 与关联数据[J]. 中国图书馆学报, 2012(1): 34 - 42.

[9] Open Knowledge Foundation. Library linked data:The data hub[OL]. [2013 - 03 - 12]. http://datahub.io/group/lld.

[10] OCLC. Linked data at OCLC[OL]. [2013 - 03 - 12]. http://www.oclc.org/data.en.html.

[11] 王薇, 欧石燕. 关联数据在图书馆领域的应用研究[J]. 新世纪图书馆, 2012(9): 25 - 28.

[12] 张海玲. 图书馆书目数据的关联数据化研究——以德国国家图书馆为例[J]. 图书

馆论坛,2013(1):120-125.

[13] LC. Linked data service[OL].[2013-03-12]. http://id.loc.gov/.

[14] W3C. SKOS Simple knowledge organization system[OL].[2013-03-12]. http://www.w3.org/2004/02/skos/.

[15] 黄永文. 关联数据在图书馆中的应用研究综述[J]. 现代图书情报技术,2010(5):1-7.

[16] Baker T, Bermes E, Coyle K, et al. Library linked data incubator group final report[R/OL].[2013-03-11]. http://www.w3.org/2005/Incubator/lld/XGR-lld-20111025/.

[17] 张春景,刘炜,夏翠娟,等. 关联数据开放应用协议[J]. 中国图书馆学报,2012(1):43-48.

[18] 林海青,楼向英,夏翠娟. 图书馆关联数据:机会与挑战[J]. 中国图书馆学报,2012(1):58-67,112.

[19] 欧石燕. 面向关联数据的语义数字图书馆资源描述与组织框架设计与实现[J]. 中国图书馆学报,2012(6):58-71.

[20] 胡小菁. RDA 的实施与本地化[OL].[2013-03-13]. http://conf.library.sh.cn/sites/default/files/RDA%E7%9A%84%E5%AE%9E%E6%96%BD%E4%B8%8E%E6%9C%AC%E5%9C%B0%E5%8C%96_%E8%83%A1%E5%B0%8F%E8%8F%81.pdf.

作者简介

赵悦,国家图书馆副研究馆员,E-mail:zhaoy@nlc.gov.cn。

理 论 篇

国内馆藏资源聚合模式研究综述[*]

赵蓉英　王嵩　董克

（武汉大学）

1　引言

　　大数据时代，信息资源内容纷繁芜杂、结构多样异同、形式丰富多变、储量庞大广布，同时馆藏资源的概念范畴也由传统的实体馆藏[1]向以数字化、网络化为平台的虚拟馆藏[2-3]和数字馆藏[4]扩展，导致图书馆信息服务面临诸多问题和挑战，例如馆藏资源的异构和分布缺乏统一的组织和形式[5]，馆藏数字资源缺少有效的管理和利用[6]，服务形式仍主要停留于被动地利用馆藏资源满足用户的文献需求和一般的信息需求[7]。这些突出矛盾促使图书馆由当前传统的针对纸质文献提供藏阅服务，逐步转为面向用户需求的以数字资源推送为主的多元化、深层次、开放性的知识服务。而实现该服务模式的关键基础是对馆藏资源进行聚合。通过对各种类型信息资源内容特征的分析、选择、标引、处理，从学科、主题、分类和著作等维度进行融合、类聚和重组，使其成为有序化集合，揭示知识关联，达到实现个性化知识推送服务的目的[8]，且这一过程呈现出层次性[9]、技术性和可展示性等特点。然而时代、环境和技术等因素的变化使得馆藏资源聚合的内涵和方式在不断演化，从对传统文献的整理到对知识的聚合，从提供单一藏阅服务的物理馆藏到提供知识服务数字馆藏，无不为实现图书馆深度知识服务和满足用户个性化知识需求而不断演进。本文综述了馆藏资源聚合演化过程中各阶段的特点和模式，并提出了今后的发展趋势。

2　馆藏资源聚合模式演化过程

　　有相关研究[10-11]依据数据、信息、知识三者的关系以及对数字资源加工

---

[*]　本文系教育部人文社会科学基金项目"馆藏数字资源语义化深度聚合的理论与关键技术研究"（项目编号：13YJA870023）、国家社会科学基金重大项目"基于语义的馆藏资源深度聚合与可视化展示研究"（项目编号：11&ZD152）和江西省教改课题"基于语义的高校联盟数字化优质教学资源共建共享模式研究"（项目编号：JXJG-13-6-15）研究成果之一。

程度的深化，提出图书馆数字资源的整合目标层次[12]依次为数据整合（集成）、信息整合（整合）、知识整合（聚合）。本文认为，从聚合对象出发，应包括物理馆藏和数字馆藏；从聚合技术手段出发，应包括数据挖掘、计量和聚类等。因此，聚合应包括整理、调配、优化、融合、重组等含义。而馆藏资源聚合包括4个层次：针对实体文献的整理、针对数据的集成、针对信息的整合和针对知识的聚合[13-14]，其聚合强度不断递进，聚合粒度不断细化。

针对实体文献的整理属于传统馆藏资源聚合模式，通过揭示文献资源外部特征和部分内容特征的方式，以主观因素为动机，实现对文献资源的初步整理和排列，达到满足用户查找和获取文献的目的，其聚合实现效果粒度较粗；针对数据的集成、针对信息的整合和针对知识的聚合是馆藏资源的深度聚合模式，通过揭示文献资源语义内容目标实现细粒度聚合，以客观方式呈现文献资源的网络结构，并以可视化方法展示聚合结果，最终实现面向用户需求的知识服务。馆藏资源聚合模式演化过程见图1。

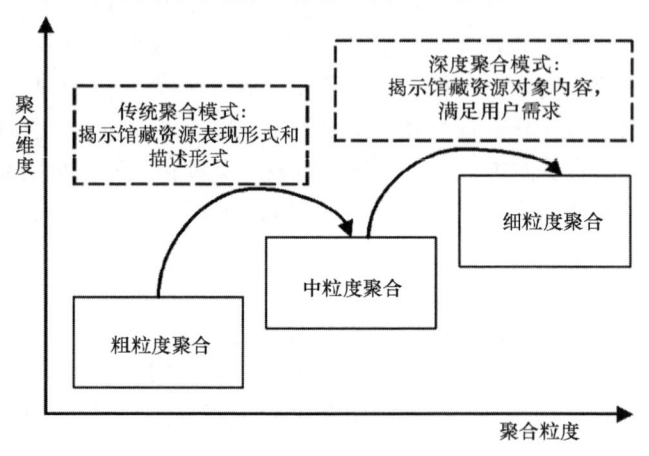

图1 馆藏资源聚合模式演化过程

2.1 馆藏资源传统聚合模式

粗粒度聚合模式主要以馆藏资源传统聚合方式为主，针对资源结构类型，基于文献编目和元数据等方式，实现对馆藏资源外部特征和内容特征形式语法上的聚合。

2.1.1 基于传统文献编目的文献整理　传统文献编目是针对传统印本的实体文献，根据一定著录格式和规则对其进行手工著录[15]，并通过特定的记录方式（多以纸本形式），从外部特征的描述与内容实质的揭示两方面反映文献实体的过程，即整序工作[16]，是对馆藏资源的粗粒度聚合。目标是为了满足用户对文献资源集中收藏、整理、检索等方面的需要[17]。其意义和作用可归纳为[18]：一是揭示文献的内容特征和形式特征；二是提供文献的检索途径和方法；三是为文献的管理提供支持和依据。

程长源先生于1953年首次提出要发展新图书分类法和制定编目规则[19]，1983年全国文献工作标准化会议[20]审议通过了新版的《文献著录总则》和《检索期刊条目著录规则》，为新时期我国文献著录奠定了良好的基础，促使我国文献编目工作逐步从"辨章学术、考镜源流[21]"的文献整理向指导文献阅读转变。有关此内容的研究与综述较多，在此不再赘述。

2.1.2 基于元数据的数据集成 随着文献资源数量和种类的激增，传统的文献编目方式很难再高效处理如此庞杂的文献资源，尤其是面对结构形态各异的网络信息资源，传统编目方式显得力不从心，并且纸本的二次文献和三次文献给用户的获取与使用带来不便。而元数据通过灵活的著录格式来描述、标引数字资源内容和形式特征，为用户获取和使用数字资源带来便利[22]。

基于元数据的数据集成以馆藏资源属性为描述对象[23]（主要包括馆藏文献资源MARC数据和各种数字资源DC元数据），描述馆藏资源的主题、内容特征[24]，并通过对描述性元数据、结构性元数据和非结构性元数据[25]的加工与集成使其格式化后存储，成为馆藏资源聚合的基础。因此，基于元数据的馆藏资源聚合研究主要包括两个方面：一是元数据的描述。毛燕梅等[26]认为DC元数据主要侧重于对信息资源的描述、整理和控制，并以此来提高信息检索效率。宋琳琳等[27]针对大型文献数字化项目中数字化对象的元数据标准，通过细分时间、来源、主题和关系等元素来提高对描述对象的揭示程度，通过增加权限管理和贡献机构等元素来体现资源特色，并提出从概念和引证等维度，揭示数字信息资源间的层次关系和衍生关系等，为数字资源的深度聚合奠定基础。二是元数据的存储。张宏伟等[28]提出基于DC元数据仓储的一站式检索系统，整合了图书馆现有数据库资源、外购的各种数据资源以及互联网搜索引擎资源。徐荣华[29]利用主动数据收割方式收集馆藏资源元数据、OAI-PMH开放资源元数据和网页资源元数据，通过转换为统一格式后进行格式化存储，并对数据仓库中的数据进行多维分析建立标准元数据格式，以实现统一检索服务。

2.2 馆藏资源深度聚合模式

馆藏资源传统聚合模式是在文献形式特征层面对其进行整理与排序，却并不能实现对文献内容知识的检索与组织。因此，在知识组织领域，馆藏资源深度聚合主要体现在对馆藏资源内容的语义聚合。通过知识组织挖掘知识关联，实现对文献资源中蕴含的显性知识和隐性知识进行多维度揭示，借助词汇概念、概念关系和引证关系[30]，达到知识融合与推送的目的。

国内基于语义的馆藏资源深度聚合研究主要源于两个方面：一是技术驱动。李劲、程秀峰等[31]利用语义网格、Super-peer 技术构建馆藏资源深度聚合模型，实现馆藏资源语义层次上的深度聚合，实现语义查询和知识资源的智能检索和利用。毕强等[32]提出信息抽取、语义标注、知识库构建、用户模型构建、语义检索和本体构建、映射与整合等技术因素及其对应的三维结构模型。沈秀丽、牟冬梅[33]构建了数字图书馆知识组织语义互联应用模型，以实现异构资源在统一语义层次上的知识共享与查询。王丽华[34]提出基于语义网的数字图书馆的关键技术，包括本体的开发、信息的表示、元信息及元数据等。二是服务驱动。贺德方、曾建勋[35]认为建立对学术资源间各种语义关联的资源描述模型后，利用可视化方式揭示其深层内涵，并在此基础上开展基于语义的馆藏资源聚合服务，包括面向资源主题、知识演化、学术社群和科研决策的聚合服务。

具体来讲，国内对馆藏资源的深度聚合主要通过基于本体、基于关联数据、基于主题模型和基于计量分析及复合模式的方式来实现。

2.2.1　基于本体的深度聚合模式　本体最早出现于哲学领域，20 世纪 90 年代 R. Neches 等首次将本体概念引入图书情报领域[36]，本体在知识组织中的主要作用是在资源集合的基础上构建一个反映资源知识结构的本体概念模型，对资源进行基于语义的标注，从而将资源组织成知识网络，实现知识检索[37]。而通过本体构建知识库，可以将知识进行适合的知识表示和合理的知识组织，并对抽象的知识进行准确的描述以实现对文献资源的聚合，从而提供结构清晰的语义层面知识。

目前国内基于本体的馆藏资源深度聚合主要是通过构建各种类型的本体知识库，在语义和知识层面上描述文献知识内容，以实现资源深度聚合。徐德斌[38]提出了包含理论整合层、应用拓展层和知识检索层的领域本体构建模型。何超、张玉峰等[39]构建了包含资源采集模块、资源描述模块、语义聚合模块和资源服务模块的基于本体的馆藏数字资源语义聚合与可视化模型。对于异构语义问题，高文浩[40]提出了基于关系数据模式自动建立局部本体和它们之间映射的方法；刘萍[41]通过在构建本体过程中手动建立全局本体与局部本体的映射以及局部本体与信息资源的映射，为全局查询分解和子查询转换提供指导方法以解决上述问题。

2.2.2 基于关联数据的深度聚合模式　　关联数据是国际互联网协会（W3C）推荐的一种规范，T. B. Lee 从理念角度认为，利用关联数据是对世间万物及其相互间关系进行机器可读的语义描述所形成的数据，并能够通过开放标准关联在一起，从而萌发出很多新的价值与应用[42]；也有观点认为关联数据是元数据在网络空间的语义表达及实现其功能需求的最佳方式[43]。关联数据通过发布和链接结构化数据使得分散、异构的数据信息实现语义关联，其语义链接机制通过关联数据将客观实体和抽象概念关联，从而赋予了关联数据强大的语义聚合能力，弥补了现有网络信息的粗粒度与语义性缺失，为馆藏资源元数据层面的语义聚合提供了新途径[44]，并扩展了图书馆资源发现平台。

利用关联数据实现数据融合是基于关联数据深度聚合的主要研究方向之一[45]。与传统聚合模式相比，基于关联数据的聚合模式更加灵活易实现，用户只需要关心信息本身，图书馆则通过关联数据的资源聚合将外部资源和本馆资源整合到一起。为此，丁楠等[46]提出了包含有数据层、聚合层和应用层的基于关联数据的图书馆信息聚合模型。王涛[47]提出了关联数据在馆藏信息资源聚合中的应用，主要分为创建、发布、自动关联、浏览和链接维护5个环节，并指出所面临的挑战主要包括：用户交互、资源整合和隐私保护。王薇[48]提出了基于关联数据的馆藏数字资源语义融合方法，通过基于构建的元数据本体对元数据进行语义转换和集成，将馆藏资源与馆外资源建立语义关联，实现语义互操作，并将相互关联的数据信息以关联数据形式发布。马费成等[49]提出了基于关联数据的网络信息资源集成框架，并据此设计实现了学术资源集成系统。

2.2.3 基于主题模型的深度聚合模式　　在资源聚合过程中，自然语言处理是一个重要的研究方向。在自然语言处理中，将主题（或称隐性语义）视为词项[50]的概率分布，通过利用主题模型对文献资源的生成过程进行模拟，利用词项在文档级的共现信息抽取出语义相关的主题集合，并通过参数估计得到各个主题，这一过程可被视为文本挖掘。在以词袋的形式表示文献资源时，其维度可能达到数万。通过主题模型的转化，将最终形成 X 个主题，实现将词项空间中的文献资源向主题空间转化的过程，并得到新的文献资源在低维空间的表达。而此时所得的主题空间数 X 要远小于词项的个数[51]，从而达到降维之目的，并最终得到语义层面聚合后的文献资源簇。基于主题模型的馆藏资源聚合研究主要应用于两个领域：图形图像和文本知识处理。

（1）图形图像处理。廖晓锋等[52]对使用搜索引擎获得的图片进行特征符提取处理，将图片表示为类似文本的词汇——文档模型，通过统计主题模型的学习过程，获得低维的语义空间，然后在语义空间中进行聚类，达到将相似图片聚合的目的。崔君君等[53]提出了一种基于视觉单词与标注单词共生的主题聚类模型，实现利用图像视觉信息与标注信息进行图像聚类。杨冀林[54]通过提取图像编码本，再利用其对待分割图像进行初始编码，根据主题模型，对编码后的图像各个码字求取概率，最后在马尔科夫模型中，利用所得到的概率构造能量函数进行仿真，达到优化图像分割和标定的目的。

（2）文本知识处理。王萍[55-56]验证了利用 LDA 主题模型进行文献知识挖掘的可行性，通过对文献的文本信息和作者信息进行联合建模，在分析文献主题的同时，挖掘出相关主题方向的研究者分布，提出了 Topic-Author 概率主题模型，并在此基础上提出了主题挖掘、专家发现、趋势分析和主题关系挖掘等多维度文献知识挖掘的方法。董婧灵等[57]提出了一种基于 LDA 主题模型的文本聚类和聚簇描述方法，利用 LDA 模型挖掘隐藏在文本内的不同主题与词之间的关系以得到文本的主题分布，并将此分布作为特征融入到传统的向量空间模型来计算相似度，进而对文本进行聚类，继而利用主题信息对聚类结果进行聚簇描述。商任翔[58]利用改进 Gibbs-LDA 算法构建了主题模型对中医药处方数据进行分析，对主题模型训练出来的知识使用 RDF 进行描述，并融合到中医药语义知识网络中。

2.2.4 基于计量分析的复合模式　然而由于本体的不可重用问题和元数据对语义关系揭示较浅等因素[59]，邱均平、余凡分析了将计量分析方法引入馆藏资源语义化的可行性，构建了基于计量分析的馆藏资源语义化理论模型。通过将计量学分析的语义关系直接用语义网语言替换，形成描述馆藏资源元数据的关系网络。采用计量分析中的主题词共现、作者耦合、共被引和关键词耦合等各种计量学分析方法得到中粒度聚合结果，并在此基础上进行各种对应的聚类操作，以形成资源本体库并最终达到馆藏资源语义化和细粒度聚合的目的。王菲菲提出了计量本体[60]。邱均平从共现与耦合的理论原理出发，阐述了其基本构成要素，包括类与实例、属性与值、约束条件及推理规则，提出了由抽象语义概念层和计量语义关联推理层共同组成的计量本体总体框架，并从共现与耦合的理论原理出发，从文献特征关联、利用过程关联、知识关联、用户需求关联四维角度探讨了馆藏文献资源聚合模式，构建了基于共现与耦合的馆藏数字文献资源聚合四层模型，实现了从初始数据准备到用户获取聚合结果的完整聚合过程[61]，已达到深度聚合与细粒度聚合的效果。杜晖[62]提出基于耦合关系的信息资源深度聚合模式和应用框架，分别从文献耦合关系与作者耦合关系两个视角进行了聚合研究，提出了基于耦合关系的学术信息资源聚合应用，包括：基于兴趣的学术社区构建、学术信息资源推荐、学术信息资源聚合及可视化展示。瞿辉[63]从语义角度,通过共词分析方法实现了对数字资源的主题聚合,提出了语义化共词分析模型,并利用该模型的分析结果对数字资源进行基于主题的语义标引,以此达到通过主题对馆藏数字资源多角度、多维度聚合的目的。

3 馆藏资源聚合研究趋势

总体而言,馆藏资源传统聚合模式已难以契合现阶段技术水平,更难以满足用户的个性化知识需求。因此,馆藏资源深度聚合是馆藏资源聚合的主要研究方向,且对文献内容特征的聚合和语义概念的抽取等中、细粒度的语义聚合研究正逐渐增多。此外,近几年馆藏资源的深度聚合模式研究也有新的趋势,主要包括聚合结果的可视化展示研究[64-65]与大数据环境下的馆藏资源深度聚合[66]。

3.1 聚合结果的可视化展示

利用计算机图形学和图像处理技术,对聚合的结果通过图形或图像的方式展示,使隐性的语义信息更加显性化,有助于对聚合结果进行认知和理解。现有的研究主要包括3个方面:

3.1.1 可视化动态展示 将聚合结果动态地展现出来,能使用户更加灵活直观地加以了解,在此包含两方面含义:一是对可视化结果以动态画面展示;二是对动态数据以实时更新的形式展现。

3.1.2 交互性 用户通过输入、输出方式对聚合结果可视化过程在一定程度上进行直接操作,使得可视化结果进一步满足用户的个性化需求。

3.1.3 多层次 为展示聚合结果所蕴含的深层语义内容和结构信息,提高用户从不同层面对聚合结果进行认知和理解的能力[67],以多层次结构直观展现海量馆藏资源错综复杂的聚合结果,强化用户对馆藏资源聚合结果的认知与理解及促进图书馆对馆藏资源的深度开发与利用[68]。

3.2 大数据时代馆藏资源的聚合

虽然目前大数据定义多从特征角度对其界定,并且还存在3V[69]和4V[70-71]特征定义之争,但大数据时代已经到来,数据正逐渐从文献信息属性,即简单的处理对象转变为一种基础性资源,这将使大数据时代的馆藏资源聚合在数据存储、处境挖掘与分析和知识发现等方面面临新的挑战和机遇。

3.2.1 大数据存储与集成 如前文所述,馆藏资源存在各种结构化、半结构化和非结构化的数据类型,无论是传统聚合模式还是深度聚合模式,都需要研究大数据模式下数据获取、存储、组织与集成一体化的解决方法,并在此基础上进行网络化和语义化处理,形成大数据模式的标准化馆藏资源。

3.2.2 大数据挖掘与分析 馆藏资源数量的迅猛增长,对图书馆分析和挖掘数据背后的隐性知识带来了巨大的挑战,应充分利用大数据的理论与技术优势以及数据分析方法来实现对馆藏资源聚合后的数据挖掘与分析,构建知识模型[72],从而实现馆藏资源深度聚合,达到提高图书馆知识服务能力的目的。

3.2.3 大数据知识发现 大数据的特征之一是用全面的数据分析方式代替原先的抽样数据分析方式,这一过程使得分析结果更加接近于实际。通过大数据处理方式,借助云计算对馆藏资源深度聚合结果进行深度而全面的挖掘和分析,能更好地为用户提供更高精度的知识发现服务。

4 总结

通过以上对馆藏资源深度聚合研究与发展趋势的分析可以看出,馆藏资源聚合研究的不断演进发展,实质上是图书馆的资源服务理念由"文献服务"向"知识服务",由"以图书馆为中心"向"以用户为中心"转变的过程。馆藏资源深度聚合研究是对馆藏资源建设理论体系的完善与发展;同时,利用知识表示与可视化方法对馆藏资源进行组织与展示,有助于形成基于知识挖掘与知识关联的新知识集合,也促进知识的理解与扩散,进而推进知识创新。

参考文献:

[1] 赵冬梅.图书馆信息资源整合[J].情报科学,2005,23(3):362-366.

[2] 肖希明,袁琳.中国图书馆藏书发展政策研究[M].南京:南京大学出版社,2002:64-67.

[3] 游丽华.图书馆信息资源建设[M].北京:中国社会科学出版社,2008:20-24.

[4] 刘秉文,王志国,李志勇.现代文献信息资源建设[M].呼和浩特:内蒙古人民出版社,2008:233.

[5] 李卓卓.信息资源共享系统绩效评估研究[D].武汉:武汉大学,2009.

[6] 唐琼.图书馆数字资源选择标准研究[D].武汉:武汉大学,2009.

[7] 胡群策.论21世纪高校图书馆服务[J].大学图书情报学刊,2005,23(5):13-15.

[8] 马张华.信息组织[M].北京:清华大学出版社,2003:1-7.

[9] 李星星.馆藏资源深度聚合及应用研究[D].武汉:华中师范大学,2013.

[10] 马文峰.数字资源整合研究[J].中国图书馆学报,2002(4):64-67.

[11] 马文峰,杜小勇.数字资源整合的发展趋势[J].图书情报工作,2007,51(7):66-70.

[12] 肖希明,唐义.国外数字资源整合在多领域的研究进展[J].中国图书馆学报,2013,39(7):26-35.

[13] 张立频.中英文免费数字知识获取研究[M].北京:中国工商出版社,2007:41.

[14] 唐一之,张仲义.基于本体的知识聚合策略[J].吉首大学学报(自然科学版),2008(2):72-76.

[15] 赵悦,富平.数字资源与传统文献元数据整合[J].国家图书馆学刊,2007(2):63-65.

[16] 傅椿徽.图书馆文献编目[M].武汉:武汉大学出版社,1989:13.

[17] 文榕生.文献编目论[J].图书馆,2000(3):30-32.

[18] 刘秉文,王志国,李志勇.现代文献信息资源建设[M].呼和浩特:内蒙古人民出版社,2008:154-155.

[19] 程长源.建立图书统一编目制度的建议[J].文物参考资料,1953(2):83-86.

[20] 林德海.全国文献编目标准化的新步骤——记全国文献工作标准化技委会第六分会福州扩大会议[J].图书馆学通讯,1983(2):55-56.

[21] 彭斐章,王心裁.20世纪中国目录学:发展历程、成就与局限[J].高校图书馆工作,1999(2):1-6.

[22] 樊绍明,杨红,夏叶冰.元数据与文献编目的异同[J].图书情报工作,2002(6):72-74.

[23] 王伟.近年来我国DC元数据研究文献综述[J].图书馆理论与实践,2007(5):58-60.

[24] 高惠荣,孙晓玫.元数据及其在数字图书馆发展中的作用[J].图书情报工作,2012,56(S1):170-172.

[25] 王松林.信息资源编目(修订本)[M].北京:北京图书馆出版社,2005:4-18.

[26] 毛燕梅,张秋萍,李丽华.网络资源的组织与DC元数据[J].情报杂志,2002,21(1):27-28.

[27] 宋琳琳,李海涛.大型文献数字化项目的元数据标准的调查与构建[J].图书馆杂志,2013,32(11):45-54.

[28] 张宏伟,许慧.基于DC元数据仓储的数字资源整合研究[J].图书馆学刊,2014(6):32-34.

[29] 徐荣华.基于元数据仓储的资源整合应用[J].图书馆杂志,2012,31(4):67-73.

[30] 焦玉英.情报检索与咨询[M].北京:科学技术文献出版社,1994:61-65.

[31] 李劲,程秀峰,宋红文,等.基于语义的馆藏资源深度聚合模型探析[J].湖北民族学院学报(自然科学版),2013(2):212-215.

[32] 毕强,牟冬梅,王丽伟.数字图书馆知识组织语义互联影响因素研究[J].图书情报工作,2009,53(15):12-16.

[33] 沈秀丽,牟冬梅.数字图书馆知识组织语义互联论纲[J].情报科学,2010,28(3):379-383.

[34] 王丽华.基于语义网的数字图书馆的关键技术[J].情报杂志,2004,23(4):5-8.

[35] 贺德方,曾建勋.基于语义的馆藏资源深度聚合研究[J].中国图书馆学报,2012,38(4):79-87.

[36] Neches R, Fikes R, Finin T, et al. Enabling technology for knowledge sharing [J]. AI Magazine, 1991, 12(3): 36-56.

[37] 马文峰,杜小勇.数字资源整合:理论、方法与应用[M].北京:北京图书馆出版社,2007:187-188.

[38] 徐德斌.基于领域本体的知识整合浅析[J].现代情报,2011,31(12):27-29.

[39] 何超,张玉峰.基于本体的馆藏数字资源语义聚合与可视化研究[J].情报理论与实践,2013,36(10):73-76.

[40] 高文浩.基于本体的异构数据库集成技术研究与应用[D].镇江:江苏大学,2009.

[41] 刘萍.基于本体的信息资源的集成[D].南京:南京航空航天大学,2008.

[42] Tim Berners-Lee. Linked data [EB/OL]. [2014-06-15]. http://www.w3.org/DesignIssues/LinkedData.html.

[43] 刘炜.关联数据:概念、技术及应用展望[J].大学图书馆学报,2011,29(2):5-12.

[44] 游毅,成全.试论基于关联数据的馆藏资源聚合模式[J].情报理论与实践,2013,36(1):109-114.

[45] 黄永文.关联数据在图书馆中的应用研究综述[J].现代图书情报技术,2010(5):1-7.

[46] 丁楠,潘有能.基于关联数据的图书馆信息聚合研究[J].图书与情报,2011(6):50-53.

[47] 王涛.基于关联数据的馆藏信息资源聚合研究[J].图书馆学刊,2012,34(8):44-46.

[48] 王薇.基于关联数据的图书馆数字资源语义融合研究[D].南京:南京大学,2013.

[49] 马费成,赵红斌,万燕玲,等.基于关联数据的网络信息资源集成[J].情报杂志,2011,30(2):167-170.

[50] 何向东,吕进.关于词项和概念的辨析[J].西南师范大学学报(人文社会科学版),2004,30(5):15-18.

[51] 徐戈,王厚峰.自然语言处理中主题模型的发展[J].计算机学报,2011,34(8):1423-1436.

[52] 廖晓锋,刘春年,龚花萍.基于主题模型的图片检索结果语义聚类[J].电脑知识与技术,2010,34(6):9819-9821.

[53] 崔君君,于林森,李鹏.协同视觉信息与标注信息图像聚类[J].哈尔滨理工大学学报,2014,19(2):57-62.

[54] 杨冀林.基于主题模型的图像分割技术研究[J].计算机仿真,2011,28(12):300-303.

[55] 王萍.面向教育技术学文献数据的主题挖掘[J].现代教育技术,2009,19(5):46-50.

[56] 王萍.基于概率主题模型的文献知识挖掘[J].情报学报,2011,30(6):583-590.

[57] 董婧灵,李芳,何婷婷,等.基于LDA模型的文本聚类研究[C]//孙茂松,陈群秀.中国计算语言学研究前沿进展(2009-2011).北京:清华大学出版社,2011.

[58] 商任翔.基于主题模型的中医药隐含语义信息挖掘[D].杭州:浙江大学.2013.

[59] 邱均平,余凡.基于计量分析的馆藏资源语义化理论研究[J].中国图书馆学报,2012(4):71-78.

[60] 王菲菲.基于计量分析的数字文献资源语义化研究[D].武汉:武汉大学,2013.

[61] 邱均平,王菲菲.基于共现与耦合的馆藏文献资源深度聚合研究探析[J].中国图书馆学报,2013(3):25-33.

[62] 杜晖.基于耦合关系的学术信息资源深度聚合研究[D].武汉:武汉大学,2013.

[63] 瞿辉.面向数字资源聚合的语义化共词分析研究[D].武汉:武汉大学,2013.

[64] 邱均平,余厚强,吕红,等.国外馆藏资源可视化研究综述[J].情报资料工作,2014(1):12-19.

[65] 吕红,邱均平,李小涛,等.国内馆藏资源可视化研究进展分析[J].情报资料工作,2014(1):20-26.

[66] 杨强,邱均平.大数据时代对馆藏资源的影响及其发展趋势[J].情报理论与实践,2014,37(5):7-11,40.

[67] 周宁,张李义.信息资源可视化模型方法[M].北京:科学出版社,2008:3-6.

[68] 张玉峰,何超.馆藏资源聚合结果的层次可视化方法研究[J].情报理论与实践,2013(8):41-44.

[69] Grobelnik M. Big-data computing: Creating revolutionary breakthrough in commerce, science, and society [R/OL]. [2014-04-26]. http://vidoelectures.net/eswc2012_grobelnik_big_data/.

[70] Barwick H. The "four Vs" of Big Data. Implementing Information Infrastructure Symposium [EB/OL]. [2014-04-26]. http://www.computerworld.com.au/article/396198/iiis_four_vs_big_data/.

[71] IBM. What is big data? [EB/OL]. [2014-04-26]. http://www-01.ibm.com/software/data/bigdata/.

[72] 樊伟红,李晨晖,张兴旺,等.图书馆需要怎样的"大数据"[J].图书馆杂志,2012,31(11):63-68,77.

作者简介

赵蓉英,武汉大学信息管理学院教授,博士生导师,武汉大学中国科学评价研究中心副主任;王嵩,武汉大学信息管理学院博士研究生,东华理工大学图书馆馆员,通讯作者,E-mail:wssonger@163.com;董克,武汉大学信息管理学院博士后。

图书馆、档案馆和博物馆资源整合的发展趋势

——基于 ICA、IFLA 和 ICOM 历届会议主题的研究

胡心悦

(武汉大学)

由于提供信息的内容、形式和目的不同,图书馆、档案馆和博物馆(Library, Archive, Museum, LAM)在以前很难有机会进行合作。而如今,数字化打破了这一壁垒,跨界合作有了技术支持,LAM 资源整合、服务共享的趋势也越来越明显。

1 LAM 资源整合背景

2010 年世界电信发展大会(WTDC-10)对信息社会世界峰会(WSIS)的目标作了中期评述[1](以下简称《报告》)。其中,WSIS 的第四项目标为:利用信息通信技术连接所有公共图书馆、文化中心、博物馆、邮局和档案馆。《报告》中对该项目标的评估至少可以揭示以下 3 点:①发达国家关于 LAM 整合的整体实现水平要高于发展中国家。②在发达国家,LAM 互联网接入情况基本相同,而在发展中国家,图书馆的联网程度低于博物馆和档案馆。③博物馆的网站建设程度高于图书馆和档案馆。虽提出了"已数字化的档案馆内容"和"档案馆数字化信息的网上提供"这两个指标,但《报告》没有搜集到确切的数据,并且未提及图书馆和博物馆的数字化情况。

国际上,1973 年国际图书馆协会联合会(IFLA)提出了 UAP 计划,以满足出版物馆际互借和国际互借的需求[2]。1992 年联合国教科文组织总干事费德里科·马约尔(F. Mayor)提出的"世界记忆工程"项目提倡将图书馆、档案馆和博物馆中的文献遗产共同作为世界记忆的重要部分进行保护[3]。2005 年美国国会图书馆长毕林顿(J. H. Billington)提出"世界数字图书馆"这一资源共建共享理念。尽管名为"图书馆",但这一计划的参与单位不仅涵盖了图书馆,还包括档案馆、博物馆、音像馆、教育机构及其他收藏保存文史

资源的机构。根据2007年由美国国会图书馆和联合国教科文组织缔结的谅解备忘录（MOU），美国国会图书馆与世界各地区图书馆、档案馆和教育、文化机构订立协议，同意为世界数字图书馆发展做出贡献[4]。

在这样的背景下，LAM资源整合成为各国关注的课题。合作的趋势是明显的，然而这种趋势是如何形成的？三者联合的进展如何，且图书界、档案界、博物界已为此做出了哪些努力？这些都是值得研究的问题。目前，对图书馆、档案馆和博物馆资源整合与合作的关注越来越多。2012年肖希明对国外召开的有关LAM数字资源整合的相关会议、会议论文和报告的发表情况进行了比较全面的统计和分析，其中较多关注到IFLA大会[5]。此外，还未有从相关国际组织最高会议历届主题这一角度来进行的研究。IFLA、国际档案大会及国际档案圆桌会议（ICA）和国际博协大会（ICOM）分别作为博物馆、图书馆、档案馆的专业性国际组织，三者的历届会议主题具有极强的专业性，并直接指向当时业界最关注的问题，真实地反映了图书、档案、博物事业的发展。要研究三者联合的发展趋势，研究三者的历届会议主题是必不可少的。笔者以IFLA、ICA和ICOM历届会议为切入点，试图通过比较不同时期的会议主题对上述问题进行分析，旨在理清发展历程，探寻发展方向，最终为我国LAM资源整合的实践提供参考建议。

2　样本的选择及收集方法

本研究统计了IFLA、ICA和ICOM自成立至2014年以来历届大会的会议主题。对于过于简短、抽象的议题，通过调查相关的会议资料尽量补充和明确会议的主题。对于3个机构会议主题的搜集，本文的资料主要来源于它们的官方网站，并参考能够搜集到的中文会议记录、与会者的相关文章以完成翻译和整合。其中IFLA和ICOM在其官方网站上按时间顺序列出其历届会议主题，而ICA没有进行系统整理，仅仅通过一份文件对ICA从1954年至2011年的圆桌会议（International Conference of the Round Table on Archives，CITRA）进行了简短的回顾。通过查找文献，笔者对ICA的会议主题进行了补充和整理。

3　IFLA、ICA及ICOM历届会议主题概况

依照以上方法，笔者按照时间顺序对三者的会议主题进行了梳理和整合。

具体来看，IFLA每年召开世界图书情报大会（World Library and Information Congress，WLIC）。第一届WLIC于1928年召开，但直到1966年第32届才开始有明确的主题。本文统计自1966年至2014年第80届WLIC为止，共

49个会议主题[6]。

ICA每4年召开一次国际档案大会（International Congress），在修会期间举办圆桌会议。从2013年开始，ICA以年会（annual conference）取代国际档案大会和圆桌会议，每年定期举办[7]。本文通过搜索ICA的官方网站和查阅《中国大百科全书》、相关词典、简编以及与会学者的记录等相关文献对ICA的会议主题进行了统计和翻译。其中1966年的圆桌会议缺少相关资料，因此本文的研究样本统计为64个会议主题。

ICOM在1948年召开首届全体大会，会议进行了人事任命、法律章程制定、委员会设置等行政安排，并无具体议题。此后，从1950年第二届大会起，每3年召开一次大会，共计22个会议主题[8]。IFLA、ICA和ICOM历届会议主题如表1所示：

表1 IFLA、ICA及ICOM历届会议主题一览

年份	IFLA[9-11]	ICA[12-14]	ICOM
1950	/	档案馆如何实行监督；档案与档案缩微制片的关系；私人档案和经济档案问题；档案出版物	私人馆藏的交换；科学仪器清单；博物馆教育；职业培训存在的问题
1953	/	档案馆设置历史陈列室问题；档案工作者的培训；档案文件的国际交流	外部博物馆的问题；不发达地区博物馆存在的问题；博物馆建筑及现代城市规划中的博物馆
1954	/	档案与初级、中等和高等教育；档案复制品在教学中的应用；档案博物馆的文献展览	/
1955	/	文件的归档与销毁；档案的形成与保管问题；档案员监督文件处置的职责；现行机关档案馆	/
1956	/	档案馆的新设备；档案的鉴定；私人档案问题	现代博物馆；现代世界的自然历史博物馆；现代历史博物馆存在的问题；现代科技博物馆的规划和构架；巴别塔
1957	/	档案、档案工作者、档案馆在国家中的地位；档案馆的任务；国家机构的内部档案库	/
1958	/	档案利用的新形式和新范围；档案与现代经济、文学和地理学	/

续表

年份	IFLA[9-11]	ICA[12-14]	ICOM
1959	/	档案馆工作计划；档案阅览室；档案为历史研究服务	以博物馆为镜：潜力与限制
1960	/	国家档案馆；修复文件和印鉴及保护地图、平面图、照片的新技术；档案与现代经济、社会的研究	/
1961	/	档案和国际法；档案的国际归属原则；档案及档案工作者的国际合作；档案馆在国际生活中的作用及各国、国际组织的关系	/
1962	/	档案的定义；档案工作范围；档案馆与图书馆、行政机关的关系	文化遗产的保存；变化世界中历史民俗博物馆的角色；研究中心还是展厅？博物馆的教育角色
1963	/	档案与农业史；建筑档案馆的新发展	/
1964	/	档案整理的新方法；教会档案；公布档案；档案工作机械化；印章问题；青年档案工作者问题	/
1965	/	国际档案圆桌会议的职能；档案馆和自动化；档案馆建筑新经验	博物馆人员培训
1966	图书馆与文献	/	/
1967	图书馆服务覆盖全国大部分地区	简档案查阅调卷自动化；档案复制件（微缩胶片）的行政和法律效力；档案所有权	/
1968	工业社会的书与图书馆	开放档案问题；缩微照相的政策；现行档案的管理；档案史的研究	博物馆与研究
1969	图书馆事业中的图书馆教育与研究	档案文件的修复；地方行政机关档案馆	/
1970	列宁与图书馆	档案馆的使命和任务；档案工作者的职能和奋斗目标；印刷的档案；档案出版问题	/

续表

年份	IFLA[9-11]	ICA[12-14]	ICOM
1971	图书馆事业机构	档案和信息技术工具；国际组织的档案问题	博物馆为人类的现在和未来服务；博物馆的文教作用
1972	在一个不断变化的世界中阅读	国家档案馆和机关档案室的相互关系和继承性；新技术在档案馆的应用；科学查考工具书的编制；档案工作者的国际合作和对发展中国家档案馆提供技术援助	/
1973	世界书目控制（UBC）	档案馆的预算问题；档案的时代价值；档案馆保存印章、纹章和行政符号问题	/
1974	国家及国际图书馆规划	修改国际档案理事会会章问题；档案馆的国际联系	博物馆和现代社会
1975	国际图书馆合作的未来	档案员的培训与晋升问题；档案馆与文学、艺术档案；档案与国际法	/
1976	国际图书馆联合会（IFLA）	文件和档案的变革；档案工作中的技术进步；扩大对档案文件的开放；扩大对档案文件的开放	/
1977	面向所有人的图书馆：一个信息、文化和学习的世界	国家档案遗产的建立与修复；关于要求恢复对档案遗产的所有权的问题	博物馆与文化交流
1978	国际图书馆资源共享（UAP）	档案馆和文件中心的布局、建设、经费及技术安全标准；档案馆与行政机关的关系准则	/
1979	图书馆立法	政府—行政管理—档案馆；国家档案馆发展规划；行政机关的档案学部门	/
1980	图书与情报系统的发展	档案的学术利用、实际利用和普遍利用；国际档案理事会30年来所取得的成就和对未来的展望	世界文化遗产——博物馆的责任
1981	国家中心在国家图书馆发展及国际图书馆合作中的作用	利用者提供档案信息和咨询服务；档案馆的情报服务与研究者的需求	/
1982	缩微档案的政策	图书馆网络	/

续表

年份	IFLA[9-11]	ICA[12-14]	ICOM
1983	当今技术世界中的图书馆	文件管理鉴定的一般原则；文件抽样法；档案工作者如何处理现代文件的膨胀；档案检索工具	为发展中国家服务的博物馆
1984	图书馆与情报服务是国家发展的基础	对档案馆的挑战——日益繁重的任务及有限的资源；收回散失在别国的本国历史档案的途径	/
1985	图书情报的普遍可获得性	档案利用和保护个人隐私	/
1986	21世纪图书馆新水平	档案集中和分散保存问题	博物馆和我们文化遗产的未来：紧急呼吁
1987	变化中世界的图书馆与情报服务	档案遗产的保护政策	/
1988	共同生存——人民、图书馆、信息	新型档案的形成、收集、保护、开发和利用；国际档案理事会的今天和明天	/
1989	昨天、今天和明天经济中的图书馆与信息	国家档案馆和联邦档案馆的体制、问题及展望	博物馆：文化发生器
1990	图书馆为知识服务的信息	保护自然和文化遗产并为社会服务是档案工作者的神圣使命	/
1991	图书馆与文化——它们之间的关系	为档案服务争取更多的财力	/
1992	图书馆与情报政策展望	信息时代档案工作者的职业	博物馆：重新思考工作范围
1993	全球图书馆、图书馆作为世界可利用的信息中心	档案馆在政府战略学略中的作用	/
1994	图书馆与社会发展	档案遗产的争端	/
1995	未来图书馆	战争、档案和国际礼让	博物馆与社区
1996	变革的挑战：图书馆与经济发展	本世纪末的档案工作——回顾与展望	/
1997	图书馆和信息为人类发展服务	信息的利用：立法前景	/
1998	处于十字路口的信息与文化	信息的利用：技术挑战	博物馆与文化多样性：古老文化与新世界

135

续表

年份	IFLA[9-11]	ICA[12-14]	ICOM
1999	21世纪前夕：图书馆是进入文明世界的大门	信息的利用：保护观点	/
2000	信息为合作而生：创建未来的全球性图书馆	全球范围内电子文件的管理及利用；档案学科的发展；档案馆在休闲社会中的作用	/
2001	图书馆与图书馆员：知识时代造就不同	档案与社会：保存什么？征集与选择	掌控变革：博物馆面临经济与社会挑战
2002	图书馆为生活服务：民主、多样化、传递	社会怎样认识档案	/
2003	图书馆获取点：媒体-信息-文化	档案与人权	/
2004	图书馆：教育与发展的工具	档案、记忆与知识	博物馆与非物质遗产
2005	图书馆——发现之旅	构建全球化时代的记忆；档案文件对于善治和发展的极端重要性；如何在全球化中保护关键记忆；吸取全球重大事件的经验教训、应对未来挑战	/
2006	图书馆：信息与知识社会的发动机	通过全球化来分享记忆	/
2007	展望图书馆的未来：进步、发展与合作	合作以保持多元化	博物馆与世界遗产
2008	图书馆无国界：迈向全球共识	档案、治理和发展——描绘未来社会	/
2009	图书馆创造未来：筑就于文化遗产之上	想象21世纪的档案工作者：新的教育和培训政策	/
2010	开放知识获取——推动可持续发展进程	信任与利用：数字时代文件与档案管理的挑战	博物馆致力于社会和谐
2011	图书馆的自我超越：整合、创新与信息服务	在数字时代保持档案活力：21世纪的档案保护	/
2012	图书馆——变革的力量：激发灵感、超越想象、赋予力量	变化的环境：可持续性与档案，信任与档案，身份认同与档案	/
2013	未来图书馆：无限可能	责任、透明和信息获取	博物馆（记忆+创造）=社会变革

续表

年份	IFLA[9-11]	ICA[12-14]	ICOM
2014	图书馆、公民与社会：知识的融合	档案和文化产业：文献蕴含着为大众的文化创造和消费提供资源的潜力	/

4 LAM 资源整合的基础及发展趋势

按照时间顺序，纵观 IFLA、ICA 及 ICOM 历届会议，可以从宏观上判断世界图书界、档案界、博物界当下较为关注的内容。本文从文化、管理、服务、合作及发展等 5 个视角来选取关键词对三者的议题进行了分类对比考察，最终从 LAM 资源整合的基础及 LAM 的发展趋势两个角度进行了分析。

4.1 LAM 资源整合的基础

4.1.1 共同的文化属性　按照关键词梳理历届会议主题可以总结出，LAM 资源整合的重要基础之一是三者所共同拥有的文化属性。从三者的会议选题来看，IFLA 的选题主要强调图书与文化的关系，ICA 的关注点则更侧重于"文化和档案遗产"。相比之下，ICOM 对于"文化"和"遗产"也同样关注，但博物馆对于自身的文化属性有更强的意识。总体上，图书馆、档案馆和博物馆都十分强调自己的文化属性。一方面，图书、档案、文物本身就是文化的一部分，它们共同保存着人类历史，传播着知识，从会议主题中多次出现"文化"、"文明世界"、"文化交流"、"文化发生器"、"文化多样性"等词语就可以看出这一点。另一方面，在联合国教科文组织的推动下，图书馆、档案馆和博物馆越来越多地从"文化遗产"这一高度来看待和思考自身的定位和责任。例如，图书馆认为创造未来是基于文化遗产之上；档案馆则将保护自然和文化遗产作为档案工作者的神圣使命；博物馆更是针对世界文化遗产的现状发出了紧急呼吁。图书馆、档案馆和博物馆的资源整合与合作正是基于他们共同的文化属性与文化使命。

4.1.2 共同的服务对象　图书馆、档案馆和博物馆作为文化部门，其最终目的是要为利用者提供服务。通过对 IFLA、ICA 和 ICOM 会议主题的考察，可以发现三者的服务对象主要分为 5 个层面：人类、国家社会、经济、学术研究和公众。具体来说，图书馆、档案馆和博物馆作为全世界的信息中心为人类发展服务，作为情报体系为国家决策服务，在知识经济时代为经济发展服务，为学术研究提供智力服务，为公众提供生活服务。一方面，由于有共同的服务对象，为了提供更加全面、便捷的服务，整合具有必然性。另一方面，由于三者的服务对象相同，因此合作具有可能性。

4.1.3 独立管理中寻求合作　从机构管理的角度来看，图书馆、档案馆和博物馆有着明显的差异。具体表现在，ICA 针对管理设置的议题侧重细节，数量较多。其议题涉及了档案管理的具体环节、法律及档案所有权、机构设置和特殊档案的管理等。这与档案本身的性质有关。而 IFLA 和 ICOM 则更多地从宏观上关注规划、机构设置、政策展望、建筑、馆藏构架等方面。尽管存在这些差异，但合作并非不可能。由于 IFLA、ICA 和 ICOM 均与联合国教科文组织（UNESCO）有着密切的关系，且他们本身在许多项目中已有相关合作，因此，在保持自身特色、发挥馆藏优势的前提下，三者有着巨大的合作潜能。

4.2　LAM 资源整合的发展趋势

IFLA 于 1928 年成立，是三者中成立最早的。在过去的 86 年时间里，世界发生了翻天覆地的变化。图书馆、档案馆和博物馆作为国家的文化部门自然也发生了巨大的变革。IFLA、ICA 和 ICOM 在这半个多世纪的时间里不断思考自身在时代大背景下的定位，积极应对新技术带来的挑战，尝试变革与创新。因此，本文从"时代背景"和"技术变革"方面考察了三者的历年会议议题。

4.2.1　时代背景——工业时代到知识时代的转变　美国学者 D. Bell 把人类历史划分为 3 个阶段：前工业社会、工业社会和后工业社会。20 世纪经历了工业社会向后工业社会的过渡。转折点大约在 70 到 80 年代电子信息技术广泛得到应用之后。D. Bell 认为工业社会以经济增长为轴心，而后工业社会以理论知识为轴心，并以信息为领导，以服务为指向[15]。

图书馆方面，IFLA 从 1968 年开始思考图书馆在工业社会的定位——"工业社会的书与图书馆"。1972 年则提出"在一个不断变化的世界中阅读"。1983 年的议题为"当今技术世界中的图书馆"，科技的发展对图书馆的变革有巨大的促进作用。而从 1998 年的"处于十字路口的信息与文化"和 2001 年的"图书馆与图书馆员：知识时代造就不同"这两个议题，可以看出进入 21 世纪的图书馆和图书馆工作人员在知识时代重新定位自己，在信息和文化领域寻求新的发展机遇。

档案馆方面，1973 年在卢森堡圆桌会议上，ICA 设置了"档案的时代价值"这一议题。1992 年面对计算机的普及，档案界开始思考"信息时代档案工作者的职业"。面对全面到来的数字时代，ICA 在 2011 年提出的议题是

"在数字时代保持档案活力：21世纪的档案保护"。2012年则以"变化的环境"为主题讨论了可持续性与档案（包括数字文件管理、数字保护、数字在线访问、社会媒体、移动世界、信息通信技术的影响、经济与可持续发展等）、信任与档案（包括职业道德、档案标准、国际信任、记忆、善治和问责等）、身份认同与档案等诸多问题。2014年的议题更是明确提出了档案信息要为文化产业服务。

博物馆方面，ICOM在1953年的议题为"现代城市规划中的博物馆"。1956年ICOM探讨了现代博物馆、现代世界的自然历史博物馆、现代历史博物馆存在的问题、现代科技博物馆的规划和构架等问题。1974年的议题为"博物馆和现代社会"。1998年面对新世纪的到来，ICOM提出了"博物馆与文化多样性：古老文明与新世界"这一议题。

纵观IFLA、ICA和ICOM三者的议题，时代背景的转变对三者的影响趋同，即从主要关注自身内部的发展和建设，逐渐转向关注外部需求和服务质量，亦是对D.Bell的后工业社会理论的体现。

4.2.2 技术变革 20世纪以来机遇和挑战主要来源于信息技术。一方面，计算机的发展和广泛应用为数字化提供了可能，从根本上改变了载体的存在方式。而网络则给共享提供了更为经济的途径。另一方面，在数字时代图书馆、档案馆和博物馆面临着管理、保存、技术、标准等方面的新问题。

20世纪90年代计算机和互联网在西方已经基本普及。IFLA在1986年提出"21世纪图书馆新水平"议题。1995年中国举办了该年的IFLA大会，主题为"变革的挑战：图书馆与经济发展"。2005年挪威奥斯陆的议题为"图书馆——发现之旅"，会议提到探索和求知是图书馆事业生生不息、薪火相传的动力。在图书馆面临诸多挑战的信息化社会，图书馆人同样也不能缺失这种勇气和精神。2012年IFLA大会的议题强调了"图书馆——变革的力量：激发灵感、超越想象、赋予力量"。

档案由于其本身与社会活动密切相关，它对于技术的变革更为敏感。ICA历年主题与"技术变革"相关的有："档案利用的新形式和新范围"（1958年）、"照片的新技术"（1960年）、"档案馆和自动化"（1965年）、"简档案查阅调卷自动化"（1967年）、"档案和信息技术工具"（1971年）、"文件和档案的变革，档案工作中的技术进步"（1976年）、"档案工作者如何处理现代文件的膨胀，档案检索工具"（1983年）；"对档案馆的挑战——日益繁重的任务及有限的资源"（1984年）、"新型档案的形成、收集、保护、开发和利用"和"信息的利用：技术挑战"（1988年）、"全球范围内电子文件的管理及利用"（2000年）、"信任与利用：数字时代文件与档案管理的挑战"（

2010 年)。

同样面对变革，博物馆开始重新思考工作范围，应对挑战，并强调创造的重要性。ICOM 相关议题包括"博物馆：重新思考工作范围"（1992 年）、"掌控变革：博物馆面临经济与社会挑战"（2001 年）、"博物馆（记忆 + 创造）=社会变革"（2013 年）。

总而言之，促成三者合作的最大动力是电子信息技术的发展。数字时代和知识时代的到来，使传统信息行业发生了巨大的变化。计算机的应用与普及使得信息急剧膨胀，互联网的发展改变了信息的传播速度和传播方式。这给图书馆、档案馆和博物馆的管理、技术和自身定位上带来了巨大的挑战。但也正是电子信息技术的发展，特别是网络和数字化的发展为合作带来了巨大的可能。面对"变化的环境"和"现代技术"以及更重要地提供服务的需求，三者分别为自身的自动化、数字化、网络化做出了相应努力，并越来越多地从全球角度来看待自身的发展，为三者间的资源整合和合作奠定了基础。

5 IFLA、ICA 和 ICOM 的合作规划和成果

5.1 合作规划

时代的变迁和技术的发展从根本上促成了 LAM 合作的趋势。从会议主题来看，IFLA、ICA 和 ICOM 首先在业内寻求国际合作，如 IFLA 的世界书目控制计划、国际图书馆资源共享计划、世界图书馆计划等。又如 ICA 对发展中国家档案馆的技术援助以及 ICOM 开展的国际博物馆运动等。此外，三者还将图书、档案和文物均看作信息、知识和记忆，积极寻求跨界合作。而信息技术，特别是数字化技术则为合作带来了可能。

5.1.1 跨国合作 即把全球作为一个资源共享的整体，寻求世界范围内的合作。IFLA 为了寻求国际合作，其选题涉及 UAP 计划、建立图书馆网络、建立完善世界图书馆等。ICA 同样针对国际交流、国际组织合作、档案工作者的国际合作、对发展中国家档案馆提供技术援助、保持多元化等议题进行了讨论。ICOM 在 1956 年的大会上曾以"巴别塔"为题，表达了希望冲破国家、种族、语言的界限，鼓励不同文化、不同文明之间的交流合作，让文化的传播与共享无障碍。在这次会议上，ICOM 还开始与 UNESCO 合作举办国际博物馆运动，旨在促进各国博物馆事业的交流合作。

5.1.2 跨界合作 即把图书、档案和文物共同看作信息、知识和记忆，寻求图书馆、档案馆和博物馆及其他文化部门之间的合作。IFLA 将图书馆视为信息服务的重要部分，在自我整合创新的同时，寻求进步发展与合作，最

终为公民和社会提供知识服务。其选题主要关注信息的可获取性（1985年）、信息服务的整合与创新（2011年）、知识的融合（2014年）等方面。而ICA在1962年的西班牙马德里圆桌会议上就明确提出讨论了档案馆与图书馆的关系。并且，近年来，为推进世界记忆项目，展开了关于全球记忆的讨论。

5.1.3 技术支持 无论是跨国合作还是跨界合作，都需要现代技术的支持。可以说，是信息技术，特别是数字化技术为合作带来了可能。LAM三者在信息技术发展的不同阶段为合作共享做出了相应的努力。IFLA为构建全球性图书馆在1973年大会上首次提出了"世界书目控制"，简称UBC。这是IFLA的一项促进世界书目数据互换的国际计划。为了推行UBC计划，IFLA在1974年成立了世界书目控制国际办公室，其目标是"建立一个从事书目数据交换管理的世界情报系统"。70年代以来国际图联书目控制委员会制定并向各国推荐《国际标准书目著录》系列条例，促进了UBC的发展。另外，IFLA还在1978年提出了"国际图书馆资源共享计划"，简称UAP。档案方面，主要的问题在于信息时代带来大量的电子文件。2000年的国际档案大会上，首要议题就是"全球范围内电子文件的管理及利用"。信息时代特别是网络时代带来的文件膨胀给档案管理带来了巨大的挑战，而图书馆和博物馆同样也面临着该问题。

5.2 合作成果

目前IFLA、ICA和ICOM的合作主要通过一些国际项目和会议来体现。例如在联合国教科文组织领导的"世界记忆工程"项目的第一次国际咨询委员会上，IFLA和ICA共同参与编制的《通用指南》是会议的最大成果，其中包括图书馆和档案馆中被严重损毁的馆藏名单[16]。之后制定的一部在世界范围内颇具影响力的《世界记忆名录》，其原始内容正是基于《通用指南》。

同时，ICA、IFLA和ICOM以及国际纪念碑和遗址协会这4个与文化遗产有关的非政府组织机构共同组成了"蓝盾网络"，作为蓝盾计划的实施者。蓝盾计划的总体目标是在发生武装冲突或自然灾害的情况下采取措施，保护世界文化遗产。国际蓝盾委员会的成员来自30多个国家，根据《海牙公约》，成员国轮流承担国际蓝盾委员会的职责，关注因人为原因或自然灾害对移动的和非移动的文化遗产破坏而造成的影响，协调并加强国际合作，保护世界文化遗产幸免于难[17]。

此外，IFLA和ICA与其他非政府组织一起出席信息社会世界高峰会议（World Summit on the Information Society, WSIS），并将和一些非政府组织如联合国教科文组织及WSIS共同开展工作。WSIS是各国领导人最高级别的会议，与会的领导人致力于利用信息与通信技术的数字革命的潜能造福人类。峰会的目标是"建设一个以人为本、具有包容性和面向发展的信息社会。在这样一个社会中，人人可以创造、获取、使用和分享信息和知识，使个人、社区和各国人民均能充分发挥各自的潜力，促进实现可持续发展并提高生活质量"[18]。

6 结语

通过对比分析发现，图书馆、档案馆和博物馆具有共同的文化属性，共同的服务对象，因此通过整合可以发挥他们各自的最大优势，提供更丰富的资源和更便捷的服务。而计算机、网络的发展和数字时代的到来为资源整合和共享奠定了技术基础。实际上，图书馆、档案馆和博物馆已经为国际合作和馆际合作做出了努力和尝试。例如，在联合文教科文组织的指导下为世界记忆工程做出贡献，构成蓝盾网络以保护文化资源减少外界损害以及在信息社会世界高峰会议中就信息共享进行了讨论。在资源整合和合作的同时，不能忽略三者在管理上存在的差异，而应针对图书、档案和文物本身的特性进行管理，充分发挥各自的优势，以使整合产生真正的效益。

本文比较全面地对 IFLA、ICA、ICOM 历年会议主题进行了总结、归纳和分析，为 LAM 三者的资源整合方向提供了思路。但仅从宏观的会议主题进行分析仍具有局限性，如果能对会议具体内容、会议报告和讨论成果进行深入研究，相信会有更准确地把握和新的发现。

参考文献：

[1] International Telecommunication Union. World Telecommunication/ICT Development Report 2010[EB/OL]. [2013 – 06 – 13]. http://www.itu.int/ITU-D/ict/publications/wtdr_10/material/WTDR2010_ExecSum-en.pdf.

[2] 邵文杰. UAP 及我国的现状[J]. 图书馆学通讯, 1986(3): 23 – 32.

[3] 李琳玉. 直面挑战 再创辉煌[N]. 中国档案报, 2012 – 09 – 14(3).

[4] World Digital Library Organization. World Digital Library Charter [EB/OL]. [2013 – 06 – 17]. http://project.wdl.org/about/org.html.

[5] 肖希明. 国外图书馆、档案馆和博物馆数字资源整合研究进展[J]. 中国图书馆学报, 2012, 38(3): 26 – 39.

[6] International Federation of Library Associations and Institutions. Past IFLA conferences and IFLA presidents [EB/OL]. [2014 – 07 – 31]. http://conference.ifla.org/past-ifla-conferences-and-ifla-presidents.

[7] International Council on Archives. About CITRA [EB/OL]. [2014 – 07 – 31]. http://

www. ica. org/12603/about-citra/about-citra. html.

[8] International Council of Museums. Past general conferences [EB/OL]. [2014 – 07 – 31]. http://icom. museum/activities/general-conference/past-general-conferences/.

[9] 顾犇. 第63届国际图联大会部分论题概析[J]. 中国图书馆学报, 1998, 24(2): 58 – 62.

[10] 邹文钧. 第64届国际图联大会主题阐释[J]. 上海高校图书情报学刊, 1998(2): 52.

[11] 安玉斌. 1980 – 1993年历届国际图联大会概况[J]. 乌鲁木齐成人教育学院学报, 1997(1): 59 – 60.

[12] 王德俊. 国际档案圆桌会议概述[J]. 中国档案, 2002(2): 41 – 43.

[13] 王红霞. 国际档案圆桌会议及历届会议简介[J]. 山东档案, 1995(6): 36 – 37.

[14] 李海英. 国际档案圆桌会议一览[J]. 中国档案, 1996(S1): 46.

[15] Bell D. The coming of post-industrial society: A venture in social forecasting [M]. New York: Basic Books, 1973: 507.

[16] 王健, 许呈辰, 史乐乐. 世界记忆工程20年光辉历程[N]. 中国档案报, 2012 – 09 – 14(3).

[17] Marie-Thérèse V. The blue shield initiative. Joining efforts to preserve our cultural heritage in danger [J]. Liber Quarterly: The Journal of European Research Libraries, 2013, 12(2/3): 275 – 282.

[18] 中国互联网络信息中心, 信息社会世界峰会(WSIS)背景介绍[EB/OL]. [2014 – 08 – 01]. http://www. cnnic. net. cn/gjjl/gjyjydt/200510/t20051024_27821. htm.

作者简介

胡心悦, 武汉大学信息管理学院硕士研究生, E-mail: whu_ huxinyue@hotmail. com。

国外公共数字文化资源整合管理体制模式及其适用性研究[*]

李金芮　肖希明

[1]暨南大学图书馆　广州 510632　　[2]武汉大学信息管理学院　武汉 430072

1　引言

在数字化、网络化环境下，各种不同类型的公共文化机构都致力于公共数字文化资源建设。然而，各自为政的资源管理和分散多头的服务，不仅造成了数字资源的重复建设，而且阻碍了公共文化资源的有效利用和广泛共享，因此，迫切需要对各类型公共文化机构的数字文化资源进行整合，将这些资源集成到一个统一的平台上，为公众提供"一站式"的公共数字文化服务。近年来，国外公共数字文化机构合作开展的公共数字文化资源整合与服务越来越多，比较著名的包括 1998 年由英国博物馆、图书馆和档案馆理事会（MLA）实施的"聚宝盆项目（Cornucopia）"；2001 年启动的德国图书馆、档案馆和博物馆门户（BAMP）项目；2009 年由美国国会图书馆主导、多个国家图书馆和博物馆参与建设的世界数字图书馆（World Digital Library，WDL）项目；2008 年正式启用的由欧盟数字内容计划委员会负责、德国国家图书馆担任协调者的欧洲数字图书馆项目（Europeana Digital Library，EDL）等。在我国，进入 21 世纪以来，陆续启动和建设了全国文化信息资源共享工程、中国数字图书馆推广工程、"北京记忆"等全国性和地区性的公共数字文化资源整合项目，通过公共图书馆、文化馆、博物馆、美术馆等公共文化机构的合作，对文献、文物、艺术等各类文化资源进行数字化加工与整合，建立一站式的公共文化服务平台，向广大社会公众提供服务。

公共数字文化资源整合，实质上是要对不同类型的公共文化服务机构的数字资源进行融合、类聚和重组，形成一个效能更高的新的数字资源和服务

---

[*] 本文系国家社会科学基金重点项目"公共数字文化服务中的资源整合研究"（项目编号：13ATQ001）研究成果之一。

体系。而对于一个系统而言，建立一个合理高效的管理体制具有特别重要的意义。管理体制是指管理系统的结构和组成方式，即采用怎样的组织形式以及如何将这些组织形式结合成为一个合理的有机系统，并以怎样的手段、方法来实现管理的任务和目的[1]。不同的公共数字文化资源整合管理体制模式在管理主体的管理范围、权限职责、合作机构的利益和相互关系等方面存在差异。从现有的文献资料来看，专门针对公共数字文化资源整合管理体制的研究并不多见。目前的一些研究主要通过对具体合作案例和项目的分析，提出一种公共文化机构数字资源整合的合作方式，例如 J. Trant、D. Bearman 和 K. Richmond 3 位学者介绍了 1999 年艺术博物馆影像联盟向教育机构捐赠了 50 000 余件艺术品的数字媒体文件的案例，认为这样的合作方式开创了博物馆与教育机构合作创造和维持多媒体数据库的新模式[2]；N. Hunter 等通过对科罗拉多大学图书馆与其他公共机构合作建立数字馆藏的案例的分析，建议公共文化机构尝试合作购买数字化设备，雇佣工作人员，或者采用共同创造数字化的基础设施的合作模式[3]。当然，也有学者从宏观的角度对不同整合项目的合作和发展模式进行了归纳和总结，如国内学者莫振轩研究了美国、日本和英国的图书馆、博物馆和档案馆数字资源整合的合作模式及其特点[4]。国内外学者虽然注意到了公共文化机构之间的合作方式问题，但对不同主体间的管理隶属关系触及较少。本文将通过对国外公共数字文化整合项目的调查，探讨国外公共数字文化资源整合管理体制模式及其特点，分析其对于我国的适用性，并提出建立我国公共数字文化资源整合管理体制模式的构想。

2 国外公共数字文化资源整合管理体制模式

2.1 以政府机构为主导，多类型机构参与

保护国家文化遗产和文化传承是政府机构的重要职能之一。作为公共数字文化资源整合过程中的重要主体，政府机构在这其中有着不可取代的引导和支撑作用：一方面，政府机构为公共数字文化资源项目建设提供政策和资金支持，根据用户需求的变化和项目规模的扩大，进行政策的调整和保障资金的持续性支持；另一方面，政府机构通常与国家图书馆、国家档案馆、国家博物馆等公共文化机构合作，共同组织开展公共数字文化资源整合项目，并且运用行政管理的手段，引导和保障公共数字文化资源整合项目的顺利发展，是管理合作的核心，见图 1。

欧洲数字图书馆项目又称欧洲虚拟博物馆，是受到古埃及亚历山大图书馆汇集全世界知识雄心的启发，由法国、德国、意大利、西班牙、波兰、匈

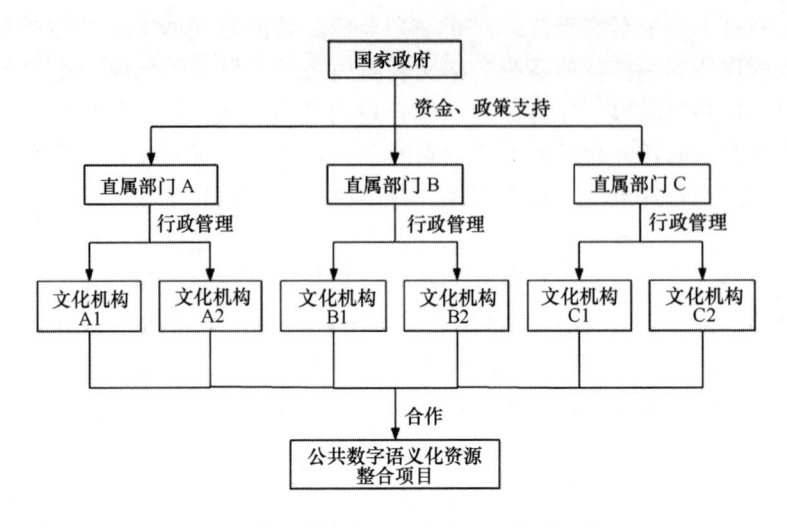

图1 政府机构为主导，多类型机构参与模式

牙利 6 国首脑共同建议创建。2007 年 7 月开始运作，2008 年 11 月 20 日由欧盟委员会正式推动启用。欧洲数字图书馆项目收集了欧洲上千家图书馆、美术馆、报刊陈列馆和档案馆的藏品，是集数字图书馆、博物馆和档案馆为一身的综合性网站，旨在推动文化、科学、学术领域内容的数字化。其资源来源于欧盟 27 个成员国的国家图书馆和文化机构，而信息资源建设主要由欧洲数字图书馆基金会负责运作，该基金会将欧洲的主要图书馆、档案馆、博物馆和文化机构委员会集合到一起，并得到欧洲议会的强力支持[5]。2009 - 2011 年欧盟通过 eContent plus 计划，每年为欧洲数字图书馆项目提供的资金支持大约为 250 万欧元，约占该项目总预算的 80%；2013 年以后欧盟还通过竞争力与创新计划（Competitiveness and Innovation Programme）项目为其提供 900 万欧元的资金[6]。而作为这个项目的发起国，法国政府每年为该项目拨款 1 500万欧元[7]。这些来自政府的资助强有力地保障了欧洲数字图书馆项目的正常运作和持续发展。

政府机构的主导作用不仅体现在跨国合作项目上，很多国家内部的公共数字文化资源整合也采取这种管理模式。立陶宛文化遗产数字化委员会倡导建立专门用于公共数字文化资源整合的信息组织平台，并最终向立陶宛共和国政府提交"立陶宛文化遗产数字化、数字内容保存及存取策略实施计划"和"2007 - 2013 计划执行战略架构"；另外，由政府负责协调构建立陶宛"虚拟集成系统"，建立涵盖受控词表、数据内容标准、数据结构标准、数据存储标准和访问标准等 5 个方面的标准体系，方便图书馆、档案馆、博物馆联合开展大型文献数字化项目建设，保证信息资源共建共享[8]。2008 年，韩国启动了"国家数字图书馆项目（National Digital Library）"，其目标是实现韩国图书馆系统、私立博物馆、公立和私立大学、政府机构文化遗产资源的整合。该项目由受韩国政府领导的 5 个独立机构合作完成[9]。

2.2 跨机构专门性组织综合持续管理

跨机构专门性组织的综合持续管理模式是指成立一个跨越不同领域的机构，专门协调和负责图书馆、博物馆等公共文化机构的合作事宜。在性质上，此类机构有的自身就是政府组织的一部分，具有行政管理的职能，如挪威档案馆、图书馆和博物馆管理局（Norwegian Archives, Library and Museum Authority，简称 ABM）；也有的是由政府参与组织，虽然隶属于政府，但是没有行政管理权的机构，如英国博物馆、图书馆及档案馆理事会（Museums, Library and Archives Council，简称 MLA）和美国博物馆与图书馆服务协会（Institute of Museum and Library Services，简称 IMLS）；还有的是行业协会和学会等不属于政府管理机构的纯粹民间性组织，如西班牙档案学、图书馆学、文献学和博物馆学协会联盟（Federación Española de Sociedades de Archivística, Biblioteconomía, Documentación y Museística，简称 FESABID）。在以政府机构为主导的模式中，政府发挥主要核心作用，对整合项目进行直接的组织和领导，但是缺乏跨机构的下属组织进行管理和协调。而在跨机构专门性组织的综合持续管理模式下，无论政府是否直接参与，专指性非常明显的管理机构都能为隶属不同行政管理组织的公共文化机构提供一个共建共享的平台和保证，如图 2 所示：

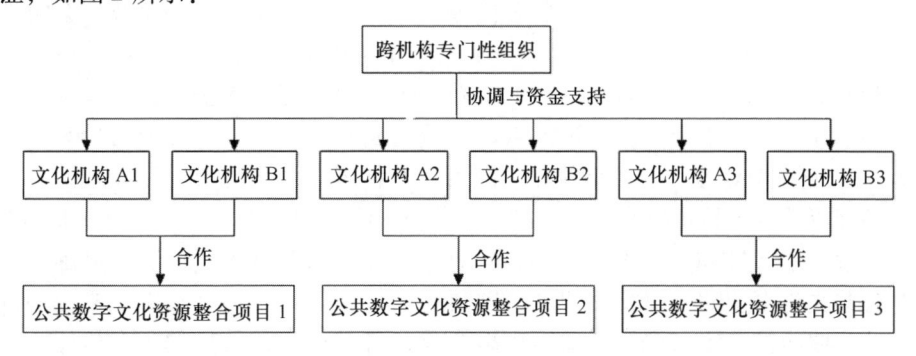

图 2　跨机构专门性组织综合持续管理模式

挪威档案馆、图书馆和博物馆管理局成立于 2003 年 1 月 1 日，是专门负责档案馆、图书馆和博物馆服务的政府机构,由挪威公共图书馆理事会,挪威博物馆管理局,文献研究、学术和专业图书馆国家办公室合并而成,在行政隶属与组织架构方面隶属于挪威文化与宗教事务部,由 8 名挪威文化与宗教事务部任命的董事组成,任期 4 年。成立宗旨为促进挪威档案馆、图书馆和博物馆之间的伙伴和协调关系,鼓励各馆提供具体方案,以满足新的挑战,并积极开展下列工作:第一,促进档案馆、图书馆和博物馆之间的合作;第二,促进档案馆、图书馆和博物馆的整合;第三,加深档案馆、图书馆和博物馆之间的关系。为了达到上述目标,挪威档案馆、图书馆和博物馆管理局在国家层面与挪威国家图书馆、挪威国家档案馆、挪威文建会、挪威研究理事会、挪威高等教育理事会、挪威文化遗产局、挪威贸易委员会和挪威发展合作署等部委和机构进行合作。同时在区域和地方层面上,与地方政府、博物馆、图书馆、档案馆、大学以及其他文化机构开展广泛的合作交流[10]。在挪威档案馆、图书馆和博物馆管理局历时 5 年的领导下,2003 年,挪威数字图书馆项目设立,基于"为公众获取信息和知识资源提供便利"的目标,开展了一系列的工作,其中就包括由特隆赫姆市档案馆、特隆赫姆公共图书馆、挪威科技大学和斯威尔伯格德拉格博物馆共同负责的由特隆赫姆历史图片构成的数据库——"特隆赫姆照片集"[11]的建设。

英国博物馆、图书馆及档案馆理事会成立于 2000 年 4 月,取代了英国博物馆与艺术馆委员会(MGC)和图书馆与信息委员会(LIC)两个机构,与此同时档案馆也归入其管理范围。理事会由英国中央政府主管部门——文化、媒体和体育部(Department for Culture, Media and Sport, DCMS)提供资金支持,是促进博物馆、图书馆和档案馆改善和创新的非政府公共文化机构(non-departmental public body)和慈善机构[12]。英国博物馆、图书馆及档案馆理事会的主要职能包括:为博物馆、图书馆和档案馆提供资助,保证其持续发展和满足大众需求的能力,更好地帮助英国公民学习个人技能,改善生活水平,增加就业机会;促使三馆提供高质量的实践活动,丰富公民的日常生活等[13]。自成立以来,英国博物馆、图书馆及档案馆理事会资助和管理的公共数字资源整合项目主要有聚宝盆项目、人民网络(the People's Network)项目、迈克尔(MICHAEL)项目等。这种机构设置和管理方式体现了英国政府对公共文化事业的分权管理原则,即政府间接管理,强调公共文化机构的自主性。博物馆、图书馆及档案馆理事会是代替政府直接管辖的中介机构,每年接受主管部门——文化、新闻和体育部以及其他有关政府部门的拨款,并负责具体分配给由国家资金支持的各公共文化机构。这样,政府虽然不直接对公共文化单位提供资金支持,但可以在具体的拨款政策上加以协调和间接控制[14]。

美国博物馆与图书馆服务协会于1996年成立,是美国为所有的博物馆和图书馆提供支持的机构,其愿景是实现一个民主的社会,社区和个人可以通过广泛的知识和文化获取以及终身学习来实现自身的发展[15]。它对美国博物馆和图书馆发挥领导作用,从资金、数据和政策分析等方面对它们提供支持,引导它们的服务进一步发展[16]。虽然协会属于联邦政府的独立机构,但只有计划协调和财政资助职能,负责向政府申请预算并将其拨给博物馆和图书馆[17],并无行政管辖权。IMLS在图书馆津贴(Library Grant)这一资金资助项目中专门设立了"图书馆与博物馆协作(Library – Museum Collaboration)"这一子资助项目,支持图书馆与博物馆之间开展深入合作。从1998年至2013年,共有132个图书馆与博物馆合作项目得到Library – Museum Collaboration资助,其中包括"博物馆与加利福尼亚档案在线"、"西北太平洋美国印第安的收藏"等数字资源整合项目[18]。该协会除了在国家层面上支持遗产、学习和文化项目以及博物馆和图书馆工作人员的职业发展,还协调各州和地方机构开展合作项目,支持各种类型的图书馆和博物馆,其中,图书馆包括公共图书馆、高校图书馆、研究型图书馆、专业图书馆等;博物馆则涵盖了艺术博物馆、历史博物馆、科技博物馆、儿童博物馆、史学会博物馆、部落博物馆、天文博物馆、动植物博物馆等[15]。在美国博物馆与图书馆协会成立之前,文化遗产机构之间的合作十分有限,IMLS基金的设立在很大程度上促进了图书馆与博物馆、历史协会以及其他科学与文化机构的合作[19]。

西班牙档案学、图书馆学、文献学和博物馆学协会联盟成立于1988年,目的是推动图书馆、文化管理中心、档案馆、博物馆的合作活动,一方面对跨机构合作项目进行支持,培养不同学科范畴和不同管理机制的机构的协作精神,改善各机构之间不进行信息和经验知识交流的现状,加强面向利用者的服务[20];另一方面,协会联盟也为各机构相关专业人士的交流和培训提供了平台,专业人士可以跨机构调动,促进多学科人员之间的经验知识融合,最大限度地发挥协同效应[21]。

2.3 成员自发组织的局部单位管理

成员自发组织的局部单位管理模式是指合作成员根据各自的需求,以促进资源互补、为公众提供更为全面和完善的数字资源服务为目的,自发地达成合作意向,进行数字资源整合。从图3可以看到,这样的合作方式没有明确的领导机构,往往以某个合作单位为主导,进行周边成员单位间的协调组织,参与的成员共建共享,互惠互利。较典型的例子有美国佛罗里达档案馆、图书馆和博物馆资料出版项目（Publication of Archival Library & Museum Materials，简称 PALMM）、美国俄勒冈州南俄勒冈数字档案项目（Southern Oregon Digital Archives）、意大利波罗尼亚在线（Polonia Online）等。

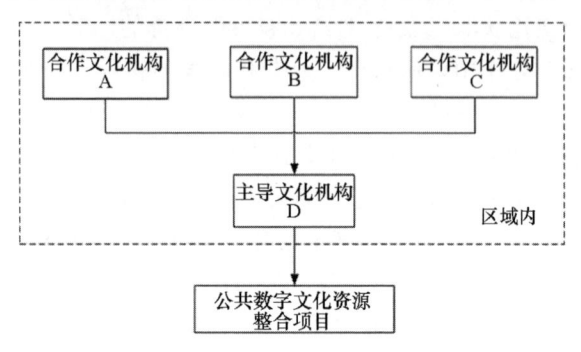

图3 成员自发组织的局部单位管理模式

美国佛罗里达档案馆、图书馆和博物馆资料出版项目由佛罗里达公立大学共同倡议发起，旨在提供重要的学术和研究数字资源。项目的成员不只限于州立大学系统内部，同时也包括佛罗里达图书馆自动化中心、佛罗里达州艺术博物馆、艾佛格拉泽国家公园等多个研究机构和单位。这个合作项目的目标是提供对于佛罗里达州自然历史、教育资料、科技报告、地图与图片等出版物的获取，为该地区的学生、研究人员和普通市民创造高质量的虚拟数字资源[22]。

美国俄勒冈州南俄勒冈数字档案项目目前包括3个子项目：①由 Hannon 图书馆创建的生物区收藏库（the Bioregion Collection）；②由 Hannon 图书馆创建的第一民族部落收藏库（First Nations Collection）；③由 Hannon 图书馆与南俄勒冈历史学会（the Southern Oregon Historical Society，简称 SOHS）、杰克逊县图书馆服务机构（Jackson County Library Services）以及约瑟芬县图书馆系统（the Josephine County Library System）联合创建的南俄勒冈历史收藏（the Southern Oregon History Collection）[23]。南俄勒冈大学图书馆负责该地区少数民族历史资料的管理。

意大利波罗尼亚在线是由萨拉·伯尔萨图书馆和波罗尼亚文化协会、波罗尼亚大学、阿奇吉纳西欧图书馆、波罗尼亚电影和阿尔米卡·卡布拉尔图书馆等合作推出的数字资源整合项目，提供城市的历史和地理信息，其内容反映了地区的文化、历史和社会各个方面。据波罗尼亚地区应用网的介绍，这个项目将主要的地区发展目标定为"文化机构间的合作"和"加强对当地的认同"[11]。

2.4 基于共同项目成立的跨地域组织联盟

基于共同项目成立的跨地域组织联盟模式的重要前提是有一个共同项目。在共同项目的基础上，各机构发挥各自的特点和优势进行合作，结成临时性的联盟，见图4。所谓跨地域组织则是指参与机构来自两个或两个以上的地区甚至国家，直接交流存在较多障碍。这种合作联盟的生命周期与项目的进展紧密相连，一旦项目完成或中途搁浅，联盟也将不复存在。合作成员基于自愿和平等的原则加入联盟，参与的程度由成员自主决定，参与的利益由成员共享，没有硬性的要求和标准。这种模式的典型代表是世界数字图书馆和国际敦煌学项目（International Dunhuang Project，简称IDP）。

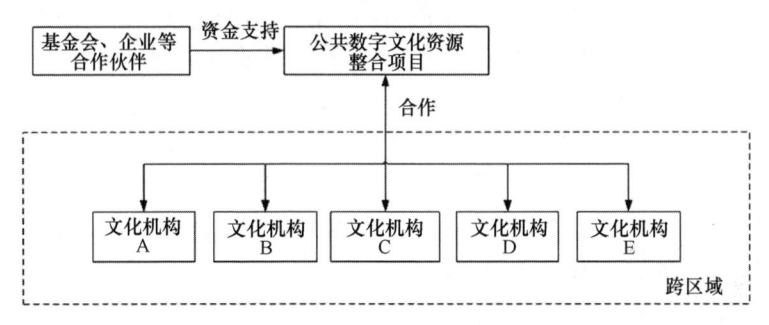

图4 基于共同项目成立的跨地域组织联盟模式

世界数字图书馆是由联合国教科文组织和19个国家的32个公共团体合作建立、美国国会图书馆主导开发的世界历史文化知识数字化宝库，于2009年4月在联合国教科文组织总部巴黎正式对全球免费开放[24]。它的构想源自于2005年6月美国国会图书馆馆长詹姆斯·比林顿在美国联合国教科文组织全国委员会上的一次讲话，向联合国教科文组织提议建立世界数字图书馆，其基本思想是建立一个以互联网为基础的易于收集和访问世界各国历史文化财富和成就的数据库，从而促进世界各地文化间的理解和交流[25]。2006年12月，联合国教科文组织和美国国会图书馆共同主办了一次由世界各地相关人士参加的专家会议。会上，专家们决定建立工作组，以制定标准和内容选择准则；2007年10月，美国国会图书馆及其5个伙伴机构在联合国教科文组织大会推出未来WDL的样板；2009年4月，世界数字图书馆面向国际公众推出，内容涵盖联合国教科文组织的每一个会员国。组织协调机构是联合国教科文组织，美国国会图书馆的一个工作小组具体负责它的日常运行工作，包括一个内容选择工作组和一个技术架构工作组,这些工作组主要由合作机构的代表们组成。另外,国际图书馆协会联合会和机构联合会(IFLA)与美国国会图书馆共同主办的一个工作组为世界数字图书馆提供开发指南[26]。

为了保证那些不具备数字转化能力的国家也能够为世界数字图书馆提供高质量的数字化产品,美国国会图书馆已与在巴西、埃及、伊拉克和俄罗斯的合作伙伴建立了数字转换中心,世界数字图书馆的大量内容来自于这些中心。世界数字图书馆的合作伙伴主要包括收藏有捐赠给世界数字图书馆的文化信息的图书馆、档案局及其他机构,还包括通过分享技术、组织各工作组召开或赞助会议或提供财政捐助等方式来参与工程项目的协会、基金会和个体公司。目前世界数字图书馆拥有180个这样的合作伙伴,并尽可能广泛地从参与此项目的联合国教科文组织成员国中征招新的合伙伙伴。任何图书馆、博物馆、档案馆或其他文化机构,只要有值得收藏的历史和文化内容,都可参加世界数字图书馆[27]。这样扁平化的管理体制与开放的组织机构,能够以较高的效率开展工作,有利于节省运行成本,并且吸引越来越多相关机构的加入。

国际敦煌学项目是中国国家图书馆和英国图书馆合作,于2001年3月启动的国际合作项目。其最初设想起源于1993年中国国家图书馆、大英图书馆、新德里国立博物馆、法国国家图书馆、圣彼得堡东方研究院、柏林国家图书馆的管理者和保护保护者在大英图书馆东方写本保护工作室就敦煌文献的保护与研究的问题展开的讨论。2001年3月,中国国家图书馆与大英图书馆本着"学术者,乃天下公器"的宗旨,签署5年合作项目协议,在保证敦煌写卷绝对安全的情况下,资源共享、揭示秘藏,拉开敦煌文献数据化的序幕[28]。国际敦煌学项目的秘书处与技术支持团队设在英国伦敦大英图书馆,在世界各地的图书馆、博物馆中设有数字化、编目与研究中心,所有的机构都用他们自己的语言主办项目数据库和网站[29]。到目前为止,国际敦煌学项目有6个IDP中心和20个合作机构[30]。各参与机构通过合作协议约束的松散的联盟形式,实现了多方共赢,达到了自身利益的最大化。

2.5 合作机构全面结合

K. A. Dornseif曾在2001年提出了3种不同类型的共用设施的方法,即:最低限度的合作(设施位于同一地点而保留各自的服务)、选择性整合(共享某些特定的项目或部门)、全面整合(双方机构共享一个使命)[31]。国际图联2008年在《公共图书馆、档案馆与博物馆合作》的报告中指出这些定义适用于各种图书馆、档案馆和博物馆的伙伴关系,并给出不同类型的合作实例[11]。本文阐述的合作机构全面结合模式就属于文中的全面整合的方式,即合作机构不仅在建筑空间和硬件设施上进行了合并,并且在目标、职能方面也进行了融合,见图5。这种类型的结合可以说是公共数字文化资源整合管理体制方面的最无缝的整合模式,以加拿大图书馆与档案馆(Library and Archives Canada,简称LAC)和加拿大魁北克图书与档案馆(Bibliothèque et Archives nationales du Québec)为典型。

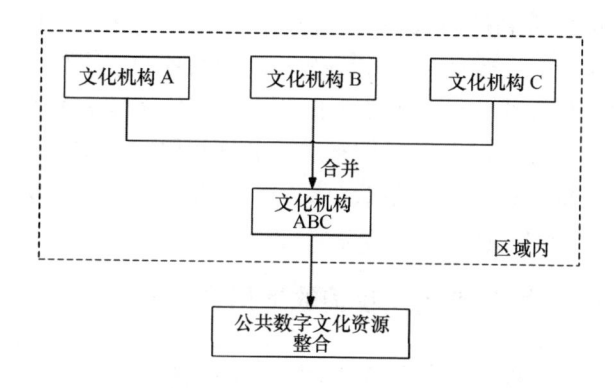

图5 合作机构全面结合模式

加拿大图书馆与档案馆的前身是两个独立的国家级组织机构,即加拿大国家图书馆(the National Library of Canada,NLC)和加拿大国家档案馆(the National Archives of Canada,简称NAC),2004年两个机构合并,并创新性地成立了LAC这一新的国家级知识型组织机构。LAC集合了原国家图书馆和档案馆的资源、服务、人员,不仅为加拿大当代民众和后代保存历史文献遗产,而且成为加拿大人民获取图书档案资源与服务的平台[32]。LAC成立后出台的战略规划自然既适用于图书馆行业,也适用于档案行业,引领这一新的联盟合作发展。LAC的使命包括:保存加拿大文献遗产,包括各种媒介形式的出版物和档案;确保公民的知识获取,为加拿大建设自由民主社会做出贡献;推进加拿大各类知识获取、保存、传播机构的合作;为加拿大政府及其所属机构提供不间断的记忆库服务;与政府部门合作,确保政府信息的有效管理;合作构建加拿大数字信息战略[33]。

加拿大魁北克图书档案馆成立于2006年,由魁北克图书馆(Bibliothèque nationale du Québec)、魁北克格朗德图书馆(Grande bibliothèque du Québec)和魁北克档案馆(Archives nationales du Québec)3个机构合并而来。魁北克图书与档案馆将"魁北克参与虚拟图书馆发展"作为其发展的一个目标[34]。

实际上，其"数字收藏"网页上表明，魁北克图书与档案馆计划将所有"自17世纪以来建立的，或外来的与魁北克相关的出版和档案文件遗产"进行数字化，包括"印刷品和手稿资料、照片和录音"[35]。截至2008年，超过800万的收藏品已进行了数字化处理并可通过网上免费获取。这些数字化收藏品还包括报纸（例如20世纪20年代出版的魁北克西北地区唯一的法语报纸《阿比蒂亚报》以及蒙特利尔英文周报 *Axe*）、参考工具书，还有魁北克文学全集以及大量的国内和城市的记事、音乐、杂志、地图、明信片、照片和声像资料等。加拿大魁北克图书档案馆被国际图联评为图书馆、博物馆和档案馆协作领域中最佳实践范例。加拿大魁北克图书档案馆向所有魁北克居民提供独特的一体化服务，标志着对该省居民的优化服务达到了一个新水平。该馆针对本省情况优化服务，保存遗产资料，并在历史上第一次向普通大众提供借助数字门户获取这些资料的服务[11]。

3 国外管理体制模式在我国的适用性分析

3.1 国外公共数字文化资源整合管理体制模式的特点及其适用性探讨

前文提到的5种公共数字文化资源整合管理体制模式无论从主体关系还是适用范围来看都具备各自鲜明的特点，但是不同模式并不是互斥的，也不是一成不变的，它们可以存在于公共数字文化资源整合发展的不同阶段，也可以在一定的条件下共存，还可以依据实际情况进行模式的改革和创新，但前提都是要充分考虑到各模式的特点和适用性，理论联系实际，才能确定合适的管理体制模式。

从国外的实践案例来看，在以政府机构为主导的多类型机构参与模式中，通常由政府的各个直属部门负责协调与组织，以行政手段参与整个项目的管理，对不同类型的合作机构进行直接领导，处于整合项目的中心地位，各成员依据相关的政策和要求参与合作。这种模式由于有政府的直接支持，一般进展较为顺利，充足的资金也为持续发展提供了保障。我国的公共数字文化资源整合项目也多采用这种模式，如全国文化信息资源共享工程。以政府机构为主导虽然为项目的推进提供了强有力的支持，但基于我国的国情来看仍存在弊端，这一点将在下文详细说明。

与政府的直接领导不同，跨机构专门性组织的综合持续管理模式的最大特点在于有一个专门的、涵盖多领域的核心管理机构，无论这类管理机构是否拥有行政管理权，它的主要任务都是促进各公共文化服务机构的合作与发展，并为之提供较为可靠的资金保障。这种模式的优势在于能够对公共文化机构的现状和发展进行整体的宏观规划和控制，有利于资源的优化配置；管理和资助多种项目能够促进不同项目之间的交流，积累较为丰富的合作经验，可以在为各公共文化机构的数字资源整合实践给予有力的支持和保障的同时提供有价值的参考和借鉴。这种模式在国外较为常见，相对比较科学，但我国目前还没有采用过这样的管理体制模式，也缺乏专门的跨行业的核心管理机构，因此如要应用还需要各方面的支持和努力。

成员自发组织的局部单位管理模式通常应用于区域内各公共文化机构的合作，具有建设规模较小、资金投入较少、机构层级单一、资源内容地域性强等特点。临近的地理位置、相似的用户需求、共同的经济与文化背景等都为数字资源整合工作的顺利开展提供了前提和便利，合作机构也更容易达成共识和取得成果。这种模式容易实现，也适合我国的国情，适用于区域内的公共数字文化资源整合实践，可为跨区域和全国性的公共数字文化资源整合奠定坚实基础。基于共同项目成立的跨地域组织联盟模式往往拥有非常精简而高效的管理架构，能够适应多个国家和地区的不同类型机构之间的合作，但是也要注意以下几个问题：①参与项目多为成员自发行为，因此兼顾各合作成员的利益在这种模式中显得尤为重要；②由于缺乏政府及相关机构的充足的资金支持，项目主要依靠外部基金的资助，而地域的差别又限制了成员之间的沟通与交流，因此联盟具有一定的不稳定性；③作为一个项目，本身就具有阶段性，阶段性的合作项目往往时间短、见效快，但是考虑到资金来源的不稳定和合作成员的松散结构，一般持续性会比较差，容易因为各种原因而中断。因此，发挥项目的优势，考虑如何将阶段性合作转化为持续性合作具有重要的意义。这种管理模式适用于大规模的公共数字文化资源整合项目，对参与成员也有一定的要求，成员间保持稳定的关系和友好往来，项目才有持续的生命力。对于我国来说，这种模式适用于与国外相关机构的合作项目，平等的协作更有利于资源的共享。

最后一种合作机构全面结合管理模式的优点在于较好地解决了公共数字文化资源整合过程中由于各机构所属机构不同而带来的管理与协调方面的问题，能够有效降低用户的利用成本，缩短公众到两馆的物理距离，方便公众利用文化设施，实现公共文化机构作为社会资源的最大利用。但是这种模式也存在一些困难，要打破既有的管理体制现状离不开政府的政策和资金支持，要实现身份的真正转换需要合作机构的领导和员工在思想意识上的彻底转变等。另外，这种模式对地域范围有较高的要求，无法适用于跨地域的数字资源整合合作。根据调查，这种管理模式在我国也已有案例，只是数量不多，如天津泰达图书馆档案馆、青岛开发区综合展馆等，说明这种模式在我国是可行的，但仍需要注意因地制宜，积极探索，寻求最佳方案。

3.2 我国公共数字文化资源整合管理体制的现状与弊端

我国公共数字文化资源整合在管理体制上面临的最大问题就是条块分割的管理体制。公共文化机构隶属不同的行政管理机构，各自为政。如公共图书馆、文化馆、美术馆隶属于文化行政机构（部、厅、局），博物馆的隶属关系比较复杂，历史博物馆隶属于各级文物行政机构（局），自然科技类博物馆隶属于科技行政机构（部、厅、局），军事博物馆隶属于解放军总政治部等。如此复杂的隶属关系是国外公共数字文化资源整合很少遇到的情况。全国文化信息资源共享工程（以下简称文化共享工程）是目前我国最具代表性的公共数字文化资源整合项目，由文化部、财政部联合实施的一项公共文化服务体系的基础工程。文化共享工程在管理协作模式上采用的是纵向的合作模式，具有隶属关系的公共文化机构在不同层次间协作共享信息资源。虽然这种模式比较容易统一管理和组织，但是由于纵向合作模式本身的封闭性，排斥了各系统之间的合作与共享，没能从根本上解决条块分割体制带来的弊端。因此，文化共享工程的信息收录范围虽包含图书馆、博物馆、美术馆、艺术院团、研究机构等，但实际情况基本以图书馆为主，其他机构很少参与，离工程的总体目标还有较大的差距[36]。不难看出，公共文化机构隶属于不同的文化管理系统，宏观上缺乏一个组织和协调不同文化管理系统的部门，机构之间也没有建立一种科学合理、能够平衡各方利益的合作服务机制，因此缺乏合作与协调，造成资源建设重复，难以实现无障碍的共建共享。

3.3 我国公共数字文化资源整合管理体制模式的选择

从国外的经验来看，跨系统的横向管理协作模式更具包容性，能够弥补纵向模式的不足，不失为应对我国各自为政的管理体制问题的合理选择。跨机构专门性组织的综合持续管理模式和基于共同项目成立的跨地域组织联盟模式都是比较典型的横向管理协作模式。从我国的实际情况来看，在国家层面上，短时间内要打破现有的体制，改革创新设立类似挪威档案馆、图书馆和博物馆管理局这样的政府行政机构进行统筹管理，对公共文化机构全盘行政整合是不现实的[37]。因此，成立专门的、跨系统、跨机构的行业协会和学会联盟，各地设分会，对范围内的合作进行系统的协调和组织，促进公共数字文化资源的整合和服务是比较可行的方法；对于大型的跨区域整合项目，可以从参与机构人员之中派选专人，成立跨机构的协调部门，如临时管理委员会，对合作机构的需求进行沟通，对不同来源的数字资源进行调度；对于同一区域内公共文化机构组织的数字资源整合项目，由于资源和服务范围有限，通常比较容易实现和维护合作成果，管理和运行的障碍也较少，这样的管理协作模式不需要建立复杂的管理机构，合作机构只需要通过共建共享协议，选定专门的合作小组负责具体整合业务即可实现。而对于有条件的地区，也可以考虑无缝整合的合作机构全面合作模式，为同一个地区甚至地区外的公众提供更为便捷的一站式服务。

参考文献：

[1] 包月辉. 高等学校校院(系)两级学生管理体制模式研究[J]. 经济师，2012(4)：108-110.

[2] Trant J, Bearman D, Richmond K. Collaborative cultural resource creation：The example of the Art Museum Image Consortium[C]//Bearman F D, Trant J. Museums and the Web 2000. Pittsburgh：Archives & Museum Informatics, 2000：39-50.

[3] Hunter N, Legg K, Oehlerts B. Two librarians, an archivist, and 13,000 images：Collaborating to build a digital collection[J]. Library Quarterly, 2010, 80(1)：81-103.

[4] 莫振轩. 我国图书馆、档案馆、博物馆馆际合作的现状与发展策略[J]. 图书馆工作与研究，2012(8)：8-12.

[5] 宋琳琳，李海涛. 大型文献数字化项目信息组织的主体研究[J]. 图书馆论坛，2013，33(4)：86-92.

[6] Europeana. European Commission welcomes European Parliament support[OL]. [2014-03-10]. http://europa.eu/rapid/pressReleasesAction.do?reference=IP/10/539&type=HTML.

[7] 林卫光. 欧洲要在今年建成数字图书馆[OL]. [2014-03-12]. http://zqb.cyol.com/content/2006-01/13/content_1231747.htm.

[8] Daugiala R V. Development of cultural heritage digitisation and access：Lithuanian approach[OL]. [2014-03-12]. http://www.epaveldas.lt/vbspi/content/docs/publications/7_1.pdf.

[9] Lee H. Collaboration in cultural heritage digitization in East Asia[J]. Program–Electronic Library and Information Systems, 2010, 44(4)：357-373.

[10] Hindal S, Wyller E H. The Norwegian Archive, Library and Museum Authority-Our role in a society based on knowledge and culture[J]. Library Review, 2004, 53(4)：207-212.

[11] Yarrow A, Clubb B, Draper J. Public libraries, archives and museums：Trends in collaboration and cooperation [OL]. [2014-03-13]. http://www.ifla.org/files/assets/hq/publications/professional-report/108.pdf.

[12] Wikipedia. Museums, Libraries and Archives Council[OL]. [2014-03-13]. http://en.wikipedia.org/wiki/Museums,_Libraries_and_Archives_Council.

[13] MLA. Our vision[OL]. [2014-03-13]. http://webarchive.nationalarchives.gov.uk/

20130104161242/http://www. mla. gov. uk/about/our_vision.

[14] 刘世风. 英国政府"一臂之距"管理博物馆[OL]. [2014-03-13]. http://www. ccrnews. com. cn/plus/view. php? aid = 48308.

[15] IMLS. About us[OL]. [2014-03-13]. http://www. imls. gov/about/default. aspx.

[16] IMLS. Institute of Museum and Library Services. Creating a nation of learners[OL]. [2014-03-13]. http://www. imls. gov/assets/1/AssetManager/StrategicPlan2012-16_Brochure. pdf.

[17] 王列生,郭全中,肖庆. 国家公共文化服务体系论[M]. 北京:文化艺术出版社, 2009:253.

[18] IMLS. Grant Search[OL]. [2014-03-13]. http://www. imls. gov/recipients/grant-search. aspx.

[19] Nancy A, Liz B. Academic library/museum collaboration: I'm ok, you're ok[C]// Thompson H A. Crossing the Divide. Chicago: Assoc Coll Research Libraries, 2001:59-69.

[20] 李农. 欧美图书馆、博物馆、档案馆馆际合作趋势[J]. 图书馆杂志, 2008(8):59-61.

[21] FESABID. Cooperación para el Desarrollo y Bibliotecas[OL]. [2014-03-15]. http://www. fesabid. org/desarrollo-y-bibliotecas/cooperacion-para-el-desarrollo-y-bibliotecas.

[22] PALMM. About us[OL]. [2014-03-15]. http://susdl. fcla. edu/.

[23] Hannon Library. About the SODA Project[OL]. [2014-03-15]. http://soda. sou. edu/about. html.

[24] 刘燕权,冯召辉,陈嘉勇,等. 世界数字图书馆——多语种世界历史文化知识宝库[J]. 数字图书馆论坛, 2011(10):66-73.

[25] World Digital Library[J]. Reference reviews, 2010, 24(6):6.

[26] WDL. Background[OL]. [2014-03-15]. http://www. wdl. org/zh/background/.

[27] WDL. Frequently asked questions[OL]. [2014-03-15]. http://www. wdl. org/zh/faq/.

[28] 高奕睿,林世田. IDP项目与中国国家图书馆敦煌文献数字化[OL]. [2014-03-16]. http://www. nlc. gov. cn/newhxjy/wjsy/yj/gjszh/201104/t20110428_42263. htm.

[29] 郑燃. 图书馆博物馆数字服务融合研究[D]. 武汉:武汉大学, 2012.

[30] IDP. 关于IDP[OL]. [2014-03-16]. http://idp. dha. ac. cn/pages/about. a4d#4.

[31] Dornseif K A. Joint use libraries: Balancing autonomy and cooperation[J]. Resource Sharing & Information Networks, 2001, 15(1):107-108.

[32] Library and Archives Canada. About us[OL]. [2014-03-16]. http://www. bac-lac. gc. ca/eng/about-us/Pages/about-us. aspx.

[33] 马海群. 发达国家图书档案事业结盟与合作战略规划综述[J]. 中国图书馆学报,

2012(4)：21−28.

[34] BAnQ. Mission[OL]. [2014−03−18]. http://www.banq.qc.ca/a_propos_banq/mission_lois_reglements/mission/.

[35] BAnQ. Collection numérique[OL]. [2014−03−18]. http://www.banq.qc.ca/collections/collection_numerique/index.html.

[36] 赵生辉,朱学芳. 我国图书馆、档案馆、博物馆数字化协作框架 D−LAM 研究[J]. 情报资料工作,2013(4)：57−61.

[37] 周磊,郑燃. 图书馆、档案馆与博物馆合作模式研究[J]. 图书情报知识,2012(5)：42−49.

作者贡献说明：

李金芮：负责本文执笔撰写；

肖希明：负责本文选题和内容框架策划,以及本文的修改完善。

作者简介

李金芮（ORCID：0000−0001−8736−9676），助理馆员，硕士，E-mail：ljr27790@126.com；肖希明（ORCID：0000−0002−0715−6038），教授，博士。

面向用户的高校图书馆网站服务资源重组模式研究

张晗 孙翌

（上海交通大学）

1 前言

近年来，国内外诸多知名图书馆网站陆续进行了改版，武书连2013年中国大学排行榜中排在前几位的大学图书馆基本上都在近几年推出了新版网站，上海交通大学世界一流大学研究中心研究发布的2012年世界大学学术排名[1]中也有部分排名靠前的大学图书馆进行了网站改版。笔者于2013年3月通过直接访问其门户网站的方式对上述榜单中的部分网站进行了调研，如表1和表2所示（其中"首页可浏览资源"反列出主要板块和内容）：

通过对以上网站的调研可以看出：①国内外高校图书馆在一定程度上进行着服务资源重组。各高校图书馆网站的首页可检索资源基本呈现出由少至多的趋势，用户可以更方便地在网站首页检索到所需资源，部分网站还实现了整合检索及站内检索功能，试图对电子资源以外的人力资源、场所和设备资源进行整合。②各网站服务资源重组的方式和程度不尽相同。国外网站已经开始将原来的电子资源与图书馆的人力资源、场所和设备资源进行重组与整合，试图打破原有固化知识体系的疆界；国内网站尚未显现出类似的广义资源重组，基本上都将原来的分散资源重组为资源（狭义的电子资源）和服务（人力及场所和设备资源）两类，基本上维持了原有的知识体系结构。③更加注重以用户为中心。网站在改版后，用户分类引导和用户互动都变得更为丰富和多样化。

由此可见，国内外高校图书馆在网站的建设中，越来越重视资源的重组与规划、良好的用户体验、用户参与及互动等要素，但同时也普遍存在一些问题：目前鲜有图书馆网站以服务为主线，将图书馆传统的馆藏资源与人力资源和设施资源彻底地进行服务资源重组——建立在资源解构基础上的，彻底打破原有的、固化的知识体系疆界的重组。虽然有些图书馆的网站已经开

表 1 国内外高校图书馆新版门户网站（部分）

学校	网址	首页可检索资源	首页可浏览资源	用户分类引导	个性化服务	用户互动	改版时间
哈佛大学	http://lib.harvard.edu	馆藏目录/书目/文章/期刊/电子资源/新闻/手稿/图像/学位论文/站内检索	资源（开放时间地点/馆员咨询/搜索插件/查找引文全文查找工具）	职工登录入口	My Accounts	Twitter/YouTube/Ask a Librarian	2012 年
斯坦福大学	http://library.stanford.edu	整合检索/图书及媒体	未命名（开放时间/在线咨询/打印复印/学习室咨询/计算机/收藏）	职工登录入口	My Account	ASK US	2012 年
浙江大学	http://libweb.zju.edu.cn	书刊查询/数据库/电子期刊/本站搜索	读者服务/资源查找	新生/本科生/研究生/教师/校外读者	我的图书馆	留言板/联系我们/咨询服务	2009 年
北京大学	http://lib.pku.edu.cn	未名学术搜索/馆藏书目/数据库/电子期刊	服务/资源	新生空间	无	实时问答/电话咨询/邮件咨询/新浪微博/腾讯微博/人人网/豆瓣	2012 年
清华大学	http://lib.tsinghua.edu.cn	馆藏目录/数据库/馆藏书目/电子期刊/整合检索	资源/服务概览	校外访问/新生校友专栏	我的图书馆	互动&沟通	2010 年

表 2 国内外高校图书馆旧版门户网站（部分）

学校	网址	首页可检索资源	首页可浏览资源	用户分类引导	个性化服务	用户互动
哈佛大学	http://hul.harvard.edu	无	无	教职工资源	无	FAQ
斯坦福大学	http://www-sul.stanford.edu	作品内/站内搜索	目录及检索工具/研究帮助/馆藏资源/读者服务/服务咨询/本馆概况	无	My Account	ASK US
浙江大学	http://210.32.137.90/newportal/index.jsp	馆藏书刊目录/读秀学术搜索/Google学术搜索/Baidu本站内搜索	读者服务/资源检索/网络导航/馆介绍	新生导读/馆员之家	个人信息查询	联系我们/请您留言FAQ
北京大学	http://162.105.138.88/portal/index.jsp	未名学术搜索/书刊检索/本站索引/站内检索	学科导航/常用资源/特色收藏/未命名（咨询台/一小时讲座/咨询/互动服务）	校外读者/新生导读	我的借阅账户	咨询台/联系我们
清华大学	http://oldweb.lib.tsinghua.edu.cn/	无	查找资料/电子资源/服务指南/本馆概况	校外访问	个人信息登记与借阅情况查询	咨询台/联系我们

161

始提供 everything 检索（整合了部分电子文献资源及站内资源的检索），能较快地获取资源，但是这并没有真正地"以人为本"，与实质的面向用户模式还是有一定的差距。

2 总体思路

通过对上一节中提到的现象及问题的分析，本文提出了一种面向用户的高校图书馆网站服务资源重组模式设想——在知识体系解构主义理论的基础上，对资源进行解构、定义、关联、重组，从用户需求的角度出发，将图书馆电子资源、人力资源以及场所和设备资源等服务资源进行重组与整合。

知识体系解构主义理论的提出源自信息爆炸现象的日益加剧，随着知识和信息愈来愈无序化、草根化，图书馆原有的专家式、精英式的知识体系的局限性也日益彰显。为了解决这一普遍问题，有学者提出知识体系解构主义理论，强调在 Web 2.0 时代，只有当知识被任意胡乱地堆积成一个巨大的、杂乱无章的数字"堆"并且交由用户自己进行过滤和组织的时候才最有价值[2]。不难发现，Google、Wikipedia 等都是知识体系解构主义理论实践的佼佼者。要想建立以用户为中心的服务资源体系，必须首先将原有的知识体系解构，将资源打散成碎片，而后再重新组合成数字"堆"，重构知识体系，才能走出原有的权威化、专家化的知识体系。因此，得出资源重组的思路为：解构——定义——关联——重组，前两个阶段的任务主体主要是专家和计算机，后两个阶段则需要用户的参与才能真正实现以用户为中心。

另外需强调的是，本文中图书馆服务资源是指电子资源、人力资源及场所和设备资源等的广义图书馆资源，这些资源都可以提供给用户，同时也是用户所需要的资源。基于上述思路，可将资源重组的关键思想总结为以下几点：①以用户自行选择和身份特征标识为基础，从用户需求的角度出发进行资源重组，为用户提供个性化门户平台服务；②由专家、计算机及用户共同参与，完成图书馆服务资源的解构、定义、关联及重组，其数据源是广义的数据资源，不仅仅是狭义的图书馆电子资源；③打破原有的、固化的知识体系疆界，建立各类资源之间的关联服务网络，并建立用户与资源之间的关联。

3 服务资源重组流程及相关技术

根据前文所述的解构——定义——关联——重组的思路，得出服务资源重组流程图，如图1所示：

根据解构主义理论，首先将图书馆服务资源打散为资源碎片，将打散后的资源碎片重新进行描述、定义，并构建相应的本体，发掘本体及资源间的

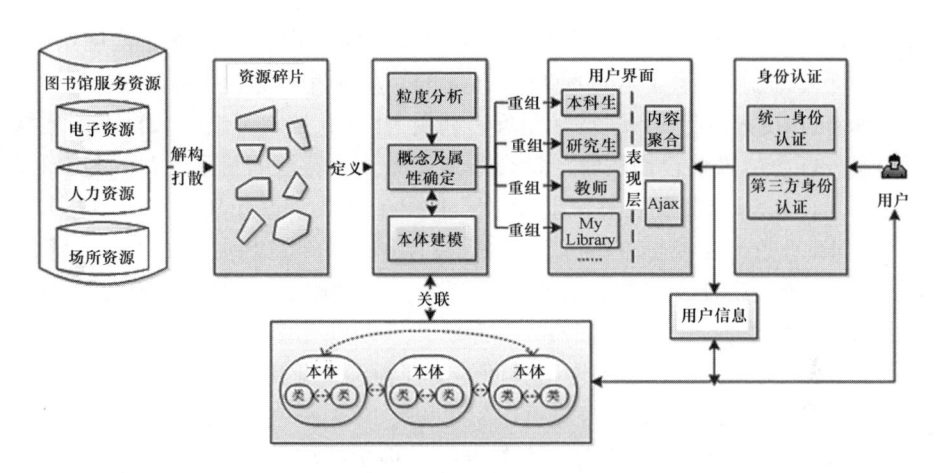

图1 基于用户特征的高校图书馆网站服务资源重组流程

关联，以用户为中心进行资源重组。用户通过身份认证登录相应界面，同时网站获取用户信息，对用户信息库进行实时更新，并调用与之关联的资源。其中，身份认证技术及用户界面的表现层技术采用如下方式实现。

3.1 统一身份认证

目前，各高校陆续使用了统一身份认证技术以实现用户对多种业务系统的统一身份认证和单点登录。例如上海交通大学的 jAccount 认证体系、华东师范大学基于 LDAP 的统一身份认证系统[3]等。本文研究的基于用户特征的高校图书馆网站，一方面可以通过这些已有的统一身份认证体系获取用户基本信息，另一方面可以利用其他技术获取用户在新兴的互联网服务提供方的信息。有学者提出使用 OAuth 服务实现图书馆网站与社交网站对接[4]，用户可以使用其社交网站账户登录图书馆网站访问图书馆服务资源，在此过程中，图书馆网站获取用户在社交网站的账户信息，作为可利用的用户信息，以实现基于用户特征的图书馆服务。

3.2 表现层关键技术

为了实现用户界面的个性化，增强用户体验，表现层运用 Portal、Mashup 以及 Ajax 技术。

3.2.1 内容聚合技术 Portal 技术：为了满足基于用户特征的高校图书馆网站的个性化功能，在表现层上可以使用 Portal 技术生成图书馆服务的 Portlet 动态组件，并将这些个性化服务组件加以聚集，同时实现单点登录[5]。考虑到用户界面的通用性，该技术可用于 My Library 中，用户可根据个人喜好进行有限的 My Library 用户界面设计,像 iGoogle 一样,可以添加常用服务、删减不必要的服务等。Portlet 是基于 Java 的,其开发和部署并不简单。

Mashup 技术:与 Portal 技术相近,利用 Mashup 技术可以对来自不同数据源的服务资源加以整合,从而"糅合"成基于用户特征的新服务[6]。与 Portal 不同的是,Mashup 表现层对象组件除了 Portlet 以外,还有 Widget,Widget 是基于 XML 等数据交换标准的,其开发相对简单[7]。可以利用 Mashup 技术将 GoogleMap 等网络开发资源整合到用户界面中,同时利用 Widget 组件增强界面的可视化效果。

3.2.2 Ajax 技术　为了增强界面的交互性和优化用户体验,从而更好地实现以用户为中心进行服务资源重组,可以使用 Ajax 技术来改进用户获取服务时频繁的交互及网页全部内容刷新带来的白屏等问题,实现异步局部更新和定时刷新,减轻服务器负担[8]。例如,运用 Ajax 技术实现用户界面的讲座培训等活动公告实时滚动更新、用户留言板实时滚动更新。此外,可以借鉴厦门大学图书馆网站的阅览室座位实时信息图表[9],利用 Ajax 技术进一步实现阅览室及小组学习室等座位占用情况图表实时更新等功能。

4 本体建模与资源解构及描述

基于用户特征的高校图书馆网站服务资源重组包含了两方面的重要内容:一是构建本体,例如服务本体及用户本体;二是对解构后的资源进行定义及描述,例如用户信息资源以及服务资源(包括电子资源、人力资源、场所和设备资源)。其中,服务本体包含了服务资源及用户信息资源类。

4.1 服务本体建模

目前,关于 Web 服务本体的研究已相对成熟,例如 OWL – S[10]、WSMF[11]等,可将之引入到高校图书馆服务本体的构建中。此外,有学者提出了图书馆服务本体模型[12],可借鉴其模型中的"服务描述"和"服务执行"两个类,并在此基础上根据上述表现层架构加以调整,得到高校图书馆服务本体概念及定义,如表 3 所示:

表3 高校图书馆服务本体概念

概念组	子概念	定义	值
服务描述	服务名称	描述服务的正式名称。	(char,)
	服务内容	对服务主要内容作出说明。	(char,（开馆时间、馆藏分布、借还书、科技查新、咨询、讲座、学科服务、馆际互借、学位论文提交、空间与设施……）)
	服务方式	描述服务的方法、途径、规章。	(char,线上、线下、线上及线下)
	服务资源	描述关联的服务资源，包含电子资源、人力资源、场所和设备资源。	{电子资源（char,学科数据库、学科常用软件＆工具）},{人力资源（char,学科馆员、学科论坛、学科微博）},{物力资源（char,学科阅览室、学科讨论室）}
	服务对象	描述关联服务的面向对象。	{基本信息},{个性化信息}
服务执行	服务人员	关联服务的责任馆员。	{基本信息},{个性化信息}
	服务时间	描述与服务有关的时间信息，如提供服务的日期、时间等。	(date,)
	使用的资源	描述用户使用的服务资源，包含于服务资源。	{电子资源},{人力资源},{物力资源}
	用户	描述使用服务的用户，包含于服务对象。	{基本信息},{个性化信息}
……	……	……	……

4.2 服务资源解构及描述

在进行知识体系解构、资源打散时，为了解决解构、打散到何种程度，如何把握最终资源概念的粗细等问题，需要借鉴粒度[13]的概念。目前，粒度在计算机等领域的应用较为广泛，很多学者利用粒度计算等方法进行了服务资源规划的研究，得到普遍认同的是：服务资源具有多维度、多属性等特点，很难用一种统一的粒度来描述所有服务资源。因此，应采用多种粒度针对不同的服务资源进行描述。

而多粒度服务资源重组通常需要先确定顶层粗粒度概念，而后再进行细粒度概念确定和计算。董登辉[14]采用了这种思路实现了多粒度服务资源规划，滕广青[2]更是将这种方法引入到数字图书馆的知识组织中。

根据以上思路，首先使用新版DC元数据抽象模型（DCMI Abstract Model，DCAM）[15]来描述最顶层的粗粒度服务资源，由一组属性组成服务资源描述集（见表4）。以此类推，使用同样的方法依次对电子资源、人力资源及场所和设备资源等更细粒度的资源进行描述，直至完成对最小粒度资源的描述。

表4 高校图书馆服务资源粗粒度描述集

被描述资源	属性	定义
服务资源	服务资源名称	描述服务资源的正式名称。
	服务人员	关联服务的责任馆员。
	标识符	赋予服务资源唯一的标识符。
	服务资源主题	描述服务资源的内容主题、关键词。
	服务资源描述	对服务资源主要内容作出说明。
	服务资源类型	细分服务资源的各种类型。应建立规范的服务资源类型列表。
	服务时间	描述与服务资源有关的时间信息，如提供服务资源的日期、时间等。
	服务指南	关联到使用手册等指南资源。
…	…	…

4.3 用户本体建模及资源描述

目前国内外已有一些关于用户本体的研究，例如personal ontologies的构建[16]、智能数字图书馆个性化推荐用户本体的构建（PORE）[17-18]、图书馆通用用户本体的构建[19]等。得到普遍认同的是：①构建图书馆用户本体首先要进行用户建模（明确概念、属性及关系），然后选择本体描述语言对本体进行形式化。②构建图书馆用户本体需从用户基本信息、用户个性化信息（兴趣、行为等）等方面入手，以此定义类。因此用户本体的构建可基于用户信息的定义及描述，在用户信息描述集的基础上进行用户本体建模。

根据以上思路，可以利用前文所述的高校图书馆统一身份认证技术定义用户基本信息，并借鉴相关研究定义用户个性化信息，由此得到用户信息描述集（本体概念表）见表5。

表5 高校图书馆用户信息描述集（本体概念表）

描述集	属性	定义	值
用户基本信息	用户类型	将用户类型分为教师、研究生、本科生、访客等。	(char,（学生、教师、馆员）)
	用户名	记录用户的账号名称。	(char,)
	姓名	记录用户的姓名。	(char,)
	学工号	记录用户的唯一标识ID。	(char,)
	学历	记录用户的学历信息。	(char,（本科、硕士、博士）)
	组织机构	记录用户所属机构。	(char,（电子信息与电气工程学院、船舶海洋与建筑工程学院……）)
	手机	记录用户的手机号。	(char,)
	邮箱	记录用户的邮箱。	(char,)
用户个性化信息	用户兴趣	兴趣对象	记录用户对图书馆哪些信息资源、服务资源感兴趣。	(char,)
		兴趣领域	记录用户感兴趣的学科领域。	(char,（电子资源、人力资源、物力资源）)
		兴趣发生频次	记录用户对资源产生兴趣的频次。	(number,>0)
		兴趣发生时间	记录用户对资源产生兴趣的时间。	(date,)
	用户行为	检索	记录用户检索、浏览、下载、复制、借阅等行为。	{检索时间},{检索频次},{检索领域},{数据库}
		浏览		{浏览时间},{浏览频次},{浏览领域},{浏览界面}
		下载		{下载频次},{下载对象},{下载工具}
		复制		{复制时间},{复制频次},{复制对象}
		借阅		{借阅时间},{借阅频次},{借阅对象},{借阅方式}
		……		

参照概念表，可以使用本体语言对用户需求和服务的语义进行描述，如OWL-S、WSMO等[14]。用户本体也可以使用用户偏好描述语言（UPDL）来描述[20]。

5 服务资源关联与重组

为了实现以用户为中心的图书馆网站服务资源重组，一是要发掘并建立图书馆服务本体内部的联系，二是要在用户本体和图书馆服务本体之间建立关联。

5.1 服务本体内部联系

在上文定义的图书馆服务本体概念表中，发掘同一本体的类之间、不同本体的类之间以及本体与概念体系之间的链接[21]，并用计算机可理解的技术手段揭示出来。不难发现：服务资源与使用的资源存在关联，服务资源中的人力资源与服务人员存在关联，服务对象与用户存在关联，如图2所示：

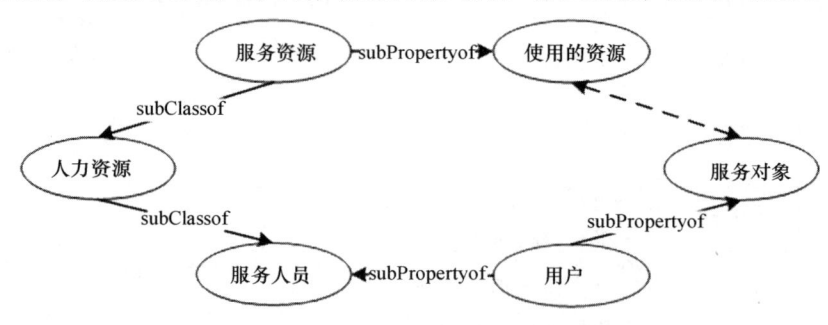

图2 高校图书馆网站服务本体内部关联

遵循本文所提出的专家、用户、计算机共同协作的思想，在揭示关联关系时，由专家利用关联数据等技术建立计算机可理解的RDF语义链接，同时结合标签关联等技术，将打碎的资源交给用户来组织。当然，本文所描述的关联关系仅存在是或否两种可能，在进行具体实践时需要设计相关算法进一步确定各个本体、类之间的关联系数或权值，以得出具体关联程度的量化指标。

5.2 用户本体与服务本体的关联

首先，需要从用户本体概念表中提取服务本体概念表中的相关词条，例如服务名称、服务方式与用户行为存在关联。其中，服务内容又与用户本体中的用户类型、学历、组织机构等实例相关联，例如借还书服务，其规章制度因用户类型的不同而有所差别，包括本科生规则、研究生规则、教师规则等。服务对象可归结为本科生、研究生、教师等用户类型，并与用户本体直接关联；服务人员通过基本信息及个性化信息实例与用户本体关联，服务时间与用户行为通过检索时间等实例关联，服务执行中的用户属性与用户本体直接关联。用户本体与服务本体间的关联关系如图3所示：

如上文所述，单纯地以是或否来定义关联关系是不够的，在这里还要借

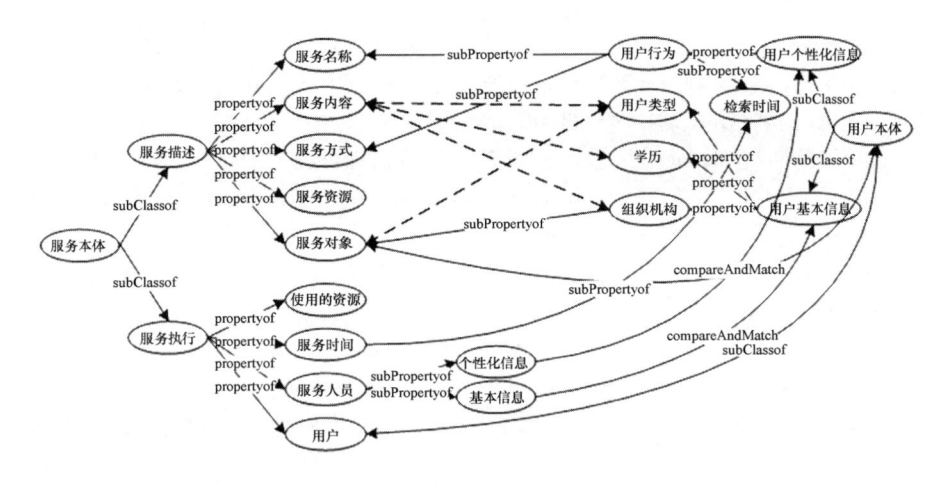

图3　高校图书馆网站用户本体与服务本体间的关联

鉴相应的关联算法来进一步量化关联程度。例如，董登辉[14]介绍的语义相似度算法，确定了用户请求特征与服务特征之间的相似度，司徒俊峰等[20]介绍的主题权值算法，可以将用户偏好主题的程度量化。由于篇幅有限，对于用户与服务资源间的最佳关联算法，此处不再详细展开。

6　结语

本文提出的基于用户特征的高校图书馆网站服务资源重组模式，从用户需求出发，以解构——定义——关联——重组的思路进行服务资源重组，将图书馆电子资源、人力资源以及场所和设备等服务资源进行重组与整合，旨在满足用户个性化服务的需求，并加强用户交互及用户体验。由于篇幅有限，对于本文提出的重组模式需要通过后续的实证研究不断地进行修正与完善，以期得到最优模式，增强实践意义，为推动图书馆网站的智能化及语义网的发展助力。

参考文献：

[1]　2012世界大学学术排名500强[EB/OL].[2013-07-01]. http://www.shanghairanking.cn/ARWU2012.html.

[2]　滕广青.基于概念格的数字图书馆知识组织研究[D].长春:吉林大学,2012.

[3]　李欣,刘丹.基于LDAP实现多认证源的统一身份认证实践——以华东师范大学图书馆为例[J].现代图书情报技术,2011(4):89-93.

[4]　肖铮.使用OAuth服务实现图书馆网站与社交网站对接[J].现代图书情报技术,2012(2):87-91.

[5]　李静.基于Portal的大学图书馆个性化服务研究与实现[J].情报杂志,2009,28(7):

170－174．

[6] 曾满江,李勇文．利用基于 Mashup 的轻量级应用集成框架构建数字图书馆门户[J]．现代图书情报技术,2011(3):88－92．

[7] 李峰,李春旺．Mashup 关键技术研究[J]．现代图书情报技术,2009(1):44－48．

[8] 仰燕兰,金晓雪,叶桦．ASP．NET AJAX 框架研究及其在 Web 开发中的应用[J]．计算机应用与软件,2011(6):195－198．

[9] 厦门大学图书馆座位信息[EB/OL]．[2013－06－02]．http://library.xmu.edu.cn/portal/SeatManage.asp．

[10] David M, Mark B, Jerry H,et al. OWL-S: Semantic markup for Web services[EB/OL]. [2010－03－10]. http://www.ai.sri.com/daml/services/owl-s/1.2/overview/

[11] 黄映辉,李冠宇．要素细化与代码实现——WSMF 模型[J]．计算机应用,2008,28(8):2157－2168．

[12] 吉久明,藤青青．基于图书馆服务模型的图书馆服务本体模型构建研究[J]．图书情报工作,2010,54(11):1－5．

[13] Papazoglou P M. Service-oriented computing: Concepts, characteristics and directions [C]//Proceedings of the Forth International Conference on Web Information Systems Engineering Works hops(WISE 2003). Washington, DC:IEEE Computer Society,2003:3－12.

[14] 董登辉．基于多粒度服务的 SOA 参考模型研究[D]．杭州:浙江工业大学,2012．

[15] DCMI abstract model[EB/OL]．[2013－07－02]．http://dublincore.org/documents/2007/06/04/abstract-model/．

[16] Calegari S, Pasi G. Personal ontologies:Generation of user profiles based on the YAGO ontology[J]. Information Processing & Management, 2013, 49(3): 640－658.

[17] Liao S C, Kao K F, Liao I E, et al. PORE: A personal ontology recommender system for digital libraries[J]. Electronic Library, 2009, 27(3): 496－508.

[18] 丁雪,张玉峰．基于本体的智能数字图书馆个性化推荐用户本体研究[J]．现代情报,2009,29(12):61－65．

[19] 周倩．基于 User-Ontology 的图书馆用户数据挖掘研究[J]．图书馆杂志,2006(10):58－63．

[20] 司徒俊峰,曹树金．面向个性化服务的信息组织本体模式[J]．情报理论与实践,2009,32(11):93－97．

[21] 欧石燕．面向关联数据的语义数字图书馆资源描述与组织框架设计与实现[J]．中国图书馆学报,2012,38(6):58－69．

作者简介

张晗,上海交通大学情报科学技术研究所硕士研究生,E-mail:zhcatherine@sjtu.edu.cn;孙翌,上海交通大学图书馆馆员,系统发展部主任。

数字转型背景下的我国数字档案资源整合与服务研究框架[*]

安小米　白文琳　钟文睿　孙舒扬

（中国人民大学数据工程与知识工程教育部重点实验室）

1　研究背景

数字转型指机构向无纸化管理与服务方式过渡的社会转型发展过程，体现在电子政务、电子商务、电子出版、数字医疗健康、在线数字文化、数字生活、现代物流等多个方面，并给数字档案资源整合和服务带来巨大影响和变动。目前数字转型已成为世界发达国家提高其国家信息化能力和国际竞争能力的重要国家战略。在澳大利亚，其国家档案馆专门制定了数字转型政策，从提高政府工作效率的目的出发，要求政府以数字方式形成、保存和管理机构文件，由以纸质为基础的文件管理方式向以数字信息为主的文件管理方式转变。该政策规定，2015年之后，数字方式生成的文件将只能以数字格式移交国家档案馆，为此高层管理部门需对数字转型提供必要的资源和培训支持，政府部门间需增强文件管理的合作[1]。在美国，奥巴马政府提出2019年12月31日前联邦政府将实现无纸化办公，为此美国档案文件管理署（NARA）制定了《文件管理指令》，2019年将全面实施电子化格式移交和接收永久性电子文件，要求政府机构要以电子化方式管理文件，确保政务活动透明、效率提高和问责落实，电子文件管理要符合联邦政府法律法规要求。为此，机构要指定专门的高级官员（senior agency official，SAO）负责对满30年的永久性电子文件进行识别并移交NARA，负责文件管理的机构高级官员必须获得NARA的文件管理培训证书。每个机构必须开展文件管理培训，确保电子文件归档，并要采用自动化技术进行文件管理，将文件管理要求嵌入云架构、联邦信息技术系统和商业化信息服务产品[2]。总之，数字档案资源整合与服务已成为发达国家政府无纸化办公基础设施架构的基本内容之一，成为国家

---

[*] 本文系国家社会科学基金重大项目"国家数字档案资源整合与服务机制研究"（项目编号：13&ZD184）研究成果之一。

信息化能力提升的有机组成部分。

在我国，《中华人民共和国可持续发展国家报告》、《国家"十二五"科学与技术发展规划》、《国家电子政务"十二五"规划》、《全国档案事业发展"十二五"规划纲要》等国家战略规划均把提升国家信息化能力视为推进国家可持续发展战略的基础保障。国家信息化能力提升的重要战略举措就是数字转型，鼓励应用信息技术和开放利用信息资源，提供信息服务，提高机构社会管理和公共服务水平及其工作效率和效益，促进绿色经济发展和社会进步。

数字档案资源是国家数字信息资源的核心资源，具有凭证、记忆、身份认同、社区能力构建等多元价值属性，数字转型使国家数字档案资源管理突破了物理空间、存在形式等多方面的局限，从而使得数字档案资源整合与服务的方式可以是多种多样的，允许多种叙事方式在同一空间存在，允许社区间存在不可比较的多种本体论和认识论。数字转型背景下对档案多元价值及其社会影响的认识，以及对国家数字档案资源整合与服务模式类型的探索尚待深入。

2 国内外研究现状

2.1 国外数字档案资源整合与服务研究的现状与趋势

国外关于数字档案资源整合与服务的研究主要关注以下 4 个方面：①档案馆、图书馆和博物馆的数字资源整合与服务：涉及内容有社会元数据共享与汇聚，档案共享空间构建，集成化检索系统研发及可获取能力提升[3-4]，社区记忆构建与维护[5-6]等。②数字化扫描档案资源的整合与服务：涉及内容有用户参与和互动的档案编目，采用网络分析工具改进档案资源在线检索，采用合作标识作为知识组织和社会发现工具促进利用者利用便利，新媒体的文化编码再思考及其本体问题，参与式服务合作与社会媒体工具应用[7-13]等。③数字生成档案资源的整合与服务：涉及内容有电子邮件、社会媒体、电子交流过程中的身份识别与隐私保护，电子取证与道德规范[14-16]等。④基于不同目的的数字档案资源整合与服务项目和计划：涉及内容有面向历史研究的数字档案资源整合与服务工作网络构建[17]，面向电子政府绩效改进的数字档案资源整合与服务档案系统构建[18]，面向公共部门可持续发展能力提升的数字连续性项目或计划[19-20]，面向政府数字转型的嵌入式信息基础架构[21-22]等。

国外研究具有以下特点和趋势：①研究视角从历史学、档案学、文件身份鉴定学拓展到社会学、人类学、政治学、法学、信息学、图书馆学、情报学、博物馆学、知识管理、服务管理、信息资源管理、风险管理、社会网络管理、公共管理等多个学科。②研究对象从社会强势群体及主流主导拓展到覆盖社会弱势群体及边缘化人群等多层次社会群体。③研究需求从历史转向人权、社会公平正义、管理效率与问责、身份认同与文化建设、绿色经济等多方面。④研究内容覆盖档案的证据、记忆、身份认同价值等多层面,反映出21世纪信息社会背景下文化、社会、技术、经济、政治等的需求及其带来的挑战和社会转型。⑤研究兴趣从静态参考服务拓展到动态嵌入利益相关方的日常事务活动,成为其数字转型能力和信息化能力提升的有机组成;关注用户多方面参与共建共享网络在线服务,成为支持健康和可信的电子政务、电子商务、电子医疗和科研在线(e-science)基础设施架构的有机组成;从关注文件身份鉴定到电子取证,成为支持民主、人权、民主决策、可持续发展、社会包容的重要保障。⑥研究方法和路线从定性研究拓展到定性与定量结合、模型构建、人机互动、社会媒体应用及社会网络分析、大数据分析、云计算和移动计算应用等多种多样的研究工具应用,跨学科理论协同创新,跨领域实践协同创新,多维度、多方向和多层次综合集成创新。⑦研究收益从档案事业自身发展拓展到改变档案观和档案实践,参与应对地方性和全球性带来的巨大社会挑战,促进社会进步。⑧研究趋势从关注技术到关注人的需求、行为习惯、认知和体验,从关注资源建设到关注信息资源利用和知识服务。

2.2 我国数字档案资源整合与服务相关研究的现状及其存在的问题

我国数字档案资源整合与服务研究主要关注以下4个方面:①面向公共文化服务的图书馆、档案馆和博物馆纸质档案数字化及资源整合[23-24];②电子政务环境下的档案资源整合与共享[25-27];③基于档案行政体制改革和档案信息化建设的档案资源整合与管理模式改革[28-31];④基于档案网站的数字档案资源整合[32-35]。

关于我国数字档案资源整合与服务的研究存在以下7种视角:①基于计划经济体制转型的依法调控[36-37];②适应市场经济体制客观需要的利益相关方互动多赢[36-37];③适应信息化建设的标准规范建设[36-38];④适应社会信息化转型的信息资源管理[26];⑤基于书目控制思想的现代信息技术控制[39];⑥基于社会转型的档案馆工作要素整合创新[40];⑦基于产权分享的国有档案资源整合[41-42]。

国内现有研究存在以下特点和问题:①关注较多的是纸质扫描生成的数字化档案资源的整合,针对数字生成档案资源整合的专门性研究不多,针对数字档案资源服务的专门性研究也缺乏。②关注最多的是档案领域自身的资源建设与管理问题，对于如何发挥档案工作在国家可持续发展战略实施中的作用，调整档案领域与其他相关领域的关系，共同构建健康和可持续发展的数字在线文化、数字共享空间和社会数字记忆，全面提升国家信息化能力和可持续发展能力的研究尚无人关注。③顺应计划经济体制转型，档案行政管理体制改革的档案资源整合实践研究成为主流，现有研究多为案例分析，经验总结，缺少理论层面、法律层面、制度层面、规范层面、战略层面的研究。④适应市场经济体制发展需求和信息化建设需要，构建多元化的数字档案资源整合与服务机制研究是当前研究的热点，但研究视角多限于档案领域，缺少对复杂性问题的跨学科研究、跨层面分析和多维度关联，缺少对多种类型整合与服务机制的关系研究，亦缺少对覆盖各种机制关系的综合集成管理框架建构研究及对复杂机制的顶层设计。⑤适应电子事务及其社会化管理服务需求，从档案领域部门内部信息资源建设转向跨部门信息资源管理和对外信息服务，关注地域特色的资源整合，提倡用户导向的知识服务，从服务于国家转向服务于社会和民生，但还缺乏与其他领域的社会化信息服务体系相融合的研究。

　　由上文可见，我国在档案资源整合方面已经积累了一定的研究成果，存在多种研究视角，有多种整合方式存在，但尚缺少专门针对数字档案资源整合机制的顶层设计，缺少对各种整合方式之间存在关系的研究，缺少将整合与服务看成一个连续体的战略思考。与国外研究相比较，现有研究覆盖历史的档案文献和现实的电子文件管理的资源整合研究，但缺少将两者关联的覆盖文件全生命期的数字连续性整合机制的系统研究，同时仅仅将数字档案资源整合与服务局限在自身业务范围内，缺少对社会转型、数字转型背景下数字档案资源作用定位的转变。所以，解决我国数字档案资源整合与服务存在的问题，主要应解决适应性问题、复杂性问题、不确定性和长效性问题。解决适应性问题主要是解决档案学理论与实践在新的时代背景中的适应性问题；解决复杂性问题主要在于解决处理日益加剧的信息融合、混乱及其复杂问题，解决整合与服务方式差异化和机制多样化带来的复杂关系问题；解决不确定性问题主要解决在线用户需求的多样化和动态性问题、个人信息的保护与安全利用问题、国家数字档案资源的持续利用、增值再用及其风险控制问题、整合与服务信息化项目的成本效益等不确定性问题；解决长效性问题主要解决适应日益差异化的组织和社区背景的需要，面向国家可持续发展战略目标，实现对整合与服务的绩效评估与持续改进。

3 我国数字档案资源整合与服务研究构想

3.1 总体研究思路

笔者认为，数字档案资源整合与服务是我国国家信息化能力提升的有机组成，应该多方面积极应对人类社会数字转型的巨大挑战，这有助于促进机构、个人和社会向无纸化办公方式转变，提高工作效率，有助于提升国家信息化工作能力，促进社会进步，改变世界。

本文将我国数字档案资源整合与服务看成一个连续整体，借鉴国内外研究经验，从主体联盟、关系联通、要素联结和过程连贯多个视角、多个维度、多个层次和多个方面，按 PDCA P（plan）、D（do）、C（check）、A（action）循环提出数字转型背景下我国数字档案资源整合与服务总体研究架构，确保结构完整，逻辑连贯一致，可持续改进，从而保证了设计的合理性。如图1、图2 所示：

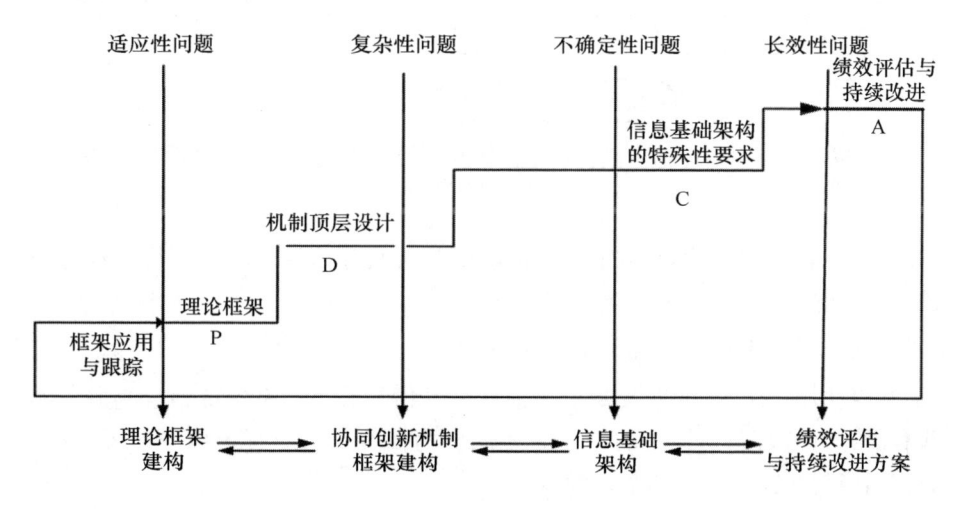

图 1　总体研究架构（PDCA）

第一部分：P（plan）——计划（解决数字档案资源整合与服务理论在数字转型新的时代背景下的适应性问题，提供理论框架）；第二部分：D（do）——执行（解决数字档案资源整合与服务协同创新框架建构中的复杂性问题，提供顶层设计，建构协同创新机制框架）；第三部分：C（check）——检查（解决数字档案资源整合与服务协同创新机制框架实现过程中所需应对的人、过程和技术联结的不确定性问题，提出信息基础架构）；第四部分：A

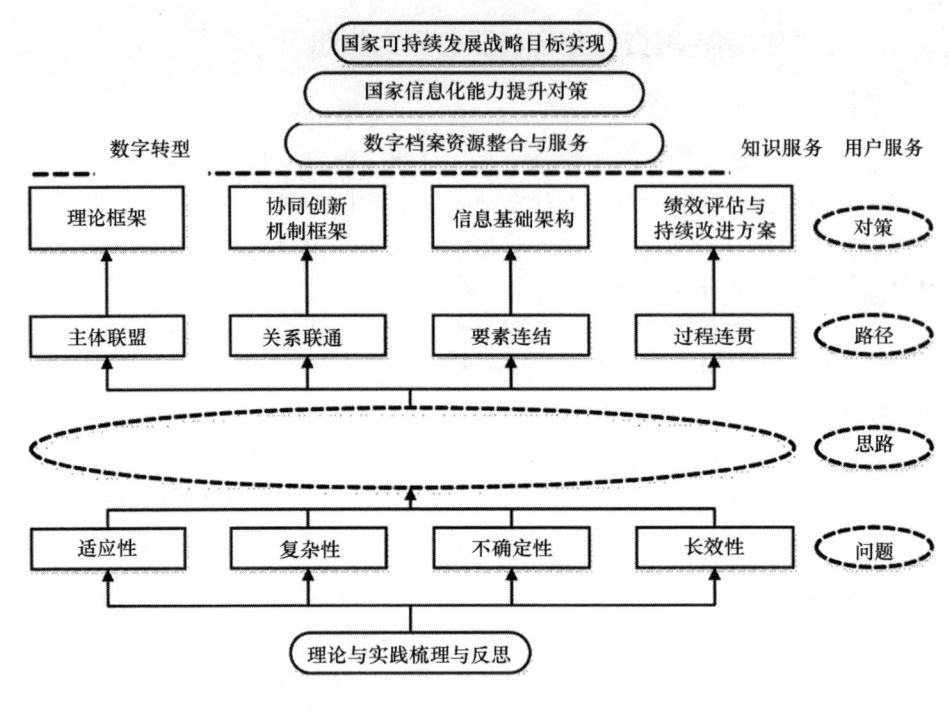

图 2　总体研究架构（PDCA）

（action）——行动（解决数字档案资源整合与服务信息化项目常规化运行的长效性问题，提出绩效评估与持续改进方案）。

3.2　研究目标、研究内容与研究假设

以我国国家战略规划及要求为依据，以我国数字档案资源整合与服务实践和研究中迫切需要解决的 4 个重要问题为研究任务，提出以下研究目标、研究内容与研究假设，如图 3 所示：

● 适应数字转型的时代背景需求，提出与社会信息学和其他相关学科相融合的连贯一致的理论框架和学科方法，建构数字档案资源整合与服务的理论框架，解决档案学理论与实践在新的时代背景中的适应性问题。研究内容包括：概念界定与概念体系构建、多视角整合与服务理论框架建构。研究假设为多视角主体联盟。

● 以用户服务和知识服务为导向，探索数字档案资源整合与服务协同创新方式转变的机理，提出机制的顶层设计，为处理日益剧增的信息融合、混乱及其复杂问题提供协同创新机制建构的框架，解决整合与服务方式差异化

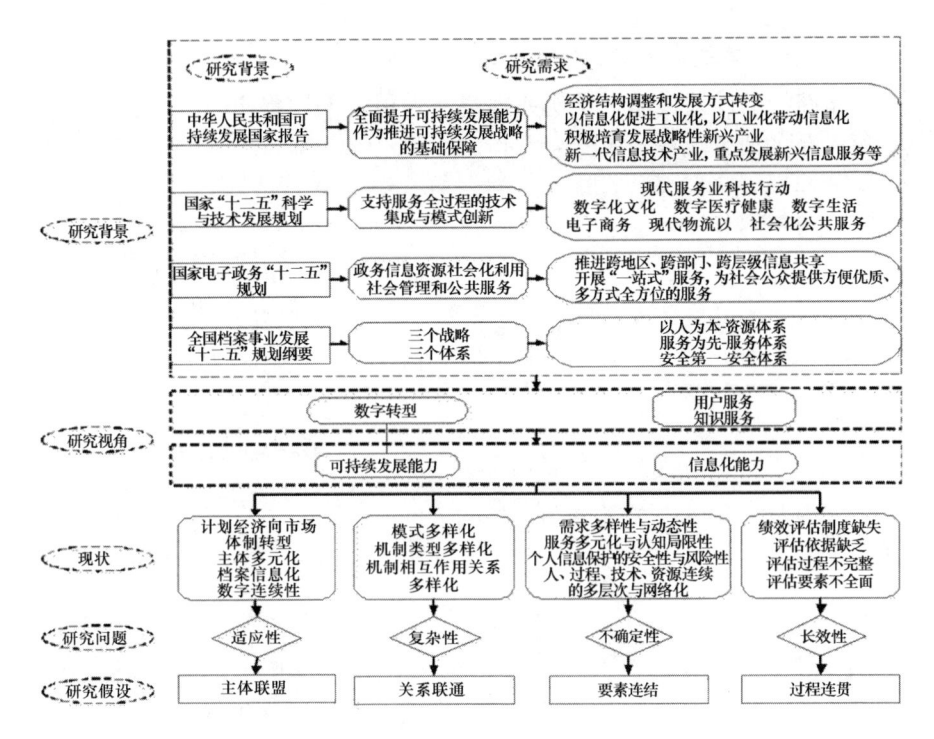

图3 研究假设

和机制多样化带来的复杂关系问题。研究内容包括：协同创新方式转变的机理、多维度协同创新顶层设计、整合与服务协同创新机制框架建构、协同创新机制构建。研究假设为多维度关系联通。

● 基于协同创新机制提出社会媒体应用的信息基础架构（cyber infrastructure）特殊性要求，为处理日益多样化的在线用户需求提供保障机制，解决在线用户需求的多样化和动态性问题、个人信息的保护与安全利用问题、数字档案资源的持续利用、增值及其风险控制问题、整合信息化项目的成本效益问题等。研究内容包括：基于协同创新机制框架实现信息基础架构特殊性要求、多层次信息基础架构规划及实施指南。研究假设为多层次要素联结。

● 面向国家可持续发展战略目标，构建数字档案资源整合与服务绩效评估和持续改进方案，包括评估制度、评估体系和评估指标，解决整合与服务绩效评估与持续改进的长效性问题。研究内容包括：整合与服务绩效评估与持续改进、全程化评价制度、评估体系和评估指标体系改进方案构建。研究假设为多方面过程连贯。

3.3 技术路线和研究方法

技术路线的设计遵循科学研究规律，采用"问题提出——问题分析——问题解答"的研究流程，如图 4 所示：

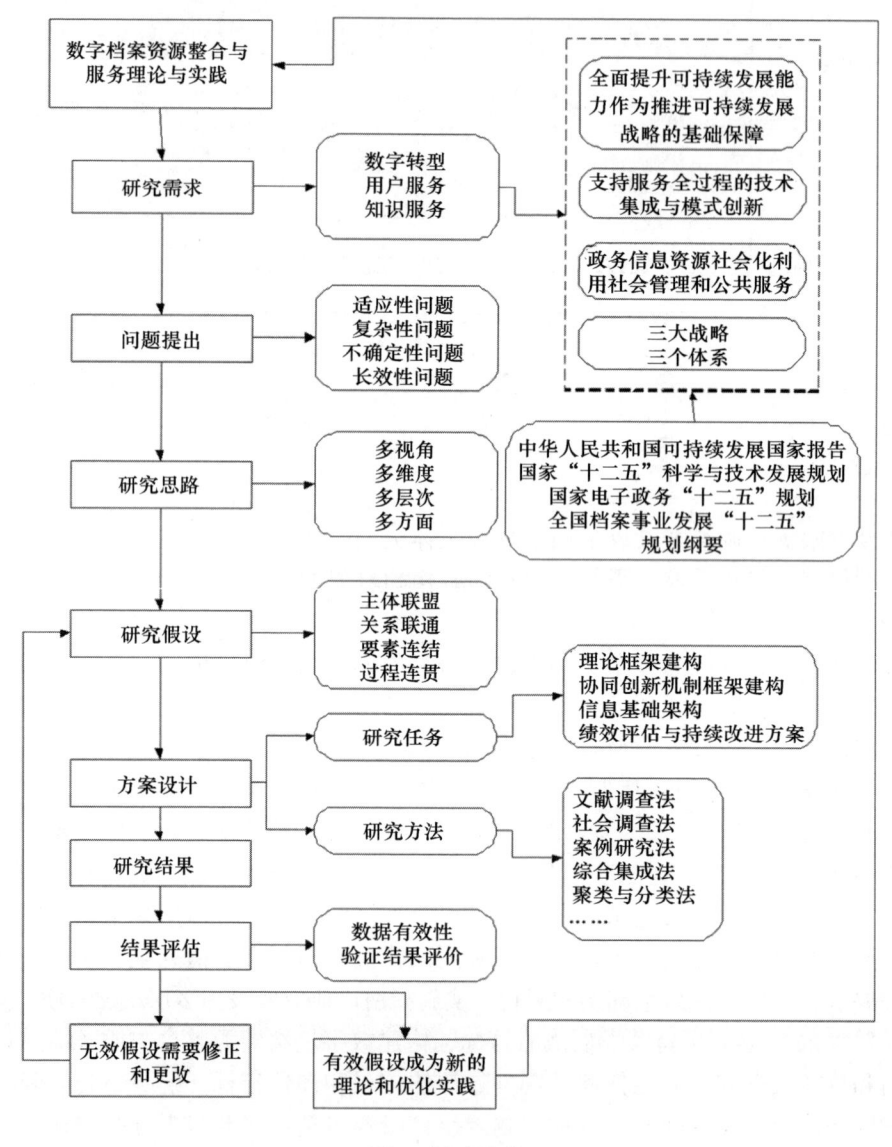

图 4 技术路线

主要研究方法包括文献调查法、社会调查法、典型案例法、聚类和分类法、综合集成法、用户体验与社会媒体应用方法、层次分析法、评估方法等。

3.3.1 文献调查法 用于对国内外已有的相关文献进行述评，借鉴国际前沿理论和方法，提出对解答我国数字档案资源整合与服务问题有意义的建议，各部分都涉及文献调查法的采用：理论框架建构部分，通过文献调查分析借鉴国际前沿理论和方法指导概念体系界定、理论框架建构原则与方法的选择，以构建概念体系和理论框架。协同创新机制框架建构部分，通过调查多领域的科学理论和方法，得出多维度分析视角和多学科研究方法。信息基础架构部分，通过文献调查分析我国档案学科领域的现状，讨论信息基础架构构建以及相关科学理论和方法，得出多维度分析视角和多学科研究方法。绩效评估和持续改进方案部分，通过文献了解我国现有国家数字档案资源绩效评估体系的现状与问题，掌握绩效评估相关文献资料，明确绩效评估的一般流程、评估主体、客体、对象、评估方法等。

3.3.2 社会调查法 用于摸清我国数字档案资源整合与服务实践的模式类型与机制存在形式、用户需求类型、服务方式类型、风险控制、绩效评估与持续改进等问题，提出解决问题的对策建议。具体而言，在协同创新机制框架建构部分，通过社会调查了解现有各种机制的存在方式、方式应用的优势及局限等；调查国家数字档案资源主体类型，了解各类档案资源整合与服务的机制现状和需求；调查面向不同机构和对象的数字档案资源整合与服务机制现状和需求；调查信息资源从建设到利用和知识服务的发展规律。在信息基础架构部分，通过调查剖析现有国家数字档案资源整合与服务机制的弊端，深入了解符合实际的特殊性要求。在绩效评估与持续改进部分，收集分析新环境、新趋势背景下的国家数字档案资源整合与服务评估新要求，对现有评估工作出现的问题进行归纳总结，得出评估依据、评估过程、评估方法等改进的建议；调查本子课题提出的指标体系的有效性。

3.3.3 典型案例法 用于借鉴国际化最佳实践经验，提出并验证研究假设的有效性和研究成果的科学性。典型案例法主要用于协同创新机制框架建构中，通过选择各种具有典型性的机制，分析其构成背景、构成原理和方法、构成内容以及效果，总结比较出可借鉴的机制形式。此外，该方法还运用于绩效评估与持续改进中，研究国内外国家数字档案资源整合与服务评估与持续改进的案例，分析比较各类数字档案资源整合与服务评估体系的评估视角、评估内容、评估指标与体系、评估手段与方法、评估流程等评估要素，比较出具有普适性意义的评估体系，并以科研项目为例，验证拟提出的国家数字档案资源整合与服务绩效评估体系在评估中及促进持续改进中的有效性。

3.3.4 聚类和分类法 用于代表性、典型性、规律性观点的归纳。在协同创新机制框架建构中，运用聚类和分类法对现有机制的内容、形式、类型进行分析归纳，总结出现有机制形式，并对这些机制类型再次分类，归纳出对人、技术、过程分别控制的机制类型。绩效评估与持续改进中，将国内典型的评估体系中的所有指标汇总，并对指标聚类，从而确定国家数字档案资源绩效评估的维度，保证评估的全面性，最后对所有指标进行分类、排序和去重，从而得到改进后的评估指标体系。

3.3.5 综合集成法 以复杂系统论为指导，从多学科主体联盟、多维度关系联通、多层次要素联结和多方面过程连贯等多视角解答研究问题，重视定性判断与定量计算、动态分析和静态分析相结合，实现跨学科理论协同创新和多角度实践协同创新，实现人、过程和技术的网络联结。协同创新机制框架建构中，根据综合集成的思想协同处理机制与机制间的关系，追求机制框架的效用最大化；信息基础架构实施中，以复杂系统论为指导，将人、过程、资源和技术有机地结合起来，并充分利用信息技术，不受时空限制地把大量的各种信息与知识综合集成起来，支持面向用户服务和知识服务的数字共享空间和在线文化建设。

3.3.6 用户体验与社会媒体应用方法 该方法主要用于信息基础架构部分，用于提出知识服务导向和用户服务导向的整合与服务协同创新机制框架实现途径和对策。

3.3.7 层次分析法 用于构建数字档案资源整合与服务绩效评估体系，揭示指标间的内在关系。主要用于绩效评估与持续改进部分，将国家数字档案资源绩效评估体系作为一个系统，将与该体系构建有关的要素分解成评估目标、评估方法、评估流程等层次，在此基础上逐层完成指标体系的构建。

3.3.8 评估方法 采用专家评定法、德尔菲法、主成分分析法等评估方法，用于评估指标构建及验证，该方法主要用于绩效评估与持续改进部分。

3.4 研究突破

本文提出的研究构想拟在以下5个方面实现突破。

3.4.1 提出新的理论框架 建构基于档案多元论、文件连续体理论的数字档案资源整合与服务概念体系与理论框架。适应日益差异化的组织和社区背景，采用多学科研究视角，与社会信息学和其他相关学科相融合，创新档案管理观念和意识，实现数字档案资源整合与服务社会结构的转型，改变档案实践、促进社会进步、改变世界。

3.4.2 建构新的机制框架 建构基于用户服务和知识服务导向的数字档案资源整合与服务协同创新机制框架。解决日益剧增的信息融合、混乱及其复杂问题，通过顶层设计，促进机制之间的互动，与社会化信息资源服务体系相融合，实现数字转型背景下的数字档案资源的持续可用和增值再用。

3.4.3 建构新的信息基础架构　提出基于协同创新机制的、以用户服务和知识服务为导向的数字档案资源信息基础架构特殊性要求。突破在线用户需求的多样化与不确定性难题，通过规划与社会媒体应用，实现人、过程、技术的要素联结，推进数字档案资源公共服务信息化能力的提升。

3.4.4 提出新的评估方案　构建全程化管理的整合与服务的绩效评估与持续改进方案，解决数字档案资源整合与服务信息化项目的可持续发展问题，增强数字档案资源整合与服务信息化项目的长效性。

3.4.5 提升用户在数字档案资源整合与服务中的话语权　采用用户体验与社会媒体应用方法，突破数字档案资源整合与服务主体单一的局限，提升用户参与档案资源整合与服务的话语权，通过用户的体验与参与，最终形成多方主体融为一体的话语体系。

4 研究结论

本文借鉴国内外研究经验，对实践与研究中迫切需要解答的4个问题进行了研究，就数字转型背景下档案学理论与实践的适应性问题，提出了数字档案资源整合与服务理论框架建构设想；就数字档案资源整合与服务机制形式多样化带来的协同创新机制框架建构复杂性问题，提出了数字档案资源整合与服务协同创新机制框架建构设想；就协同创新机制框架实现过程中所需应对的人与过程和技术联结的信息基础架构不确定性问题，提出了数字档案资源整合与服务信息基础架构设想；就数字档案资源整合与服务信息化项目常规化运行迫切需要解决的长效性问题，提出了数字档案资源整合与服务绩效评估与持续改进方案制定研究构想。

4.1 研究贡献

4.1.1 数字档案资源整合与服务理论框架建构　研究视角从档案学拓展到历史学、社会学、法学、政治学、知识管理、信息资源管理、公共管理、风险管理、信息技术等多学科视角。多维度考察数字档案资源整合与服务的多种存在形式及其复杂关系，发现与相关领域跨学科理论协同创新的可能性及其实践方式，提供数字档案资源整合与服务理论支持。

4.1.2 数字档案资源整合与服务协同创新机制框架建构　研究动因从内部转向外部，从关注社会转型给档案领域内部带来的转变，转向数字档案资源整合与服务与其他社会化信息资源服务体系的相互融合，支持管理效率提高、管理问责承诺、诚信社会构建、和谐社区建设、绿色经济发展，支持国家可持续发展战略实施，提升国家可持续发展能力和组织信息化能力，影响和改变世界，促进社会进步。

4.1.3 数字档案资源整合与服务信息基础架构 研究对象从整合机构数字档案资源到整合与服务一体化嵌入无边界的数字转型电子事务信息基础架构，人、过程和技术相联结，保障社会活动凭证和记忆安全利用和可持续再用，应用社会媒体挖掘用户兴趣，多方面满足国家、机构、个人和社会的多种信息需求。

4.1.4 数字档案资源整合与服务绩效评估与持续改进 研究范围从数字档案资源整合与服务实践模式探索拓展到实践模式优化、创新与持续改进，确保数字档案资源整合与服务持续改进的长效性。

4.2 未来研究建议

以国内外数字档案资源整合与服务的经验为借鉴，未来研究应考虑以下4个因素：

4.2.1 多视角 数字档案主体的构成涉及多个领域、多个学科，而不同领域、不同学科对于档案及其价值存在不同认识。应该从多种视角入手，考虑档案价值多元化对数字档案资源整合与服务的社会影响。

4.2.2 多维度 由于数字档案资源整合与服务的主体存在政府、企业、高校、科研机构等多种形式，整合与服务的机制存在多种类型，机制间存在复杂的关系，故应该从不同维度入手，考虑对数字资源整合与服务机制的整体改进、优化和创新。

4.2.3 多层次 由于数字档案资源整合与服务的主体存在国家、机构、个人等多种层次，其整合与服务的方式存在差异化、多样化特点，故应该从多种层次入手，以知识服务和用户服务为导向，考虑数字转型对数字资源整合与服务中人、过程、技术联结能力的影响。

4.2.4 多方面 由于数字档案资源有凭证、记忆、身份认同、社区构建等多方面的价值，其可持续安全利用和增值再用是一个数字连续性的过程，数字档案资源整合与服务的信息化项目应该从多方面入手，考虑行政效用、社会效用、经济效用、成本效益及持续改进。

参考文献：

[1] Digital transition policy[EB/OL]. [2013-10-10]. http://www.naa.gov.au/records-management/digital-transition-policy/.

[2] Managing government records directive[EB/OL]. [2013 - 10 - 10]. http://www. whitehouse. gov/sites/default/files/omb/memoranda/2012/m - 12 - 18. pdf.

[3] Marty P F. An introduction to digital convergence:Libraries, archives, and museums in the information age[J]. Museum Management and Curatorship, 2009,24(4): 295 - 298.

[4] Smith-Yoshimura K. Social metadata for libraries, archives, and museums [EB/OL]. [2013 - 08 - 22]. http://www. wip. oclc. org/content/dam/research/publications/library/2012/2012 - 02. pdf.

[5] Flinn A, Stevens M, Shepherd E. Whose memories, whose archives? Independent community archives, autonomy and the mainstream[J]. Archival Science, 2009, 9(1 - 2): 71 - 86.

[6] Stevens M, Flinn A, Shepherd E. New frameworks for community engagement in the archive sector:From handing over to handing on [J]. International Journal of Heritage Studies, 2010,16(1 - 2): 59 - 76.

[7] Macgregor G, McCulloch E. Collaborative tagging as a knowledge organisation and resource discovery tool[J]. Library Review, 2006,55(5): 291 - 300.

[8] Krause M G, Yakel E. Interaction in virtual archives:The polar bear expedition digital collections next generation finding aid[J]. American Archivist, 2007,70(2): 282 - 314.

[9] Huvila I. Participatory archive:Towards decentralised curation, radical user orientation, and broader contextualisation of records management[J]. Archival Science, 2008, 8(1): 15 - 36.

[10] Samouelian M. Embracing Web 2.0: Archives and the newest generation of Web applications[J]. American Archivist, 2009 ,72(1): 42 - 71.

[11] Rydz M. Participatory archiving:Exploring a collaborative approach to Aboriginal societal provenance[D]. Manitoba:University of Winnipeg,2010.

[12] Prom C J. Using Web analytics to improve online access to archival resources[J]. American Archivist, 2011,74(1):158 - 184.

[13] Newman J. Revisiting archive collections:Developing models for participatory cataloguing [J]. Journal of the Society of Archivists, 2012,33(1): 57 - 73.

[14] Duranti L. From digital diplomatics to digital records forensics[J]. Archivaria, 2009,68 (fall):39 - 66.

[15] Xie L. Building foundations for digital records forensics: A comparative study of the concept of reproduction in digital records management and digital forensics[J]. American Archivist, 2011,74(2):576 - 599.

[16] Lakhani A. Social networking sites and the legal profession: Balancing benefits with navigating minefields[J]. Computer Law & Security Review, 2013,29(2): 164 - 174.

[17] Kretzschmar R. Archival processing of born digital material and digitization of archival documents in Germany[R]. Brisbane: ICA Congress ,2012.

[18] Vlatka L. Building of integrated national archival network in Croatia:Connecting administra-

tion, archives and public in practice[EB/OL]. [2013 - 08 - 19]. http://www.ica2012. com/files/pdf/Full%20papers%20upload/ica12Final00019.pdf.

[19] Digital continuity action plan[EB/OL]. [2013 - 10 - 11]. http://epsiplatform.eu/content/new - zealand - digital - continuity - action - plan - august - 2009.

[20] Digital continuity plan[EB/OL]. [2013 - 10 - 11]. http://www.naa.gov.au/records - management/agency/digital/digital - continuity/plan/index.aspx.

[21] Hofman H. Recordkeeping implementation issues in the Netherlands[R]. Sydney: Information Awareness Seminar, 2011.

[22] Hofman H. Rethinking the archival function in the digital era[R]. Brisbane: ICA Congress, 2012.

[23] 郑燃,李晶.我国图书馆、档案馆与博物馆数字资源整合研究进展[J].情报资料工作, 2012(3):69 - 71.

[24] 郑燃,唐义,戴艳清.基于关联数据的图书馆、档案馆和博物馆数字资源整合研究[J]. 图书与情报,2012(1):71 - 76.

[25] 何振,蒋冠.试论电子政务环境下档案资源整合与共享的实现形式[J].档案学研究, 2004(4):40 - 43.

[26] 何振,蒋冠.国家档案资源整合与共享工程建设构想[J].档案学研究,2005(4):32 - 36.

[27] 向立文.档案资源整合与共享的实现条件研究[J].情报杂志,2006(12):135 - 136,139.

[28] 倪丽娟.档案信息资源的整合与信息化[J].中国档案,2005(12):26 - 27.

[29] 李宝玲.我国档案资源整合研究现状分析[J].档案学研究,2010(2):31 - 33.

[30] 曹航,杨智勇.档案资源整合:现状、困难与推进策略[J].档案学研究,2010(4):28 - 31.

[31] 吴艺博.我国档案信息资源整合实践探索行为研究[J].档案学研究,2012(4):41 - 45.

[32] 蒋冠.网络环境下档案信息资源整合研究[D].湘潭:湘潭大学,2005.

[33] 张东华.网络环境下档案信息资源整合探讨[J].档案学通讯,2005(3):74 - 77.

[34] 吴建华,方燕平.档案网站信息资源及其整合概念的界定——"档案网站信息资源普查与整合研究"系列论文之一[J].档案学通讯,2009(5):52 - 55.

[35] 王斌,吴建华.档案网站信息资源整合方法与方案——"档案网站信息资源普查与整合研究"系列论文之二[J].档案学通讯,2010(1):61 - 66.

[36] 戴志强.国家档案资源整合的涵义及其运作机制探讨[J].档案学通讯,2003(2):4 - 7.

[37] 戴志强.以公共档案馆为主体整合共享性档案信息资源的思考[J].档案学研究,2010 (1):32 - 36.

[38] 谢兰玉.数字档案资源建设背景下信息化标准体系的建构[J].湖北档案,2013(1):

18-21.
- [39] 谭必勇,王新才.国家档案资源整合与共享的控制机制探讨[J].档案学研究,2006(4):17-22.
- [40] 裴友泉,马仁杰,裴斐.徽式探索的学术意义——社会转型期档案资源整合问题研究[J].档案学通讯,2006(4):14-17.
- [41] 杨润珍,傅电仁.国有档案资源整合机制与形式[J].北京档案,2009(6):26-27.
- [42] 杨润珍.认识国有档案资源属性 创新档案资源整合机制[J].档案时空,2009(4):17-19.

作者简介

安小米,中国人民大学信息资源管理学院、中国人民大学数据工程与知识工程教育部重点实验室教授,博士生导师,E-mail:anxiaomi@ruc.edu.cn;白文琳,中国人民大学信息资源管理学院博士研究生;钟文睿,中国人民大学信息资源管理学院博士研究生;孙舒扬,中国人民大学信息资源管理学院硕士研究生。

社会化标注系统资源多维度聚合机理研究*

杨萌　张云中　徐宝祥

（上海大学图书情报档案系）

社会化标注系统在分类学中又称为 folksonomy（自由分类法），是由使用者个体与群体将网络资源加上标签，自由地随社会情境来标记资源所创造出的分布式分类系统，已被广泛地运用在网络书签、图片或视音频分享平台等方面。社会化标注系统资源多维度聚合是指运用资源聚类、分析和组织的理论、方法与技术，基于不同的资源获取与利用的维度与目的，对一个甚至多个社会化标注系统的资源进行聚集、整合与再组织，获取资源对象全貌的过程。

社会化标注系统有着大众化、低门槛、灵活、动态等独特优势，但它的固有缺陷，如语义模糊稀疏、资源组织形式单一等，也降低了其资源利用率。如今，新理论、新技术为提高社会化标注系统资源利用率带来了契机：一方面，利用元数据、受控词表、本体等理论优化 folksonomy 语义成为提升社会化标注系统资源利用的主流方案；另一方面，形式概念分析（formal concept analysis，FCA）、社会网络分析（social network analysis，SNA）等数据分析技术可以实现依托于"用户集－标签集－资源集"的各种概念分析和关系分析，为实现社会化标注系统资源聚合带来新的技术支撑。因此，探索多维度的资源聚合与导航成为社会化标注系统优化的新生长点。

在此背景下，用户对社会化标注系统资源的获取和利用提出了多样化、专业化、个性化、人性化和知识化的需求，资源聚合不仅要进一步从"深度层面"优化基于语义的聚合，还应着眼用户，在"深度"和"广度"并重的思路下全面实现基于深度语义、学科主题、用户兴趣、社交网络、知识演化等多维度的聚合与导航。本文正是着眼于此，旨在探析社会化标注系统资源

---

* 本文系教育部人文社会科学青年基金项目"社会化标注系统资源多维度聚合与导航研究"（项目编号：13YJC870032）研究成果之一。

多维度聚合的内在机理。

1 社会化标注系统资源聚合研究现状

国内外关于社会化标注系统资源聚合的研究，主要集中在基于语义的社会化标注系统资源聚合和基于用户兴趣的社会化标注系统资源聚合两个方面：

1.1 基于语义的社会化标注系统资源聚合占主流

国内外研究的主要思路是使用元数据、受控词表、本体等增强社会化标注系统资源，进而促进资源聚合，提高资源的可查找性。C. C. Kiu[1]提出一种taxo – folk整合算法，将folksonomy整合到分类法中，进而促进知识分类与导航。S. Lorenzo等[2]提出了一种将专家分类法与folksonomy融合的分类法——tagsonomy，实现了对网站资源的轻松访问。L. Special[3]将标签进行聚类，并将这些标签与本体概念进行映射，以增强folksonomy语义。在国内，贾君枝[4]认为可利用受控词表与分众分类法的优势及时更新、修改、完善受控词表，最终达到二者优化的目标。魏来[5]提出基于在线词表的folksonomy语义关联识别的总体思路和方法步骤。张有志等[6]认为可从folksonomy中包含的社会网络关系来统计提取标签语义关系进而构造本体。唐晓波等[7]利用社会网络分析理论和方法，提出基于folksonomy的"标引者 – 标签概念 – 实例"三部图模型发掘概念间语义信息、建立本体的方法和过程模型。熊回香等[8]探讨了利用本体解决folksonomy缺陷的可行性。滕广青等[9]提出基于概念格对关联标签进行聚类分析和关联规则挖掘，揭示出关联标签间隐含的概念间关系和潜在的语义关联。

1.2 基于用户兴趣的社会化标注系统资源聚合也是当前研究热点

国内外研究的主要思路是先构建用户兴趣模型，进而根据用户偏好聚合资源进行推荐。E. Michlmayr等[10]提出了从folksonomy数据集中构建用户偏好的三种不同方式：自然法、共现法、自适应法。C. M. Au Yeung等[11]通过分析某用户的personomy来识别用户的不同兴趣。H. Kumar等[12]使用folksonomy系统中用户的搜索历史来建设用户偏好列表。在国内，王翠英[13]对国外基于folksonomy的用户偏好研究成果进行了分类介绍。余臻等[14]运用神经网络模型计算出标签词汇与叙词表之间的关联权重，进而用该权重矩阵来表示用户的语义性偏好特征。

尽管国内外关于社会化标注系统资源聚合的相关研究已经取得了较丰富的成果，但仍存在诸多不足：①尚未形成完善的社会化标注系统资源语义体系。元数据、受控词表和本体等多种语义形式都可以对folksonomy语义进行完善，但由于未形成统一的语义体系，它们彼此之间缺少交互性。②缺乏对社会化标注系统资源聚合的机理剖析。理清各种理论、技术、方法在社会化标注系统资源聚合过程中发挥的作用机理是实现社会化标注系统资源聚合与导航的前提。③社会化标注系统资源聚合的维度不完善。社会化标注系统资源聚合应涵盖"聚合深度"和"聚合广度"两方面的内容。不仅要在完善的社会化标注系统资源语义体系下对基于语义的资源聚合进行深化，还应实现针对社交网络、知识演化等广度层面的资源聚合。

2 社会化标注系统资源语义体系构建

无论是社会化标注系统资源的"深度聚合"还是"广度聚合"，都必须从资源的语义关联性出发。语义是对资源的知识内容进行描述和揭示的必须手段。在社会化标注系统中，元数据、folksonomy、主题词、分类词、本体等不同揭示资源语义的方式产生了不同深度、不同粒度的语义。元数据主要描述资源的外部属性特征，语义结构简单明确，是资源描述的基本方式；folksonomy是社会化标注系统语义描述的特色，通过用户标注标签的形式揭示资源在内容、使用情景、主观感受和个人管理等方面的资源特征，大众参与、费用低廉、自由灵活但语义稀疏；主题词和分类词以受控词为基础，采用概念和概念关系表示知识的内在联系，语义颗粒度精细规范，提供一定程度上的语义扩展，逐渐被融入到社会化标注系统资源语义揭示中；本体则用于更为精细的资源组织，可用精确、丰富的语义揭示资源，乃至实现跨社会化标注系统的语义互通和互操作。剖析这些语义揭示方式的异同，重构社会化标注系统资源语义体系就变得至关重要，这既是厘清社会化标注系统资源如何聚合和从哪些方面聚合的前提，也是实现社会化标注系统资源聚合的重要保障。

在归纳、对比和总结社会化标注系统资源的各种理论、方法与技术的基础上，结合语义学中的"语义网体系结构"等相关理论，本文认为，一个完整的社会化标注系统资源语义体系应至少包含"资源层－符号层－知识表示层－映射层－逻辑推理层"5层架构，如图1所示：

资源层是社会化标注系统资源语义体系的最底层，包含了社会化标注系统的各种资源。

符号层是用特定符号来描述社会化标注系统中的资源，这些符号是多体系、多元化的，包括folksonomy的标签、元数据的Dublin core、受控词的分类词、主题词以及本体的领域、概念、关系、属性、公理等。这些符号是相互独立的，但在统一的社会化标注系统资源语义体系下，它们之间必须实现相

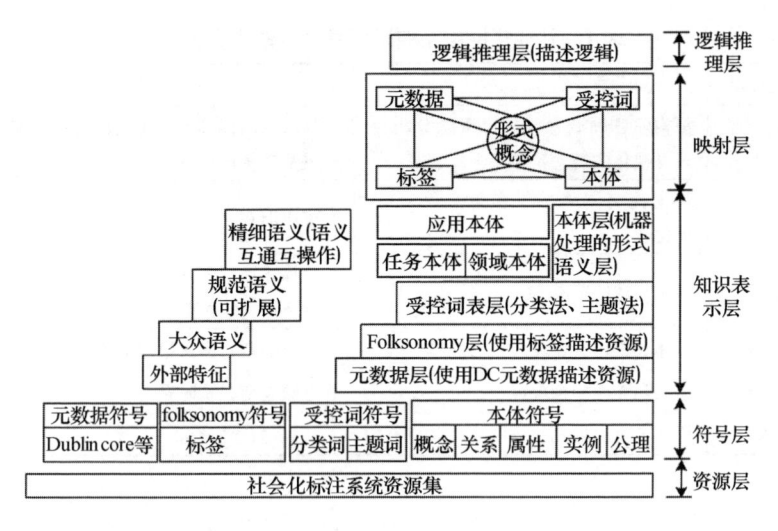

图 1 社会化标注系统资源语义体系

互的映射和互通。

知识表示层是重点，又可细分为元数据层、folksonomy 层、受控词表层和本体层 4 个语义层次，各语义层次不应相互掣肘，而应互补，共同被纳入到一个有机体系中，实现社会化标注系统资源语义在不同层次、不同粒度间的融合与交互。

映射层是指建立起不同知识表示和组织方式符号间的相互映射关系，这种映射关系的建立依托于最基本的知识表示单元——形式概念。

逻辑推理层旨在建立相应的逻辑推理规则，并基于其下的各个层次进行资源聚合逻辑推理，实现资源聚合深度和广度上的推理关联。

3 社会化标注系统资源多维度聚合机理

社会化标注系统中，资源多维度聚合是在语义体系的基础上对资源语义关系进行逻辑重组与还原的过程，它摆脱了传统意义上社会化标注系统仅依靠标签聚合资源的单一模式，旨在通过不用维度和视角提高资源的类别化和关联度特征，实现社会化标注系统资源脉络的建立、激活与扩展。

本文综合运用形式概念分析、社会网络分析、folksonomy、元数据、本体、受控词等理论和技术，分析优劣，扬长避短，将这些理论和技术的优势融合，劣势互补，整合到社会化标注系统资源聚合的整体框架中，最终实现社会化标注系统资源多维度聚合。社会化标注系统资源聚合要素的优劣分析如表 1 所示：

表1 社会化标注系统资源聚合要素优劣分析

理论或技术	优点	缺点
形式概念分析	可构建各种概念并进行概念分析，实现可视化的概念聚类	只可从内涵和外延维度加载两个或三个相关数据集进行分析
社会网络分析	强调社交网络多维关联性分析，可视化	难以形式化表达
元数据	资源描述的基本方式	仅描述资源外部特征，对资源内容揭示度低，语义结构简单
folksonomy	群体共识语义、灵活、低成本	自由随意，语义模糊稀疏
受控词	语义颗粒度精细规范	专家制定，费时费力，更新缓慢
本体	语义丰富，形式化程度高，共享复用	重表达，轻分析

本文辨析上述理论和技术的优点和不足，旨在从优劣互补的思路出发，解析形式概念分析、社会网络分析、元数据、本体、受控词等在社会化标注系统资源聚合过程中有何作用和如何使用的问题。folksonomy 是社会化标注系统资源聚合的核心，其他各种理论和技术围绕该核心在社会化标注系统资源聚合中起相应的作用，具体来讲：folksonomy 是社会化标注系统资源聚合的核心，它主要通过标签体现语义，但标签是非规范化的平面结构语义表示形式，只可反映模糊稀疏语义，要实现基于语义的深度聚合，就必须借助形式概念分析、元数据、受控词和本体等进行语义互补；另一方面，folksonomy 又是社群交互标引的结果，除标签之外，社会化标注系统中的资源还有一些重要的外部特征，如作者、机构等，实现基于外部特征的关联分析，确保资源聚合的广度，就必须借助元数据、社会网络分析等进行广度互补。另外，folksonomy 数据集的更新非常迅速，分析 folksonomy 的时序演变，关注其不同时期的热点，可实现基于知识演化的社会化标注系统资源聚合。

形式概念分析可以提供基于"用户集－标签集－资源集"的各种概念分析，实现基于用户兴趣的社会化标注系统资源聚合；另外，在实现 folksonomy 与本体的协同方面，形式概念分析能协助从 folksonomy 标签半自动地构建本体。

社会网络分析可以基于 folksonomy 资源的外部特征数据集进行社群交互聚合分析，依托各类社会网络的中心度、中心势、网络密度、凝聚子群、派系分布等指标探析社会化标注系统中的资源关系、作者关系网络、发布机构网络等，实现基于社群交互的社会化标注系统资源聚合。

元数据一方面可以与标签、受控词及本体实现语义交互，增强社会化标注系统语义；另一方面可以为社会网络分析提供资源外部特征。

受控词主要包括分类词和主题词，规范的受控词不仅能实现与标签、本体的语义交互，更重要的是分类主题的资源组织思路也可以引入到社会化标注系统资源聚合中来，进而实现基于学科主题的社会化标注系统资源聚合。

本体可以共享社会化标注系统资源语义描述的各种概念，实现与其他语义描述方式的概念共享和映射，建立起社会化标注系统资源的形式化、规范化的共享概念模型，从更深层次、更精确语义、更规范化描述和更形式化表达等方面揭示社会化标注系统资源的深度语义关联，实现基于语义本体的社会化标注系统资源聚合。

在厘清上述理论、方法和技术在社会化标注系统资源聚合的框架下所起作用的前提下，本文提出的社会化标注系统资源聚合机理见图2。

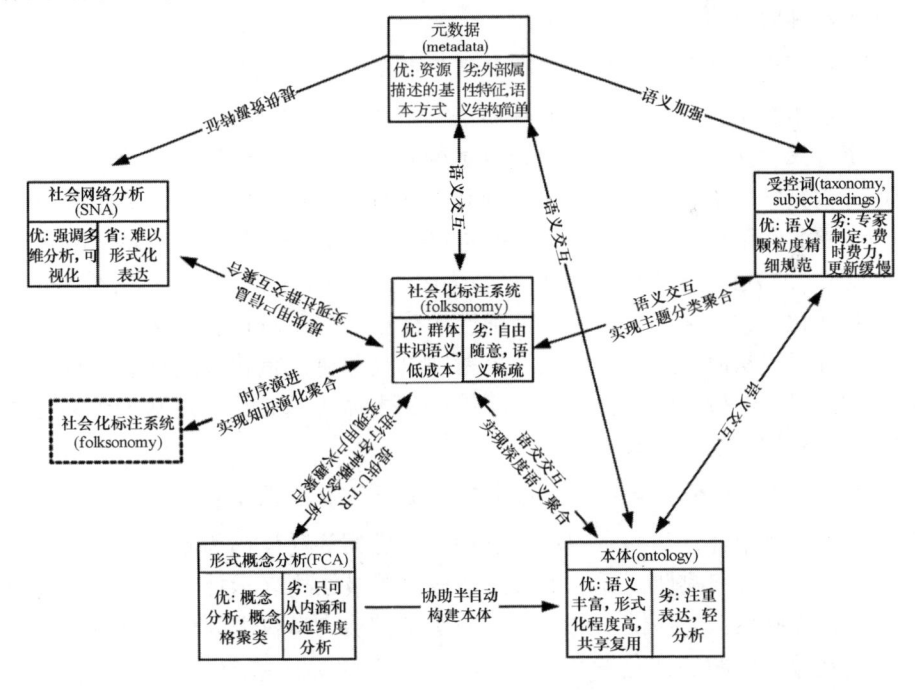

图2 社会化标注系统资源聚合机理

图2中，基于优缺点互补的原则，各种理论和技术实现了有机互动和联合运行。位于语义体系中不同知识表示层次的元数据、受控词、标签和本体实现了语义上的互动与互补，形成了以本体为核心，以其他知识表示方式为辅助的语义表示体系；同时，以形式概念分析和社会网络分析为两大工具，

实现了基于用户集、标签集、资源集、元数据集（特别是资源外部特征集）、受控词集等多种数据集的概念分析和网络分析，最终实现了理论、方法和技术的有机融合，将它们统一在多维度资源聚合的框架之下。

综上，本文在吸纳形式概念分析、社会网络分析、受控词、元数据、本体等多种理论技术的基础上，认为社会化标注系统资源聚合的方向应涵盖深度语义、学科主题、用户兴趣、社交网络、时空演变等多种维度。

4 社会化标注系统资源聚合的基本思路

社会化标注系统资源聚合是一个开放而复杂的问题。在明晰社会化标注系统资源聚合机理的基础上，本文将社会化标注系统资源聚合的具体方案概括为深度语义聚合方案、学科主题聚合方案、用户兴趣聚合方案、社交网络聚合方案和时空演变聚合方案5种。

4.1 深度语义聚合方案：基于语义本体的资源聚合

深度语义聚合方案旨在摆脱标签语义模糊稀疏的困境，提高社会化标注系统资源聚合深度。深度语义聚合方案的基本思路是以形式概念为媒介，建立起元数据、标签、分类词、主题词和本体之间的语义映射关系，依托它们构建、更新和维护社会化标注系统的本体（包括领域本体、任务本体和应用本体等），或者将它们映射桥接到社会化标注系统已有本体中，依托本体规范化、形式化、共享性、复用性、精确性的优势来实现对社会化标注系统资源的语义描述，从而达到更深层次、更精确语义和更规范化描述社会化标注系统资源的目的，最终以社会化标注系统语义本体为基础，实现基于语义本体的社会化标注系统资源深度聚合。

4.2 学科主题聚合方案：基于分类主题的资源聚合

学科主题聚合方案的实现以主题词、分类词等受控词为基础。受控词由专家构建，具有权威性，可采用概念和概念等级结构表示社会化标注系统资源间的内在联系，能提供一定程度上的语义扩展。学科主题聚合方案的基本思路是在分类主题一体化背景下，建立起社会化标注系统中标签与分类词、主题词之间的映射关系，并将标签经过清洗、合并、过滤等过程，将预处理后的标签整合到学科分类主题词及词间关系中。这样，社会化标注系统中的资源以整合后的标签为媒介，被聚合和组织到体现学科分类主题特征的结构下，从而实现了基于分类主题的社会化标注系统资源聚合。

4.3 用户兴趣聚合方案：基于用户偏好的资源聚合

用户兴趣聚合方案是针对用户资源推荐的需求提出的社会化标注系统资

源聚合方案。社会化标注系统中,许多用户偏好相同,构成了相同兴趣的用户群,寻找和划分同趣用户,实现该用户群偏好资源的聚合,变得愈发重要,愈发贴近现实。用户兴趣聚合方案的基本思路是利用形式概念分析等数据挖掘工具,对社会化标注系统中用户集、标签集和资源集的"U-T-R"关联中进行知识发现,锁定社会化标注系统中具有相同标记行为的用户群,并分析和挖掘用户群标记资源的共性特征,找出该用户群感兴趣的资源类型进行资源聚合,最终实现对用户群的资源推荐。

4.4 社交网络聚合方案:基于社群交互的资源聚合

社交网络聚合方案是针对社会化标注系统中资源的共同用户、资源作者、资源所属机构、资源出版者等维度考察系统资源的社会交互性,进而依据这些关联来扩展社会化标注系统资源聚合广度的方案。社交网络聚合方案的基本思路是从社会化标注系统资源外部特征数据集(包括用户、作者、机构、出版者等)出发,根据不同需求建立关系数据,并利用SNA分析工具将之转换为社会网络图谱,以此为基础进行中心度、中心势、网络密度、成分、核与派系等多项分析,并按照分析结果对社会化标注系统资源进行聚合,从而实现基于社群交互的社会化标注系统资源聚合。

4.5 时序演变聚合方案:基于知识演化的资源聚合

时序演变聚合方案是指在社会化标注系统资源聚合中加入时间序列,对时间轴上不同时段的资源进行分时段的聚合,进而体现出社会化标注系统资源热点在不同时间段的演变过程,这一演变过程恰恰反映了系统中的知识演化。时序演变聚合方案的基本思想是根据社会化标注系统自身更新的周期,选择合适的时间粒度,截取该时间段内社会化标注系统的数据集进行聚合分析,寻找出该时段内系统资源发布、标引的热点,并以一个或多个热点为核心重新组织和聚合社会化标注系统相关资源,最终以时间序列的形式呈现出聚合结果,从而实现基于知识演化的社会化标注系统资源聚合。

4.6 社会化标注系统资源聚合模型

社会化标注系统资源聚合的各种方案应有机整合到统一的框架下,即社会化标注系统资源聚合模型,如图3所示:

模型分为6层6个大模块,各层次主要功能如下:

● 资源层:最底层是社会化标注系统的资源层,主要涵盖内容是社会化标注系统各种资源。

● 语义层:资源层之上是用于对资源进行语义描述和表示的语义层,语义层包括元数据、标签、受控词和本体等多种语义描述方式,这些语义描述

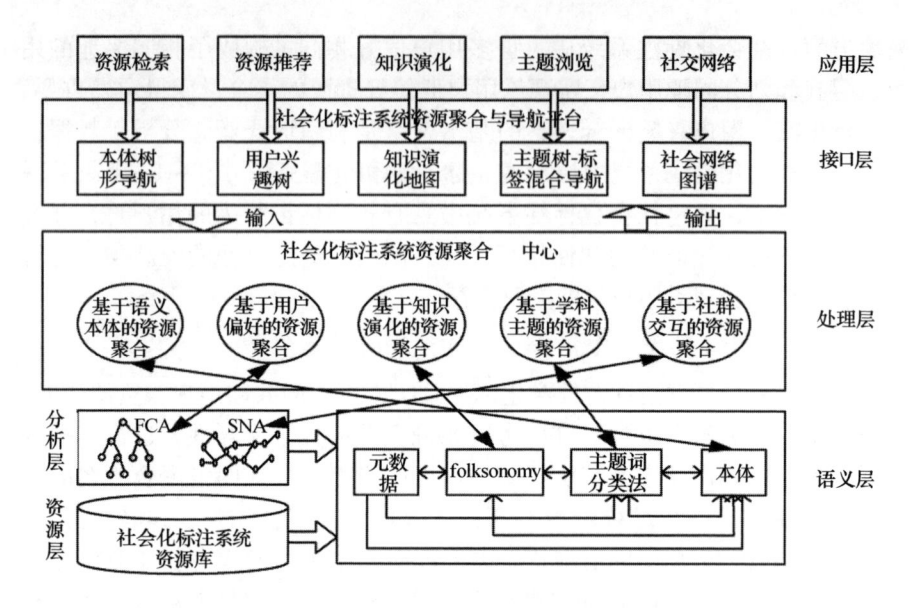

图3 社会化标注系统资源聚合模型

方式之间可相互映射。

● 分析层：主要以形式概念分析和社会网络分析为工具。形式概念分析以形式概念为媒介，建立起语义层各种粒度语义间的映射关系，挖掘和揭示社会化标注系统中的深层语义，协助实现社会化标注系统资源的深度聚合；社会网络分析旨在建立和挖掘资源外部特征上的相互关联，协助实现社会化标注系统资源的广度聚合。

● 处理层：处理层是社会化标注系统资源聚合的核心所在，按照接口层传递来的用户资源聚合需求对资源聚合进行后台处理，通过调用资源层、语义层和分析层的相关信息进行运算和处理，最终输出用户需求的资源多维度聚合结果。

● 接口层：以可视化的社会化标注系统资源聚合与导航平台为基础，将用户的应用需求传递到处理层。

● 应用层：由用户提出资源检索、资源推荐、知识演化、主题浏览和社交网络等社会化标注系统资源多维度聚合需求。

5 社会化标注系统资源多维度聚合实施的一般步骤

社会化标注系统资源多维度聚合的最后一步是将社会化标注系统资源聚合模型付诸实践，达到根据用户资源聚合需求即时实现多维度的资源聚合与导航的目的，这必须依托于一定的实施步骤。虽然不同模型在实施细节尤其是在资源聚合的细节上存在较大差异，但也存在着一般化的共性——本文认为，社会化标注系统资源多维度聚合实施的一般步骤是：

- 分析需求。在社会化标注系统的网站建设过程中，用户往往会产生不同的需求，譬如提高检索精度，提高检索广度，实现个性化推荐，跟踪热点变化，实现可视化导航等。分析需求是社会化标准系统资源聚合的第一步，也是关键一步。
- 选定模型。用户不同的需求决定了不同的聚合模型，用户想确保资源聚合结果的高度准确性，可依托于深度语义聚合模型或学科主题聚合模型；用户想提高聚合的关联性和延展性，可以依托于社会网络聚合模型；用户想实现个性化推荐，可以依托于用户兴趣聚合模型；用户想跟踪热点变化，可以依托于时序演变模型。
- 实施聚合。不同聚合模型的具体实现可以依托于不同的理论、方法和技术，这里可以将其视为一个黑匣子，具体的实施细节，将在后续研究成果中展示。
- 结果展示。结果的可视化展示也是当前社会化标注系统资源聚合需要更新的关键一步，深度语义聚合可用本体树形导航来展示；学科主题聚合可用 tax–folk 混合导航来展示；用户兴趣聚合可用用户兴趣树展示；社交网络聚合可用社会网络图谱展示；时序演变聚合可用知识演化地图来展示。
- 反馈优化。社会化标注系统资源多维度聚合中，反馈与优化是不可或缺的。该步骤是对前4步的总结和升华，可以不断优化和完善社会化标注系统资源聚合过程。

6 结论与展望

随着 Web 2.0 的不断推进，社会化标注系统越来越普及，应用范围愈发广泛。社会化标注系统中单纯依托标签进行资源聚合的模式已不能满足用户的需求，社会化标注系统呼唤多维度资源聚合的新模式。找出社会化标注系统资源依托什么聚合、从哪些维度聚合是迈进社会化标注系统资源多维度聚合的第一步和关键一步，这正是本文所做的努力和贡献。

本文总结了社会化标注系统资源聚合研究之现状，归纳了当前研究之不足，以此为起点重构社会化标注系统资源语义体系，剖析社会化标注系统资源聚合机理，最终找到社会化标注系统资源聚合的主要思路。本文的后续研究将沿着上述各个资源聚合方案向纵深展开，逐个击破，分别围绕深度语义聚合、学科主题聚合、用户兴趣聚合、社交网络聚合和时序演变聚合等主题，明晰各种聚合主题的适用性、优越性,进而构建各种聚合模型,阐述各自的聚合流程并付诸实践,最终较全面地解决社会化标注系统资源多维度聚合问题。

参考文献:

[1] Kiu C C, Tsui E. TaxoFolk:A hybrid taxonomy – folksonomy structure for knowledge classification and navigation[J]. Expert Systems with Applications,2011,38(5):6049 – 6058.

[2] Lorenzo S, Rota P, Catenazzi N. Tagsonomy:Easy access to Web sites through a combination of taxonomy and folksonomy[C]//7th Atlantic Web Intelligence Conference. Berlin:Springer-Verlag,2011:61 – 71.

[3] Special L, Motta E. Integrating folksonomies with the semantic web[C]//Proceedings of the 4th European conference on the Semantic Web:Research and Applications. Berlin:Springer-Verlag,2007:624 – 639.

[4] 贾君枝. 分众分类法与受控词表的结合研究进展[J]. 中国图书馆学报,2010,36(5):96 – 101.

[5] 魏来. 基于在线词表的folksonomy语义关联识别方法研究[J]. 图书情报工作,2011,55(5):103 – 108.

[6] 张有志,王军. 基于Folksonomy的本体构建探索[J]. 图书情报工作,2008,52(12):122 – 125.

[7] 唐晓波,全莉莉. 基于分众分类的本体构建分析[J]. 情报理论与实践,2008,31(6):931 – 936.

[8] 熊回香,廖作芳. 本体在Folksonomy中的应用研究[J]. 情报科学,2010,28(2):274 – 278.

[9] 滕广青,毕强,高娅. 基于概念格的Folksonomy知识组织研究[J]. 现代图书情报技术,2012(6):22 – 28.

[10] Michlmayr E, Cayzer S. Learning user profiles from tagging data and leveraging them for personal(ized) information access[EB/OL]. [2011 – 08 – 20]. http://www2007.org/workshops/paper_29.pdf.

[11] Au Yeung C M, Gibbins N, Shadbolt N. A study of user profile generation from folksonomies[EB/OL]. [2011 – 08 – 20]. http://eprints.ecs.soton.ac.uk/15222/1/swkm2008_paper.pdf.

[12] Kumar H, Park P S, Kim H G. Using folksonomy for building user preference list[C]// IEEE 9th International Symposium on Parallel and Distributed Processing with Applications Workshops. Washington,DC:IEEE,2011:273 – 271.

[13] 王翠英. 基于Folksonomy的用户偏好研究进展[J]. 现代图书情报技术,2009(6):37 – 43.

[14] 余臻,宁宣熙,李保珍,等. 社会化标注系统中用户需求偏好的一种获取方法[J]. 南京航空航天大学学报,2009(1):139-144.

作者简介

杨萌,吉林大学管理学院博士研究生;张云中,上海大学图书情报档案系讲师,通讯作者,E-mail:zhang-yun-zhong@126.com;徐宝祥,吉林大学管理学院教授,博士生导师。

MOOC 教育资源语义化关联研究[*]

陈大庆　丁培　叶兰　胡燕菘

（深圳大学图书馆）

1　引言

近年来，随着开放获取理念与运动的发展，网络上的开放教育资源（特别是开放课程）日渐丰富。2012 年兴起的大规模开放式在线课程（massive open online course，MOOC）即是开放课程（open course ware，OCW）发展到更高阶段的产物，并进一步推动了开放理念的发展。MOOC 是针对大规模用户参与而设计的、通过网络提供可开放获取的在线课程[1]，具有开放参与、课程碎片化、注重在线交互和学习反馈、提供基于学习大数据的个性化服务等特点。目前，国际上已形成了 edX、Coursera、Udacity 三大 MOOC 平台提供商。国内北京大学、清华大学、复旦大学、香港大学、香港科技大学等著名高校与国际上著名 MOOC 平台合作，积极参与 MOOC 课程制作。这些平台提供了丰富的课程及其他教育资源，如 Coursera 提供 600 多门课程[2]、edX 提供近 200 门课程[3]，北京大学计划在在 5 年内开设 100 门 MOOC 课程[4]。这些 MOOC 课程资源数量巨大，但是处于碎片化状态，通常以知识点/知识体作为资源的组织模式，难以被用户发现及重用，一定程度上造成了学习的松散性。要想使用户在丰富的 MOOC 课程资源中能快速地将主题相同、相关的内容模块串联起来，并及时根据用户需求推荐其他优秀资源，使之发现新的知识点，MOOC 平台需要具备强大的知识组织能力和有效的链接技术。语义网关联数据正是可用来实现 MOOC 教育资源组织与连接的契合技术。

关联数据是一组最佳实践的集合，它采用 RDF 数据模型，利用 URI（统一资源标识符）命名数据实体来发布和部署实例数据和类数据，从而可以通过 HTTP 协议揭示并获取这些数据[5]。其重要价值在于通过资源描述框架数

---

[*] 本文系深圳市哲学社会科学"十二五"规划课题"深圳市高校教育资源语义化关联研究"（项目编号：125B084）研究成果之一。

据模型，将网络上的非结构化数据和采用不同标准的结构化数据转换成遵循统一标准的结构化数据，实现数据的相互关联、相互联系和有益于人机理解的语境信息[6]。关联化的 MOOC 教育资源数据对于教育资源的发现、重用、融合与互操作具有重要作用。本文针对 MOOC 教育资源知识组织碎片化的问题，探讨如何运用关联数据技术将 MOOC 教育资源关联起来，使之成为丰富的知识网络。

2 研究现状

国内外已有不少文献探讨利用关联数据来实现网络教育资源的关联发现。国外（主要是欧洲）在理论和实践两方面都有较为成熟的探索。在理论方面，不少文献研究网络教育资源关联的数据集、方法、技术及相关案例，如 M. d'Aquin 等[7]调研了当前教育领域中关联数据集的数量、类型、属性、资源重用情况等整体情况，发现来自 22 个不同的数据端点的 146 个教育关联数据集。S. Dietze 等[8]提出整合异构网络教育资源并与其他关联数据集进行互连的通用方法，并提出教育关联数据的三层框架。M. d'Aquin[9]、T. G. Halaç[10]、C. Kessler[11]分别介绍了英国开放大学、土耳其艾杰大学（Ege University）、德国明斯特大学（University of Muenster）利用关联数据技术实现网络教育资源数据关联集成的实践经验。N. Piedra 等[12]设计了在 MOOC 环境下基于关联数据技术的开放教育资源集成与重用框架。

在实践方面，欧洲也保持领先水平，涌现出一些优秀的案例，包括英国联合信息系统委员会资助的 LUCERO 项目（下文将详细提及）和 SemTech 项目、欧洲 eContentplus 基金资助的 mEducator 项目、意大利国家研究委员会资助的 data.cnr.it 服务项目、英国开放大学的开放学习关联数据（Open Learn linked data）项目等。

国内也有不少文献研究教育资源或课程资源的语义组织，但大多介绍国外的项目，或探讨课程本体的建设，具体实践项目较少。如吴鹏飞等[13]介绍了 SemTech、mEducator 和 LUCERO 3 个国外关联数据教育应用项目的内容、关键技术应用和成果等；李满玲等[14]利用语义 Web 技术构建了精品课程资源库本体。

以上理论及实践研究为 MOOC 教育资源的关联提供了重要基础。语义关联化的实现步骤是 MOOC 教育资源关联所需解决的重要问题。在国内目前缺少相关实践项目的背景下，以国外先进案例为基础，研究总结 MOOC 教育资源关联的关键步骤对于国内高校开展具体实践具有重要的指导意义。

3 英国开放大学教育资源关联数据应用案例分析

英国开放大学（The Open University，简称 OU）是第一个创建跨部门、跨系统，集成多种教育资源关联数据平台的教育机构。在其影响下，英国的南安普顿大学、牛津大学、德国的明斯特大学、土耳其艾杰大学、希腊的塞萨洛尼基亚里士多德大学（Aristotle University of Thessaloniki）、芬兰的阿尔托大学（Aalto University）、捷克的布拉格大学（Charles University）纷纷建立类似的大学开放教育关联数据平台[15]。鉴于其所拥有的重要影响力，本文重点介绍英国开放大学在网络教育资源关联数据化领域中的实践，进而提出 MOOC 教育资源语义化关联的关键步骤。

OU[16]成立于 1969 年，是英国最大的专业远程教育和网络公开教育大学，拥有每年 25 万的选课学生以及 8 000 多名合作教师。2012 年 12 月，开放大学主导并联合数十家知名大学合作创立了英国第一个本地的 MOOC 平台——FutureLearn。截止到 2014 年 2 月，FutureLearn 平台共有 26 所大学参与，包括英国的诺丁汉大学、伦敦大学国王学院、爱丁堡大学等 23 所高校，澳大利亚的莫纳什大学，新西兰的奥克兰大学，爱尔兰都柏林圣三一学院，此外还有大英博物馆、英国文化协会和英国图书馆 3 个非大学机构也参与加入[17]。OU 在远程教育和网络教学资源方面的优势为其 MOOC 平台的创建推广奠定了良好的基础，而其在网络教育资源关联数据化上的探索给 FutureLearn MOOC 平台内教育资源的互联也带来了新思路。

OU 的关联数据探索起始于英国联合信息系统委员会（JISC）的 LUCERO（Linking University Content for Education and Research Online，大学在线教育和研究内容关联）项目，该项目重点研究开放大学课程数据发布为关联数据的工作流以及如何以可持续的方式保证关联数据支持在线教育和科研的组织关联。在此项目的指导下，OU 建立了一个关联数据平台[18]，发布了多个关联数据集，如表 1 所示：

表 1 OU 关联数据平台的主要数据集

数据集类型	数据量	数据描述字段
课程信息	580 多门开放大学所提供的课程	课程简短描述、学分、适用学级、主题、报名条件、注册信息、学费等，主要重用了 Courseware[19] 和 AIISO 本体[20]，并自定义了多个本地扩展元素

续表

数据集类型	数据量	数据描述字段
研究出版物	16 000多篇（种）来自开放大学老师和研究者的文章、著作和其他出版物	标题、作者、主题、摘要、出版信息等，该数据集主要重用了BIBO本体[21]
播客	3 800多个开放教育资源的视频、音频数据集	播客描述、主题、封面图片、所属课程、语言、长度、格式、版权许可等
开放教育资源	开放大学的OpenLearn网站上650多个学习模块下的学习资料	单元描述、主题、注释标签、语言、内容的许可证等
YouTube视频	900多个发布在YouTube上的公开教学视频或者宣传视频	视频描述、缩略图片、注释标签、主题、下载信息等
大学建筑	开放大学的主校区以及区域中心点100多个建筑的地理位置	建筑类型、地址、建筑图片、楼层说明
图书馆书目	12 000多本与开放大学课程关联的图书	书名、作者、出版机构、主题、ISBN、相关的课程
其他	知识媒体学院（KMi）	人物档案、KMi Planet Stories等

OU基于这些开放数据集和部分已有教育资源关联数据集开发了多个应用，包括DiscOU、RED Author、RADAR（Research Analysis with DAta and Reasoning）、wayOU等。DiscOU是基于关联数据的语义发现服务，通过和BBC关联数据的集成，用户在检索时，能够进行语义检索，并返回和用户检索内容最匹配的OU视音频资源[22]。RED Author应用可以显示学生和老师阅读过的书籍或者其著作，并从DBpedia自动抓取书籍的摘要、主题分类、评价等信息[23]。RADAR能够自动抓取研究者正在研究的出版物、KMi人物档案等多个数据集中关于研究者科研项目和科研成果的信息，并利用可视化工具自动地为研究人员提供图表分析[24]。

4 MOOC教育资源语义化关联的关键步骤

英国开放大学的关联数据探索是网络教育资源走向语义化的一大跨越，尽管只是在小范围内实现了部分网络教育资源的互联，但其为MOOC教育资源的语义关联化提供了借鉴。根据开放大学的关联数据探索及国内研究关联数据发布与应用的文献（如夏翠娟[25]、沈志宏[26]等人的文章），本文将MOOC教育资源的语义关联化实现分为两大步骤：其一，发布MOOC教育资源关联数据集；其二，利用MOOC关联数据。

4.1 MOOC教育资源关联数据集的发布

发布关联数据集是让MOOC教育资源成为更加开放的资源以及走向语义互联的第一步。

关联数据的发布从技术上只需要遵循两条基本准则：利用RDF数据模型在万维网上发布结构化数据和利用RDF链接不同数据源的数据。主要步骤包括：用RDF数据模型描述要发布的数据资源，为其生成HTTP URI和RDF描述文档；在数据与数据之间建立RDF链接；在Web上发布RDF文档；提供一个标准开放的访问接口，支持使用RDF的标准化检索语言SPARQL对RDF数据库进行检索[6]。

上述过程仅从技术层面解答了如何发布关联数据，具体到教育关联数据领域中，关联数据集的发布不仅仅是单纯的RDF化，还包含领域建模、组织、法律和技术等多方面的复杂过程。

MOOC教育资源关联数据的发布主要包括以下步骤：

4.1.1 定义数据 定义和识别哪些MOOC教育资源数据需要发布成为关联数据，一方面需要确认我们所需要访问、获取的原始数据的来源，另一方面也需要评估它们将如何被用户使用以及其是否具有重要价值。如出版物是网络教育资源中的重要组成部分，在定义MOOC出版物时，需要确认出版物的范围，了解谁提供的出版物数据来源比较稳定。在出版物的元数据描述上，需要明确哪些属性对用户发现和理解教育资源有意义，出版物的主题分类是否比标题、作者等更重要等。

4.1.2 关联数据建模 这一步主要是选择合适的描述词汇和本体以及选择建立本体的工具。LinkedEducation网站对教育领域的相关本体、词汇表、开放数据集进行了归类[27]。如包括有描述课程的ReSIST Courseware Ontology、描述机构的AIISO、引用类型本体（Citation Typing Ontology）、出版物本体（FRBR-aligned Bibliographic Ontology）等。

数据重用和互操作性是关联数据的重要原则，因此在选择词汇表和本体的过程中应该尽量使用已有的关联数据集，如开放大学在发布关联数据集时尽可能重用已有的关联数据集和本体。此外，还应根据自己的需要选择合适的元素，如果没有合适的可重用元素，则需要增加本地化的元素，OU的课程数据集就在重用的基础上添加了大量本地扩展元素。

4.1.3 数据转化 确定词汇后，接下来需要将原始数据转换成RDF形式。现阶段已经有很多可以提供RDF转化功能的工具或平台，如Drupal、Fedora、Dspace、ePrints等内容管理系统都支持RDF的转换[28]。此外，还有一些将关系型数据转换为 RDF 的工具，如 Triplify、D2RQ 等。W3C、MIT、CSAIL 共同发展的 SIMILE RDFIzer[29]提供多个 RDF 转换器（RDFizer），能够将不同格式的数据转换成 RDF 数据，其中和教育有关的 RDFizer 转换器包括 MARC RDFizer、OAI–PMH RDFizer、OCW RDFizer。

4.1.4　与其他关联数据集的互联　能够连接到其他可用数据集或让其他数据集关联自己的数据集是关联数据的根本所在。互联有两种方式：一种是直接引用已有的 URI，另一种是利用 OWL 中的 owl：sameAs 属性。

4.1.5　数据发布　经过前面阶段的处理，数据即可发布到互联网上。在数据发布中需要核定数据使用许可，特别是要针对发布数据的访问、复制、再利用等知识产权权利进行说明。可利用已有的一些协议，如开放数据共用（Open Data Commons）、开放政府许可协议（Open Government License）、开放数据库协议 Open Database License、CC0、CC–BY–SANC 等[30]。

4.1.6　提供数据发现端口　关联数据发布的最后一步是提供数据可发现、可消费的接口，一般提供 SPARQL 查询端点，或提供基于 SPARQL 的 API 接口。

4.2　利用 MOOC 教育资源关联数据

MOOC 关联数据发布到互联网后需要重点考虑如何利用关联数据。MOOC 关联数据的利用主要有以下 3 类：

4.2.1　第一类，资源浏览和导航　资源导航可以利用基于关联数据结构的丰富的元数据描述，并通过这些元数据来获取外部的信息。通过构建和发布领域本体，使得在 MOOC 的碎片化学习过程中，计算机可以通过本体关系帮助学生组织学习内容，让原本分散的内容在网络上有序地按照知识组织体系进行整合。此外还可通过 RDF 最小三元组的处理整合异构系统或格式的相关资源。如在英国开放大学的移动应用"Study At the OU"中，用户选择一个主题后，系统通过开放大学的关联数据平台直接进行语义查询，可自动发现并推荐用户博客、Youtube 视频以及 Open Learn 等网站上和主题相关的内容，实现资源的无缝集成。

4.2.2　第二类，资源的发现和推荐　资源的智能发现和自动推荐一直是网络资源组织的重点应用。在 MOOC 教育资源关联中，这类应用类似于豆瓣的推荐阅读、Amazon 的推荐购买，不同的是前者是根据大量的用户行为进行数据分析和挖掘后获得，而在关联数据中，主要是通过实体之间的关系重用而实现。如 Talis Aspire Community 应用[31]允许大学教师创建和管理自己的课程阅读资源列表，而这些阅读列表内容是通过关联数据的形式进行描述的，学生可以很容易地找到某一门课程的参考书，教师也可以发现其他讲师所参考的书籍。

4.2.3 第三类，个性化和互动学 MOOC 的一大特点是丰富的网络互动，关联数据应用能够很好地帮助学生在学习中发现互动对象。英国开放大学开发的应用于 Facebook 中的 APP 应用"Course Profile"程序[32]，以开放大学课程目录关联数据集作为基础，当学生添加他们学习过、正在学习、打算学习的某一门课程时，应用程序会自动关联到其他学习该门课程的学生，方便学生之间互动，同样也可以将关联对象扩展到其他学校开设类似课程的教师。

5 图书馆在 MOOC 教育资源语义化关联中的作用

图书馆作为高等教育中重要的教辅部门，一直以来是实现信息资源和学习之间联接的支持机构。在新的 MOOC 网络教育环境下，信息资源和学习过程结合得更加紧密，这也给传统图书馆工作带来一定的挑战。理想情况下，学生在学习 MOOC 过程中可以直接获得网络参考书，但事实上，目前还没有任何一个平台可以做到 MOOC 课程和网络参考书的无缝结合。这为图书馆参与 MOOC 教育资源语义化关联提供了新的机遇。图书馆可从以下 3 个方面参与 MOOC 教育资源语义化关联实践：

5.1 帮助建立 MOOC 资源知识组织框架

一个可靠的 MOOC 资源知识组织框架是 MOOC 教育资源语义关联化的基础。图书馆领域中的分类法、元数据，规范控制等技术一直在网络知识组织领域中发挥着重要作用。图书馆能够利用自身在知识组织、语义网方面的优势，帮助 MOOC 平台商或者高校 MOOC 教育部门创建规范的元数据标准和学科本体。

5.2 提供关联数据知识服务或建立 MOOC 关联数据平台

图书馆是较早探索和应用关联数据的机构之一，主要表现在关联数据集的发布和关联数据应用开发方面。目前已经发布成为关联数据的有：词表、分类法、主题规范档、名称规范档、叙词表、书目数据等。因此，图书馆在关联数据应用方面有着丰富的实践经验。相比而言，关联数据在教育领域中还未广泛普及，开展的项目较少。MOOC 平台中关联数据的应用还需要诸多准备，包括教育资源领域本体（如课程本体、学科分类本体）的建立、MOOC 资源的 RDF 化、MOOC 资源关联数据集的发布等。图书馆可以帮助研究并参与 MOOC 关联数据平台的建设，或者提供 MOOC 关联数据发布和消费应用等方面的咨询和知识服务。

5.3 将图书馆的书目、机构知识库、电子教参系统和 MOOC 关联数据集互联

根据 MOOC 环境下图书馆的角色与作用[33-34],图书馆的一项重要功能即是向参与 MOOC 的师生提供各种类型、各种格式的数字资源的访问,这不仅是指视频或数字期刊,还包括图像、数据集、模拟结果、视频游戏等。因此,图书馆参与 MOOC 教育资源语义关联最实际的选择是将图书馆目前所拥有的资源与 MOOC 课程所需要的教材、案例、延伸阅读资料等进行关联。

为此,图书馆首先需要识别其可为 MOOC 教育资源语义关联提供的数据集类型。目前,书目、机构知识库、电子教参系统是图书馆可以进行关联的最佳数据源。书目是图书馆最常发布的一种关联数据,瑞典、德国、西班牙等国家图书馆以及 OCLC 均发布了数量巨大的书目关联数据。图书馆可尝试对机构知识库、电子教参系统等资源进行语义化关联,将其发布为可重用的关联数据。目前,已有相关的研究与尝试,如王思丽和祝忠明[35]以中国科学院机构知识库平台 CASIR 为基础,研究利用关联数据实现机构知识库语义扩展,其思路对于电子教参资源的语义扩展同样具有参考意义。当书目信息、机构知识库及电子教参系统都以关联数据发布后,MOOC 课程平台即可重用这些资源,使图书馆的资源成为 MOOC 学习资源的一部分,实现图书馆资源和 MOOC 教育资源的相互关联与融合。

6 结语

MOOC 教育资源关联化可有效连接网络上分散的 MOOC 资源数据,提高 MOOC 教育资源的发现与利用率。本文仅提出了实现 MOOC 教育资源关联数据集的关键步骤,尚未进行具体实践,这是本文的一大不足之处。未来将应用所提出的关键步骤,实施图书馆的资源与 MOOC 课程的关联,探索具体实践的技术与方法。

参考文献:

[1] Massive open online course[EB/OL].[2014-03-16]. http://en.wikipedia.org/wiki/Massive_open_online_course.

[2] Coursera[EB/OL].[2014-03-14]. https://www.coursera.org/.

[3] edX[EB/OL].[2014-03-14]. https://www.edx.org/.

[4] 北京大学:以 MOOC 建设引领国内高等教育改革[EB/OL].[2014-03-14]. http://www.xxhjy.com/cdb/1605.html.

[5] 刘炜.关联数据:概念、技术及应用展望[J].大学图书馆学报,2011(2):5-12.

[6] 夏翠娟,刘炜,赵亮,等.关联数据发布技术及其实现——以 Drupal 为例[J].中国图书馆学报,2012(1):49-57.

[7] d'Aquin M, Adamou A, Dietze S. Assessing the educational linked data landscape[C]//Proceedings of the 5th Annual ACM Web Science Conference. New York:ACM, 2013:43-46.

[8] Dietze S, Yu Hongqing, Giordano D, et al. Linked Education:Interlinking educational resources and the Web of data[C]//Proceedings of the 27th Annual ACM Symposium on Applied Computing. New York:ACM, 2012:366-371.

[9] d'Aquin M. Linked data for open and distance learning[EB/OL].[2014-05-29].http://www.col.org/PublicationDocuments/LinkedDataForODL.pdf.

[10] Halaç T G, Erden B, Inan E, et al. Publishing and linking university data considering the dynamism of datasources[C]//Proceedings of the 9th International Conference on Semantic Systems. New York:ACM, 2013:140-145.

[11] Kessler C, Kauppinen T. Linked open data university of muenster—infrastructure and applications[C/OL].[2014-05-29]. http://www.eswc2012.org/sites/default/files/eswc2012_submission_333.pdf.

[12] Piedra N, Chicaiza J A, López J, et al. An architecture based on linked data technologies for the integration and reuse of OER in MOOCs Context[J]. Open Praxis, 2014, 6(2):171-187.

[13] 吴鹏飞,马凤娟.国外关联数据教育应用项目研究与启示[J].电化教育研究,2013(4):114-120.

[14] 李满玲,杨志茹,罗花芝.基于语义 Web 的精品课程资源库本体的建立[J].计算机与现代化,2010(6):104-107.

[15] Linked universities[EB/OL].[2014-05-29]. http://linkeduniversities.org/lu/index.php/members/.

[16] The open university [EB/OL].[2014-03-29]. http://www.open.ac.uk/.

[17] Futurelearn Wiki[EB/OL].[2014-03-29]. http://en.wikipedia.org/wiki/Futurelearn.

[18] Data.open.ac.uk [EB/OL].[2014-03-29]. http://data.open.ac.uk/.

[19] Courseware ontology [EB/OL].[2014-03-29]. http://courseware.rkbexplorer.com/ontologies/courseware.

[20] Academic Institution Internal Structure Ontology (AIISO) [EB/OL].[2014-03-11]. http://vocab.org/aiiso/schema.

[21] Bibliographic Ontology[EB/OL].[2014-03-11]. http://bibliontology.com/bibo/bibo.php#.

[22] d'Aquin M, Allocca C, Collins T. DiscOU:A flexible discovery engine for open educational resources using semantic indexing and relationship summaries[EB/OL].[2014-03

- 29]. http://ceur - ws. org/Vol - 914/paper_20. pdf.
[23] LUCERO. Connecting the reading experience database to the Web of data [EB/OL]. [2014 - 03 - 11]. http://lucero - project. info/lb/2011/03/connecting - the - reading - experience - database - to - the - web - of - data/.
[24] d'Aquin M. Putting linked data to use in a large higher - education organisation [EB/OL]. [2014 - 03 - 29]. http://ceur - ws. org/Vol - 913/01_ILD2012. pdf.
[25] 夏翠娟,刘炜.关联数据的消费技术及实现[J].大学图书馆学报,2013(3):29 - 37.
[26] 沈志宏,刘筱敏,郭学兵,等.关联数据发布流程与关键问题研究——以科技文献、科学数据发布为例[J].中国图书馆学报,2013,39(2):53 - 62.
[27] Linked Education[EB/OL]. [2014 - 06 - 11]. http://linkededucation. org/.
[28] 郑磊,祝忠明.主流机构仓储软件系统对RDF支持情况调查研究[J].情报杂志,2011(12):157 - 164.
[29] SIMILE RDFIzer[EB/OL]. [2014 - 03 - 11]. http://simile. mit. edu/wiki/RDFizers.
[30] 张春景,刘炜,夏翠娟,等.关联数据开放应用协议[J].中国图书馆学报,2012(1):43 - 48.
[31] Talis Aspire Community[EB/OL]. [2014 - 03 - 11]. http://community. talisaspire. com/.
[32] Course ProfileApp[EB/OL]. [2014 - 03 - 11]. http://apps. facebook. com/courseprofiles/.
[33] 傅天珍,郑江平.高校图书馆应对MOOC挑战的策略探讨[J].大学图书馆学报,2014(1):20 - 24.
[34] 罗博.大规模在线开放课程(MOOC)与高校图书馆角色研究综述[J].图书情报工作,2014,58(3):130 - 136.
[35] 王思丽,祝忠明.利用关联数据实现机构知识库的语义扩展研究[J].现代图书情报技术,2011(11):17 - 23.

作者简介

陈大庆,深圳大学图书馆副馆长,副研究馆员,E-mail：chendq@szu. edu. cn；丁培,深圳大学图书馆助理馆员；叶兰,深圳大学图书馆馆员；胡燕菘,深圳大学图书馆研究馆员。

馆藏资源元数据的关联网络结构探析：面向 FRBR 解构的视角[*]

成全　许爽

（福州大学经济与管理学院）

1　引言

知识网络的研究始于 20 世纪中期，其概念最早由瑞典学者 M. J. Beckmann 提出[1]。目前，关于知识网络的研究已引起信息科学、管理科学、计算机科学、社会科学、复杂系统科学等领域学者的广泛兴趣。1999 年，美国国家科学基金会（National Science Foundation，NSF）[2]对知识网络给出了明确的定义，知识网络是一个社会网络，该网络提供知识、信息的利用情况，由学术专家、信息、知识组成的复合集聚集而成，用来分析一些特定问题[3]。基于此，武汉大学赵蓉英教授从"知识"入手对知识网络概念作了系统梳理，并根据知识网络构成性质将其分为广义知识网络（包括个人知识网络、组织知识网络和社会知识网络）和狭义知识网络（知识节点和知识关联构成的网络）两大类[4]。显然，NSF 所提出的知识网络在赵蓉英教授的分类体系中属于广义层面的知识网络，而本文所探讨的由馆藏资源元数据所抽取的知识单元构建的知识关联网络则是从狭义层面对知识网络的理解，是由馆藏资源知识单元（节点）和关联关系（弧）构成的网络化知识体系，是知识在时间与空间维度上呈现的网络化结构[5]。

目前，关于馆藏资源元数据语义描述与关联网络构建方面的研究主要集中在对叙词表、主题词表、分类法等传统词表的语义化改造方面。其中，美国 ANSI/NISO 修订颁布的 Z39.192005《单语种受控词表编制、格式与管理规则》，ISO 25964 国际标准化组织信息和文献标准技术委员会对 ISO 2788 单语

---

[*] 本文系国家社会科学基金项目"馆藏资源元数据的语义描述及关联网络构建研究"（项目编号：11CTQ002）和福建省社会科学基金项目"基于关联数据的福建省文化信息资源动态聚合及可视化展示研究"（项目编号：2012C057）研究成果之一。

种叙词表编制规范和 ISO 5964 多语种叙词表编制规范进行的语义修订和扩展以及 IFLA 的《主题规范数据的功能要求》（FRSAD）草案等，均是国际性行业组织的基础性研究成果[6-7]。此外，2005 年 W3C 在 RDF 基础上提出了应用于传统分类法、主题词表，面向网络信息组织、检索的语义表示推荐标准——简单知识组织系统（SKOS），将其作为受控词表和概念框架网络语义表示的推荐标准。SKOS 的出台为叙词表的语义化描述提供了有效的概念模型，使各叙词表之间、叙词表与本体之间的语义映射成为可能。在图书馆界，关于 SKOS 的应用研究，国外主要有 UKAT 英国档案叙词表、Agrovoc 联合国粮农组织叙词表的 SKOS 化及其在线检索、提供浏览服务等研究[8]；国内学者也尝试将 SKOS 标准应用于主题词表、叙词表的语义化揭示领域，并将 SKOS 与其他语义描述语言相结合以发挥各自在语义网络构建中的功能[9]。然而，立足于 FRBR 模型的馆藏资源网络化构建标准对馆藏资源元数据的语义描述及关联网络构建问题进行的系统研究鲜有学者涉及，这成为本课题研究的逻辑起点。

2 馆藏资源元数据关联网络的构成要素分析

2.1 FRBR 的核心理念及其解构

《书目记录的功能需求》（Functional Requirements for Bibliographic Records，FRBR）是一个关于书目数据描述的概念模型，依托该模型，可以描述书目数据所揭示的实体、属性以及实体之间的关系，它是对传统的图书馆馆藏资源描述系统的进一步革新与优化。根据 FRBR 概念模型的研发初衷，传统的以平面结构为主要特征的书目数据将呈现出向网状结构的立体化书目数据结构转移的趋势，使得元数据的网络结构化研究进入到新的阶段，这也成为馆藏资源元数据关联网络构建的研究起点。

FRBR 的核心理念是利用实体-联系模型（E-R）将书目数据中的实体、属性及其关系进行图形化表达，因而，根据 E-R 模型的基本功能要求，FRBR 概念模型的体系结构也将由实体、属性、关系这 3 个基本要素构成[10]。

馆藏资源元数据的关联网络是在对馆藏资源元数据依据 FRBR 模型进行实体概念抽取，进而对其实施语义化描述的基础上构建的富含语义功能的知识网络。网络的知识节点是提取自元数据记录内部的知识单元，并以 URI 标识符形式予以呈现，而节点之间的关联关系则表现为元数据的属性名亦或是元数据集内的标准术语。

在以馆藏资源元数据所构建的知识网络中，网络知识的节点是细粒度的知识单元，如元数据中的主题、文献标识、ISBN/ISSN号、著者、机构等实体对象所构成的知识"节点"（node），以知识节点间的关联作为"链"（link），从而构成知识网络。

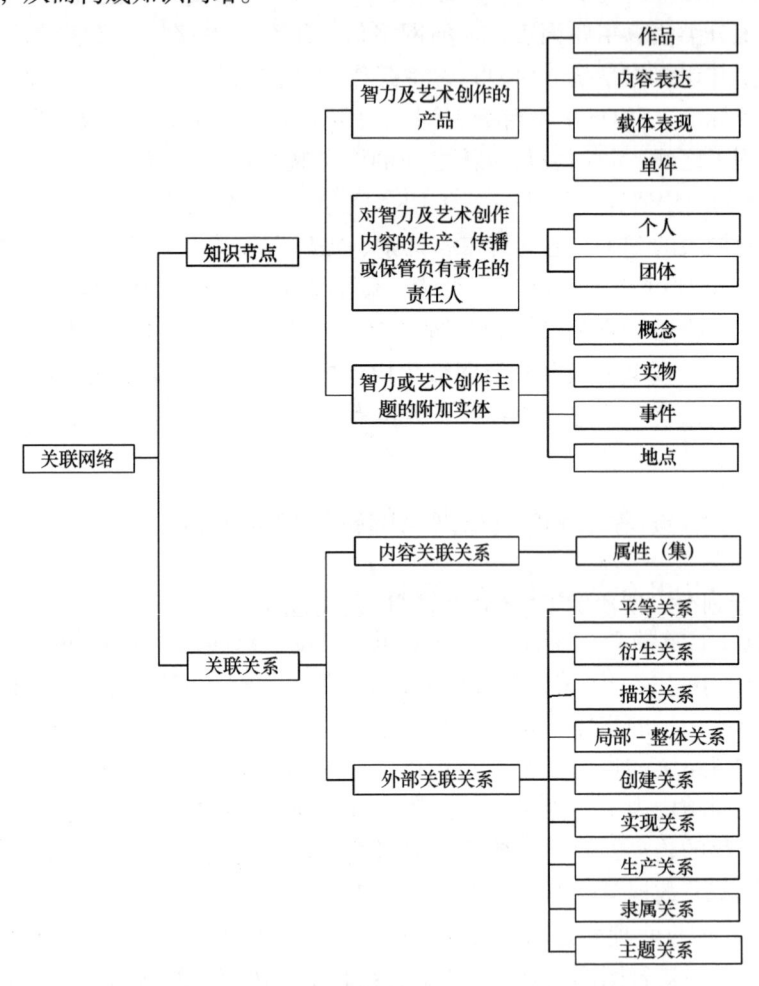

图1　基于FRBR的馆藏资源元数据关联网络构成要素

2.2　馆藏资源元数据关联网络构成要素

根据FRBR书目记录功能需求概念模式的分析框架，结合馆藏资源元数据关联网络的构建内容和目标可以提炼出关联网络的构成要素，见图1。

由图1可知，知识关联网络的主要构成要素是网络中的知识节点（点）和关联关系（弧），而关联网络则是由节点和弧所构成的网络拓扑结构，网络图中的弧虽没有明确的矢量关系，但其上应该包含链接两节点之间的关系类型。具体而言，关联网络的构成要素说明如下：

2.2.1 知识节点 知识节点是知识单元的个体，是知识的基本单位，是知识网络构成的关键要素之一，在知识网络的结构体系中，知识节点往往由在人类认知层面上可以相互独立，具有独立性特征的知识单元、知识因子或知识要素构成。从定性的角度也可将知识节点称为"概念"、"事物"、"规律"、"规则"、"学科"等[11]。具体到由馆藏资源元数据所构造的知识关联网络中，知识节点的构成则可依托 FRBR 概念模式中所抽象出的书目数据的实体单元。因而，可以把关联网络中的知识节点理解为元数据中"智力及艺术创作的产品"、"责任人"和"主题"三大类型，为了更加准确地描述 FRBR 模型中知识节点的构成，可将 3 组实体类型进一步细分为作品、内容表达、载体表现、单件、个人、团体、概念、实物、事件和地点这 10 种不同的具体实体对象充当知识网络中的知识节点。

2.2.2 关联关系 关联关系是对知识节点之间关系的揭示与表征，没有添加任何关联关系的知识节点彼此处于毫无关联的孤立状态，因而知识之间的价值增值是无法实现的。而关联关系则是使得各相关节点之间形成有含义系统的必要途径。网络中知识节点之间的关联关系由各个知识单元按照其可能的维度划分、层次关系、结构特征以及功能组合状态并根据知识单元之间显性或隐性的某种关联属性（如因果关系属性、逻辑关系属性）等相互聚集，形成具有拓扑结构的网络形态。这种网络形态的知识组织体系建立在知识节点的继承性与变异性的基础之上，更加符合人类大脑对知识组织的生物学特性。以此为基础的知识组织结构突破了传统线性组织结构的静态特征，取而代之的是网络中知识的自组织、自生长的动态特性，在这种网络结构中的知识节点潜藏着知识激化和变异的可能性，使得创新性的知识会由于现有知识的交叉与融汇变为可能。可见，关联关系实际上是对知识节点的进一步激活，在知识网络中充当知识交融与知识创新催化剂的重要角色。

根据 FRBR 书目功能需求分析概念模式的功能结构，馆藏资源元数据关联网络中关联关系的构成可根据关系揭示对象的要求进一步区分为内部关联关系和外部关联关系两种类型，具体而言：

内部关联关系是对单一实体某种属性的揭示，其表现形式是对实体的全方位描述和揭示。这种关联关系体现在"实体—属性名—属性值"这个描述实体内部特征的三元组结构框架范围内。此时，属性名称充当着关联关系类型的角色。

外部关联关系则是对实体与实体之间所存在的各种类型关联关系的揭示，

根据图1中所表现的外部关联关系的构成情况，可将关系类型划分为三大部类，分别对应于三大类资源实体，而关联关系则是有效揭示资源实体之间所存在的各种潜在关系。具体而言，揭示第一类资源实体"智力及艺术创作的产品"之间的关联关系包括"平等关系"、"衍生关系"、"描述关系"、"局部/整体关系"；而揭示第二类资源实体"对智力及艺术创作内容的产生、传播或保管负有责任的责任人"与第一类资源实体之间的关联关系则包括"创建关系"、"实现关系"、"生产关系"、"隶属关系"；而第三类资源实体"智力或艺术创作主题的附加实体"与其他两类资源实体之间的关联关系则主要表现为"主题关系"。

知识网络利用这些关系对实体对象间潜藏的关联关系进行了有效的揭示，同时也实现了馆藏资源在不同层级上的集成。关联关系的建立表明了知识单元之间的借鉴、移植、引进、消化、吸收、同化、顺应以及动态调整的过程[11]。

3 馆藏资源元数据关联网络的层次结构

知识单元之间关联关系的建立，实现了对知识最小节点的语义链接。基于上述关联关系所表现的内部关联关系与外部关联关系的划分，知识单元之间的语义链接也体现出不同层次的功能特征，而由此构建的关联网络也表现出鲜明的微观网络与宏观网络的层次结构特征[12-13]。

3.1 馆藏资源元数据的微观关联网络结构

微观层面的关联网络主要是由内部关联关系所建立的实体属性的描述网络，其功能在于全面刻画待描述的资源实体。由于在FRBR概念模式框架中每类实体的对应属性繁多，因而每类实体自身及其属性集便构成关联网络的知识节点（点）及其关联关系（弧），而属性值则成为宏观关联网络构建过程的关键节点，是不同实体之间建立关联关系的重要纽带。下面以英国儿童文学作家乔安妮·凯瑟林·罗琳所著的《哈利波特与阿兹卡班囚徒》为例，表现其微观层面的关联网络，如图2所示：

由图2可以看出，微观层面的馆藏资源元数据关联网络模型是依托资源描述框架（RDF）三元组结构对馆藏资源实体及其属性与属性值的相关关系的有效揭示与图形化展示，其关注的重点在于FRBR模型中实体的内部关联关系（集），利用此方法，馆藏资源元数据记录中每个实体项及其属性关系均可以RDF视图模式进行呈现。然而，不同的元数据记录之间仍然彼此独立，缺乏必要的揭示关联关系的手段，这就造成在传统书目记录体系中记录内部

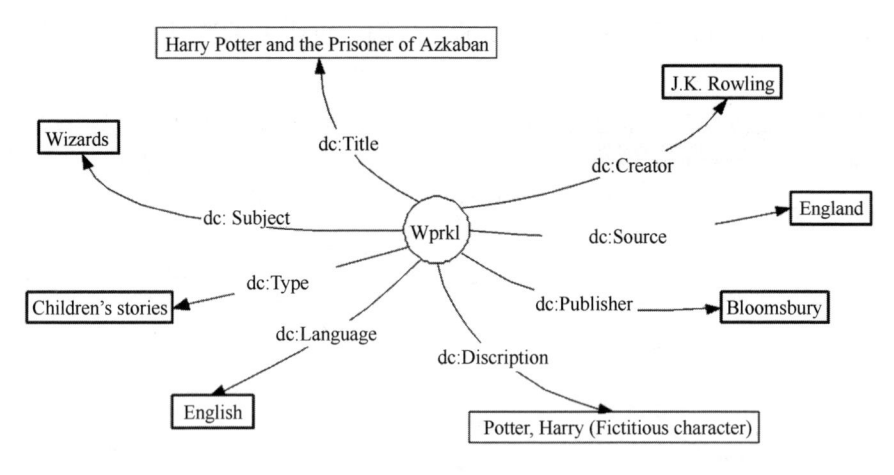

图2 微观层面馆藏资源元数据的关联网络

的关联网络无法与其他记录建立关联的平面描述结构，造成数据孤岛情况的出现。但是在实际情况中，实体与实体之间往往是存在多种关联关系的，例如，两部系列作品有相同的作者、出版商、读者群体、主题概念等，为了将不同实体间所存在的关联关系揭示出来，就需要构造馆藏资源元数据的宏观关联网络。

3.2 馆藏资源元数据的宏观关联网络结构

宏观层面的关联网络主要借助关联要素中的外部关联关系建立实体对象之间的关联关系，这表现为元数据记录与其他记录之间的关联、记录中不同实体之间的关联、属性或属性值在其他权威词汇集中对应词汇的关联等。由此，通过外部关联关系的揭示与建立，展示出来的是一个在更广阔范围的、共享网络环境下的知识关联网络。在这个开放互联的关联网络结构中，知识单元借助语义关联关系聚合成为一个知识的网络体系结构，揭示出了现实世界知识之间错综复杂关联关系的本质特征。下面还是以英国儿童文学作家乔安妮·凯瑟林·罗琳所著的儿童系列作品哈利·波特之《哈利波特与密室》与《哈利波特与阿兹卡班囚徒》为例表现其宏观层面的关联网络，如图3所示：

由图3可以看出，利用外部关联关系可以构建宏观层面的馆藏资源元数据关联网络。宏观层面的关联网络实现了元数据记录之间的关联。如图3所示，由于《哈利波特与密室》与《哈利波特与阿兹班囚徒》两部作品在众多属性上具有相似性，进而利用属性值的同一性建立了这两部作品的关联关系；

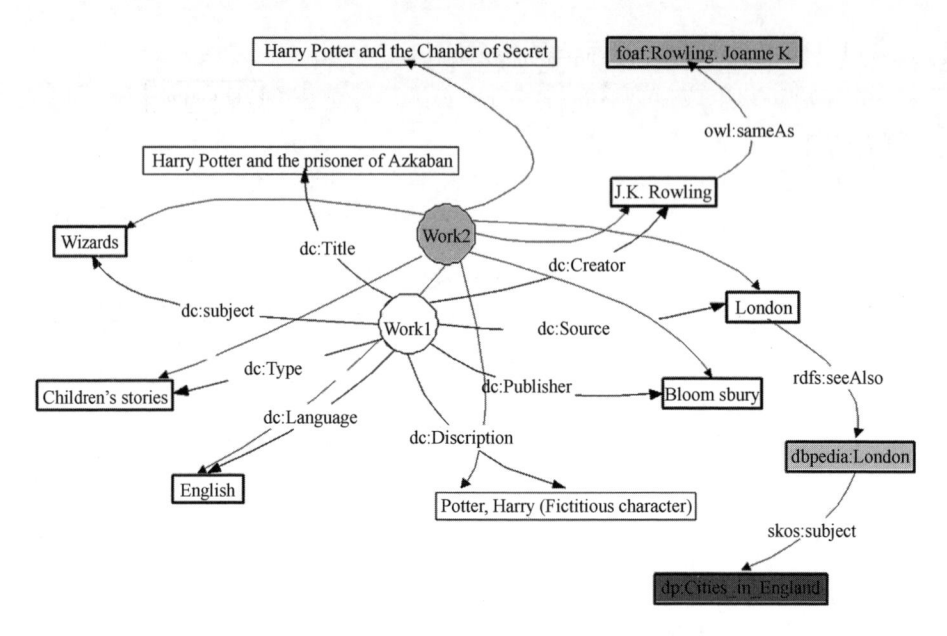

图 3　宏观层面馆藏资源元数据的关联网络

同时实现了不同数据集之间相同术语之间的关联，如图中作品的作者 J. K. Rowling 通过利用 RDF 链接桥 owl：sameAs 实现其与 FOAF 数据集中 Rowling. Joanne K 人名术语间的关联，与此同时，城市 London 通过 RDF 链接桥 rdfs：seeAlso 实现了其与 DBpedia 数据集中城市术语 London 间的关联，进而通过 skos：subjcet 实现了与 DP 数据集中更多的英格兰城市之间的关联。

4　馆藏资源元数据关联网络的实现支撑

通过上述分析可以发现，馆藏资源元数据关联网络的构建基础是馆藏资源实体的抽取与关联关系的建立与维护，而实体与抽象概念之间存在的各种显性或隐性关联关系的发现则成为网络构建的核心环节。依托语义网络的构建基础，馆藏资源元数据之间的各种语义关系可通过实体或概念之间的 RDF 链接来予以揭示。关联数据（linked data）技术为馆藏资源元数据关联网络的实现提供了必要的技术支撑，是当前构建轻量级本体及数据网络的最佳实践工具。在馆藏资源关联网络的构建过程中，实体间关联关系的查找、建立与维护需要以构建词汇集、建立完善的术语复用机制、数据集链接桥构建机制为支撑，这些要素成为构建馆藏资源元数据关联关系的前提基础。

4.1 关联开放词汇集

构建馆藏资源实体的 RDF 链接首先必须选择合适的链接对象。目前关联数据网络中已有许多著名的开放数据集，这些公共的权威数据集将成为馆藏资源实体抽取及链接过程中的重要参考及潜在的关联对象。由于这些公共权威数据集内部与数据集之间已经建立了大量的 RDF 链接，因而对馆藏资源关联网络的构建及其与开放关联数据网络的融合而言，能够起到巨大的推动作用。通常为了保证馆藏资源关联数据集的通用性与应用的广泛性，应当优先复用 DBpedia、FOAF（Friend Of A Friend）、GeoNames 等已被广泛使用的权威词汇集所提供的各类链接属性。当然，如果必须选择馆藏自建词汇集时，则必须保证自建词汇集已经与关联开放数据源（Linking Open Data Collections，LOD）中权威词汇集之间存在充分的语义链接，从而为构建 RDF 链接提供通用的语义框架[14]。

目前，LOD[15] 社区发布的 LOD 数据云中收录了很多知名的公共权威词汇集，如 DBpedia、DBLP Bibliography、GeoNames、Revyu、Riese、UMBEL、Sensorpedia、FOAF、DOAP、OpenPSI、MusicBrainz 等，这些数据集涉及地理、生命科学、医药、出版、媒体、社会网络等领域。定义任何新术语词汇之前都应该在这些现有词汇集中进行认真匹配，避免为同一概念建立不同的描述词汇，公开的权威数据集都将成为馆藏资源实体描述中词汇选择的重要来源。

4.2 词汇与术语复用机制

馆藏资源的语义揭示与表达需借助 RDF 三元组数据模型，然而模型中的实体（主语）、属性名（谓词）、属性值（宾语）所用词汇的选择应该遵循尽可能重复利用现有词汇的规则，以此来满足迅速访问与增强共享能力的要求。换言之，也只有在权威词汇集中找不到能够精确描述资源词汇的情况下才有必要创建自己的新词汇。

术语的复用要求从不同来源的数据集中选择词汇实现术语的交叉利用，在此过程中，rdfs：label 与 foaf：depiction 等属性标签能够被广泛使用。假如，用户需要为地理位置、研究领域、一般主题、创作者、图书或 CD 等实体创建 URI，那么可以考虑从 W3C 万维网联盟的 SWEO 关联开放数据源（LOD）社区项目中选取术语所对应的 URI，例如 Geonames、DBpedia、Musicbrainz、db-tune 或者 RDF Book Mashup。从权威数据集中选择现有 URI 的优势主要体现在：首先，任何一个权威数据集中的 URI 都是一个概念的引领标识位，即通过 Web 的 URI 检索能够查找到某一个概念的详细描述信息；其次，一个 URI 已经链接到来自于其他数据集的 URI，因而，利用概念 URI 所形成的这些数据集,用户能够构建与其他数据源之间富裕的以及快速增长的数据网络。

在馆藏资源关联网络的创建过程中,对于权威公认词汇集的调用及复用还需要对这些权威公认词汇集的域名空间进行声明,其目的是为了保证关联数据应用程序能够直接定位和参引这些词汇集中复用的术语对象,并利用 URI 解析机制获得该术语词汇的自解释信息,从而直接了解该术语对象的概念内涵及关联关系,进而帮助应用程序理解整个资源 RDF 描述。

例如《哈利波特与阿兹卡班囚徒》的作者 Joanne Kathleen Rowling 在图书馆的书目记录中可能有多种拼写方式,同时该作者在出版其他作品时还使用过其他笔名。图书馆同样能够对其进行 RDF 格式转换,并复用 FOAF 数据集中的属性概念,从而得到如下的 J. K Rolling 人名规范文档的 RDF 文件:

<http://examples/resource/auth/94541> a foaf:Person;
foaf:name "Rowling, J. K";
foaf:name "Rowling, Joanne K";
foaf:name "Rowling, Jo";
foaf:name "Scamander, Newt";
foaf:name "Whisp, Kennilworthy";
foaf:name "Roling, G 'e. Ke";
foaf:name "Rowlingová, Joanne K.";
foaf:name "Roling, Dz h . K.";
dbpedia:dateOfBirth "1965";
owl:sameAs <http://dbpedia.org/resource/Rowling-JK>;
rdf:seeAlso <http://sv.wikipedia.org/wiki/Rowling-JK>.

4.3 数据集链接桥

如上所述,宏观层面的馆藏资源元数据关联网络的构建主要来源于对不同数据集间关系的查询与链接,主要依靠数据集的 RDF 链接桥来实现。而链接桥的构成则来自于权威词表中表达关系的公共谓词,例如 owl:sameAs、foaf:homepage、foaf:topic、foaf:based_near、foaf:maker/foaf:made、foaf:depiction、foaf:page、foaf:primaryTopic、rdfs:seeAlso 等,这些链接桥揭示了两种资源之间有固定类型的链接关系。通常,RDF 链接桥由 3 个 URI 引用构成,主体中的 URI 和表达客体的 RDF 文件中的链接标识了具有链接关系的资源,而处于谓词位置的 URI 则定义了链接的基本属性类型。

上例中,《哈利波特与阿兹卡班囚徒》书目数据经 RDF 转化后,其主题词 "wizard" 引入了《美国国会图书馆标题表》(Library of Congress Subject

Headings，LCSH）中的权威词汇"wizard"，要构建本条书目记录与 LCSH 权威词汇集之间的语义链接，即首先应该确定术语"wizard"在《美国国会图书馆标题表》中所对应的 URI，而后即可通过外部链接桥"skos：closeMatch"构建不同数据集之间词汇的映射关系。

具体而言，可进入 LCSH 词汇查询站点：http：//id. loc. gov/authorities/subjects. html，查询《哈利波特与阿兹卡班囚徒》书目中的主题词"wizard"，从而得到 LCSH 中该主题词的 URI "http：//id. loc. gov/authorities/subjects/sh99001323"，进一步地，图书馆就可以在描述文献主题属性的资源 URI 与 LCSH 词汇集中主题词 URI 之间构建 RDF 链接：

< http：//example. com/subject/wizards#self > skos：closeMatch < http：//id. loc. gov/authorities/subjects/sh99001323 >

其中，skos：closeMatch 表示前后两个数据集中的近义映射链接桥。

5　结语

知识组织的演进历程告诉我们，人类在探索知识的网络化组织与管理的进程中，经历了由表（文献网络）及里（知识概念网络）的螺旋式上升发展过程，而知识网络的实现，也标志着人类对知识文明的保藏和传播方式将从平面化向立体化、空间化、虚拟化方式迈进[13]。FRBR 模型的提出为人类提供了一个清晰的网络化知识组织规则及范式，笔者通过对 FRBR 模型核心思想的辨析，将传统馆藏资源元数据的平面结构进行了网络化因素分解，并就其网络结构特征从微观实体属性及属性名、宏观实体对象之间的外部关联两个层面进行了划分。与此同时，就馆藏资源元数据关联网络实现过程中应该关注关联数据技术及其词汇集构建、术语复用、外部链接桥等重要机制进行了深入剖析。研究表明，FRBR 模型对于馆藏资源元数据的网络化构建而言具有重要的指导意义，其结构体系的部署本身就符合网络形态下馆藏资源的组织需求。利用关联数据技术是馆藏资源元数据关联网络建构的最佳实现途径和手段，对于馆藏资源数据网络的生成与发布并且与其他数据集间数据的共享与链接而言能够起到积极的促进作用。然而，本研究主要立足于对馆藏资源元数据的网络化构建，对馆藏资源的内容特征未能完全地揭示，因而研究本身带有部分片面性。如若在此基础上，能够进一步对馆藏内容知识单元及其关联关系施以语义挖掘、关联网络构建及可视化展示，便能使传统结构的馆藏资源体系创造出巨大的知识增值空间[14]，这也将成为下一代馆藏资源组织结构的主流发展形态。语义 Web 时代的到来以及关联数据技术的发展为人类构造数字环境下的网络型知识组织结构体系的实践提供了新的时代契机，大量关联开放数据集在网络环境下的公开发布使知识的关联网络已经初显雏形，英国情报学家布鲁克斯所提及"知识地图"的理想即将成为现实[16]。

参考文献：

[1] Bechnann M J. Economic models of knowledge networks, in Networks in Action[M]. Berlin Heidelberg: Springer, 1995.

[2] National Science Foundation[EB/OL]. [2013 - 05 - 07]. http://www.nsf.gov/.

[3] 姜晓虹.关于现代图书情报机构知识网络构建的思考[J].图书馆论坛,2009(6):47 - 50.

[4] 赵蓉英.知识网络及其应用[M].北京:北京图书馆出版社,2007.

[5] 赵蓉英,邱均平.知识网络研究（Ⅰ）——知识网络概念演进之探究[J].情报学报,2007(2):198 - 208.

[6] 国家图书馆研究院.国内外图书馆学研究与实践[M].北京:国家图书馆出版社,2009:63 - 68.

[7] IFLA FRSAR 工作组. FRSAD 概念模型(2009 年 6 月 10 日草案)[EB/OL]. [2012 - 06 - 10]. http://nkos.slis.ken.tedu/FRSAR/index.html

[8] 王一丁,王军.网络知识组织系统表示语言:SKOS[J].大学图书馆学报,2007(4):30 - 34.

[9] 王茜,陶兰,王弼佐.语义 Web 中基于 SKOS 的知识组织模型[J].计算机工程与设计,2007(6):41 - 43.

[10] 书目记录的功能需求——最终报告(中文版)[EB/OL]. [2012 - 08 - 20]. http://www.ifla.org/publications/translations - of - frbr#zh.

[11] 赵蓉英.论知识网络的结构[J].图书情报工作,2007,51(9):6 - 10.

[12] 姜永常.基于知识网络的动态知识构建:空间透视与机理分析[J].中国图书馆学报,2010 (4):115 - 124.

[13] 马费成.情报学的进展与深化[J].情报学报,1996(5):337 - 343.

[14] 游毅,成全.试论基于关联数据的馆藏资源聚合模式[J].情报理论与实践,2013(1):109 - 114.

[15] LOD cloud[EB/OL]. [2013 - 06 - 15]. http://lod - cloud.net/.

[16] Brookes B C. The fundamental problem of information science part I, philosophical aspects[J]. Journal of Information Science, 1980, 2(6):125 - 133.

作者简介

成全,福州大学经济与管理学院管理科学与工程系副教授,硕士生导师,国家图书馆博士后,E-mail: chengquan@fzu.edu.cn；许爽,福建电力职业技术学院素质拓展部讲师。

高校图书馆馆藏资源协同推荐系统研究

邱均平　张聪

（武汉大学信息管理学院）

协同推荐是指利用协同过滤算法进行个性化推荐，包括基于用户的协同过滤和基于物品的协同过滤，前者是根据用户的购买或者浏览记录等挖掘出相似用户进行推荐，而后者是根据物品的被购买或者被浏览记录挖掘出相似物品进行推荐[1]。协同推荐与当下流行的大数据有着密切的联系：协同推荐需要利用大量用户数据，对计算机的计算能力、存储能力以及数据量都有较高的要求，大数据时代的软硬件背景、数据背景为实现协同推荐带来了可能性。协同推荐的应用在电子商务和社交媒体领域尤为广泛：著名的B2C电子商务公司亚马逊就是利用大数据进行协同推荐的最成功的电子商务公司之一，它的推荐策略有多种，其中之一就是利用用户的购买和评分情况进行基于项目（item based）的协同推荐；国内做得比较成功的社交媒体网站豆瓣网利用用户在读书、电影、音乐版块的打分为用户进行推荐。相比企业，公共服务部门对协同推荐的反应则显得格外迟钝，相关的研究十分缺乏，应用则更少。本文在总结图书馆领域现有的关于协同推荐的不足的基础上，考虑到高校图书馆环境的特殊性，提出了适用于高校图书馆的用户偏好值计算模型，使用Apache Mahout 构建了馆藏资源协同推荐系统。

1　相关研究和应用

本节通过文献调查和网络调查的方式分别对国内馆藏资源的协同推荐系统研究现状和应用现状进行调查，前者选择中国知网作为文献来源，后者选择国内实力较强、科研资金相对雄厚的10所重点大学图书馆作为高校图书馆的代表展开调查。

---

*　本文系国家社会科学基金重大项目"基于语义的馆藏资源深度聚合与可视化展示研究"（项目编号：11&ZD152）研究成果之一。

1.1 研究现状

协同推荐技术在个性化推荐系统中应用得最为广泛[2]，并且以电子商务和社交媒体这两个领域的研究和应用居多，在图书馆领域的研究和应用则相对较少。图书馆协同推荐的研究以理论研究为主，主要围绕算法改进、用户或物品相似度计算、数据稀疏等问题展开研究。这里主要介绍与图书馆协同推荐相关的实证性研究。

文献［3-4］提出数字图书馆环境下协同过滤的改进算法，但仅仅使用 MovieLens 数据集进行实验研究，脱离了图书馆的实际应用情景。文献［5-7］结合了实际的高校图书馆情景，其中文献［5］仅使用用户的院系、学历、角色、各阅览室访问次数计算用户相似性，个性化程度不够，同一个学院的同学必然会对本学院的阅览室访问量较大；文献［6］使用了借阅时间来计算用户的偏好，但没有考虑到用户评分的影响，文献［7］结合了华侨大学的实际情景，实验数据规模同本文相似，但其仅仅依据用户是否借阅（0 或者 1）这种二元值作为用户的偏好值。文献［6-7］都只使用 MAE 值、精度、召回率等纯粹的数学指标来对推荐结果进行验证，没有搜集真实用户的意见，实验结果缺乏实践的检验。

1.2 应用现状

在大数据背景下，图书馆的一个很好的契机就是利用大量用户借阅记录进行个性化推荐，提升图书馆的服务水平。而实际上目前各大高校很少有充分利用这个契机的，本文选取武汉大学中国科学评价研究中心发布的"2013-2014 年综合竞争力排行榜——重点大学竞争力排行榜"[8]中排在前 10 名的高校图书馆作代表，通过各图书馆的网站来调查其目前现有的推荐方式，调查结果如表 1 所示：

表 1　高校图书馆推荐系统应用现状

大学名称	推 荐 模 块
北京大学	最新上架，教授推荐，学子推荐，馆员分享，借阅榜
清华大学	借阅排行（只更新到 2011 年），新书通告
浙江大学	新书通报，借阅排行，十大热评，馆员推荐（列表为空）
复旦大学	新书介绍
上海交通大学	新书通报
武汉大学	新书报导，借阅排行榜
南京大学	Book+（包括按学科分类的热门借阅和新书推荐以及豆瓣热评）
华中科技大学	总借阅排行，文学类/社科类/自科类/外文图书借阅排行，百名学生读者借阅排行
四川大学	新书通报，借阅排行，十大热评，馆员推荐（列表为空）
中山大学	新书通报，借阅排行，十大热评（列表为空），馆员推荐

从表1中可以看出，高校图书馆关于图书推荐这一方面的应用十分欠缺，除南京大学以外的9所大学的推荐系统都属于"非个性化推荐系统"，南京大学引进了乐致安信息技术有限公司的 Book + 系统，该系统允许用户定制其感兴趣的学科，将热门借阅和新书推荐限定在所选学科范围内进行推荐，属于基于人口统计学的推荐系统[9]，是一种初级的个性化推荐。浙江大学、四川大学、中山大学的推荐模块完全一致，这是由于这三所高校图书馆都引进了以色列艾利贝斯公司的图书馆集成管理系统 Aleph 500，并且完全依赖于该系统自带的推荐功能所导致。

2 馆藏资源的协同推荐系统

本文中提到的馆藏资源是指可以被用户借阅使用产生借阅记录的纸质资源和电子资源，纸质资源包括图书、期刊杂志以及其他各种类型的纸质文献，电子资源包括电子图书、电子期刊等。研究主体主要针对高校图书馆，研究对象选择高校图书馆中的主要用户——学生群体。采用 Apache Mahout 作为数据挖掘工具，Apache Mahout 是 Apache Software Foundation 基金会下的一个机器学习领域开源子项目，主要包括协同过滤、分类、聚类三个领域的经典算法的实现。Apache Mahout 在产生之初便致力于打造一个可扩展性的用于机器学习的工具，它的各种核心算法都是设计在 Apache Hadoop 之上的，这使得它可以轻易地与 Apache Hadoop 结合进行大规模数据挖掘[10]。

2.1 图书馆环境下协同推荐的特殊性

商务环境相比，图书馆环境下的协同推荐有着很大的不同，具体体现在：

2.1.1 用户偏好值计算的差别　图书馆的用户使用图书馆服务的方式为借阅，借阅的成本远远低于购买成本，因此相比电子商务网站中的购买行为，在图书馆环境中，用户更容易产生借阅行为，借阅行为在体现用户偏好方面的能力也相对较弱；同时由于借阅成本低以及图书馆的用户反馈系统不完善，高校图书馆用户对资源的评论较少或评论意愿较低，导致用户对馆藏资源的主观评分数据较为缺乏。在这种情况下，笔者提出用借阅时间、借阅次数配合用户评分一起计算用户的偏好值，以借阅时间和借阅次数计算用户的对馆藏资源的基本偏好值，并使用用户评分对该值进行修正（用户评分的取值范围在0 - 1之间，缺省值为0.5）。用户对某一资源的借阅时间越长，重复借阅的次数越多（除去在同一时间借阅同一馆藏资源的多个副本这种情况），评分值越高，则用户对该资源的偏好值越高。

2.1.2 信息需求与物质需求的差别　相比电子商务网站（如亚马逊）的

用户对物质产品的需求的复杂性,高校学生群体对馆藏资源的需求相对简单,基本可以分为两类:一种是根据自身兴趣爱好的长期且比较稳定的借阅需求;另一种是与学生现阶段学习、研究内容相关的更为专业的、短期的借阅需求,这部分需求相对容易发生变化,即随着学生的学习阶段、研究课题的变化而变化。根据这两种信息需求,可以产生相应的两种推荐:一种是根据用户的全部借阅历史进行推荐;一种是根据用户的短期(例如一学期)借阅历史进行推荐。

2.1.3 应用场景的差别 大型的电子商务网站(尤其是 B2C)的产品数量通常远远小于用户数量,而在高校图书馆环境下,馆藏资源的数量则远远大于用户的数量(以武汉大学图书馆为例,有电子记录的馆藏资源接近 120 万种(不包括复本量),而有记录的包括教职工在内的用户数量则只接近 12 万人(包括部分已毕业同学),这就导致在图书馆环境下挖掘用户之间的相似性要比挖掘馆藏资源的相似性的计算复杂度要小得多;同时,高校图书馆的用户相对较稳定,流动性小。基于这两种因素,高校图书馆环境下更适合采用基于用户的协同过滤算法[11-12]。

2.2 用户偏好的计算

用户对某种馆藏资源的借阅时间的长短可以反映出该用户对该资源的偏爱程度,因此可以利用这部分数据来代替用户的主观偏好程度。用户总借阅时间分为两部分——借阅时间和续借时间,考虑到本科生、硕士研究生、博士研究生等各类学生群体的借阅时间和续借时间的权限不一样,故不采用绝对借阅时间来表示用户的兴趣,而用实际借阅时间和续借时间分别除以每个读者的最大借阅时间和最大续借时间来表示用户在两个阶段的兴趣,每一阶段产生的最大偏好值为 1。同一用户可能会多次对同一种馆藏资源(可能是同一种馆藏资源,也可能是同一种馆藏资源的不同复本)进行借阅计算,每一次借阅产生的用户偏好值计算公式如下:

$$Pref_k(U_i, R_j) = \begin{cases} \left(\dfrac{BorrowTime_k(U_i, R_j)}{MaxBorrowTime(U_i)} + \dfrac{RenewTime_k(U_i, R_j)}{MaxRenewTime(U_i)}\right) \times Rating(U_i, R_j) & BorrowTime_k(U_i, R_j) \leq MaxBorrowTime(U_i), \\ & RenewTime_k(U_i, R_j) \leq MaxRenewTime(U_i) \\ \left(1 + \dfrac{RenewTime_k(U_i, R_j)}{MaxRenewTime(U_i)}\right) \times Rating(U_i, R_j) & BorrowTime_k(U_i, R_j) > MaxBorrowTime(U_i), \\ & RenewTime_k(U_i, R_j) \leq MaxRenewTime(U_i) \\ \left(\dfrac{BorrowTime_k(U_i, R_j)}{MaxBorrowTime(U_i)} + 1\right) \times Rating(U_i, R_j) & BorrowTime_k(U_i, R_j) \leq MaxBorrowTime(U_i), \\ & RenewTime_k(U_i, R_j) > MaxRenewTime(U_i) \\ 2 \times Rating(U_i, R_j) & BorrowTime_k(U_i, R_j) > MaxBorrowTime(U_i), \\ & RenewTime_k(U_i, R_j) > MaxRenewTime(U_i) \end{cases} \quad (1)$$

式 1 中的 k 表示第 k 次借阅,$k >= 0$,U_i 表示第 i 个用户,R_j 表示第 j 中

馆藏资源，$Pref_k(U_i, R_j)$ 表示 U_i 第 k 次借阅 R_j 时产生的偏好值，$BorrowTime_k(U_i, R_j)$ 表示 U_i 第 k 次借阅 R_j 的时间（不包含续借时间），$MaxBorrowTime(U_i)$ 表示 U_i 拥有的最大借阅时间的权限，$RenewTime_k(U_i, R_j)$ 表示 U_i 对 R_j 的续借时间（如果用户在最大借阅时间内归还图书，则这个值为0），$MaxRenewTime(U_i)$ 表示 U_i 拥有的最大续借时间的权限，$Rating(U_i, R_j)$ 表示 U_i 对 R_j 的评分，缺省值为0.5，并且只考虑用户对其借阅过的书籍进行的评分，对其没有借阅过的书籍，无论其是否评分，都将评分值设为0。由于用户借阅时可能产生超期行为，超期行为分为两种：续借前超期和续借后超期（部分图书馆集成管理系统在发生第一种超期行为时禁止续借）。如果只有第一种情况发生，则按照式1中的第二种情况计算用户偏好值，如果只有第二种情况发生，则按照式1中的第三种情况计算用户偏好值，如果两种情况同时发生，则用户在该次借阅记录产生的对该资源的偏好值为2，即第4种情况。

计算用户 i 在一段时间内对馆藏资源 j 的偏好值需要将该段时间内用户 i 对馆藏资源 j 的借阅记录产生的所有偏好值累加起来，同时由于一个用户可能在同一天借阅同一种馆藏资源的多个复本，本文把这种情况产生的偏好值视为无效，只取其中一个最大的偏好值，计算公式如下：

$$Pref(U_i, R_j) = \sum_{k=1}^{K} \frac{BorrowTime_k(U_i, R_j)}{MaxBorrowTime(U_i)} \quad (2)$$

式（2）中 K 表示 U_i 在一段时间（不能为一天内）内对馆藏资源 j 总共发生了 K 次借阅。

2.3 馆藏资源推荐模型

笔者提出的协同推荐系统可以与现有的图书馆集成系统有机地结合在一起，可以轻易地投入到图书馆的实际应用环境中。根据2.1和2.2小节的分析，得出推荐系统和图书馆集成系统的集成模型，如图1所示：

其中推荐系统主要包括两部分：为满足用户短期信息需求而根据短期借阅记录进行推荐的"可能与用户研究或学习内容相关的资源"以及为满足用户长期信息需求根据长期借阅记录产生用户可能感兴趣的馆藏资源。下面就两个推荐模型进行详细解释。

高校学生的短期信息需求（尤其是本科生）通常以学期为单位，根据所学习的阶段（例如大学一年级到大学四年级）的不同，学习内容或研究内容随着课程设置的变化而发生变化。因此，在针对用户的短期信息需求进行推荐时，需要将用户的整个借阅记录按照学期分成若干部分，只利用最近一学

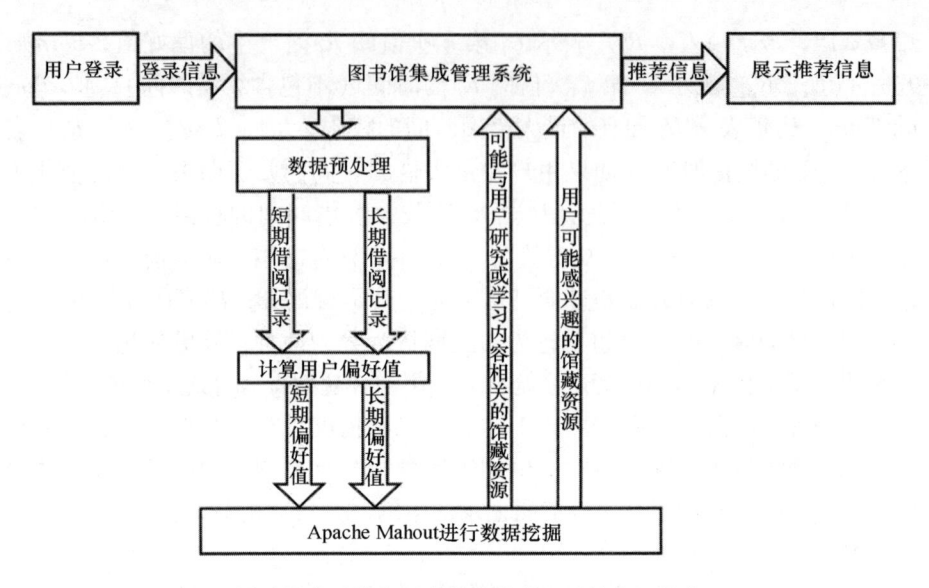

图1 推荐系统与图书馆集成管理系统有机整合

期借阅记录计算其用户偏好，而将非最近一学期的各部分借阅记录视为与该用户无关的训练集。针对用户的长期信息需求进行推荐时，则要利用该用户的全部借阅记录计算其偏好值。

3 实验研究

笔者选择武汉大学图书馆为实际应用环境，选择武汉大学的全体在校本科生、研究生为研究对象，数据来源为武汉大学图书馆截至2013年4月10日的在校生所有历史借阅记录（数据已经经过处理，剔除了用户姓名等隐私信息），包括82 303位用户对5 256 618册藏书的2 606 985条借阅记录。

3.1 数据预处理

笔者将用户的短期信息需求界定为在最近一学期可能产生的与其学习、研究内容相关的信息需求。选取数据集中2009年8月到2013年1月的数据作为本推荐模块的数据集。将每年的8月到第二年的1月视为学年的上学期，将每年的2-7月视为学年的下学期，这样将数据集中的借阅记录分成了互不重叠的1-7个学期。同时为了区分同一学生在不同学期对同一馆藏资源的偏好值，针对每条借阅记录，在其用户ID前面加上该条借阅记录产生时间对应的学期号作为该条借阅记录新的用户ID。例如用户10 000在2010年10月借阅了一本书，那么该条记录产生的学期编号是3，则将该同学的ID修改成

310000。由于武汉大学图书馆针对馆藏资源的评分系统不完善（虽然提供了评分系统模块，但无法正常使用），无法获取用户对馆藏资源的评分，因此实验中的评分值统一为缺省值0.5。

3.2 参数训练

在数据预处理结束后可直接根据第2节中的模型计算用户对馆藏资源的偏好值获取用户偏好数据，并使用该偏好数据对推荐系统进行训练，以选择合适的用户相似性测度方法和近邻数量K（即K-近邻算法）。不同的相似性度量方法和近邻数K得到的推荐效果会有很大的不同。Apache Mahout支持的用户相似性的度量方法包括：欧几里得距离（euclidean distance）、皮尔逊相似性（pearson correlation）、Tanimoto系数、非居中的余弦相似性（uncentered cosine）以及对数似然相似性（log likelihood）相似性[13]。Apache Mahout支持以下两种方法对推荐结果进行评估：平均绝对偏差（mean absolute error）和均方根误差（root mean square error）。笔者选择平均绝对偏差，其原理是：选择数据集中的一部分数据用作推荐，另一部分数据作为参照数据集，将推荐结果的预计偏好值与参照数据集中的用户实际的偏好值计算偏差[14]。MAE值越小，准确度越高。由于Apache Mahout会随机挑选一批用户对其推荐结果的预测偏好值和实际值计算误差，同一组参数运行多次得到的MAE值会出现一定幅度的波动，因此本实验中每一组参数都会迭代运行10次，取平均值作为该组参数的得分。针对该数据集的各种参数组合的评估结果如图2所示：

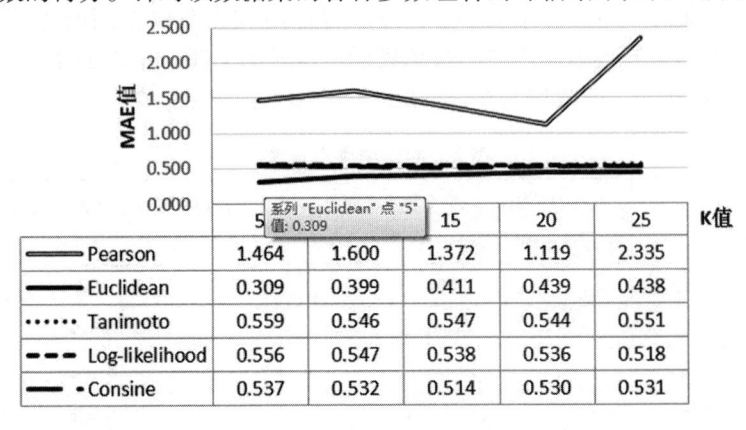

K值	5	10	15	20	25
Pearson	1.464	1.600	1.372	1.119	2.335
Euclidean	0.309	0.399	0.411	0.439	0.438
Tanimoto	0.559	0.546	0.547	0.544	0.551
Log-likelihood	0.556	0.547	0.538	0.536	0.518
Consine	0.537	0.532	0.514	0.530	0.531

图2 针对用户短期信息需求的模型参数评估

图2是各参数组合的得分值以及趋势线，不同的线形代表不同的相似性测度方法，纵轴代表得分值。可以明显看出，选择皮尔逊相似性测度的结果

最差，而余弦相似性、Tanimoto 系数、Log Likelihood 三种相似性测度的结果十分相似，这三者的曲线基本重合，选择 euclidean distance 作为用户之间相似度的测度的推荐结果最佳，其偏差最小，此时邻居数量为 5 时推荐结果的准确性最为理想。然而，推荐结果都来自近邻的借阅记录，近邻数量越少，推荐结果的数量就越少。推荐结果数量对应着信息检索中检全率的概念，而推荐结果的准确性即检准率，为防止推荐系统片面追求检准率和牺牲了检全率，本模型选取一个折中的近邻数量，即选取欧几里得作为相似性测度时，选取 $K=10$ 作为本推荐模型的最大邻居数量。针对用户长期信息需求的推荐模块的参数训练结果总体与此类似，同样也是选择欧几里得相似度测度，$K=10$，唯一的不同是使用了用户的全部借阅记录计算其偏好值。

3.3 实验结果

为验证推荐系统的效果，特从数据库中随机抽取 1 000 个调查对象的 ID 进行推荐，并且将推荐结果以及调查问卷一并推送到调查对象的武汉大学邮箱中以收集用户的反馈信息（只针对两个推荐列表中至少有一个不为空的用户推送），推荐结果的产生及邮件内容的产生、推送由 java 程序自动完成，整个过程不会泄露用户的隐私信息。

调查问卷分为两个部分：第一个部分是两个客观题，用于搜集用于对推荐结果的打分，是必答题；第二个部分是主观题，用于搜集用户对本推荐系统的反馈意见，非必答题。由于本实验选取邮件调查发送问卷，而且使用的是武汉大学邮箱（@ whu.edu.cn），并没有选用调查对象常用的邮箱发送问卷，这两个因素导致本调查的回收率极低：推送的 1 000 份调查问卷，只回收了 36 份有效问卷，回收率 3.6%。客观题的调查结果如表 2 所示：

表 2 实验结果满意度

选 项	针对长期信息需求的推荐列表 （所占百分比）	针对短期信息需求的推荐列表 （所占百分比）
非常满意（5 分）	9 (25%)	9 (25%)
满意（4 分）	15 (41.7%)	7 (19.4%)
一般（3 分）	5 (13.9%)	3 (8.3%)
不满意（2 分）	5 (13.9%)	3 (8.3%)
非常不满意（1 分）	2 (5.6%)	2 (5.6%)
推荐列表为空	0 (0%)	12 (33.3%)
平均得分	3.67	3.75

从表 2 中的结果可以看出：①用户对两个推荐列表的结果总体偏满意，其中针对用户短期信息需求的推荐列表的满意度要稍高于针对用户短期信息需求的推荐列表；②回收的 36 份问卷中所有的调查对象的第一个列表为空的比率是 0%，而第二个列表为空的比例高达 33.3%。

将调查对象在问卷第二部分的反馈意见的结果总结如下：

- 根据过往借阅历史推荐的馆藏资源已无法满足当前学习阶段的需求。
- 部分借阅历史不是为满足用户自身的借阅需求而产生的，而是帮其他用户借阅的，推荐系统根据这部分借阅历史产生的推荐结果显然不符合该用户的信息需求。
- 推荐结果中与同一主题相关的馆藏资源过多，推荐结果的丰富性不够。
- 借阅记录少，推荐出来的馆藏资源不能满足用户真实的信息需求。

3.4 实验总结与思考

本实验使用 Apache Mahout 作为数据挖掘工具，使用武汉大学图书馆用户截至 2013 年 4 月的借阅记录作为数据来源，首先对推荐模型的参数进行了测试，以选取最适合本推荐系统应用环境的相似性测度算法和近邻数量。实验对 1 000 名用户进行了问卷调查并收集反馈信息，但由于调查方式和用户联系方式的缺陷，回收率不理想。从调查结果来看，用户对调查结果总体偏满意，但仍然存在诸多问题，主要体现在推荐结果的准确性、及时性、丰富性上。现有如下思考：

- 高校图书馆用户学习能力强，知识更新速度快。随着其学习阶段的推荐，其知识结构发生着迅速变化，信息需求也呈现出由简单到精深，由一般到专业的变化，根据其上一学习阶段的借阅记录推荐的专业书籍很可能早已不能满足当前学习阶段的信息需求。用户对第二个列表的满意度高于对第一个列表的满意度正体现了这种特殊性。因此，在计算用户对馆藏资源的偏好值时，需要考虑加入时间因素，包括借阅记录产生的时间和馆藏资源的出版时间：一个借阅记录产生的偏好值应当随着时间的推移而逐渐流失，对新的借阅记录产生的偏好值给予较高权重，而对于旧的借阅记录产生的偏好值给予较低的权重；新出版的馆藏资源给予较高的权重，旧的、可能过时的馆藏资源给予低的权重。
- 在高校图书馆环境下，由于用户借阅成本低，高校图书馆用户有时用自己的 ID 帮助其他用户借阅馆藏资源。这种借阅记录对推荐结果显然会产生干扰，是噪音数据。针对这种情况：在计算用户相似性产生近邻时应当考虑用户自身的一些属性（例如院系、年级、个性标签等），减少对借阅记录的依赖,从而提高产生的相似邻居的准确性。

用户在满足信息需求时会呈现出与满足物质需求不同的特性:用户对于物质产品的需求可以由同一种产品的多个"复本"满足,而同一段时间同一馆藏资源的多个复本对于满足用户对该主题的信息需求无益,而需要通过多种与该主题相关的馆藏资源来满足。对某一个主题有信息需求时,用户很可能会借阅多个与该主题相关的不同种馆藏资源(而对于同一类型的物质需求,用户往往会习惯于使用同一种产品),即大量与同一主题相关的不同种馆藏资源出现在同一个用户的借阅记录中,最终导致推荐系统偏爱于推荐与同一主题相关的多种馆藏资源。这削减了推荐结果的多样性,同时也由于边际效用递减率,用户关于某一主题获取的信息资源越多,该用户之后接触的每一个同主题的馆藏资源所带来的新的信息量就会越少。因此,可以考虑在推荐系统按照预估的用户偏好值对馆藏资源进行排序,选择第 i 个馆藏资源($0 < i <= N$,N 为最大推荐数量)作为推荐结果时,检查前面 i-1 个资源中是否存在属于同一个分类号下的资源,如果存在,那么给第 i 个资源一个惩罚项(惩罚项的大小与前 i-1 个资源中的同类资源数量成正比),再对其进行排序,重新选择第 i 个信息资源并重复此过程。

4 结语

一个完善的个性化推荐系统往往是综合采用了多种推荐策略,各个推荐策略之间互相弥补彼此的不足。个性化推荐系统仅采用协同推荐存在着诸多的不足,例如冷启动问题[15]、推荐结果的时效性问题、推荐结果的丰富性问题,等等。在以后的研究中,可以考虑将用户的个人属性,馆藏资源的元数据信息以及借阅记录产生的时间等因素加入到推荐系统中以解决上述问题。

大数据时代的软硬件基础和大批量数据为协同推荐带来了前所未有的机遇,高校图书馆也应该借鉴协同推荐在电子商务和社交媒体中取得的成功,将协同推荐引入馆藏资源的个性化推荐机制,为提升图书馆服务质量,更好地满足高校图书馆用户的信息需求而行动。

参考文献:

[1] Schafer J B, Frankowski D, Herlocker J, et al. Collaborative filtering recommender systems [M]//The Adaptive Web. Berlin Heidelberg:Springer Verlag, 2007:291-324.

[2] 奉国和,梁晓婷. 协同过滤推荐研究综述[J]. 图书情报工作, 2011, 55(16):126-130.

[3] 马丽. 基于群体兴趣偏向度的数字图书馆协同过滤技术研究[J]. 现代图书情报技

术,2007(10):19-22.
[4] 刘飞飞.基于多目标进化双聚类的数字图书馆协同过滤推荐系统[J].图书情报工作,2011,55(7):111-113.
[5] 董坤.基于协同过滤算法的高校图书馆图书推荐系统研究[J].现代图书情报技术,2011(11):44-47.
[6] 武建伟,俞晓红,陈文清.基于密度的动态协同过滤图书推荐算法[J].计算机应用研究,2010,27(8):3013-3015.
[7] 张瑶,陈维斌,傅顺开.基于大数据的高校图书馆推荐系统仿真研究[J].计算机工程与设计,2013,34(7):2533-2541.
[8] 中国科教评价网:2013-2014年综合竞争力排行榜——重点大学竞争力排行榜[EB/OL].[2013-08-07]. http://www.nseac.com/eva/CUcompkeyE.php.
[9] 刘平峰,聂规划,陈冬林.电子商务推荐系统研究综述[J].情报杂志,2007(9):46-50.
[10] Apache Mahout[EB/OL].[2013-08-07]. http://mahout.apache.org.
[11] Linden G, Smith B, York J. Amazon.com recommendations:Item-to-item collaborative filtering[J]. IEEE Internet Computing, 2003, 7(1):76-80.
[12] Deshpande M, Karypis G. Item-based top-n recommendation algorithms[J]. ACM Transactions on Information Systems (TOIS), 2004, 22(1):143-177.
[13] Anil R, Dunning T, Friedman E. Mahout In Action[M]. Connecticut Greenwich:Manning Publications, 2011:48-55.
[14] Willmott C J, Matsuura K. Advantages of the mean absolute error (MAE) over the root mean square error (RMSE) in assessing average model performance[J]. Climate Research, 2005, 30(1):79-82.
[15] 孙小华.协同过滤系统的稀疏性与冷启动问题研究[D].杭州:浙江大学,2005.

作者简介

邱均平,武汉大学信息管理学院教授,博士生导师;张聪,武汉大学信息管理学院硕士研究生,通讯作者,E-mail:agezhc@whu.edu.cn。

实 践 篇

序

基于多源网络学术信息聚合的知识图谱构建研究[*]

张洋　谢卓力

（中山大学资讯管理学院）

随着计算机、现代通信与网络技术的发展与普及，网上的信息量急剧增加，成为当今全世界最大的信息库。网络信息方便快捷，从根本上改变了人们获取信息的渠道和方式。但由于网络信息的繁杂无序，加之用户个人信息能力的欠缺和社会大环境等因素的影响，科研人员在获取和利用网络学术信息资源的过程中遭遇诸多障碍[1]。为了充分有效地开发利用网络学术信息资源，需要有效的方法对网络信息进行深入的分析。一个旨在将知识和信息中最前沿领域和学科制高点，以可视化的图像直观地展示出来的方法就是科学知识图谱。它把现代科学技术知识中的复杂领域，通过数据挖掘、信息处理、知识度量和图谱绘制显现出来，使研究人员及读者清楚地看到研究领域的各个部分。现有知识图谱主要基于期刊题录等传统文献信息构建，而网络信息数据因其范围广、数量大、覆盖全等特性，对于知识图谱构建无疑具有极其重要的价值。

1　文献回顾

知识图谱[2]早在1991年就被定义为一种可视化形象[3]。研究学者利用专门软件对大量反映知识结构及发展脉络的数据进行自动处理，生成可视化的知识图谱，如陈超美[4-5]，K. K. Mane 和 K. Borner[6]、S. Lawrence 和 M. Henzinger[7]等。由于知识图谱可辅助学者多角度地直观审视研究领域的主题，近年来有关知识图谱的发文量持续增长。

广义来说，凡是在网络上跟高校或科研院所教学科研工作相关的信息资

---

[*] 本文系国家社会科学基金项目"新型网络环境下学术期刊影响力的计量分析与评价研究"（项目编号：14BTQ067）和国家社会科学基金重大项目"基于语义的馆藏资源深度聚合与可视化展示研究"（项目编号：11&ZD152）研究成果之一。

源都可归纳到学术信息资源的范畴。目前，最具代表性的网络学术社区包括博客、论坛等。国内外学者提出了许多学术信息资源的聚合方法，包括：以知识为研究对象的社会网络分析方法，以文献引文为研究对象的引文分析方法，以知识内容为研究对象的关键词共现分析方法[8]。在网络环境下，绝大多数的聚合是指互联网各种信息的集合，而网络文献资源聚合在本质上是对数字文献资源的聚集与整合，其最终目的是实现知识服务。从应用的对象看，李寰等[9]、王丽萍[10]针对图书馆服务进行了聚合研究；贺德方等[11]、杜晖[12]针对馆藏资源进行了聚合模式研究；苏金燕等[13-14]针对地理空间进行了集聚研究；邱均平和王菲菲[8]针对文献资源进行了聚合研究。从理论研究看，现阶段有关选择性计量学的研究越来越多。选择性计量学，即将开放存取平台和学术社交网络看作引文网络，对平台上论文的使用情况和评价进行研究，鉴于此，知名度、热点、合作注释、标签密度等评价指标大有效用。换言之，选择性计量学集中对学术论文影响力的信息进行聚合，并且形成一套行之有效的量化指标。在国内，刘春丽等[15-16]很早就对选择性计量学进行了研究，王贤文等[17]也指出在社交网络环境下，新的传播方式要求对论文采用新的评价指标和计量方法；在国外，H. Piwowar 指出选择性计量学为所有科研产出提供可度量的指标[18]，不过 M. Thelwall 通过实证研究测量 11 种选择性计量学指标，发现指标的实用性并不明显[19]。

知识图谱的构建方法多种多样，其中最重要的方法是共现分析[20]。传统共词分析是指对一组词中两两词语出现在同一篇论文中的次数进行统计，并通过聚类方法分析这些词的亲疏关系。词的选择类型多种多样，包括关键词、主题词、作者、题目、期刊、机构等。在网络环境中，传统的文献范畴也有所延伸。如果从文献的基本属性出发，可以将网络文献定义为"所有以网络为载体的包含知识内容的信息单元"[21]。因此，凡是能被计算机识别并处理的"任何研究者关注的有实义的字段"都可以进行共现分析。利用两个关键词在网络上的同一区域里共现的次数来度量它们之间的亲疏关系，可以分析出关键词所代表对象之间的关系特征。从早期 J. Law 和 J. Whittaker[22]研究环境的酸性，R. R. Larson[23]分析地球科学、地理信息系统、卫星遥感等学科的相互关系以及发展趋势，到近年 E. Romero-Frías 等[24]探索媒体与政党的关系，M. Thelwall 等[25]运用 URL 共引和标题提及印证共链网络，L. Vaughan 等[26]采用网络学术和商业数据比较 3 种数据来源等，共现分析方法已得到了广泛的应用，在众多研究中发挥了重要的作用。

随着网络学术交流的日益普及，网络平台为知识图谱和知识发现研究提供了新的更为丰富的信息源。但在以往的研究中，尽管有学者对网络学术信息的综合应用进行了理论探讨,但同时使用传统网络数据库(如 CNKI 等)和新型网络学术信息平台(如图书馆领域的图林博客等)进行信息聚合实证研究的还不多见。此外,尽管有一些方法已经被用于网络学术信息的挖掘中,包括作者分布规律、链接结构、地理空间和评价等,但这些方法均存在不同程度的局限性。笔者认为,以共现分析和信息聚合为方法论基础,对不同来源的数据加权,构建知识图谱,是一种可行的思路。

基于此,本研究选择图书情报领域学术信息作为研究对象,对不同平台的学术信息聚合进行探讨。首先利用 CNKI 和万方数据库搜索对应主题的文献,同时利用网络抓取软件搜集新型网络学术数据。基于文献关键词共现矩阵,结合因子分析、聚类分析、多维尺度分析方法,构建关键词知识图谱,识别网络数据库、学术博客、学术论坛的研究主题。然后,运用多源信息聚合方法,设置聚合权重,完善知识图谱的构建。最后,通过限定作者群的方式进一步验证优化知识图谱的方法。

2 数据收集与预处理

2.1 数据来源与收集方法

本研究通过两类信息平台获取研究数据:一类是传统网络数据库,选择的是国内影响力最大、应用最广泛的 CNKI 中国知网资源总库和万方数据库作为数据来源,以 CSSCI 收录的 19 种图书情报学领域核心期刊为研究样本。另一类是新型网络学术信息平台(学术博客、学术论坛等)。经过细致调研,最终选择目前在国内学界影响力较大的"新浪图林博客圈(blog.sina.com.cn/library)"和"CNKI 学术论坛(kbs.cnki.net/forums)的图书情报与数字图书馆版块"作为数据来源。

对于传统网络数据库,可通过内置的检索功能获得结构化的原始数据。相关检索限定条件为:主题为"图书馆",时间范围为 2012.01 – 2013.12,跨度为两年。检索时间为 2014 年 1 月,共得到 3 165 篇文章(2012 年)和 2 626 篇文章(2013 年)的文献题录数据。

新型网络学术信息平台的数据大多为非结构化数据,需要采用专用的工具进行采集。经过比较,笔者最终选择 LocoySpider 软件来抓取原始数据。在"新浪图林博客圈"方面,选取精华博文进行数据采集。这种博文的作者都在图书馆学界有一定的影响力和号召力,文章质量有所保证。时间范围同样选取 2012 – 2013 年。采集到 2 899 篇博文,剔除出错、重复等冗余数据,剩下 2 872 篇博文。在 CNKI 学术论坛方面,选取电子技术及信息科学目录下的图书情报与数字图书馆版块进行数据采集。经浏览发现，每篇帖子的平均阅读量均在 1 000 – 1 500 次之间，体现了帖子是经过精心编辑的，质量较高。为保证足够的数据量，选取 2006 – 2013 年的帖子，最终采集到 1 529 篇。

2.2 数据预处理

考虑到本研究的实验限制，共词矩阵研究针对前 100 位关键词进行。未经加工的共现数据不一定可以准确地测量两个研究对象之间的关系。例如：如果两个词分别出现频次都是 6，其共现频次是 5，就可以表示出它们具有很强的相似性，而如果两个词分别出现频次都是 100，那么即使其共现频次是 10，也不能说明两者之间有很强的相似性。大多数研究者会选择将多值共现矩阵转化为相似矩阵或相关矩阵，本研究也是遵循这个方法进行研究。

为消除多值共现矩阵中频次悬殊对统计结果造成的影响，可以构造相关系数矩阵。常见的 Pearson 相关系数（见式（1））将多值矩阵转化为元素值在 [–1，1] 区间取值的相关系数矩阵，代表矩阵元素间的线性相关性，定义为两个变量之间的协方差和标准差的商：

$$r = \frac{\sum_{i=1}^{n}(X_I - \bar{X})(Y_i - \bar{Y})}{\sqrt{\sum_{i=1}^{n}(X_I - \bar{X})^2} \sqrt{\sum_{i=1}^{n}(Y_i - \bar{Y})^2}} \tag{1}$$

结果可按 3 个级别划分：|r| < 0.4 为低度线性相关；0.4 ≤ |r| < 0.7 为显著性相关；0.7 ≤ |r| < 1 为高度线性相关。

对文献题录数据进行整理，方法如表 1 所示：

表 1　数据获取及处理方法

数据平台	类别	工具	数据搜集方法	处理方法
传统网络数据库	网络数据库	SATI、Excel、SPSS	文献题录下载	1、整合 txt 文档 2、生成标准化矩阵
新型网络学术信息平台	学术博客学术论坛	SATI、Excel、SPSS、LocoySpider、Eclipse	Spider 采集	1、数据标准化 2、整合 txt 文档 3、生成标准化矩阵

3 单源学术信息知识图谱的构建和比较

在得到 100 * 100 关键词相关矩阵后，利用 SPSS 统计分析工具对矩阵进行因子分析、聚类分析以及多维尺度分析，从而构建不同来源的关键词知识图谱。首先，因子分析能帮助降低分析变量个数，通过尽可能少的因子来描述尽可能多的指标关系；然后，聚类分析依靠确定的因子数目，将同一类的关键词聚类；最后，在得到因子个数及聚类信息后，多维尺度分析可以观察到类别间的关系及个体类别元素的特性，从而得到图书情报领域知识图谱。以下，对基于不同数据源所构建的知识图谱进行比较分析。

3.1 网络数据库关键词知识图谱

根据知识图谱构建步骤，得到根据各元素坐标绘制的公共空间二维图。结合因子分析和聚类分析的结果，按照划分的10个因子，最终绘制出图谱A1（见图1）。

在A1中，图书情报学的研究主题可分为A-图书馆机构、B-图书馆期刊、C-知识管理、D-图书情报学、E-图书馆信息与技术、F-信息资源共享、G-公共图书馆、H-地方图书馆与种类、I-移动图书馆、J-图书馆系统10个大类。

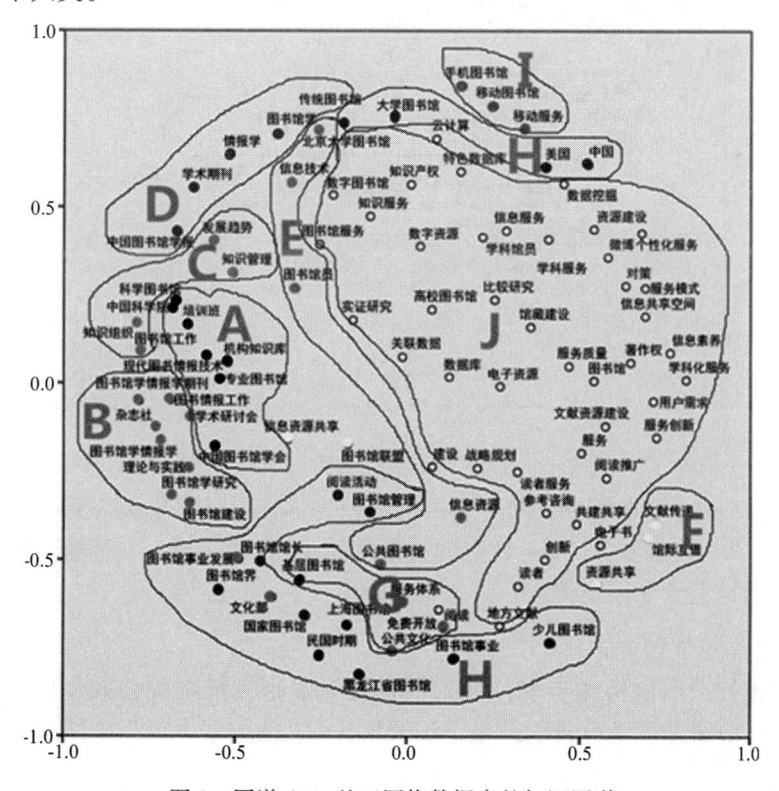

图1 图谱A1：基于网络数据库的知识图谱

3.2 博客文章关键词知识图谱

根据知识图谱构建步骤，得到根据各元素坐标绘制的公共空间二维图。结合因子分析和聚类分析的结果，按照划分的 6 个因子，最终绘制出图谱 A2（见图 2）。

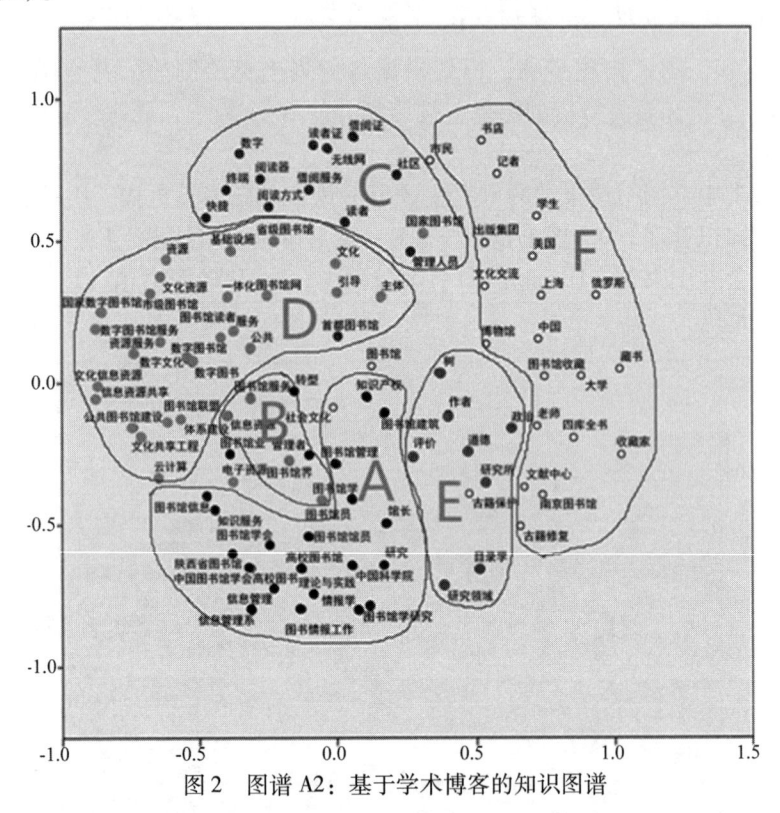

图 2　图谱 A2：基于学术博客的知识图谱

在 A2 中，图书情报学的研究主题可分为 A－图书馆成员与管理、B－图书馆学、C－读者服务、D－数字图书馆及其建设、E－研究与评价、F－古籍保护及参与人员 6 个大类。

3.3 论坛帖子关键词知识图谱

根据知识图谱构建步骤，得到根据各元素坐标绘制的公共空间二维图。结合因子分析和聚类分析的结果，按照划分的 8 个因子，最终绘制出图谱 A3，见图 3。

在 A3 中，图书情报学的研究主题可分为 A－图书馆联盟与信息管理、B－图书馆服务、C－信息资源共享及其建设、D－网络技术与数字图书馆、E

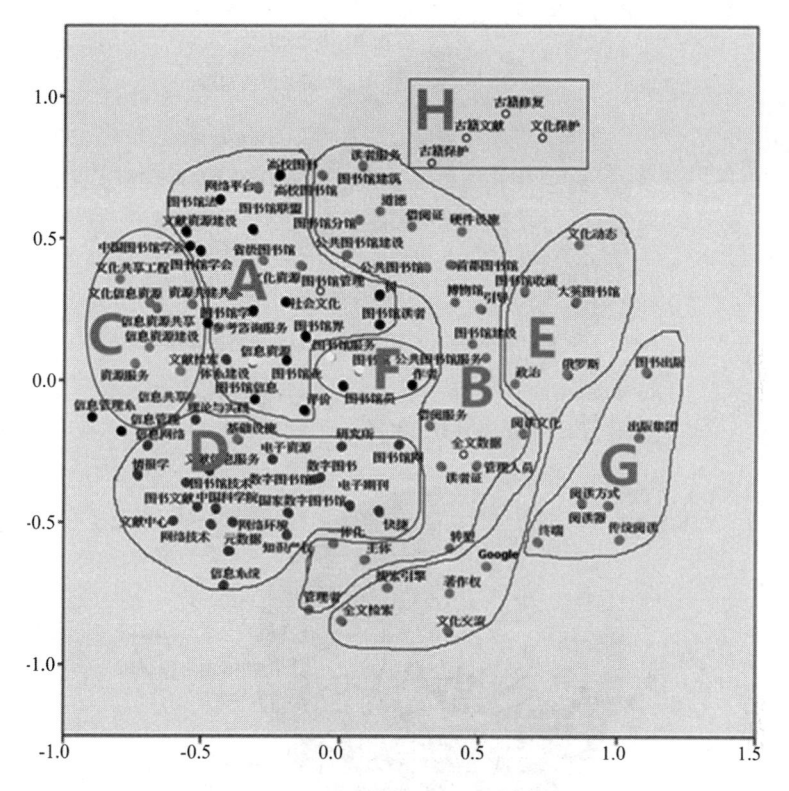

图 3　图谱 A3：基于学术论坛的知识图谱

- 信息检索、F - 信息资源、G - 图书阅读方式、H - 古籍保护 8 个大类。

3.4　单源知识图谱的比较分析

根据以上知识图谱显示的结果，可得到图书情报领域不同的研究主题分类，见图 4（不同分类中的关键词数量各不相同——对应饼图中各部分的面积）。

首先，从各自的分类数目来说，图谱 A1 为 10 类，图谱 A2 为 6 类，图谱 A3 为 8 类，因为论文发表的人数众多，研究思路和习惯各不相同，图谱 A1 的关键词分类更细，所以类目更多；图谱 A2 因为其网络性质，经常参与写作的人数已经固定，研究内容的相似性更为统一，所以类目较少；论坛则可以理解成一个学术圈子，研究类目适中且类别较分散。

其次，不同研究对象的核心类别也不尽相同。图谱 A1 研究分类中，类别"J - 图书馆系统"的关键词占所有关键词的比例最高，其次是类别"H - 地方图书馆与种类"，其余的占比均较低，揭示出该平台数据研究领域集中在图书馆系统和地方图书馆种类，具有全面性，起到总纲领的作用；图谱 A2 研究分类

239

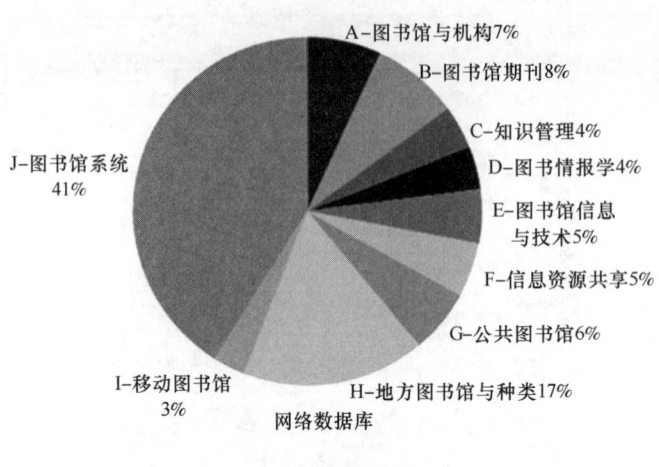

网络数据库

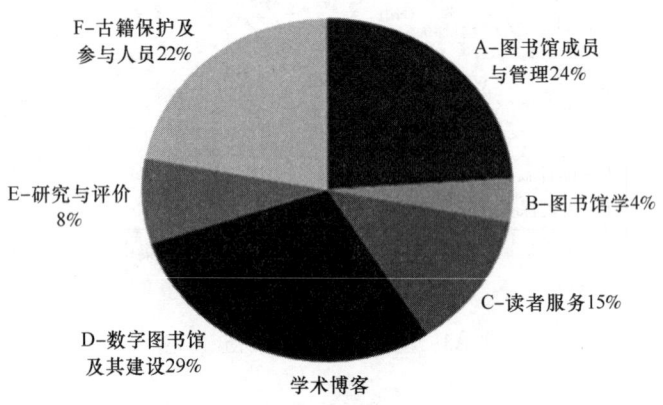

- A-图书馆与机构 7%
- B-图书馆期刊 8%
- C-知识管理 4%
- D-图书情报学 4%
- E-图书馆信息与技术 5%
- F-信息资源共享 5%
- G-公共图书馆 6%
- H-地方图书馆与种类 17%
- I-移动图书馆 3%
- J-图书馆系统 41%

学术博客

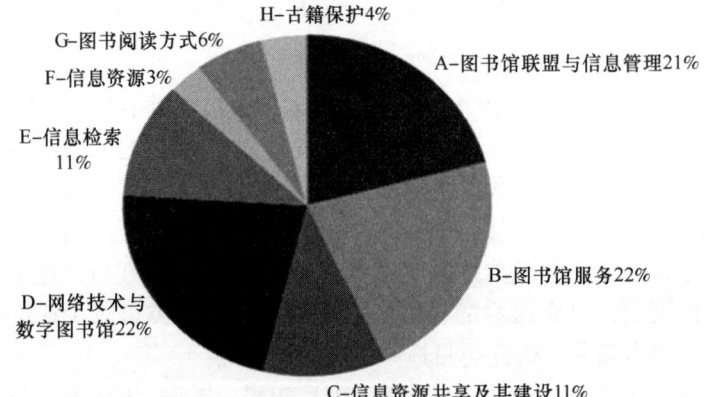

- A-图书馆成员与管理 24%
- B-图书馆学 4%
- C-读者服务 15%
- D-数字图书馆及其建设 29%
- E-研究与评价 8%
- F-古籍保护及参与人员 22%

学术论坛

- A-图书馆联盟与信息管理 21%
- B-图书馆服务 22%
- C-信息资源共享及其建设 11%
- D-网络技术与数字图书馆 22%
- E-信息检索 11%
- F-信息资源 3%
- G-图书阅读方式 6%
- H-古籍保护 4%

图4 研究主题分类

中，类别"A-图书馆成员与管理""D-数字图书馆及其建设""C-读者服务""F-古籍保护及参与人员"的关键词占比都超过10%，集中度比较平均，同时揭示了该平台研究领域的视角集中在图书馆成员和读者身上，对古籍保护的研究也更多；图谱A3研究分类中，类别"A-图书馆联盟与信息管理""B-图书馆服务""C-信息资源共享及其建设""D-网络技术与数字图书馆""E-信息检索"的关键词占比都在10%以上，研究涉及多方面，也颇具有针对性，同时揭示了研究领域集中在图书馆服务、信息资源共享及数字图书馆，这些方面跟图书馆用户息息相关。不同来源知识图谱的特点如表2所示：

表2 不同来源知识图谱特点解析

数据源	图谱	分类数目（个）	核心类别	特点
网络数据库	A1	10	J-图书馆系统 H-地方图书馆与种类	研究领域集中在图书馆系统和地方图书馆种类，具有全面性和提纲挈领作用
学术博客	A2	6	A-图书馆成员与管理 D-数字图书馆及其建设 C-读者服务 F-古籍保护及参与人员	研究领域集中在图书馆成员和读者身上；对古籍保护的关注程度更高
学术论坛	A3	8	A-图书馆联盟与信息管理 B-图书馆服务 C-信息资源共享及其建设 D-网络技术与数字图书馆 E-信息检索	研究涉及多方面，集中在与图书馆用户息息相关的图书馆服务、信息资源共享及数字图书馆方面

再次，对不同来源间相似类别进行分析，关键词重合度见表3。传统网络数据库与新型网络学术信息平台的关键词重合度平均后大概在24%，存在相关性；新型学术信息平台中论坛与博客相同关键词重合比例高达65%，相关性更明显。

表3 不同来源的知识图谱关键词重合度

重合类别	网络数据库与博客相同关键词	网络数据库与论坛相同关键词	论坛与博客相同关键词
重合比例	26%	22%	65%

通过以上分析可知，3个来源的知识图谱有如下特性：①传统网络数据库关键词类目分类更细、更多；研究领域集中在图书馆系统和地方图书馆种类，具有全面性，起到总纲领的作用，对学术研究起到主要推动作用。②新型网

络学术平台信息关键词类目少，研究内容更为统一；类别集中在图书馆服务和读者上，与图书馆用户息息相关。③两种来源的关键词存在相关性，类别也有明显的共同特征。

4 多源学术信息聚合的知识图谱分析

4.1 无权信息聚合

直接将上述3个来源的关键词信息合并到一个数据集中，形成无权的多源平台信息聚合。参照前述实验过程，构建基于多源数据的知识图谱，得到图谱B0，如图5所示：

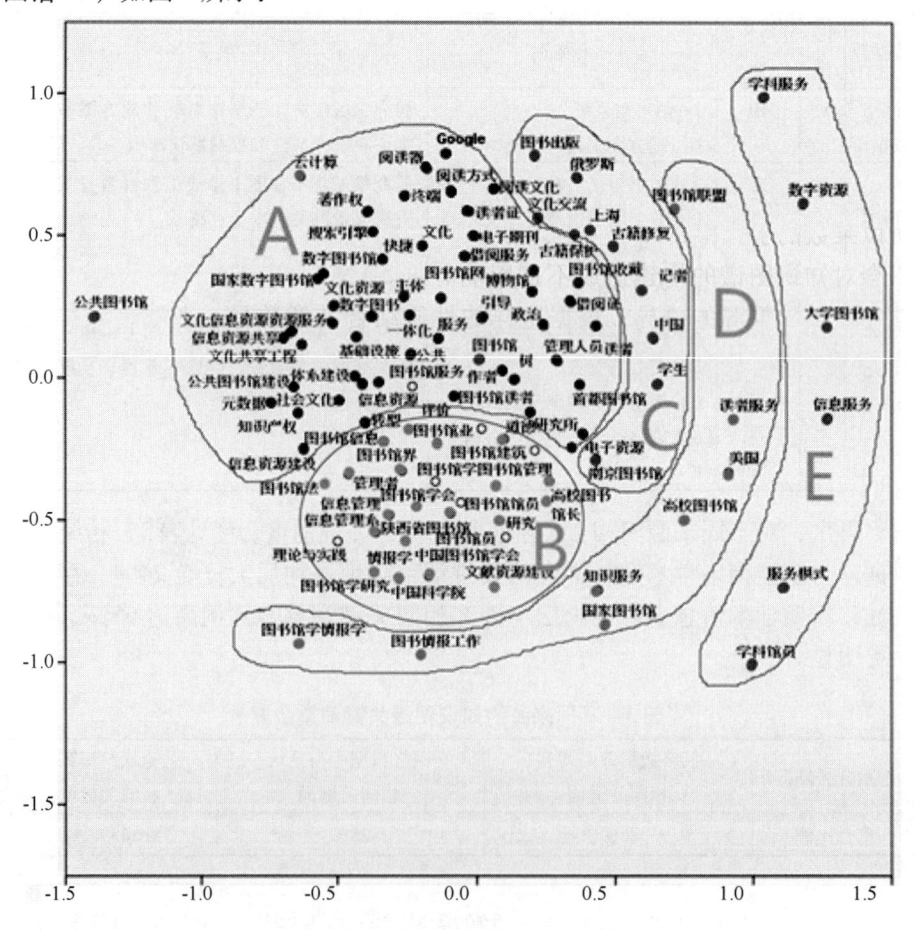

图5 图谱B0：基于无权的多源平台信息聚合知识图谱

在 B0 中，图书情报学的研究主题可分为 A - 数字图书馆系统、B - 图书馆机构与馆员、C - 古籍保护及文化交流、D - 图书馆联盟、E - 图书馆服务 5 个大类。

通过图谱 B0 与图谱 A1 - A3 的比较，B0 的研究内容比各自来源的研究内容更加集中，概念与概念之间的联系更加紧密，分类边界更清晰，结构更紧密，揭示了无权的多源信息聚合图谱的研究主题分类表现在单源知识图谱更为优秀（见图 6）。

4.2 含权信息聚合

在构建上述多源知识图谱的过程中，未考虑不同信息源的差异，而直接将不同数据进行合并考虑。事实上，无论是数据的质量、数量还是在平台的自身特点，不同数据来源均有明显的差异。在进行多源信息聚合时，必须考虑这些差异性。

本研究按照两种不同的原则，为不同的数据源设定权重系数——作为来源平台的文章数目的乘数。因为最终知识图谱的构建依靠的是相关矩阵，所以乘数的引入只会影响多值矩阵而并不会影响相关矩阵，即系数的引入不会对知识图谱的构建造成不良影响。需要进一步说明的是，设定原则的基础在于数据源的差异，根据这样的性质结合文章数目、来源重要程度进行原则划分。以下采用两种原则，分别设置两个实例，以探讨聚合后知识图谱的特征。

在原则一中，系数的作用在于平衡不同来源的文章数目，使其大约相等，此处将不同来源的权重视为相等。根据表 4 数据来源数目，设定的情况有两种："权重 B - 1"视 3 种来源的权重为等同；"权重 B - 2"视传统来源平台和新型来源平台的权重为等同。

表 4 B 类图谱数据来源数目

来源	文章数目（篇）	约等于（篇）
网络数据库	5 793	5 800
学术博客	2 872	2 800
学术论坛	1 529	1 500

在原则二中，系数的作用在于赋予不同来源权重，此处将不同来源的权重视为不相等。根据表 4 中的数据来源数目，设定的情况有两种："权重 B - 3"将网络数据库视为重要，学术博客视为较重要，学术论坛视为次重要，系

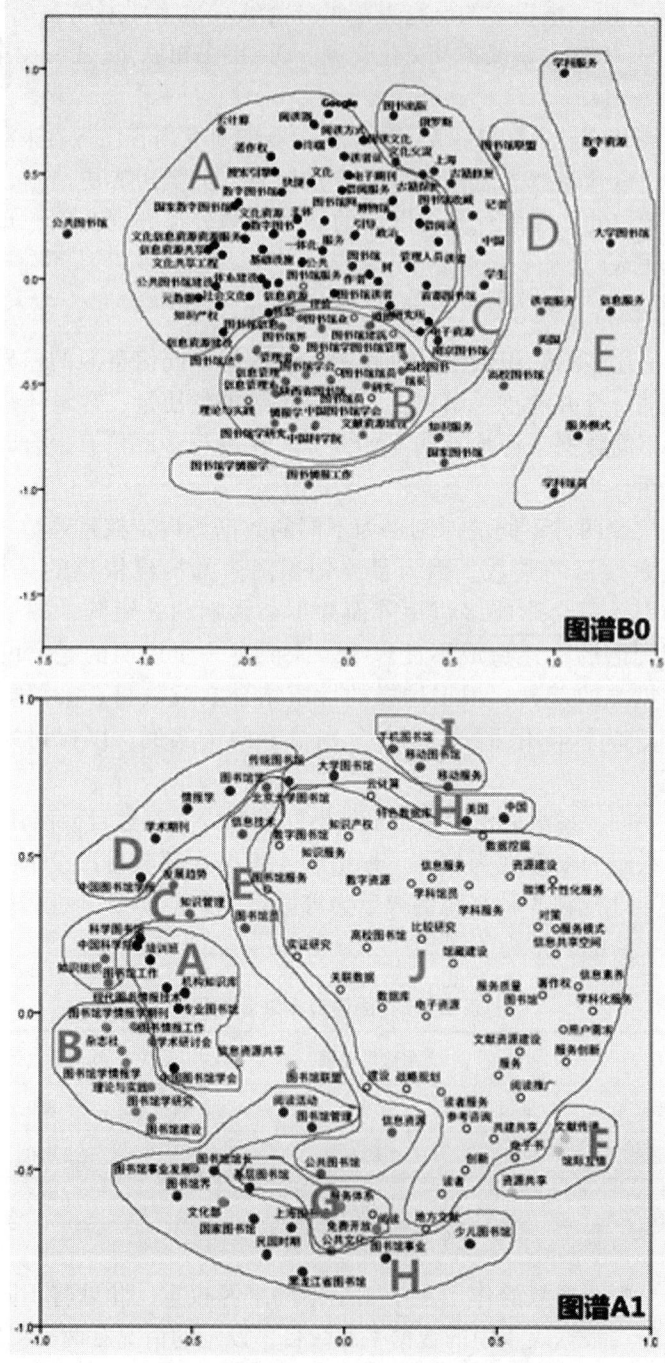

图6 图谱 B0、A1、A2、A3 的比较

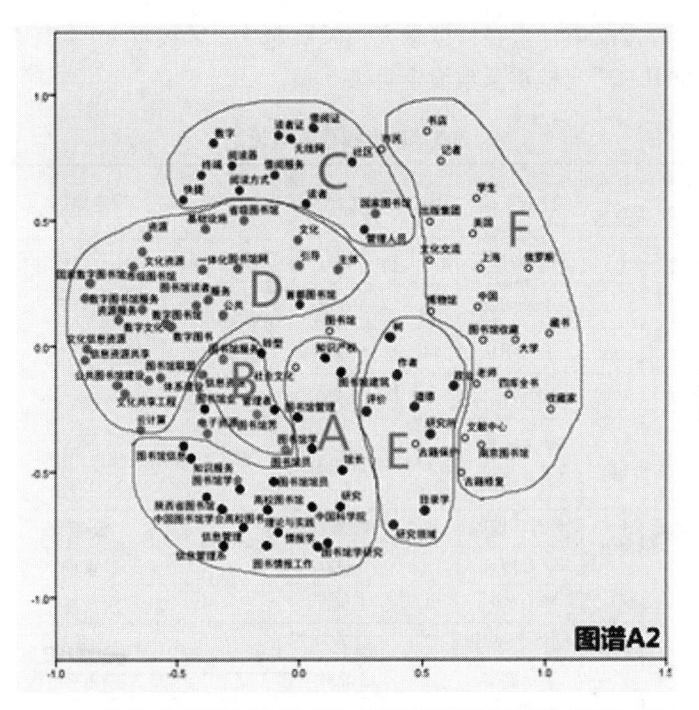

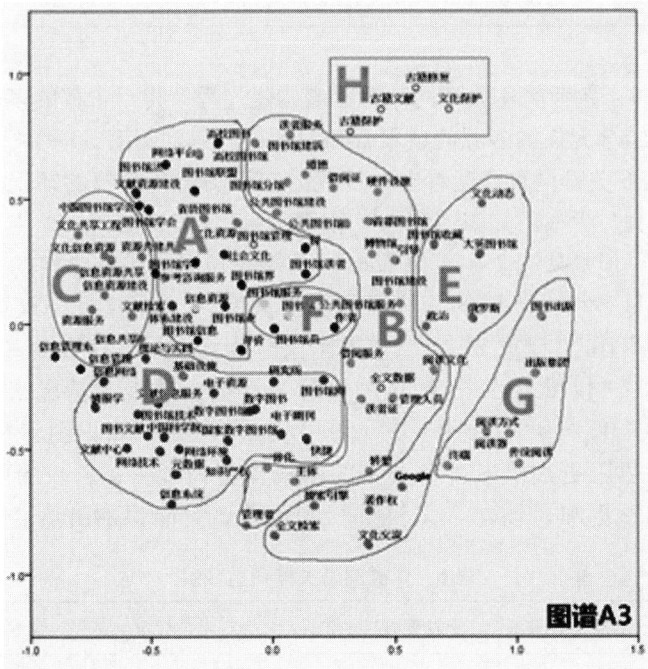

图6 图谱B0、A1、A2、A3的比较（续）

数则按重要程度赋值，重要程度越大，系数越大；"权重B-4"系数设定方法如"权重B-3"。权重系数设定见表5。

表5 B类权重系数设定

权重设定原则	权重编号	数据来源	系数	乘数结果	设定原因
原则一：按相等的来源数目划分	B-1	网络数据库	1	5 800	乘以系数后，传统平台和新型平台的文章数目大致相等，即传统来源和新型来源权重相等
		学术博客	2	5 600	
		学术论坛	4	6 000	
	B-2	网络数据库	3	17 400	
		学术博客学术论坛	4	17200	
原则二：按来源重要程度划分	B-3	网络数据库	3	17 400	重要
		学术博客	2	5 600	较重要
		学术论坛	1	1 500	次重要
	B-4	网络数据库	2	11 600	重要
		学术博客	1	2 800	较重要
		学术论坛	1	1 500	较重要

根据表5，参考前述关键词知识图谱构建过程，得出含权的多源信息聚合知识图谱，结合无权的多源信息聚合知识图谱，得到图谱B0-B4的比较（见图7）。由表6关键词重合度看出，无权的知识图谱与含权的知识图谱主要关键词差别不大，无权的知识图谱与"权重B-3"知识图谱中，主要关键词甚至几乎相等。但是从图7中可以看出，无权的知识图谱与含权的知识图谱的聚类构成还是有很大不同的。从聚类数目来看，"无权重（权重B-0）"、"权重B-1"和"权重B-4"知识图谱分为5类，"权重B-2"知识图谱分为8类，"权重B-3"知识图谱分为6类；从聚类情况来看，"无权重（权重B-0）"、"权重B-2"和"权重B-3"知识图谱中，类别与类别之间的界限更加清晰，各类别的构成也更为紧密，含权的两个知识图谱分类更多、更细，较之"无权重"知识图谱更能识别出热点研究领域。

表6 B类图谱关键词重合度

重合类别	无权重与权重1	无权重与权重2	无权重与权重3	无权重与权重4
重合比例	90%	98%	90%	88%

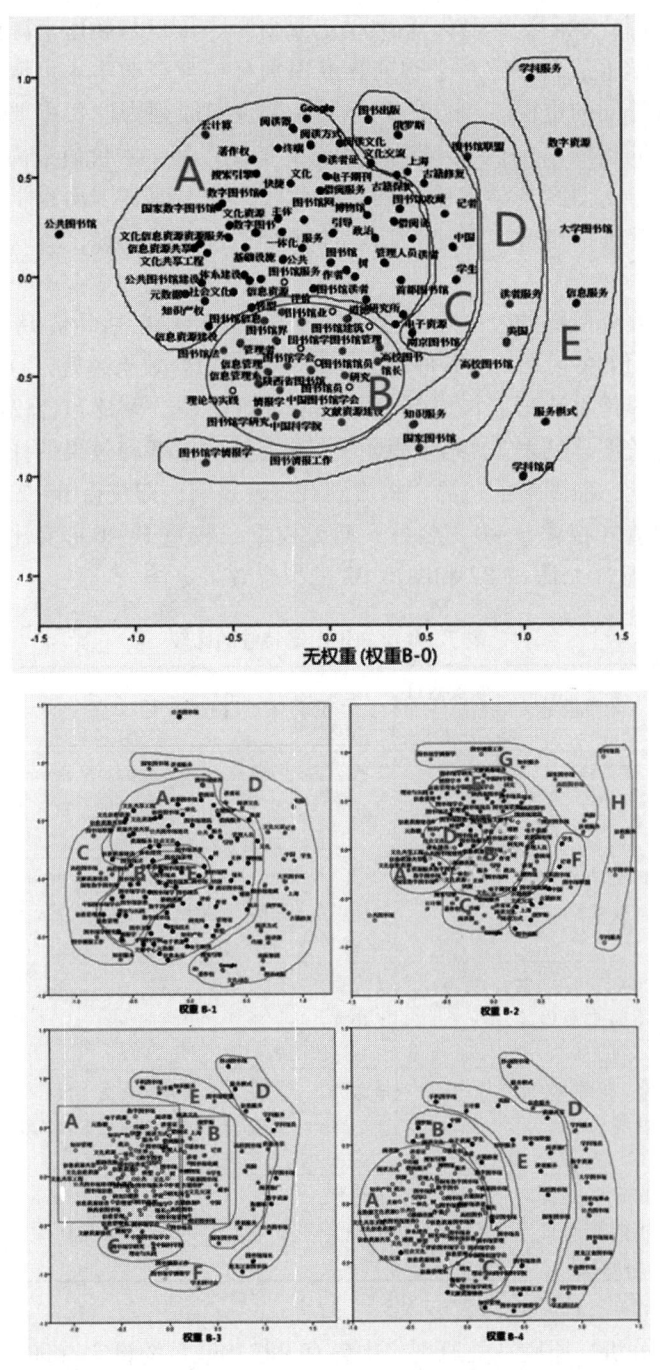

图7 多源学术信息聚合知识图谱的比较

究其原因,"权重 B-2"系数设定原则为"传统与新型来源权重等同",揭示了新型学术信息来源对于研究热点识别有相当高的学术价值,应给予其与传统来源等同的重视。"权重 B-3"系数设定原则为"按重要程度对不同来源设定不同权重",对于传统的学术论文来说,其学术价值最高,所以赋予最高权重;学术博客与学术论坛两者相比较,学术博客因出自学者之手,其学术价值和严谨性也就应当比论坛这种社交平台更高更强,所以赋予学术博客的权重更大。

多维尺度分析图的效果除了依靠信度 Stress 和效果估计值 D.A.F 去界定之外(Stress 值越小,D.A.F 值越大,则模型的拟合效果越好[28]),还可以根据图谱的边界是否清晰、构成是否紧密来进行比较。无权和含权的多源知识图谱特性比较汇总见表7。结果表明,5 种图谱的信度和效果估计值都在同一个水平级别上,而图谱的边界、构成则有显著差别,即权重 B-2、权重 B-3 效果比无权重(权重 B-0)要好,而无权重(权重 B-0)又比权重 B-1、B-4 要好。显然,图谱 B2 和图谱 B3 的拟合效果更佳。

表7 B 类知识图谱特性的比较

权重类别	权重设定	聚类数目(个)	聚类情况	图谱特性	MDS 指标
无权重(权重 B-0)	无	5	2 大类,3 小类	类别与类别之间的界限清晰,各类别的构成也紧密	Stress = 0.093 D.A.F = 0.907
权重 B-2	传统与新型来源权重等同	8	类别大小平均	类别与类别之间的界限更加清晰,各类别的构成也更为紧密	Stress = 0.095 D.A.F = 0.905
权重 B-3	按重要程度对不同来源设定不同权重	6	1 大类,5 小类		Stress = 0.091 D.A.F = 0.909
权重 B-1	各来源权重相等	5	2 大类,3 小类	类别之间的界限有重叠部分,类别构成更为稀疏	Stress = 0.107 D.A.F = 0.893
权重 B-4	按重要程度对不同来源设定不同权重	5	1 大类,4 小类		Stress = 0.088 D.A.F = 0.911

经上述分析,原则一及原则二中各有一权重系数的设定(即权重 B-2 和权重 B-3)使图谱(即对应的图谱 B2 和图谱 B3)拟合的效果更佳,而且其

他图谱没有出现极端情况（即图谱异常完美或者图谱异常失真）。这表明，权重系数的引入产生了积极的效果。在原则一中，来源文章数目设定为大致相等，并没有使图谱中各类别的形状大小雷同、难以区分。而在原则二中，对平台的重要性做倍数递减划分，并尝试用两个权重实例形成图谱以观察其特性，虽然存在一定的主观性，但分析结果已经充分表明了合理的权重设置有利于生成效果更佳的知识图谱。至于最优的权重设置，则需要在实际应用中根据具体的情况进行更多的测试。

5 限定作者群的多源学术信息聚合的知识图谱分析

根据上述单源和多源知识图谱分析可知，学术论文与学术博客之间的联系较为紧密。下面，选择这两种数据源做进一步的聚合分析。为了使数据更加精练、更具代表性，采用限定作者群的方式过滤原始数据，以此探讨优化知识图谱的方法。

5.1 作者群选取

根据博客作者发文情况，选取发表文章在10篇以上并且在图书情报领域有重大影响力的作者9人列为分析对象，以9个作者为数据来源，检索他们发表的论文和发表的博文，检索时间为2014年1月。此处针对学术博客文章的"关键词"设定，可以遵循作者本人对文章的标识——即采集文章自带的由作者添加的"标签"作为文章关键词（绝大多数文章都包含标签），进而极大限度地反映作者的研究意图和日常关注热点。经过采集和数据剔除，共得到271篇学术文献、9 353篇博客文章，详细统计如表8所示：

表8　热门博客作者统计

博客作者	对应的论文作者	工作单位	学术文献（篇）	博客文章（篇）
书蠹精	顾犇	国家图书馆	26	2 989
竹帛斋主	程焕文	中山大学图书馆	56	1 105
西北老汉2011	杨玉麟	西北大学公共管理学院	47	588
书丛老蠹鱼	沈津	哈佛大学哈佛燕京图书馆	12	427
沧浪水	邱冠华	苏州图书馆	17	355
彭老图	彭飞	南京图书馆	20	259
王梅的图书馆	王梅	山东理工大学图书馆	33	1 893
书骨精	王波	北京大学图书馆	42	426
耄耋少年	陈源蒸	中宣部出版局	18	1 361

5.2 无权信息聚合

直接将学术论文与学术博客关键词信息合并到一个数据集中,形成无权的限定作者群信息聚合。参照上述实验过程,构建作者学术研究的知识图谱,得到图谱 C0,如图 8 所示:

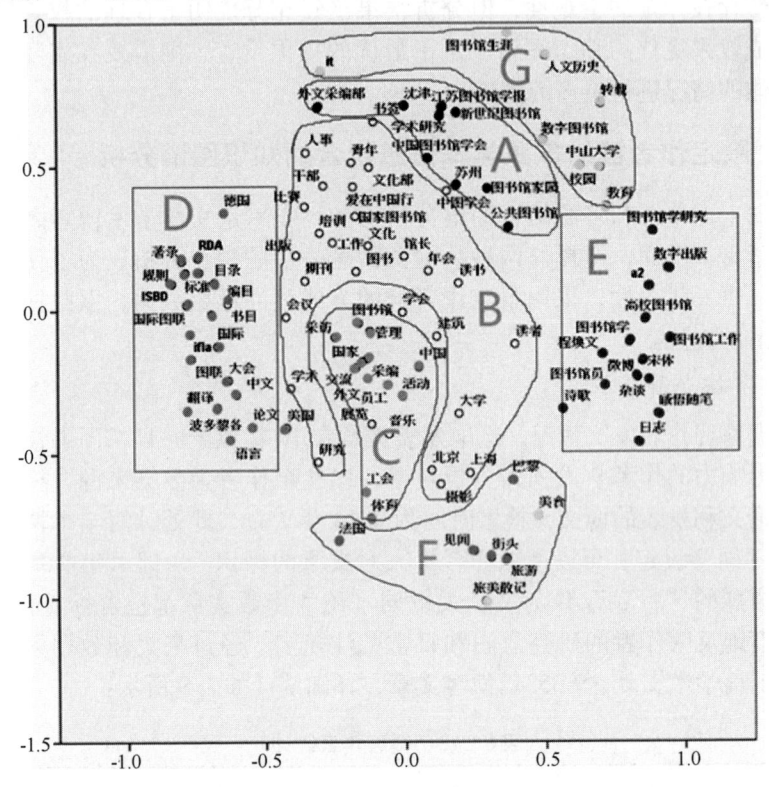

图 8 图谱 C0:基于无权的作者学术研究知识图谱

在 C0 中,图书情报学的研究主题可分为苏州图书馆事业建设、图书馆文化事业、图书馆文体活动、国际图联及数据标准、图书馆杂谈与感悟、法国见闻、中美图书馆体验 7 个大类,各类的边界并不清晰,表明该图谱并不是最优的聚合选择。从采用的数据看,博客文章的数目是学术论文的 35 倍,导致知识图谱的重心更倾向于展示博客文章的知识内容。图 9 揭示了作者的研究倾向于生活化的图书馆见闻,这显然受到博客文章数量的影响。

5.3 含权信息聚合

从上述分析可知,图谱 C0 这样的无权信息聚合方法并不是最优的选择。

250

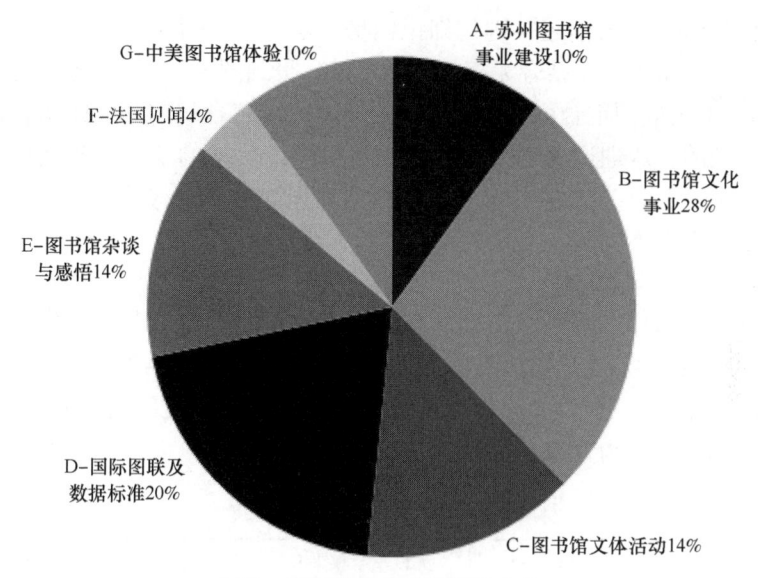

图9 无权的作者学术研究分类

参照前述做法,为不同的数据源设定不同的权重系数。

根据表9数据来源数目,设定的情况共有两种:"权重C-1"视两种来源的权重为等同,即乘数后两者数目比为1:1;"权重C-2"将网络数据库视为重要,学术博客视为次要,权重比为2:1即乘数后两者数目比为2:1。权重系数设定见表10。

表9 C类图谱数据来源数目

来源	文章数目(篇)	约等于(篇)
网络数据库	271	270
学术博客	9 353	9 350

表10 C类权重系数设定

权重设定原则	权重编号	数据来源	系数	乘数结果	设定原因
原则一:按相等的来源数目划分	C-1	网络数据库	35	9 450	乘以系数后,各来源文章数目大致相等,即各来源权重为1:1
		学术博客	1	9 350	
原则二:在原则一的基础上按来源重要程度划分	C-2	网络数据库	69	18 630	网络数据库文章数目:学术博客文章数目=2:1,使其重要程度分为"重要"和"次要"
		学术博客	1	9 350	

根据表10，参考前述关键词知识图谱构建过程，得出含权的作者学术研究信息聚合知识图谱，结合无权的知识图谱，得到图谱C0 – C2（见图10）。

由表11关键词重合度看出，无权的知识图谱与含权的知识图谱关键词还是有所差别的，从理论上来说，含权的知识图谱反映的学术信息更加全面和丰富；从实际上看，图10中显示，无权的知识图谱与含权的知识图谱的聚类构成还是有很大不同的。从聚类数目来看，"无权重"和"权重C – 1"知识图谱分为7类，"权重C – 2"知识图谱分为6类；从聚类情况来看，在"无权重"知识图谱中，类别与类别之间的界限有重叠部分，各类别的构成更为稀疏；在"权重C – 1"知识图谱中，类别与类别之间的界限有重叠部分，小类别突出；在"权重C – 2"知识图谱中，类别与类别之间的界限更加清晰，各类别的构成也更为紧密（见表12）。

表11 C类图谱关键词重合度

重合类别	无权重与权重C – 1	无权重与权重C – 2	权重C – 1与权重C – 2
重合比例	64%	44%	80%

表12 C类知识图谱特性的比较

权重类别	权重设定	聚类数目（个）	聚类情况	图谱特性	MDS指标
无权重（权重C – 0）	无	7	1大类，6小类	类别之间的界限有重叠部分，类别构成更为稀疏	Stress = 0.100 D. A. F = 0.900
权重C – 1	传统与新型来源权重等同	7	1大类，3中类，3小类	类别之间的界限有重叠部分，小类别突出	Stress = 0.119 D. A. F = 0.881
权重C – 2	按重要程度对不同来源设定不同权重	6	2大类，4小类	类别之间的界限更加清晰，各类别的构成也更为紧密	Stress = 0.132 D. A. F = 0.868

从上述分析可知，"权重C – 2"知识图谱，即图谱C2的效果最好。从图谱C0 – C2中看到，图谱C0中，类别E、B、D在图的中央，但有了类别C的插入，图谱效果并不好，而图谱C1中，类别B、D、F整齐紧密地靠在图的上部，图谱效果明显，能对类别清晰地加以区分。就结果来看，图谱效果明显，限定作者群的多源学术信息聚合的做法是有其合理性的，经过"作者"这个限定条件过滤，其效果类似于加入了权重系数。但其不足之处在于：迫

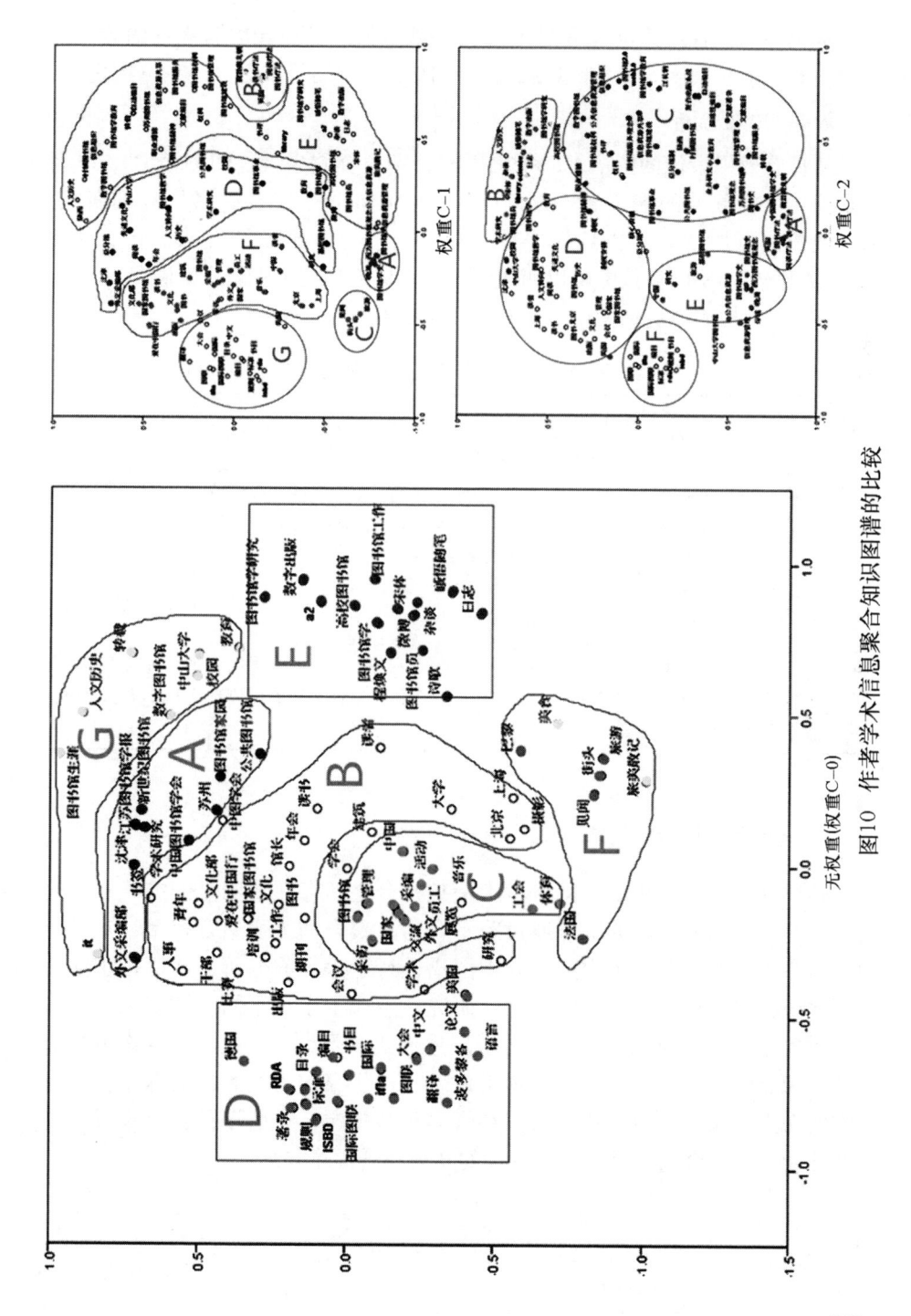

图10 作者学术信息聚合知识图谱的比较

于符合条件的作者对象及其数量限制,信息聚类时可能会因为样本的容量而产生失真,但从信度 Stress 和效果估计值 D. A. F 的结果来看,还在可控之列。

5.4 比较分析

从拟合效果最优的图谱 B2 和图谱 B3,到拟合效果最优的图谱 C2,本研究是通过添加额外的限定条件,即限定作者的范围、涵盖作者所有的研究,从而使数据更加精练和更具代表性。知识图谱特性比较见表13,图谱 B2、B3、C2 比较见图11。从中可以明显看出,图谱 C2 的边界比图谱 B-2 和 B-3 更加清晰,构成也更加紧密,质量有明显提高。

表13 B 类、C 类知识图谱特性的比较

权重类别	权重设定	聚类数目(个)	聚类情况	图谱特性	MDS 指标
权重 B-2 权重 B-3	传统与新型来源权重等同 按重要程度对不同来源设定不同权重	8 6	类别大小平均 1大类,5小类	类别与类别之间的界限清晰,各类别的构成也紧密	Stress = 0.095 D. A. F = 0.905 Stress = 0.091 D. A. F = 0.909
权重 C-2	按重要程度对不同来源设定不同权重	6	2大类,4小类	类别与类别之间的界限更加清晰,各类别的构成也更为紧密	Stress = 0.132 D. A. F = 0.868

6 结论与展望

传统网络数据库和新型网络学术信息平台之间存在着明显的差异性,同时也有明显的相关性。本研究通过跨平台信息聚合和改变聚合权重,从多个角度对基于不同信息源所构建的知识图谱进行了深入的分析,并探讨了如何利用多源数据优化知识图谱的方法。研究中生成了多种不同的知识图谱,其特性比较见表14。结果表明,通过层层递进式的聚类、加权、限定作者群的方法,原始的知识图谱得到了明显的改善。本研究作为实验性的探索,还有待继续深入。在未来研究中,可以结合多种数据源,尝试多种权重设置,进一步优化信息聚合的效果,寻找最优的知识图谱构建方案。

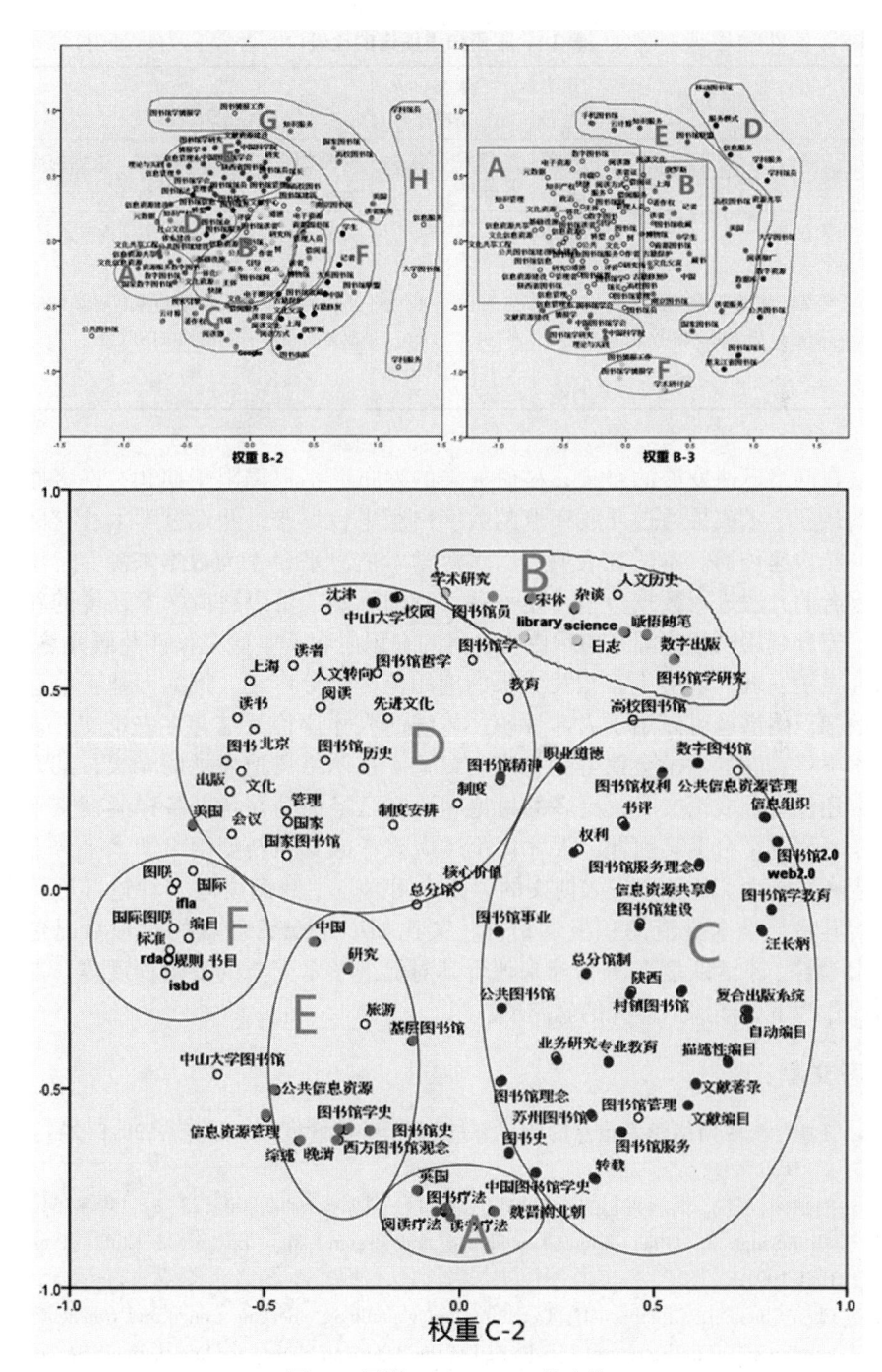

图 11 图谱 B2 – B3 – C2 的比较

表14 不同知识图谱的比较

聚合与否	权重类别	聚类数目	聚类情况	图谱特性
否	—	一般较多	类别大小较为平均	类别之间的界限重叠较多，类别构成更为稀疏
是	无权重	适中	不等	类别之间的界限清晰，类别构成紧密
	传统与新型来源权重平等 传统与新型来源权重不平等		各类大小较为平均 大小类别较清晰	不同的权重对界限清晰度、各类别的构成紧密情况有不同程度的改善

在网络迅速发展的今天，科研成果的发布已不再局限于期刊，许多原创性的最新学术成果通过开放存取的数字出版平台发布，并经过学术社交网络进一步快速传播。本研究表明，以多源学术信息平台作为数据来源、运用信息聚合的方法进行数据分析，是一种可行的思路，可以适应学术环境的新变化，充分利用网络资源来揭示更为丰富的知识内容。本研究仅涉及研究热点、研究主题发现，事实上，相关成果的应用范围十分广泛。例如，基于信息聚合的知识图谱也可以用于人才评价。传统的人才评价只结合发表论文、参与学术项目、参加学术会议等指标进行讨论。在网络迅速发展的今天，某方面研究还没有形成论文时，更多的讨论和研究已经涌动在各种各样的社交平台和学术研究平台上。因此，人才评价还应该考虑其在新型网络学术平台上的表现和影响力。比如以发表博文的"圈内阅读"、"总阅读"、"评论"数目来评价其参与学术交流的积极性情况；又比如以论坛管理者的管理情况包括"用户数"、"活跃度"等指标来评价其对促进学术交流的贡献程度等，都是可以作为下一步深入研究的思路的。

参考文献：

[1] 王枫. 获取网络学术信息的障碍分析[J]. 科技情报开发与经济,2011(29):128–131.

[2] 刘则渊,陈悦. 悄然兴起的科学知识图谱[J]. 科学学研究,2005,23(2):149–154.

[3] Rumbaugh J. Object-oriented modeling and design [M]. Englewood Cliffs: Prentice Hall,1991.

[4] Chen Chaomei. CiteSpace II: Detecting and visualizing emerging trends and transient patterns in scientific literature[J]. Journal of the American Society for Information Science and Technology,2006,57(3):359–377.

[5] Chen Chaomei, Ibekwe-SanJuan F, Hou Jianhua. The structure and dynamics of cocitation clusters: A multiple-perspective cocitation analysis[J]. Journal of the American Society for Information Science and Technology,2010,61(7):1386 – 1409.

[6] Mane K K, Borner K. Mapping topics and topic bursts in PNAS[J]. Proceedings of the National Academy of Sciences of the United States of America,2004,101(S1):5287 – 5290.

[7] Lawrence S, Henzinger M. Extracting knowledge from the World Wide Web[J]. Proceedings of the National Academy of Sciences of the United States of America,2004,101(S1):5186 – 5191.

[8] 邱均平,王菲菲. 基于共现与耦合的馆藏文献资源深度聚合研究探析[J]. 中国图书馆学报,2013(3):25 – 33.

[9] 李寰,贾保先. 基于 RSS 聚合和本体检索的数字图书馆个性化门户设计[J]. 情报杂志,2009(2):47 – 49.

[10] 王丽萍. 基于阅读聚合理念的图书馆服务探析[J]. 图书馆,2011(6):140 – 141.

[11] 贺德方,曾建勋. 基于语义的馆藏资源深度聚合研究[J]. 中国图书馆学报,2012(4):79 – 87.

[12] 杜晖. 基于耦合关系的学术信息资源深度聚合研究[D]. 武汉:武汉大学, 2013.

[13] 苏金燕,邱均平. 网络学术信息的地理空间集聚研究[J]. 图书情报知识,2011(2):56 – 63.

[14] 苏金燕. 网络学术信息空间依赖性研究[J]. 现代图书情报技术,2011(2):62 – 68.

[15] 刘春丽,何钦成. 不同类型选择性计量指标评价论文相关性研究——基于 Mendeley、F1000 和 Google Scholar 三种学术社交网络工具[J]. 情报学报,2013,32(2):206 – 212.

[16] 刘春丽. 基于 PLOS API 的论文影响力选择性计量指标研究[J]. 图书情报工作,2013,57(7):89 – 95.

[17] 王贤文,张春博,毛文莉,等. 科学论文在社交网络中的传播机制研究[J]. 科学学研究,2013(9):1287 – 1295.

[18] Piwowar H. Altmetrics:Value all research products[J]. Nature,2013,493(7431):159.

[19] Thelwall M, Haustein S, Larivièreet V,et al. Do altmetrics work? Twitter and ten other social Web services[J]. PLOS ONE,2013,8(5):e6484.

[20] Kostoff R N. Database tomography:Multidisciplinary research thrusts from co-word analysis[C]//Technology Management:the New International Language. Portland:IEEE,1991:27 – 31.

[21] 张洋. 网络信息计量学理论与实证研究[M]. 北京:科学出版社,2009:177.

[22] Law J, Whittaker J. Mapping acidification research:A test of the co – word method[J]. Scientometrics,1992,23(3):417 – 461.

[23] Larson R R. Bibliometrics of the World Wide Web:An exploratory analysis of the intellectual structure of cyberspace[J]. Journal of the American Society for Information Science.

Medford: Information Today/ASIS, 1996, 33: 71 - 78.

[24] Romero-Frías E, Liwen V. Exploring the relationships between media and political parties through Web hyperlink analysis: The case of Spain[J]. Journal of the American Society for Information Science and Technology, 2012, 63(5): 967 - 976.

[25] Thelwall M, Sud P, Wilkinson D. Link and co-inlink network diagrams with URL citations or title mentions[J]. Journal of the American Society for Information Science and Technology, 2012, 63(4): 805 - 816.

[26] Vaughan L, Yang Rongbin. Web data as academic and business quality estimates: A comparison of three data sources[J]. Journal of the American Society for Information Science and Technology, 2012, 63(10): 1960 - 1972.

[27] 张文彤. SPSS 11 统计分析教程: 基础篇[M]. 北京: 北京希望电子出版社, 2002: 123.

作者简介

张洋，中山大学资讯管理学院副院长，教授，E-mail：zhyang2@mail.sysu.edu.cn；谢卓力，广东财经大学图书馆助理馆员。

基于关联数据的非遗数字资源聚合研究

仝召娟　许鑫　钱佳轶

(华东师范大学商学院信息学系)

1　引言

图书馆的重要使命之一是资源保护与文化传承,这使其在非物质文化遗产(以下简称"非遗")资源保护中发挥着重要作用,本系列论文的《图书馆参与非物质文化遗产保护的现状与建议》对公共图书馆非遗数字资源建设现状进行了调研,发现这部分资源存在着分布分散、更新缓慢、数据标准不一、技术标准不一、共享难度高、缺少数据集成和资源聚合、缺少聚合意识和思路等问题。本文希望构建基于关联数据的图书馆非遗数字资源聚合框架以部分解决上述问题。

关联数据在图书馆领域得到了广泛关注和应用,基于关联数据的信息聚合技术可以帮助图书馆和全球数据网络资源建立链接,拓展图书馆的资源和服务,使图书馆和其他相关领域的数据和应用进行协同,从而提升图书馆的价值[1]。本文正是在这样的背景下,来关注图书馆的非遗数字资源的聚合的。这些数字资源存储在不同的数字图书馆中,也广泛分布于各类网络平台上,利用关联数据整合和共享馆内、馆间以及互联网的各类非遗数字资源,成为整理、传承和传播非遗文化的重要抓手。

2　关联数据用于资源聚合

2006年,T. Berners-Lee提出了linked data的概念,其原理是用一种轻型的、可利用分布数据集及其自主内容格式、基于标准的知识表示与检索协议、可逐步扩展的机制来实现可动态关联的知识对象网络,并支持在此基础上的知识组织和知识发现。具体而言,关联数据可以理解成采用RDF(resource description framework)数据模型,利用URI(统一资源标识符)命名数据实体,来发布和部署实例数据和类数据,从而可以通过HTTP协议揭示并获取这些数据，同时强调数据的相互关联、相互联系以及有益于人机理解的语境信息[2]。近几年，围绕关联数据展开了一系列的研究，召开了一系列的国际研讨会，如 WWW LDOW（Linded Data On the Web）、ISWC（International Semantic Web Conference，ISWC2010 就有 Consuming Linked Data 专门会议）、DC（Dublin Core）会议、AAAI（the Association for the Advancement of Artificial Intelligence）论坛等，讨论了关联数据的出版发布与浏览、关联数据的应用架构、关联算法和 Web 数据融合等方面的内容[3]。通过分析、设计并实现关联数据的应用场景，C. Bizer[4]和 E. Romero-Frias[5]等人在很大程度上推动了关联数据的研究进展。

随着网络上关联数据的不断增多，围绕关联数据的应用研究也逐渐增多，且在实践方面也取得了一系列进展，比如 W3C SWEO LOD（Linking Open Data）项目，目前已经有各种开放数据集在 Web 上提供，涵盖了 Wikipedia、Wikibooks、Geonames、MusicBrainz、WordNet、the DBL Pbibliography 等多个来源，更多的数据集则是在 Creative Commons 或 Talis Licenses 的许可下发布的，项目的目标是通过在网络上发布各种公开的 RDF 数据集，并在不同的数据源的数据项之间建立 RDF 链接来扩展 Web，最终使得数据能够共用[6]。

2.1 基于关联数据的资源聚合相关技术

关于资源聚合，早期研究得比较多的是基于 RSS 或者类 RSS 的资源聚合方式，而基于社会化平台以及基于语义的资源聚合也被广泛探讨。与众多的资源聚合方式相比，基于关联数据的资源聚合有着其独特的优势。它不仅可以有效解决数据的异构问题，而且也易于与本体等技术相结合，提高数据间的语义关联性；同时，Web 上不同的被 RDF 描述的资源可以建立起特定的语义关联，这给网络信息资源整合带来极大的方便，为网络用户提供了更加规范的数据资源[7]。关联数据所具备的标准格式和扩充机制能够适应不断膨胀的数据源和分布类型，针对图书馆而言，基于关联数据的资源深度聚合可以促进数字图书馆知识服务体系的不断完善，有效提升服务质量，实现数据的最大限度关联与资源的充分利用，完善基于数据合作的图书馆服务体系。资源聚合中关联数据的关键技术除了统一资源定位符（URLs）以及超文本传输协议（HTTP）外，还包括 RDF、SPARQL、OWL 等技术：①RDF 是 W3C 于 1999 年推出的用于描述 Web 资源的标记语言，其提供了一个简单的通用数据模型，是表达机器可理解语义的基本格式，该数据模型具有语法独立性。在 RDF 文件里可以通过简单的主体、谓词、客体三元组模式描述网络信息资源，其最基本的元素包括资源、属性和陈述。在 RDF 的基础上，W3C 推出了

RDFSchema（简称 RDFS）用以提升 RDF 对于资源描述的能力，RDFS 定义了类、类的属性和关系、相关限制等词汇，在这些词汇基础上用户可以定义自己所需的类，创建类间关系等，从而完成对相关领域的描述[8]。②SPARQL（Simple Protocol and RDF Query Language）是一种从 RDF 图中获取信息的查询语言，它是构建在早期的 RDF 查询语言（rdfDB、RDQL 和 SeRQL）之上的，能以 URLs、空白结点、无格式和类型文字的形式提取信息。作为一种数据访问语言，SPARQL 适合于局部和远程的使用[9]。（3）OWL（Web Ontology Language）是 W3C 开发的一种网络本体语言，用于对本体进行语义描述，其目的是为了更好地开发语义网。OWL 能够清晰地表达词汇表中的词条（term）的含义以及这些词条之间的关系，是关联数据与本体技术相结合的一种很好的选择，其强化了网络信息资源集成框架中各种类型数据之间的语义关联性，能为后期的集成检索和语义推理等提供便利[7]。

2.2 国外图书馆资源聚合领域的关联数据应用

图书馆作为一个拥有大量结构化数据并向社会提供信息服务的机构，对于关联数据的应用也给予了足够重视并进行大力推广。多个国家的图书馆利用关联数据对图书馆资源进行了聚合。

其中，2010 年 5 月 28 日，W3C 成立了图书馆关联数据孵化组织（Library Linked Data Incubator Group），以增强图书馆数字资源的全球互操作性。这一组织在元数据模型、元数据架构、标准和协议等领域广泛开展工作，号召各图书馆遵守共同标准把各馆资源发布为关联数据，不仅实现图书馆领域的资源互联，还与语义网上的其他领域资源相互联系起来。关联数据在国外很多图书馆中有着各类应用，比较典型的是美国国会图书馆和瑞典国家图书馆[10]。美国国会图书馆（The Library of Congress）将 LCSH（Library of Congress Subject Headings）进行语义化描述后以关联数据形式发布在 Web 上，这成为图书馆界应用关联数据的典例案例。其具体做法是为每条 MARC 规范记录都在 001 字段著录有 LCCN（美国国会图书馆控制码），LCCN 具有的永久性和唯一性的特点使其成为标识 SKOS（简单知识组织系统）概念的最好候选，SKOS 采用 URI 来标识概念实例，用户在浏览 SKOS 中的相关概念时只需点击相关链接即可，实现了客户端直接向 LCSH 概念的 URI 请求相同内容不同格式的机读数据，且 SKOS 的数据可以从多个层面上与外界资源进行链接。此外，美国国会图书馆的其他词表，如《国会图书馆分类法》、人名规范文档、LCCN 永久链接服务等，都可以转化为以 RDF 表示的关联数据[11]。而瑞典国家图书馆早在 2008 年便将瑞典联合目录（LIBRIS）发布为关联数据，

LIBRIS 共包含约 600 万条书目记录、2 000 万条馆藏记录及 20 万条规范记录，为超过 170 家大学图书馆、公共图书馆、博物馆和档案馆提供编目服务。与 Ed Summers 率先把美国国会图书馆 LCSH 发布为关联数据（lcsh. info）不同，LIBRIS 是世界上第一个被整体发布为关联数据的联合目录或国家图书馆目录，前者仅仅是针对词表，而不包含书目数据，后者则采用"数据优先"战略，更多地关注效率和可用性，而不是试图去寻找数据的"完美表述"。瑞典国家图书馆在发布关联数据的过程中，LIBRIS 使用的词汇表并没有仅限于图书馆学领域，而是一个包含了 DC、SKOS、FOAF 和 Bibliontology 的混合体；LIBRIS 使用原有数据库中的标识（MARC 001 字段）作为书目记录和规范记录的 URIs；为加强和外部数据的关联，LIBRIS 还创建了到 lcsh. info 和 Wikipedia/DBPedia 的链接[12]。此外，德国国家图书馆的联合权威档、法国国家图书馆的 RAMEAU 主题标目和匈牙利国家图书馆的目录和叙词表都是基于关联数据的图书馆资源聚合的典型应用[13]。

2.3 国内图书馆资源聚合中关联数据的应用研究

国内研究者最近几年对图书馆关联数据应用很关注，对关联数据在图书馆资源聚合中的应用模式、具体实现、实践推广等方面展开了讨论：

2.3.1 应用模式探讨 一方面，围绕作为资源来源的图书馆以及相关机构的横向聚合模式探讨，可以是机构内的聚合，也可以是机构间或者机构与网络信息资源的聚合，如游毅等将关联数据的馆藏资源聚合模式分为馆藏资源关联数据化与图书馆关联数据链接管理两部分。前者主要通过图书馆内的关联数据集创建与发布为馆藏资源聚合提供数据基础，后者则通过多种方式在图书馆关联数据集与其他数据集（馆外资源）之间构建 RDF 链接并进行动态维护[14]。另外，郑燃等构建了基于关联数据的图书馆、档案馆和博物馆（library、archives、museums，LAM）三馆联合的数字资源整合模式[15]。另一方面，根据聚合深度的分层纵向聚合模式探讨，如丁楠等基于关联数据，从数据层、聚合层和应用层 3 个层次对图书馆信息聚合进行研究[16]。欧石燕提出了一个面向关联数据的语义数字图书馆资源描述与组织框架，该框架具有元数据层、本体层、关联数据层和应用层 4 个层次[17]，其后还提出本体与关联数据驱动的图书馆信息资源语义整合框架，旨在实现不同层次与范围的资源整合[18]。郑燃等基于关联数据的 LAM 数字资源的整合模式，也将其从下往上分为数据发布层、数据关联层和数据集成应用层 3 个层次。

2.3.2 关联数据应用于图书馆资源聚合的过程探讨和具体实施 王涛把关联数据在馆藏资源聚合中的应用分为创建、发布、自动关联、浏览和链接维护5个环节[19]。孙鸿燕认为图书馆对关联数据的综合管理主要包括关联数据的挖掘、创建、关联构建、发布、浏览及链接维护等环节[20]。林海青基于服务视角，归纳了发布、消费、服务和平台4个图书馆应用关联数据的基本模式[21]。

2.3.3 关联数据的应用实践 刘炜在2008年于上海召开的"数字环境下图书馆前沿问题研讨会"上做了《语义互操作与关联数据》的报告，其后国内图书馆界开始了积极探索，包括上海图书馆数字图书馆研究所、中国科学院主文献情报中心、中国科学技术信息研究所在内的研究团队均结合实践将此项研究不断向前推进。

3 基于关联数据的非遗数字资源聚合方案

通过RDF标引和URI定位实现非遗数字资源间的关联，整合视图的应用，可有效解决数据分布分散、标准不一、缺少共享与集成等问题，从而实现资源聚合。本文将给出图书馆非遗数字资源聚合的一般框架，并在详细探讨元数据标引、关联数据的创建和发布及其聚合应用等流程的基础上，给出本文所采用的实现策略。

3.1 图书馆非遗数字资源聚合框架

基于关联数据的图书馆非遗数字资源聚合框架（见图1），主要包括三大部分：①数据及标引。缺少资源谈聚合是空谈，缺少标准谈聚合也会事倍功半。非遗数字资源主要包括图书馆馆藏非遗相关资源和互联网非遗数字资源，依据非遗数字资源的元数据标准对上述资源进行标引，在此基础上形成关联数据项。②关联数据的创建和发布。关联数据项只是一系列知识的片段，不经过关联和整合很难体现非遗项目的知识体系，所以创建的关联数据可以是一般的关联数据项，也可以体现为整合视图下的数据集，最终形成一组可调用的RDF数据；③关联数据的具体应用，除了聚合以外，也包括一般的浏览和检索查询。

3.2 非遗数字资源的元数据标引

数字资源的聚合过程并不是仅仅将具有某些相关属性的资源集中到一起，做些简单的分类或者整序发布，而是要在考虑元数据的基础上实现资源的深度关联与融合。基于元数据标引的数字资源通过关联数据的方法，可以利用统一资源标识符URL对相关数据集进行统一标识，进而利用资源描述框架RDF对数据集进行关联，从而实现对数字资源的有效整合，这种整合是基于语义深度的聚合，能最终形成基于元数据的数字资源聚合网络。

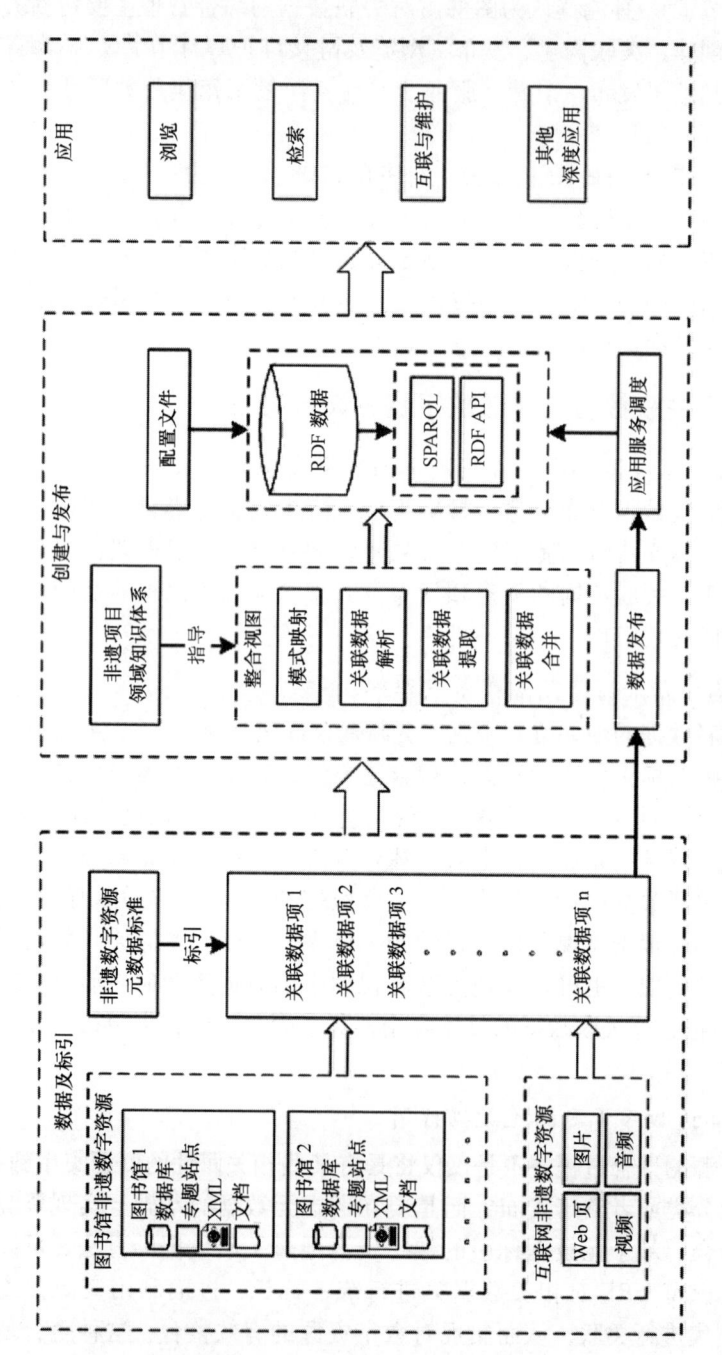

图 1 基于关联数据的图书馆非遗数字资源聚合框架

本文所用非遗数字资源元数据标准是在 DC 元数据基础上，充分考虑非遗项目自身特点设计生成的，结构上采用元素和元素限定词的形式进行描述，然后再根据我国非遗项目各特定类别进行专门扩展，具体参见本系列论文的《非遗数字资源的元数据规范与应用研究》。元数据标引有自动标引和人工标引两种，自动标引一般借助对实体的自动抽取实现，标引后通过 D2RQ 等转换工具转化 RDF 形式，由于非遗项目种类众多，同时表述也极具地方特色，故本文研究中主要采取人工手动标引的方式创建非遗数字资源的语义描述元数据及其管理元数据。

3.3 非遗关联数据的创建与发布

关联数据的发布过程主要包括用 URI 标识所要发布的 Web 数据；使用 HTTP 机制将数据页在 Web 上表示出来；根据 HTTP URI 中的某个标识名称发现可以链接的数据；提供相关的 URI 链接以便用户发现更多的数据对象[22]。也有研究者对关联数据发布的技术和方法进行了总结，包括：以静态 RDF/XML 文件发布关联数据、通过服务器端脚本发布关联数据、以 RDFa 格式发布关联数据、从 RDF 存储器发布关联数据、从关系型数据库发布关联数据、通过包装已有的应用或 Web APIs 发布关联数据[18]。本文采用第一种方法，该方法比较适合发布小型的 RDF 词表，对于大数据量并不适用，因为需要预先生成大量的 HTML 或 RDF/XML 文档。对于非遗数字资源而言，其元数据标准并不是很复杂，主要围绕着非遗项目的一些标识属性，所以采用这一方式足以建立非遗数字资源之间的关联。

具体实现是在非遗元数据标引基础上生成 RDF/XML 描述，对非遗数字资源的内部结构及内含语义进行描述，建立 HTTP URI，生成 RDF 数据以建立起资源对象与对象之间的关联，在 Web 网页上发布此 RDF 描述信息，并提供公用检索和解析方法。在 Web 上发布 RDF 文档可采用以下两种方法之一：①支持 HTTP 的内容协商机制（content negociation），该机制能根据客户端信息请求的类型（text/html 还是 application/rdf + xml）决定返回 HTML 的表示形式还是 RDF 的表示形式；②支持采用带"#"号（hash）的 URI 方式定位到 RDF 中具体的数据资源[23]。另外，关联数据的创建与发布人员还需提供一个标准开放的访问接口，以支持使用 RDF 的标准化检索语言 SPARQL 对 RDF 数据进行检索，供用户远程调用本地数据。

3.4 非遗关联数据的浏览与检索

数据集发布成关联数据之后，可以使用合适的浏览器来浏览这些数据，并通过各数据间的 RDF 链接，为用户提供不同数据源间的访问导航，能方便地浏览并查询关联数据的浏览器有 Tabulator Browser、Disco Hyperdata Browser、OpenLink Data Web Browser、Objectviewer、Marbles 等。除了浏览器外,用户也可以借助搜索引擎技术来检索所需要的数据,常见的关联数据搜索引擎有 Falcons、Sindice、Watson、SWSE(Semantic Web Search Engine)、Swoogle 等[24]。关联数据浏览与检索技术往往可以结合起来。本文主要关注基于关联数据的聚合,所以对浏览和检索等功能应用不作赘述。

3.5 非遗数字资源的多维度聚合

基于关联数据的数字资源多维度聚合可以从聚合内容和聚合方法两个方面来理解。按内容来分,聚合有纵向聚合和横向聚合[25],前者的数字资源主要来源于机构内部,以图书馆为例,聚合主要针对具体图书馆的馆藏,包括数字文献资源、特色资源库、专题 Web 站点、各类信息系统等;后者则是将包括互联网信息资源在内的数字资源进行聚合,除了不同图书馆的数字资源和互联网资源外,非遗数字资源还可能会涉及博物馆、档案馆以及各级文化机构拥有的数字资源,在非遗保护体系中,不同文化机构对资源进行数字化时各有侧重,所以对其进行数字资源聚合更具意义。不同信息机构可能在信息资源格式标准和技术应用上也存在较大差异,此时,基于关联数据的数字资源聚合方案就会显得更有优势。从聚合方法来看,基于关联数据的资源聚合又可分为数据层的资源聚合和语义层的资源聚合[18],前者多聚焦于开放空间里的资源本身,资源命名后通过链接的方式加以指向,而后者则可能会涉及到本体,基于本体建立 RDF 语义链接实现馆内、馆间、馆外的知识组织和资源互联,也有研究者在浅层关联数据(相当于数字层资源聚合)和深层关联数据(相当于语义层资源聚合)外提出了中层关联数据用于数字图书馆的资源聚合[26]。

基于关联数据的非遗数字资源多维度聚合的实现在聚合框架中已有所体现,首先是对图书馆内以及互联网上的数字资源加以梳理,进行标引,然后把所有非遗相关的数字资源创建成关联数据形式并发布出去,结合构建关联数据之间的关系,通过整合视图的方式实现关联数据资源的聚合,通过 Web 或者其他可视化方式进一步应用。对图书馆而言,聚合的广度体现在聚合对象中既有本馆资源,也有他馆资源、互联网资源等;既有结构化数据,也有半结构化数据或者非结构化数据。聚合的深度体现在既有数据层的聚合,比如基于相同实体的多维度聚合。也有语义层的聚合,比如基于相关实体的多维度聚合。聚合服务形式包括图书馆把自有资源通过关联数据创建和发布出去,图书馆调用别人发布的关联数据以实现数字资源聚合,第三方资源聚合平台实现非遗数字资源聚合等不同做法，这与不同图书馆的定位和不同非遗项目的特点有关。本文实例是基于关联数据以非遗互联网资源补充图书馆馆藏，通过构建特定非遗项目专题库实现数字资源的多维度聚合。

4 数字图书馆非遗数字资源聚合实例

图书馆的非遗数字资源主要包括馆内与非遗相关的书目、词表和数字资源等，非遗网络资源则更为宽泛，除了包括与非遗相关的专题网站、机构门户与论坛，还包括相关的新闻、百科、图片、视频与音频等。本文通过调用这两种来源的非遗相关资源的关联数据，把相关内容都聚合到一个专题网站中，选取的非遗项目实例是浙江温州的"瓯塑"。根据上文所提图书馆非遗数字资源的元数据标引、创建与发布和多维度聚合方案，实现了"瓯塑"相关关联数据的数字资源聚合，用户在聚合后的"瓯塑"专题网站上能够便捷、全面地获得所需资源或信息，而不必受异构数据源的约束。如图2所示：

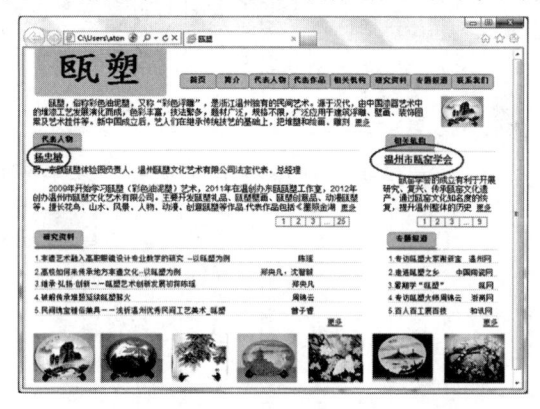

图2 非遗项目"瓯塑"的专题网站首页

与瓯塑相关的图书馆馆藏和网络资源共同构成了该专题网站的内容，以"代表人物"栏目为例，用户在该专题网站点击人物名"杨忠敏"时，检索页面会关联呈现人物简介、代表作品、所在机构、人物关系等信息，其中人物简介包含名字、性别和主要经历等元数据；点击"相关机构"栏目显示的"温州市瓯窑协会"时，跳转的页面中关联呈现机构简介、相关人物及专题报道等信息，其中机构简介包括机构成立时间及简要介绍等元数据信息。本文简要给出了关联检索结果页面及对应的部分网页描述语言，如图3所示：

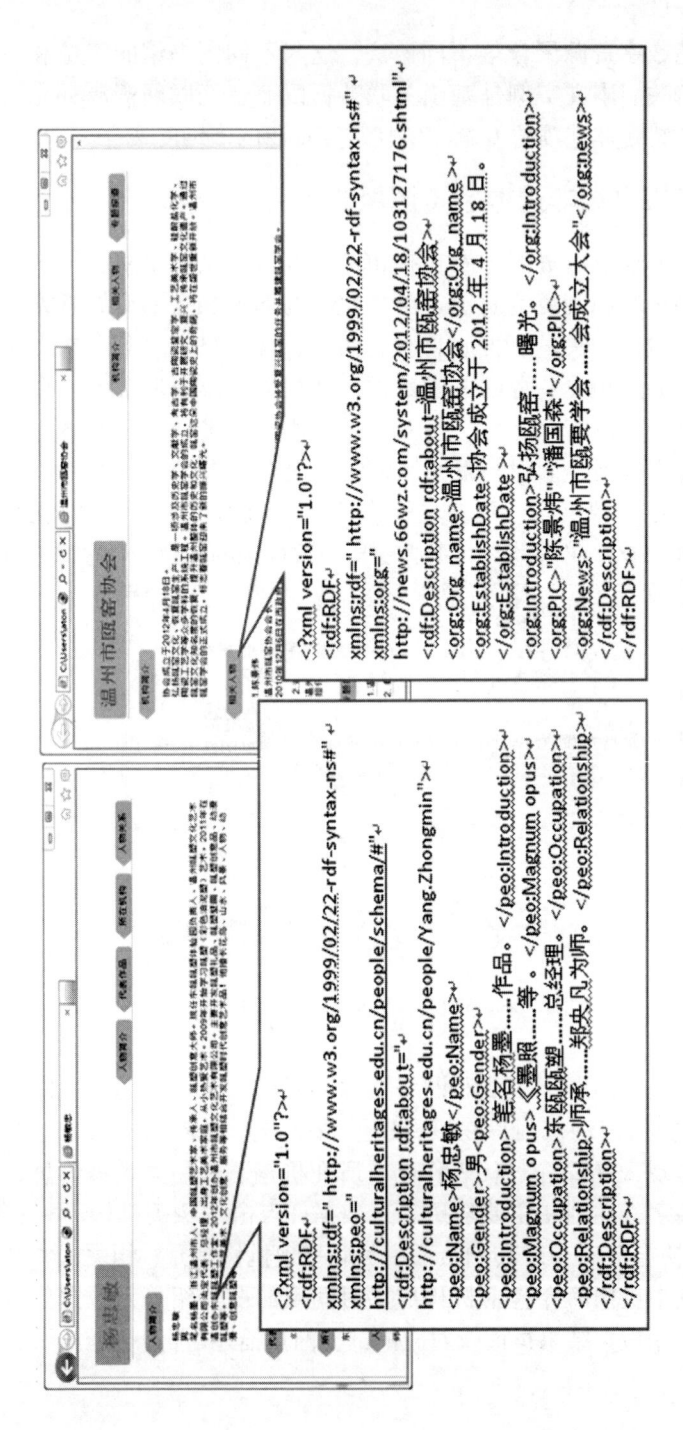

图 3　基于关联数据的非遗数字资源聚合实例

5 结语

本文基于关联数据用于资源聚合的相关背景和知识,给出了基于关联数据的非遗数字资源聚合方案,并以非遗项目"瓯塑"为例设计并实现了数字图书馆非遗数字资源聚合实例。通过对基于关联数据的非遗数字资源聚合的框架探讨、过程分析和实例呈现,可以看出关联数据在非遗这一资源庞杂领域应用前景广阔。不过在实际应用中,尚存增一些有待进一步加强的薄弱环节,比如,如何设计更有价值的非遗资源组织,如何在检索优化时融入非遗语义,如何在界面友好的基础上增强交互性等。另外,关联数据对资源开放程度依赖较大、链接动态同步、数据安全性等方面的问题也值得后续关注和研究。

参考文献:

[1] 丁楠,潘有能.基于关联数据的图书馆信息聚合研究[J].图书与情报,2011(6):50-53.
[2] 沈志宏,黎建辉,张晓林.关联数据互联技术研究综述:应用、方法与框架[J].图书情报工作,2013,57(14):125-133.
[3] 黄永文.关联数据在图书馆中的应用研究综述[J].现代图书情报技术,2010(5):1-7.
[4] Bizer C, Heath T, Berners-Lee T. Linked data-The story so far[J]. International Journal on Semantic Web and Information Systems,2009,5(3):1-22.
[5] Romero-Frias E, Vaughan L. European political trends viewed through patterns of Web linking[J]. Journel of the American Society for Information Science and Technology,2010,61(10):2109-2121.
[6] SweoIG/TaskForces/CommunityProjects/LinkingOpenData-W3CWiki[EB/OL].[2014-08-10].http://www.w3.org/wiki/SweoIG/TaskForces/CommunityProjects/LinkingOpenData.
[7] 马费成,赵红斌,万燕玲,等.基于关联数据的网络信息资源集成[J].情报杂志,2011(2):167-170,175.
[8] 娄秀明.用关联数据技术实现网络知识组织系统的研究[D].上海:华东师范大学,2010.
[9] 谢桂芳.SPARQL—一种新型的RDF查询语言[J].湘南学院学报,2009(2):80-84.
[10] 王薇,欧石燕.关联数据在图书馆领域的应用研究[J].新世纪图书馆,2012(9):25-28.
[11] 李琳.关联数据在图书馆界的应用与挑战[J].图书与情报,2011(4):58-61.
[12] 潘有能,张悦.关联数据研究与应用进展[J].情报科学,2011(1):124-130.
[13] 刘炜.关联数据:概念、技术及应用展望[J].大学图书馆学报,2011(2):9-10.

[14] 游毅,成全.试论基于关联数据的馆藏资源聚合模式[J].情报理论与实践,2013(1):109-114.
[15] 郑燃,唐义,戴艳清.基于关联数据的图书馆、档案馆和博物馆数字资源整合研究[J].图书与情报,2012(1):71-76.
[16] 丁楠,潘有能.基于关联数据的图书馆信息聚合研究[J].图书与情报,2011(6):50-53.
[17] 欧石燕.面向关联数据的语义数字图书馆资源描述与组织框架设计与实现[J].中国图书馆学报,2012(6):58-71.
[18] 欧石燕,胡珊,张帅.本体与关联数据驱动的图书馆信息资源语义整合方法及其测评[J].图书情报工作,2014,58(2):5-13.
[19] 王涛.基于关联数据的馆藏信息资源聚合研究[J].图书馆学刊,2012(8):44-46.
[20] 孙鸿燕.图书馆关联数据的综合管理及其实现[J].图书馆学研究,2011(23):51-54,5.
[21] 林海青,楼向英,夏翠娟.图书馆关联数据:机会与挑战[J].中国图书馆学报,2012(1):58-67,112.
[22] 金燕,江闪闪.基于四原则的关联数据发布方法研究[J].图书馆理论与实践,2013(5):77-80.
[23] 夏翠娟,刘炜,赵亮,等.关联数据发布技术及其实现——以 Drupal 为例[J].中国图书馆学报,2012(1):49-57.
[24] 沈志宏,张晓林.关联数据及其应用现状综述[J].现代图书情报技术,2010(11):1-9.
[25] 田宁.基于关联数据的信息资源整合[J].图书馆学刊,2014(1):37-39.
[26] 王忠义,夏立新,石义金,等.数字图书馆中层关联数据的创建与发布[J].现代图书情报技术,2013(5):28-33.

作者简介

仝召娟,上海财经大学图书馆助理馆员,硕士;许鑫,华东师范大学商学院信息学系副教授,博士,通讯作者,E-mail:xxu@infor.ecnu.edu.cn;钱佳轶,华东师范大学商学院信息学系本科生。

本体与关联数据驱动的图书馆信息资源语义整合方法及其测评[*]

欧石燕　胡珊　张帅

（南京大学）

1　引言

随着计算机和网络技术的普及与发展，各种数字资源急剧增长，日渐成为信息资源的主流。数字资源具有复杂性、多样性、异构性和海量性等特点，这使得为用户提供更加智能、整合的资源发现与获取服务变得至关重要，而元数据则是其中的关键。由于历史和现实的原因，各数字图书馆往往采用各自不同的元数据标准和软硬件平台来描述与存储数字资源，并且基本上是各自独立管理与维护，造成大量分布式异构数据的存在，形成了许多局部范围内组织良好但整体上分散独立的信息孤岛。为了能够将这些异构分散的资源整合在一起，实现统一检索与访问，促进资源的发现与共享，图书馆采取了一系列解决方案，如 OAI-PMH 协议、Z39.50 协议、跨库检索、信息链接等[1]，但是这些方法都只能解决资源结构和语法上的异构问题，无法解决语义上的异构和互操作问题。另一方面，当前的信息整合方式基本上都是在有限范围内进行，无法形成一个开放的、可无限延伸与扩展的资源整合体系。

语义网的出现改变了 Web 以及基于 Web 的各种应用，这其中也包括数字图书馆。由于语义网天生具有数据互联和集成的特性，因此将语义网技术应用于资源整合具有强大的潜力。早在 20 世纪 90 年代就有国外学者开始探索将本体应用于信息资源整合[2]，但是由于本体通常是面向特定领域的，因此基于本体的资源整合体系的开放性和扩展性还不够理想。

2006年，伯纳斯·李在语义网的基础上提出了关联数据（linked data）的

---

[*] 本文系国家社会科学基金项目"基于 SOA 架构的术语注册和服务系统构建与应用研究"（项目编号：11BT0023）和教育部人文社会科学基金项目"数据关联的语义数字图书馆研究"（项目编号：10YJA870014）研究成果之一。

概念[3]。关联数据是指在网络上发布、共享、连接各类数据、信息和知识的一种方式，它克服了本体的领域局限性，实现了数据之间开放的无缝互联。当前，越来越多的研究者和组织机构认识到关联数据在数据发布、共享和互联方面的独特优势，开始将其应用于各个领域。就目前关联数据在图书情报领域的应用来看，其主要应用模式还只是将关联数据作为一种结构化数据的网络发布方式，譬如将受控词表、书目数据、科技论文元数据等发布为关联数据[4]，注重的是单一数据集的网络发布，而非不同数据集间的互通互连，没能很好地利用关联数据具有的数据关联特性，更很少对关联数据之上的应用（如浏览和查询）做进一步的探索。

本研究的目的是探索将关联数据应用于数字图书馆信息资源的整合，提出一个本体与关联数据相结合的资源层次化语义整合模式，从而实现图书馆内部不同类型、不同格式的文献资源间的语义整合与互操作；实现不同知识集合中资源的集成与相互关联，使图书馆中的各种数字资源构成一个有机联系的统一整体；实现图书馆馆藏资源与外界其他资源的无缝链接，形成一个开放的资源整合体系。

2 相关研究综述

2.1 传统的图书馆信息资源整合

图书馆面对的是复杂多样的数字资源，针对不同范围、不同类型的数字资源，往往选择不同的整合方式。按照整合程度的不同，马文峰和杜小勇将数字资源整合方式分为3个层次：数据层面的整合、信息层面的整合和知识层面的整合。在图书馆领域通常采用以下3种方式实现数据层面的整合：

（1）采用OAI–PMH协议从分布异构的数据源中对元数据进行收割和集成，构建数据仓库，并在此基础上提供统一的检索服务，譬如CALIS高校学位论文数据库[5]。

（2）将Z39.50协议作为中间协议层，实现异构系统间的交换式通信和分布式异构数据源间的无缝集成，譬如CALIS OPAC（联合目录公共检索）系统[6]。

（3）采用跨库检索技术为多个分布式异构数据库提供统一的用户检索界面和统一的结果整合输出界面，譬如CNKI（中国知网）[7]。

数据层面的整合解决了异构数据库中数字资源的物理异构难题，实现了统一检索，但是却无法对资源实体间存在的各种关系进行揭示和关联，这需要提升到信息层面的整合。目前图书馆领域通常采用以下两种方式实现信息层面的整合：

（1）通过超链接机制将具有相互关系的资源实体链接成一个有机统一体。譬如，CNKI通过静态超文本链接机制将来自本地不同数据库中相互引证的期刊论文、学位论文、会议论文等各类文献资源链接成一个有机信息网络。在CALIS OPAC系统中，通过在MARC纪录里增加856字段记录数字资源的访问地址和获取方式，使得通过该系统既能检索到印刷型图书的书目信息，又能同时获取相关电子资源或音频视频资源的地址链接，从而实现图书馆内实体馆藏和数字馆藏以及不同类型资源间的纵向集成，构成一个全方位的OPAC资源体系[8]。

（2）构建信息门户。采用分类法、主题词表等传统的知识组织工具将学科领域内本地馆藏资源和外部网络资源整合、组织成一个有序的等级系统，提供统一的访问入口。譬如，中国科学院国家科学数字图书馆的"学科信息门户"[9]。

数据层面和信息层面的整合方式都只能在有限范围内实现不同资源系统中各种数字资源在物理、逻辑和结构上的整合。在整合深度上，没能解决资源整合中语义异构和互操作的难题，也无法使资源在深层次的语义和概念层面进一步相互关联；整合范围主要限于图书馆内部资源，不能无限扩展到外部的相关资源。近年来，随着语义网技术的成熟与发展，资源整合的重点从物理和语法上的整合上升到语义和知识的整合，基于本体的知识整合方式成为当前资源整合的研究热点。

2.2 基于本体的信息资源整合

早在20世纪90年代，国外就对基于本体的信息整合方式展开了研究。该整合方式主要是基于领域本体模型对异构数字资源进行语义标注并构建统一的（元数据）知识库，从而实现对资源的统一语义检索。本体在其中的作用是提供对资源进行语义标注的词汇标准。德国不来梅大学的H. Wache等人对本体在信息整合中的应用进行了调研，将基于本体的整合方法归纳为单一本体法、多本体法和混合法3种类型[10]。

作为一种新兴的知识组织工具，本体可以实现资源的语义化标注并支持语义互操作，在一定程度上解决资源语义异构的难题，从而使资源整合上升到语义和知识的层面。在本研究中，笔者采用混合法对文献资源进行了整合，采用专门元数据本体描述不同类型的文献资源，采用一个共享的核心元数据本体作为不同专门元数据本体间的公共词汇表。但是，本体的一个很大的局限性是：本体往往是领域相关的，因此基于领域本体，对某个领域或某个知识集合内的资源进行整合比较有效，对于不同领域或者不同知识集合的资源进行整合比较困难，往往需要借助本体间的映射或关联关系。譬如，基于书目元数据本体只能对图书馆内的文献资源进行整合，无法与图书馆中的其他资源（如知识组织资源、人名、地名等）相集成，更无法与外界的相关资源建立关联。关联数据的提出为解决资源的开放互联与开放整合问题提供了可能。

2.3 基于关联数据的信息资源整合

关联数据作为构建数据之网的关键技术，在资源整合和共享方面具有天然的优势。它通过发布和链接结构化数据使得分散异构的数据孤岛实现语义关联，从而使资源整合成为无缝关联、无限开放的整体，还可以通过与本体技术相结合增强资源之间的语义相关性。目前将关联数据应用于资源整合的领域主要是企业信息资源和金融数据（相关研究见文献［11］和［12］），在图书馆领域的应用实践尚不多见。

我国对关联数据应用的研究目前还处于起步阶段，主要是对关联数据在信息资源整合中的应用进行理论探讨。譬如，丁楠和潘有能提出了一个基于关联数据的图书馆信息聚合模型[13]；苏春萍等人则提出了一个基于关联数据和 SOA 的医学图书馆信息资源整合模型[14]；游毅和成全对基于关联数据的馆藏资源聚合模式进行了理论阐述[15]；郑燃等人提出了基于关联数据的图书馆、档案馆和博物馆数字资源整合模式[16]。虽然上述研究者都提出了基于关联数据的资源整合模型或模式，但都仅限于理论阐述，并没有进行相应的应用实践。2011 年，马费成等人提出了一个基于关联数据的网络信息资源集成框架，并依据此框架，设计和实现了以"武汉大学"为基本单位的免费网络学术资源集成实验系统[17]。该研究是我国图书情报领域将关联数据应用于资源整合的极少实践研究之一，其主要是针对网络信息资源，直接采用工具将关系型数据库发布到网络上并进行关联，缺乏本体的有效支持，因此对资源间隐含关系和深层次语义关系的识别不够充分。此外，该研究也没有对资源整合的应用效果进行验证与测评。

3 图书馆信息资源语义整合框架

本研究提出了一个本体与关联数据驱动的图书馆信息资源语义整合框架，该框架具有 3 层结构（见图 1），旨在实现不同层次与范围的资源整合：①基于本体，实现图书馆内部不同类型、不同来源、不同时期、不同格式的文献资源异构书目元数据的整合。②基于关联数据，实现文献资源与知识组织资源等其他相关资源的整合,使图书馆内部的各种资源构成一个有机联系的统一整体。③基于关联数据,实现图书馆馆藏资源与外部相关资源的无缝链接,从而促进图书馆资源的发现和利用。

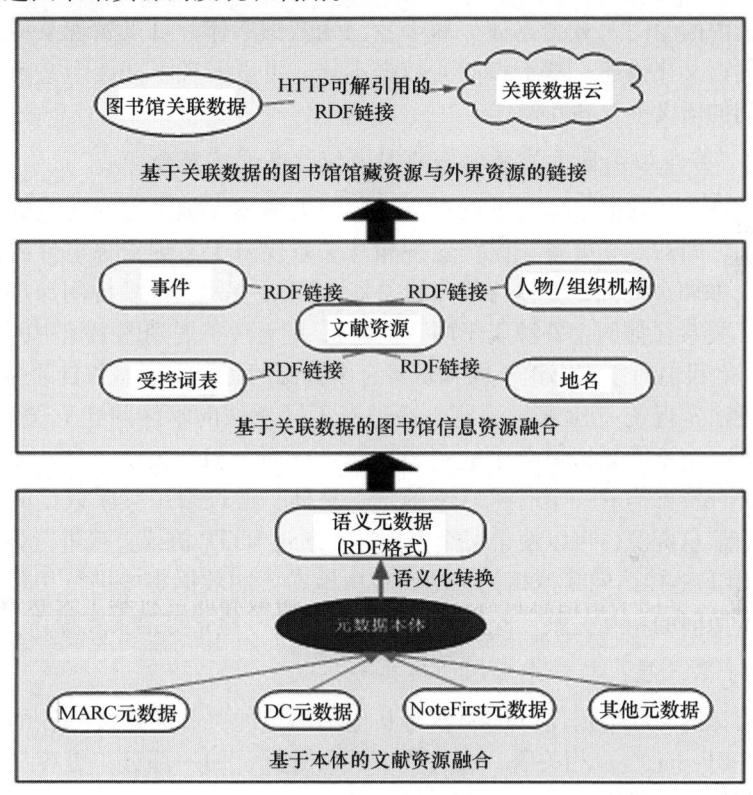

图1 基于本体与关联数据的图书馆信息资源语义整合框架

3.1 第一层:基于本体的文献资源整合

在图书馆中,针对不同类型、不同来源的文献资源通常采用不同的元数据规范进行描述,使得同一图书馆内部往往并存着多种元数据规范,不同图书馆之间使用的元数据规范更是千差万别。元数据虽然提供了数字图书馆的语义基础,但是却无法解决文献资源描述的异构性和语义性问题[18]。鉴于元数据的上述局限性,需要在文献资源元数据描述的基础上构建某种机制,实现不同类型、不同格式的异构元数据间的语义互操作,这就是本体的作用。在本研究中,笔者采用混合法实现基于本体的文献资源语义整合。针对不同类型的文献资源,首先构建一个共享的核心元数据本体,该本体并不试图容纳各种元数据规范的所有元素,而是形式化地描述各种元数据规范所共有的核心元素。针对某种特定类型的文献资源,其特有的属性或相互间关系可以动态地加入到核心元数据本体中,从而对核心元数据本体进行定制化扩展,生成针对该类资源的专门元数据本体。基于专门元数据本体,可以实现某种类型文献资源的语义化描述;基于核心元数据本体,可以实现不同类型文献资源元数据之间的语义整合和互操作。

3.2 第二层:基于关联数据的图书馆信息资源整合

虽然基于元数据本体,可以在语义层面上描述文献资源的元数据信息并揭示它们之间的语义关系,但是这种相互关系仅限于文献资源集合内部的显性关系(如两个资源是整体与部分的关系),无法揭示文献资源间深层次或隐含的相互关系(如两个资源属于同一主题),更无法扩展到图书馆中的其他资源。此外,目前对于图书馆不同知识集合中资源的访问需依靠各自的 Web API 进行,无法实现统一检索与浏览。通过在不同领域的本体间建立关联关系,可以将图书馆不同知识集合中的资源在语义层面上相互关联起来,使得图书馆中的各种资源构成一个有机联系的统一整体。通过采用关联数据的形式发布图书馆信息资源,可以使得每个资源都可通过 HTTP 协议直接进行访问,并可沿着 RDF 链接访问其他相关资源,自由地在不同数据集中进行切换,有效地揭示资源间的相互关系。此外,还能够实现统一检索等语义互操作。

3.3 第三层:与外界资源的链接与集成

图书馆的关联数据还可进一步与其他图书馆的关联数据或外界的关联数据(如 DBPedia[19])相关联,成为整个关联数据云的一部分,更容易被读者所发现和使用。

基于本体与关联数据的图书馆信息资源语义整合方式不仅是致力于深度优化图书馆的资源,更是试图将图书馆资源纳入到不断扩大的整个数据之网中,在为整个 Web 空间贡献高质量的信息资源的同时,也使图书馆资源的利用率最大化。

4 图书馆信息资源整合的实施

本节将以实际的图书馆数据为例,基于上文所提出的基于本体与关联数据的图书馆信息资源整合框架(见图 1),构建一个演示性的图书馆信息资源整合系统,实现图书馆中以文献资源为核心的不同类型信息资源的语义整合。

4.1 元数据本体的构建

为了实现文献资源的语义化描述,首先需要构建一个元数据本体。在本研究中，笔者采用OWL本体语言基于DC/DCTERMS元数据标准构建了一个通用的核心元数据本体（见图2），其目的是对文献资源的核心属性以及文献资源之间的主要关系进行精确的语义化描述[4]。核心元数据本体是各种类型文献资源共享的一个通用本体。特定类型的文献资源，除了通用属性外往往还具有各自特殊的属性，是核心元数据本体中所没有容纳的，譬如，学位论文的学位和学位授予时间。此时通过为核心元数据本体定义新属性（如cox：degree等）或者为现有属性添加子属性（如cox：dateConferred等）对其进行扩展，生成针对某种特定类型文献资源（如学位论文）的专门元数据本体。基于专门元数据本体，可以将相应类型文献资源的普通元数据转换为以RDF格式表示的语义元数据。

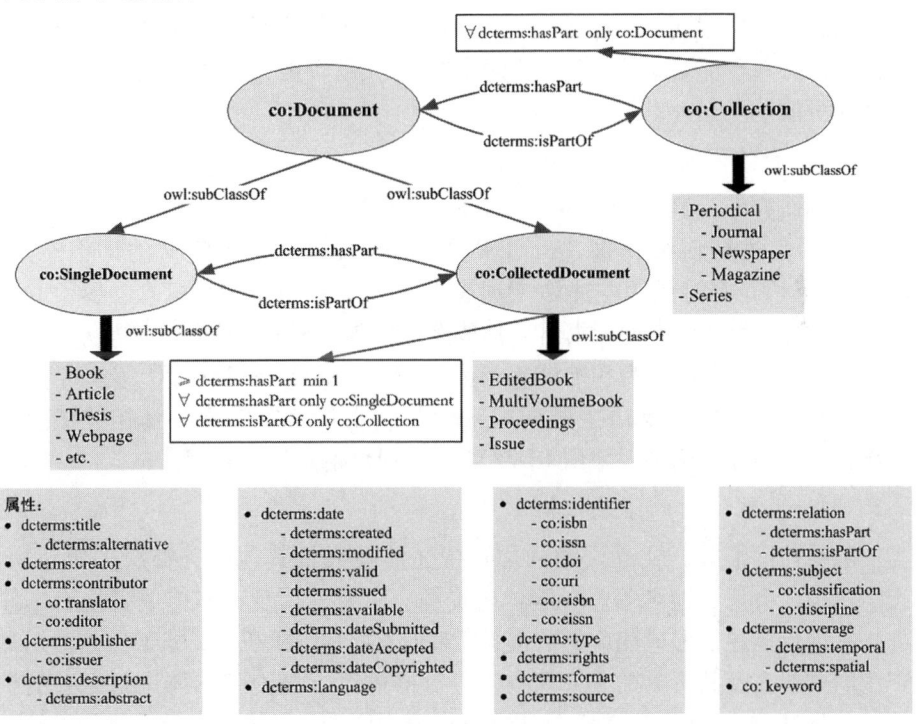

图2 核心元数据本体中的主要类与属性

4.2 语义元数据的生成

在本研究中，笔者以国家图书馆书目数据库、万方数据库和C-DBLP数据库作为数据源，以普通图书、期刊论文、会议论文和学位论文4种文献为例，基于元数据本体，实现文献资源元数据的语义化转换，生成语义元数据。为了使样本数据内部具有较强的潜在关联性，下载的文献资源记录主要集中在作者单位——"南京大学信息管理系（学院）"。所下载的文献资源的元数据格式有3种：来自国家图书馆书目数据库的 CN MARC 格式、来自万方数据库的 NoteFirst 格式 和来自 C – DBLP 的 BibTEX 格式。通过在元数据本体与元数据规范间建立映射关系，笔者采用 JAVA 语言实现了元数据记录从原始格式到 RDF 格式的语义化转换，生成上述文献资源的语义元数据。在这一阶段，对文献资源的描述基本上全部采用数据类型属性，即属性值为文本字符串。

通过基于本体的元数据语义化转换，不同格式、不同类型的元数据转换成为了具有统一格式的 RDF 语义元数据。虽然不同类型文献资源的 RDF 元数据中的属性不尽相同，但是因为它们共享同一个核心元数据本体，因此具有相同的语义共享部分，这使得实现不同类型文献资源元数据之间的语义互操作成为可能。

4.3 受控词表的语义化描述

在本研究中，笔者采用 SKOS 和 SKOS – XL 语言对上述文献资源中所涉及的受控词汇进行语义化描述。由于在 SKOS 数据模型中定义的词汇有限，SKOS 标准语言有时无法描述中文词表中所具有的一些特殊概念、属性和关系。为了实现中文词表的无损语义化转换，笔者对 SKOS 标准语言进行了定制化扩展，扩展语言命名为 SKOSEX。图 3 为采用 SKOS/SKOS – XL 及其扩展语言 SKOSEX 描述的《汉语主题词表》中"情报检索"一词及其相关概念的 RDF 图。在实际应用中，采用 RDF/XML 序列化格式进行表示：

4.4 其他资源的语义化描述

除受控词汇外，文献资源的描述中还涉及大量其他相关资源，如人物、组织机构、会议、地名等。对于这些资源，主要利用现有本体或者现有本体的扩展进行描述，形成相应的数据集。对于人物和组织机构，基于目前应用最广泛的描述人及其行为的 FOAF 本体进行描述[20]，并对该本体进行必要的扩展（扩展部分为 foafx）。对于样本文献资源中所涉及的人物和组织机构，笔者从万方数据库的科技专家信息库与学术机构库以及 C – DBLP 数据库中下载相关的描述记录，然后基于 FOAF 本体自动转换为 RDF 格式的语义化描述。对于万方和 C – DBLP 数据库中没有的人物和组织机构记录，则从机构主页、个人主页、维基百科中手工提取并进行语义化描述。对于会议等事件，基于伦敦大学玛丽皇后学院数字音乐中心于 2004 年开发的 Event 本体进行描述[21]，并对该本体进行必要的扩展（扩展部分为 eventx）。对于时间概念，同样采用该

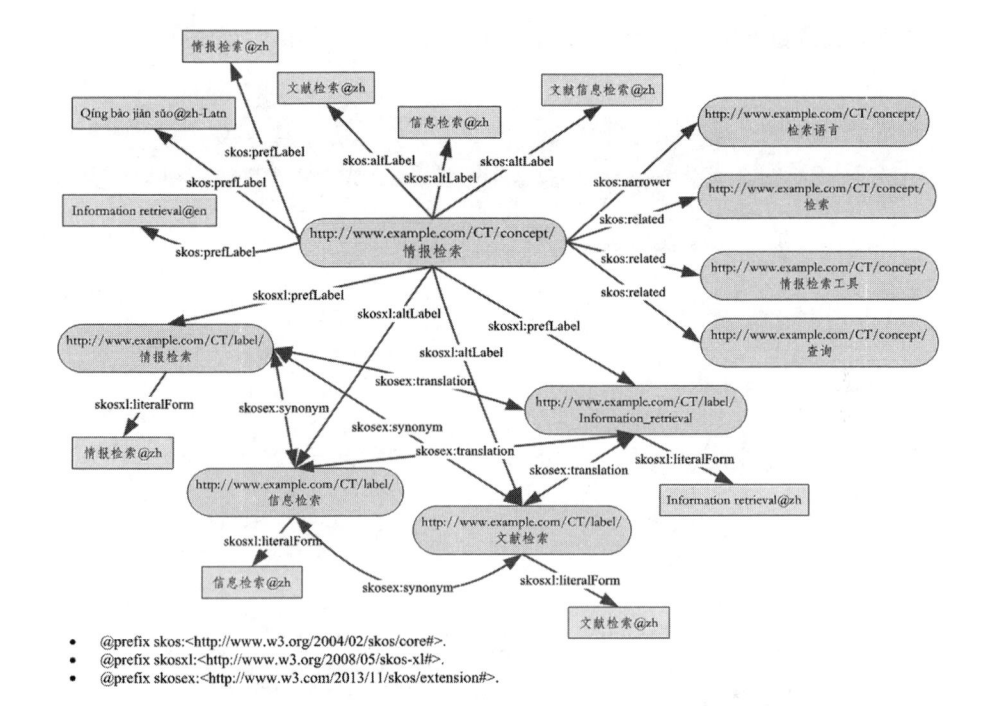

图 3 采用 SKOS/SKOS – XL 及其扩展语言 SKOSEX 描述的 "情报检索"
一词及其相关概念

中心构建的 TimeLine 本体进行描述[22]。对于地名，笔者直接从 GeoNames 地理数据库中获取其描述。GeoNames 地理数据库包含了约 620 万个地名，并已发布为关联数据[23]。

4.5 不同数据集间的语义关联

为了明确描述文献资源与相关资源之间的语义相关关系，笔者在元数据本体、FOAF 本体、Event 本体、GeoNames 本体和 SKOS 数据模型间建立了 RDF 语义链接（见图 3），形式化地描述资源间各种关系的类型和语义。

在上一阶段生成的 SKOS/RDF 数据中，数据之间的关联关系隐含地存在于数据类型属性中，在该阶段需要将这种隐性的语义关系转换为显性的 RDF 语义链接，即采用 URI 地址替换原有的文本字符串属性值，将数据类型属性转换为对象属性。通过图 4 中设定的 RDF 链接的值域，笔者定位相应的数据集，然后采用字符串模糊匹配的方法自动从该数据集中查找与原有属性值相匹配的实体，用其 URI 地址替换原有的文本字符串值，从而实现数字图书馆中文献资源、人物、组织机构、会议、地点、受控词汇之间的相互关联，构成图书馆的关联数据。

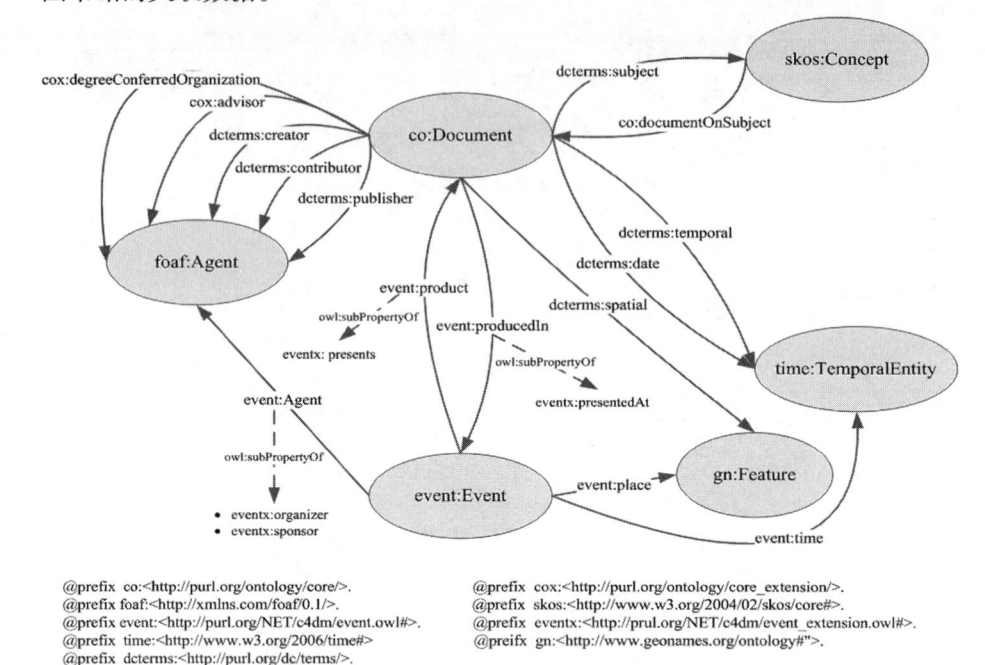

图4 元数据本体与其他相关资源本体之间的语义链接

4.6 关联数据的发布

在本研究中，笔者直接利用 RDF 存储器发布关联数据，发布方式采用"Jena TDB + Jena Fuseki + Pubby"的组合。整个发布系统运行在 Windows 环境下，采用 Apache HTT PServer（2.0.64）作为 Web 服务器，Tomcat（7.0.25）作为 Servlet 容器以支持 Fuseki 和 Pubby 的运行。Fuseki 是由 HP 实验室开发的开源语义网工具包 Jena 中所带的一个 SPARQL 服务器，它内置有 TDB 模式的三元组存储器，支持 RDF 数据的持久化存储，并为 RDF 数据提供一个独立的 SPARQL 查询终端。但是通过该终端获得的 SPARQL 查询结果中的 URI 地址是无法被 HTTP 协议解引用的，因此无法进行进一步访问和浏览，不能体现出数据的关联性。Pubby（0.3.3）是由柏林自由大学开发的一个关联数据前端，通过将其置于 Fuseki 前端，并配置一个将原有 URI 地址转换成可解引用的 URI 地址的映射，可以将不可解引用的 URI 地址转换为能够被 HTTP 协议解引用的，从而实现 SPARQL 查询结果的关联数据化访问。

4.7 关联数据的检索与访问

图书馆关联数据的检索需通过 SPARQL 查询来实现，Fuseki 提供了专门的 SPARQL 查询界面，但是 SPARQL 查询的构建比较复杂，对于普通用户来说难度很大。因此，笔者采 PHP 语言开发了字段检索界面，用户可在选定的检索字段（如作者、主题、题名）中直接输入检索词进行检索，见图 5。在后台，预先定义了一系列 SPARQL 查询模板，系统将用户输入的检索词自动填充到相应模板的相应槽中，生成完整的 SPARQL 查询并发送给 Fuseki，该 SPARQL 查询终端从存储在 TDB 中的 RDF 数据集中提取出答案并按照用户指定的格式返回给用户。这种检索方式的界面与 CALIS OPAC 和 CNKI 的检索界面相类似，不同点在于：返回的检索结果均是可以点击访问的，用户可以沿着 RDF 链接继续访问其他相关资源，如文献→作者→作者出生地，文献→主题→相关概念→文献。

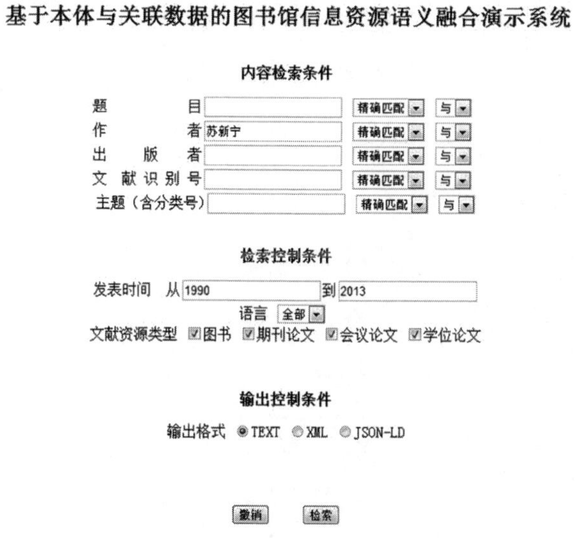

图 5　图书馆关联数据的字段检索界面

5 实验测评

为了证明基于本体与关联数据的资源整合方式的有效性，本研究将其与传统的资源整合方式进行对比测试，选取 CALIS OPAC（联合目录公共检索）系统和 CNKI（中国知网）作为参照对象。CALIS OPAC 是基于 Z39.50 协议整合信息资源的一个典范，CNKI 是采用跨库检索方式进行资源整合的一个知识

281

整合平台。笔者以两个具体的检索需求为例，对不同的资源整合方式进行对比，从而发现它们各自的优缺点。

5.1 实验一：查询作者为"苏新宁"的所有文献资源

5.1.1 基于本体与关联数据的资源整合演示系统　在该系统中，能够采用统一的检索界面实现对不同类型文献资源的统一检索，所有检中文献的URI地址都是可访问的，点击可查看每个文献资源详细的书目数据。文献资源所涉及的其他相关信息也是可访问的，如作者信息、作者出生地信息等。从地名信息中还可进一步链接到维基百科中的相应页面，整个过程见图6。由此可见，采用关联数据，除了能够实现对不同类型文献资源的统一检索，还能够实现不同类型资源之间（即文献资源、人物信息、地名信息之间）以及图书馆内部数据与外部数据之间的无缝链接与跳转。

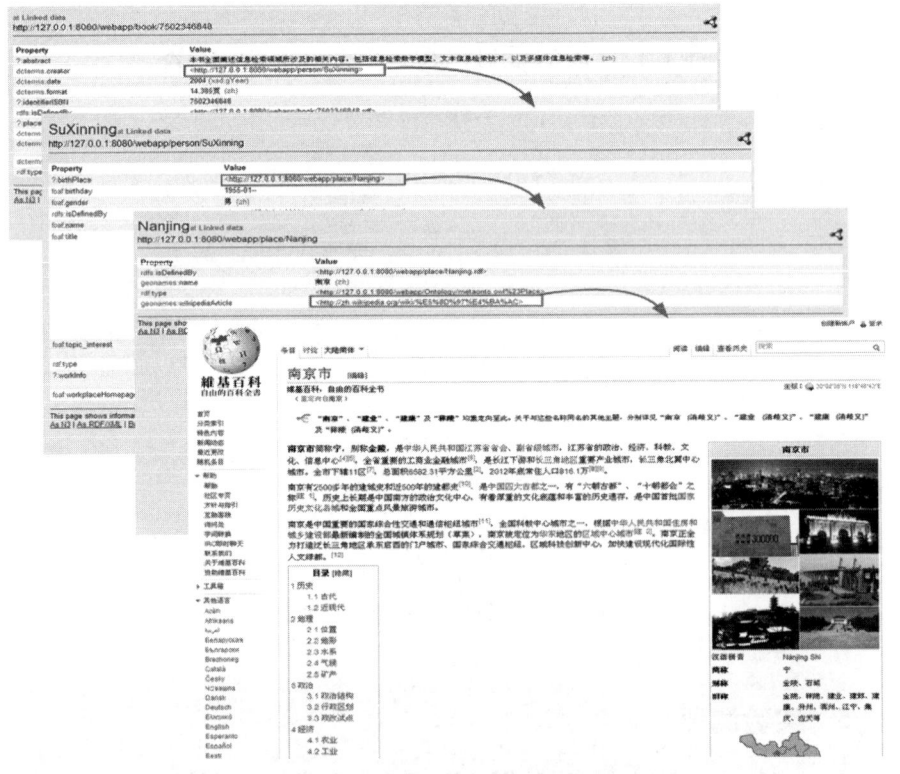

图6　检索结果的关联数据显示

5.1.2 CALIS OPAC　CALIS OPAC系统能够对分布在不同成员馆的文献资源进行整合并实现统一检索，但是这种整合仅局限于图书馆的书目数据，无法对大量的学术论文资源进行整合和统一检索。它虽然能够对"图书-丛书"这种相关关系的文献资源进行集成和链接，但是这种集成无法扩展到同一主题、相互引用等更复杂关系的相关文献资源，更无法链接到其他类型的资源。

5.1.3 CNKI CNKI 提供了除图书外主要类型文献资源数据库的整合和跨库检索。该系统的一大特色是提供对多种相关文献资源的集成和链接，如被引用的文献、内容相近的文献、被读者同时关注的文献、同一机构作者的文献、同一关键词的文献，从深层次上揭示了文献资源之间的相互关系。但是这种集成和链接同样局限于文献资源内部，无法提供对其他类型相关资源的支持。

这 3 种资源整合方式对比实验一的结果总结见表 1。

表1 3种资源整合方式的对比实验一的结果

整合方式对比	演示系统	CALIS OPAC	CNKI
资源整合层次	• 基于知识的整合	• 基于数据的整合（主） • 基于信息的整合（辅）	• 基于信息的整合（主） • 基于数据的整合（辅）
整合技术	• 基于本体（辅） • 关联数据（主）	• 基于 Z39.50 协议（主） • 超链接机制（辅）	• 超链接机制（主） • 跨库检索（辅）
整合的资源类型	• 主流文献资源，包括：普通图书、学位论文、期刊与期刊论文、会议论文集与会议论文 • 受控词表 • 人物/组织机构 • 地点 • 事件	• 以图书为主的文献资源	• 除图书外的绝大多数文献资源，包括期刊论文、会议论文、学位论文等
整合广度	• 文献资源与其他相关资源 • 系统内部资源的整合 • 不同系统中资源的整合	• 仅限于文献资源 • 不同系统中文献资源的整合	• 仅限于文献资源 • 同一系统内部不同类型文献资源的整合
整合深度	• 统一检索 • 相关文献资源以及其他相关资源间的集成和关系展示	• 统一检索	• 统一检索 • 相关文献资源的集成和关系展示
检索方式	• 字段检索	• 字段检索	• 字段检索
浏览方式	• 分别点击浏览检中的文献资源 • 通过链接无缝浏览其他相关资源	• 分别点击浏览检中的文献资源	• 分别点击浏览检中的文献资源 • 通过链接无缝浏览其他相关文献资源

续表

整合方式对比	演示系统	CALIS OPAC	CNKI
资源的可扩展性	• 可以无缝链接其他任何相关资源 • 可以无限扩展的数据网络	• 不易扩展 • 仅限于 CALIS 成员馆	• 不易扩展 • 仅限于 CNKI 收录的数据库
开放性	• 开放系统 • 资源易被外界发现与利用	• 封闭系统	• 封闭系统

5.2 实验二：查询主题为"信息检索"的所有文献资源

5.2.1 基于本体与关联数据的资源整合演示系统 根据《汉语主题词表》，"信息检索"是一非叙词，所对应的规范叙词是"情报检索"。该叙词共对应 3 个非叙词，即"文献检索"、"文献信息检索"和"信息检索"，见图 3。当查询主题为"信息检索"的文献时，用户希望获取的是与"信息检索"这一概念相匹配的所有记录，而非仅仅是与"信息检索"这个字符串相匹配的纪录。但是对于大多数用户来说，很难知晓表示同一概念的所有同义词汇并将它们分别作为检索词进行多次检索以获取所有相关记录，因此不可避免地造成大量漏检。在基于本体与关联数据的资源整合方式中，文献资源所涉及的受控词汇均采用 SKOS 语言进行语义化描述，该描述以概念为核心并明确揭示词汇间的语义关系，同义词只是同一概念的不同标签。不论文献资源的原始元数据记录采用何种词汇进行主题标注（如"情报检索"或"信息检索"），在 RDF 语义元数据中均已转换为 URI 标识符表示的 SKOS 概念。因此，在检索时，采用图 7 所示的 SPARQL 查询语句，可一次检索到在原始元数据记录中以不同同义词汇进行主题或关键词标注的所有文献：

此外，用户还可以基于受控词表对查询词进行精炼和扩展，譬如将"信息检索"精炼为其下位词"检索语言"，或者扩展为相关词"检索"、"查询"等，从而提高检索性能。

5.2.2 CALIS OPAC 在 CALIS OPAC 系统中大多数还是使用叙词"情报检索"对文献进行标注，使用非叙词的情况比较少。在使用该系统检索时，系统没有对检索词的选择提供任何提示和帮助，用户需对《汉语主题词表》比较熟悉，尤其需要了解词汇之间的同义关系，才能尽可能选用所有同义词进行多次检索，较为全面地检中所有相关记录，否则将会遗漏大量有用的结果。

```
prefix dcterms:<http://purl.org/dc/terms/>.
prefix skos:<http://www.w3.org/2004/02/skos/core#>.
prefix co: <http://purl.org/ontology/core#>.
prefix rdf: <http://www.w3.org/1999/02/22-rdf-syntax-ns#>.
SELECT distinct ?D ?title
WHERE {
{
 ?C a skos:Concept.
 ?C skos:altLabel "信息检索"@zh.
 ?D a co:Document.
 ?D dcterms:subject ?C.
 ?D dcterms:title ?title.
} UNION {
 ?C a skos:Concept.
 ?C skos:altLabel "信息检索"@zh.
 ?D a co:Document.
 ?D co:keyword ?Concept.
 ?D dcterms:title ?title.
 }
}
```

图 7　检索主题为"信息检索"的所有文献的 SPARQL 查询语句

5.2.3 CNKI CNKI 的"主题检索"是同时在"篇名"、"关键词"和"摘要"3 个字段中进行字符串匹配检索，其实质上仍是一种自由词检索，而非采用规范主题词进行标引和检索的真正主题检索。因此，在 CNKI 中用户需要采用同义词汇进行多次检索才不至于漏检大量结果。CNKI 同时也提供了"相关搜索"功能，系统自动列出与当前检索词相关的一系列词汇，用户可以利用这些相关词汇检出更多的结果或者进一步精炼检索结果。但是这些相关词汇范围较广，包括语义相关词汇、同义词汇、上位词汇、下位词汇等，用户很难从中识别出哪些是同义的词汇。

这 3 种资源整合方式对比实验二的结果如表 2 所示：

表 2　3 种资源整合方式的对比实验结果二

检索结果对比	演示系统	CALIS OPAC	CNKI
检索类型	● 概念检索	● 规范的主题检索	● 自由词检索
检索词匹配方式	● 概念匹配	● 字符串匹配	● 字符串匹配
检索结果的查全率	● 高	● 低	● 较低
检索复杂性	● 一次检索即可检中全部相关记录	● 用户需自行使用各个同义词进行多次检索，才能避免大量漏检	● 用户需自行使用各个同义词进行多次检索，才能避免漏检
系统提供的帮助	● 系统自动将检索范围扩展到所有同义词汇	● 系统对检索词的选择和扩展不提供任何帮助	● 系统提供相关词汇以供用户对检索词进行选择和扩展
对用户的要求	● 对用户无要求	● 用户需要熟悉《汉语主题词表》中词汇间的相互关系	● 用户需要了解词汇间的相互关系

通过上述两个实验可以看出，相对于传统的资源整合方式，基于本体与关

285

联数据的资源整合方式具有3个明显特点：①能够对各种类型的资源实现统一检索，而其他方式只能对一定范围内的文献资源实现统一的检索，资源整合的广度低于前者；②能够在检索结果中提供对各种相关资源的无缝链接，深度揭示资源间的语义关系，有助于资源的进一步发现与利用，而其他方式或者对检索结果不提供进一步的相关资源链接或者仅在文献资源集合内部提供链接，资源整合的深度低于前者；③基于受控词表能够为用户提供具有语义功能的概念检索，在检索中自动实现对检索词的概念匹配，在扩大检索范围的同时又保持了检索的精度，而其他方式只能实现机械的字符串检索，查全率和查准率都低于前者。但是这种检索方式对受控词表的依赖性很大，对于词表中没有的词汇，将无法实现上述概念检索。

6　结论与展望

针对目前图书馆领域普遍存在的资源封闭异构难题，本研究提出了一个基于本体与关联数据的图书馆信息资源语义整合框架，并基于该框架构建了一个资源整合演示系统，使图书馆不同知识集合中的资源构成一个有机联系的统一整体，真正实现资源在知识层面的整合。

为了说明基于本体与关联数据的图书馆资源整合方式的有效性，本研究将其与CALIS OPAC系统和CNKI这两种采用传统资源整合方式的信息系统进行了实验对比。结果证明，基于本体与关联数据的资源整合方式在资源整合的深度和广度上都优于传统的整合方式，而且在检索的智能性和查全率上也具有相当大的优越性。利用本体与关联数据进行资源整合，不但解决了当前图书馆资源异构的难题，还实现了图书馆资源与外界信息资源间的无缝链接，使图书馆资源由封闭走向了开放，成为开放的数据网络的一部分。以关联数据的形式发布和整合图书馆数字资源，不仅强化了图书馆馆藏资源间的语义粘合度，同时为外界发现和访问图书馆内部资源提供了更大的可能性，大大提高了图书馆信息资源的利用率。然而，这一资源整合方式也存在着诸多问题，譬如，数据源一旦发生变动会引起链接失效；目前沿着链接的访问只能前进而无法后退；有些文献资源采用自由关键词标引，但目前只能采用手工方式将其与受控词汇进行映射，如何实现大数据量的自动映射等，这些问题都需在后续研究中予以关注和解决。

在本研究中，目前还只是把单一学科领域的4种文献资源以及相关资源进行了整合，没能将更多的信息资源纳入到整合范围中。在后续研究中，笔者将把整合范围扩展至更多类型的文献资源和其他相关资源，尤其是进一步发挥关联数据无缝链接的优势，将图书馆资源与更多的外部资源相关联。此外，笔者还将开发界面友好的自然语言查询界面，支持用户以自然语言的方式精确地表达信息查询请求，方便用户的使用。

参考文献：

[1] 杜小勇. 数字资源整合：理论、方法与应用[M]. 北京：北京图书馆出版社, 2007.

[2] Arens Y, Chee C, Hsu C, et al. Retrieving and integrating data from multiple information sources[J]. International Journal of Intelligent and Cooperative Information Systems, 1993, 2(2)：127 – 158.

[3] Berners-Lee T. Personal notes on design issues for the World Wide Web [EB/OL]. [2013 – 12 – 30]. http://www.w3.org/DesignIssues/LinkedData.html.

[4] 欧石燕. 面向关联数据的语义数字图书馆资源描述与组织框架设计与实现[J]. 中国图书馆学报, 2012, 38(6)：58 – 71.

[5] 赵阳, 姜爱蓉. 基于 OAI 的"CALIS 高校学位论文全文数据库"建设[J]. 上海交通大学学报, 2003(S1)：234 – 238.

[6] 张俊娥. CALIS Z39.50 联机编目客户端功能特色和应用[J]. 现代图书情报技术, 2002(5)：21 – 24.

[7] 中国知网(CNKI) [EB/OL]. [2013 – 12 – 30]. http://www.cnki.net/.

[8] CALIS 联合目录公共检索系统[EB/OL]. [2013 – 12 – 30]. http://opac.calis.edu.cn/opac/simpleSearch.do.

[9] 中国科学院国家科学图书馆化学学科信息门户[EB/OL]. [2014 – 01 – 03]. http://chemport.ipe.ac.cn/.

[10] Wache H, Voegele T, Visser U, et al. Ontology-based integration of information-A survey of existing approaches [C/OL]// Gómez-Pérez A, Gruninger M, Stuckenschmidt H, et al. Proceedings of the IJCAI – 01 Workshop：Ontologies and Information sharing. CEUR – WS.org, 2001：108 – 118. [2013 – 12 – 30]. http://ceur-ws.org/Vol – 47/wache.pdf.

[11] Mihindukulasooriya N, Castro R, Gutiérrez M. Linked data platform as a novel approach for enterprise application integration[C/OL]//Hartig O, Sequeda J, Hogan A, et al. Proceedings of the 4th International Workshop on Consuming Linked Data. CEUR – WS. org, 2013. [2013 – 12 – 30]. http://ceur – ws.org/Vol – 1034/MihindukulasooriyaEtAl_COLD2013.pdf.

[12] O'Riain S, Harth A, Curry E. Linked data driven information systems as an enabler for integrating financial data[C] //Yap A. Information Systems for Global Financial Markets：Emerging Developments and Effects. Hershey, PA：IGI Global, 2012：239 – 270.

[13] 丁楠, 潘有能. 基于关联数据的图书馆信息聚合研究[J]. 图书与情报, 2011(6)：50 – 53.

[14] 苏春萍, 张鲁, 伍静, 等. 基于关联数据和 SOA 的医学图书馆信息资源整合模型设计[J]. 中华医学图书情报杂志, 2013, 22(3)：6 – 9.

［15］ 游毅,成全.试论基于关联数据的馆藏资源聚合模式[J].情报理论与实践,2013,36(1):109－114.

［16］ 郑燃,唐义,戴艳清.基于关联数据的图书馆、档案馆和博物馆数字资源整合研究[J].图书与情报,2012(1):71－76.

［17］ 马费成,赵红斌,万燕玲,等.基于关联数据的网络信息资源集成[J].情报杂志,2011,30(2):167－170.

［18］ 刘炜,李大玲,夏翠娟.元数据与知识本体[J].图书馆杂志,2004,23(6):50－54.

［19］ DBpedia［EB/OL］.［2013－12－30］.http://dbpedia.org.

［20］ Brickley D,Miller L. FOAF Vocabulary Specification 0.98［EB/OL］.［2013－12－30］.http://xmlns.com/foaf/spec/,2010.

［21］ Raimond Y,Abdallah S. The event ontology［EB/OL］.［2013－09－28］.http://motools.sourceforge.net/event/event.html.

［22］ Raimond Y,Abdallah S. The timeline ontology［EB/OL］.［2013－12－30］.http://motools.sourceforge.net/timeline/timeline.html.

［23］ GeoNames ontology［EB/OL］.［2013－12－30］.http://www.geonames.org/ontology/documentation.html.

作者简介

欧石燕,南京大学信息管理学院教授,博士生导师,E-mail:oushiyan@nju.edu.cn;胡珊,南京大学信息管理学院硕士研究生;张帅,南京大学信息管理学院本科生。

以 UMLS 语义命题为基础的医学信息资源聚合[*]

郭少友　李庆赛

（郑州大学信息管理学院）

目前，互联网上存在着大量的医学信息资源。除了可按传统方法对其进行整合[1-2]，以便用户较容易地找到原始资源之外，还可以从文本型医学信息资源中抽取一系列知识点并将其有机地组织起来，实现资源的深度整合——聚合，以便用户直接从聚合结果中找到所需的知识，不必获取其原始资源。

1　相关工作

1.1　关于医学信息资源聚合的研究

1.1.1　从非结构化资源中抽取概念来实现聚合　有学者借助于 Whatizit、MetaMap 等生物医学领域专用的语义注释系统从文档中抽取概念，通过对抽取的概念进行组织来实现资源的聚合。如 R. Berlanga 等[3]提出通过多维语义空间聚合生物医学资源的方法，该方法首先利用 UMLS（Unified Medical Language System）系统产生多维语义空间，然后利用 MetaMap 对文档进行语义注释，将注释后的结果连同文档本身映射到多维语义空间里；J. Jones 等[4]提出一种基于本体和 UMLS 术语集的临床信息聚合框架，从医学报告中抽取医疗事件概念，产生可用的知识结构。

此外，还有学者根据指定的关系词从资源中抽取概念对来实现聚合。如 Jiang Guoqian 等[5]利用词共现方法从五千多万个电子医疗文档中抽取 drug-disorder 形式的概念对，然后与蕴含在 UMLS 系统中的 drug-disorder 概念对进行整合，形成药物不良事件知识库。概念对之间的关系只有 4 种，即 indications、contraindications、adverse drug effects 和 other associations。

---

[*] 本文系教育部人文社会科学研究规划基金项目"图书馆数字资源的细粒度语义化描述与复用研究"（项目编号：13YJA870008）研究成果之一。

1.1.2 从非结构化资源中抽取事实来实现聚合
Ye Min[6]提出一种疾病知识存取方法，可从 Web 文本资源中自动抽取疾病、症状类实体及其关系，并用三元组表示成事实后存入知识库，形成语义图。V. Nguyen 等[7-8]进一步设计了一个查询器 iExplorer，可根据用户输入的词语将相关的三元组以可视化的形式展现出来，同时还提供 SPARQL 端点。B. Wilkowski[9]提出可用语义工具 SemRep 从生物医学文献中抽取语义命题，并据此生成知识摘要。

1.1.3 在结构化资源的基础上实现聚合
B. MacKellar 等[10]提出了一种临床试验知识语义化整合方法，用 UMLS 系统来规范关联开放数据云 LOD 中的医学概念，从而建立不同医学数据源之间的关联关系，形成一个用 RDF 三元组表示的、集成化的临床试验知识库。李亚子等[11]借用 UMLS 的语义网络构建顶层本体，建立疾病知识与 UMLS 语义类型之间的映射关系，并对 UMLS 的语义关系进行细化，通过细化的语义关系将疾病与其相关的知识关联，构建疾病与症状、检查、药物、医疗器械与医疗法规之间的关联关系，实现疾病知识的整合。

1.2 关于普通信息资源聚合的研究

1.2.1 聚合实证研究
典型代表是温有奎等[12]的成果——通过句子的特征提取和分析，将有效句分解为三元组（O，P，A），实现了知识元的自动获取，并用 Protégé 3.3 工具对 Wiki 平台做了语义地图扩展，生成了知识元本体语义地图。

1.2.2 聚合理论研究
如邱均平等[13]从文献特征关联、利用过程关联、知识关联、用户需求关联四维角度探讨馆藏文献资源的聚合模式，其中知识关联可通过对文献资源所标引或凝炼出的知识单元的共现情况进行定量分析，构建所在领域的知识地图；贺德方等[14]认为基于语义对馆藏资源进行深度聚合，有助于将不同主题学科、不同内涵外延、不同属性关系的知识内容进行识别、标识和关联，形成集概念主题、学科内容和科研对象实体为一体的立体化知识网络。

本文的工作与医学信息资源聚合研究中第二种情况的相关度较高，后者在实现聚合时都直接将抽取的语义知识合并成新的知识源，而本文先将抽取结果初步聚合成知识单元和文档关联数据，再分别用这两种初步聚合结果作为资源单位，采取相应的聚合方法实施聚合，聚合的过程中会新增或删除一些语义知识，以使聚合结果更合理。

本文第 2 部分讨论如何抽取 UMLS 语义命题，第 3 部分讨论以 UMLS 语义命题为基础的两种聚合方法的实现思路，第 4 部分进行简单的聚合实验。

2　UMLS 语义命题抽取

2.1　UMLS

UMLS 是美国国家医学图书馆开发的一套医学语言系统，包括超级叙词表、语义网络、专家词典 3 个部分。

超级叙词表中的术语来自 100 多个词汇表、代码集和叙词表，并通过概念组织起来，其中每个概念都有一个唯一标识符，且对应于一至多个具有相同涵义的术语。语义网络由语义类型和语义关系构成。语义类型共有 133 个，超级叙词表中的每个概念都至少被分配了一个语义类型，但一般不超过 5 个。语义关系共有 54 个，用于描述语义类型之间的关系。语义类型和语义关系有助于解释超级叙词表中概念的含义[15]。专家词典收录常见的英语单词和生物医学术语，描述每个词语的语法特征，包括词性标签、拼写变化以及名词、动词和形容词的活用形式等，可为生物医学领域的自然语言处理提供基础。

图 1 中的示例说明了 UMLS 3 个部分之间的关系：概念 Bacteria 和 Bird Diseases 的语义类型分别是 Bacterium 和 Disease or Syndrome，而这两个语义类型之间的语义关系是 CAUSES，即 Bacterium CAUSES Disease or Syndrome（UMLS 系统定义了一个语义网络关系全集[16]，Bacterium CAUSES Disease or Syndrome 只是其中的一个元素）。与上述概念相对应的词语信息则在专家词典中进行说明，如 bacterium 的基本形式、唯一标识符、词性、变形规则分别是 bacterium、E0011763、noun 和 glreg，其中 glreg 表示该词语的单复数变换符合希腊-拉丁名词单复数变换规则（如以 um 结尾的单数名词可变为以 a 结尾的复数名词）。

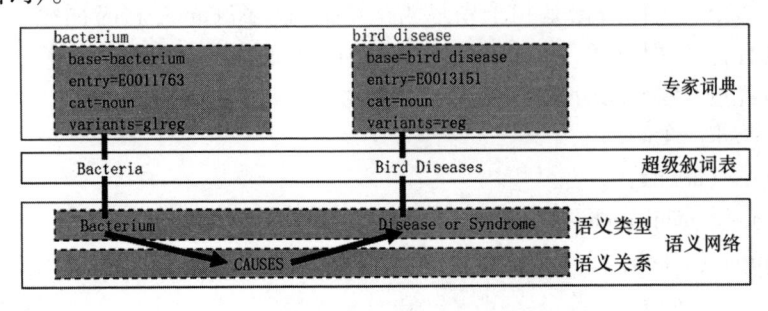

图 1　UMLS 3 个组成部分之间的关系示例

2.2 UMLS 语义命题及其抽取

UMLS 语义命题是用三元组表示的最小语义化知识单位,是包含主谓宾的细粒度知识[17-18],其主语和宾语都是 UMLS 超级叙词表中的概念,谓词是 UMLS 语义网络中的语义关系。抽取过程包括图 2 所示的几个关键步骤:

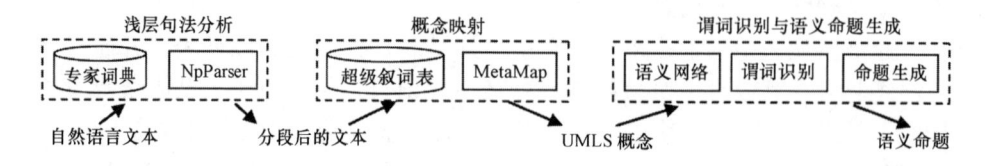

图 2 UMLS 语义命题抽取过程

2.2.1 浅层句法分析 借助于 UMLS 的专家词典和开源的词性标注工具 MedPost 对医学文本进行标注,可以为每个词语分配一个唯一的词性。在此过程中,MedPost 首先对文本进行分词,然后针对每个词语,从专家词典中查找其相关信息并结合词语的上下文信息来确定词语的词性。例如:针对如下文本片段:

There are many bacteria which cause infections in birds. <--示例文本

相应的词性标注结果为(adv aux adj noun pron verb noun pre Pnoun)。将上述示例文本及其标注结果作为输入信息传递给开源的浅层句法分析器 NpParser[19],由后者根据词语的词性和句法上下文关系将句子分解为若干个段。NpParser 通过边界词来识别并区分不同的段,其中边界词包括情态动词、助动词、动词和介词。每个段都是一个单词或短语,其中包含名词的短语称为名词短语。名词短语是句子中最为重要的段,NpParser 将名词短语中最右边的词标记为"head"(即核心词),左边的修饰词则标记为"mod"。上述示例文本经过浅层句法分析之后,分段结果如下:

[[adv (There)],
[aux (are)],
[mod (many), head (bacteria)],
[pron (which)],
[verb (cause)],
[noun (infections)],
[prep (in), head (birds)]]

2.2.2 概念映射 借助于工具软件 MetaMap[20],可以将上述名词短语转换为 UMLS 超级叙词表中的概念。在转换过程中,MetaMap 检查名词短语中的所有单词，充分考虑单词的各种词形变化，在此基础上确定名词或名词短语与概念之间的最佳映射。在上述分段结果中，名词和名词短语共有 3 个，最佳映射结果如下：bacteria（Bacteria、infections（Infection、birds（Aves）。

2.2.3 谓词识别与 UMLS 语义命题生成　在抽取过程中，UMLS 语义命题的主语和宾语都是前一个步骤所产生的概念，谓词则必须是语义网络中 54 个语义关系中的一个，用来指明概念之间的关系。谓词的识别是一个较为复杂的过程，可以借助于 UMLS 的语义网络、工具软件 SemRep[21]和事先建立的知识库来完成。知识库包含了谓词的生成规则，主要是句子中的动词、介词以及名词短语中的 head-mod 关系与谓词之间的转换规则。上述示例文本中可用于识别谓词的词语和关系主要有：cause（verb）、in（prep）和 head（bacteria）-mod（many），其中 head-mod 关系中的修饰词 "many" 是形容词而非实体名词，意义不大，该关系可以忽略。在知识库中，与上述示例文本相关的谓词生成规则有以下几条：

cause（verb）→CAUSES

in（prep）→PROCESS_ OF

in（prep）→OCCURS_ IN

根据上述示例文本的分段结果，结合上述谓词生成规则，可以初步生成如下语义命题：

Bacteria CAUSES Infection

Infection PROCESS_ OF Aves

Infection OCCURS_ IN Aves

由于 Bacteria、Infection、Aves 3 个概念的语义类型分别为 Bacterium、Disease or Syndrome、Bird，且在 UMLS 的语义网络关系全集中存在如下关系：

Bacterium CAUSES Disease or Syndrome

Disease or Syndrome PROCESS_ OF Bird

因此，上述 3 个初步生成的语义命题中，前两个命题是成立的。由于 UMLS 的语义网络关系全集中并不存在 "Disease or Syndrome OCCURS_ IN Bird"，因此上述第 3 个语义命题不能成立，应该舍弃。

总之，对于示例文本 "There are many bacteria which cause infections in birds."，可从中提取如下两个语义命题：

Bacteria CAUSES Infection

Infection PROCESS_ OF Aves

293

3 以 UMLS 语义命题为基础的两种聚合方法

以 UMLS 语义命题为基础，分别生成知识单元和文档关联数据，进而实现用知识单元作为资源单位的聚合和用文档关联数据作为资源单位的聚合。

3.1 用知识单元作为资源单位的聚合方法

该方法的总体思路是：从所有文档中抽取 UMLS 语义命题之后，将主语相同的所有语义命题聚合成知识单元，并进一步将所有知识单元聚合成知识网络（如图 3 的右半部分所示）。这种聚合方法只利用从文档中抽取的 UMLS 语义命题，忽略文档的常规元数据；聚合结果是一个单一的 RDF 文件，而且不能从中分离出任何源文档的关联数据，即这种聚合是一种真正意义上的聚合，从聚合结果中无法看到任何源文档的"影子"。

在把主语相同的所有 UMLS 语义命题聚合成一个知识单元时，需要考虑两种情况：①当两个语义命题完全相同时，需要去重；②当两个语义命题的主语和谓词相同且宾语有上下位类关系时，只保留宾语为下位类概念的语义命题，舍弃另外一个。当把多个知识单元聚合成知识网络时，一个知识单元中的宾语往往又是另一个知识单元中的主语，如图 3 右边的知识网络所示，其中有 4 个知识单元，k2 节点既是知识单元 k1 的宾语，又是知识单元 k2 的主语。

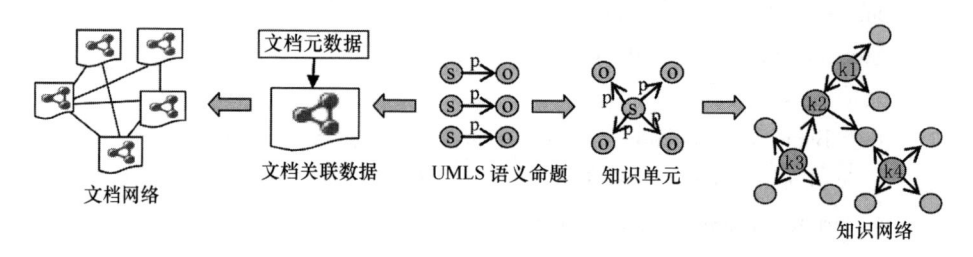

图 3 以 UMLS 语义命题为基础的资源聚合

3.2 用文档关联数据作为资源单位的聚合方法

该方法的总体思路是：把每个文档都看做一个资源，从中抽取尽可能多的元数据及 UMLS 语义命题，将其转换为关联数据后，通过关联数据之间的关联关系将所有文档的关联数据聚合成一个文档网络，从而实现文档资源的聚合（如图 3 的左半部分所示）。这种聚合方法在利用 UMLS 语义命题的同时还利用文档的常规元数据；聚合结果虽然是一个单一的 RDF 文件，但可以根据资源的 URI 从该文件中分离出任一源文档的关联数据，即仍然可以从聚合结果中看到所有源文档的"影子"。

该方法包括如下两个关键步骤：

3.2.1 生成文档关联数据 在将文档转换为关联数据时，除了把常规元数据转换为三元组之外，还把从文档中抽取的所有 UMLS 语义命题都作为三元组融入到转换结果中，以便增加文档描述的深度。本文复用 CMS 本体的 hasConcept 属性[22]，采用空节点机制，把从文档中抽取的 UMLS 语义命题添加到文档关联数据中，具体用法如图 4 所示：

```
@prefix dc:<http://purl.org/dc/elements/1.1/>.
@prefix rdfs:<http://www.w3.org/2000/01/rdf-schema#>.
@prefix cms:<http://wdok.cs.uni-magdeburg.de/ontologies/CMS.owl#>.
@prefix umls:<http://linkedlifedata.com/resource/umls/id/>.
@prefix xsd:<http://www.w3.org/2001/XMLSchema#>.
@prefix res:<http://localhost:2020/resource/>.
res:Bacterial_Diseases_in_Birds
    dc:title "Bacterial Diseases in Birds"^^xsd:string;
    dc:creator "Simpson"^^xsd:string;
    dc:subject "disease"^^xsd:string;
    dc:subject "bird"^^xsd:string;
    dc:date   "2012-08-07"^^xsd:date;
    rdfs:seeAlso res:Infection_of_Small_Intestines_in_Birds;
    cms:hasConcept [dc:type umls:C0004611; umls:T147 umls:C0009450];
    cms:hasConcept [dc:type umls:C0009450; umls:T140 umls:C0005595].
```

图 4 包含了 UMLS 语义命题的文档关联数据示例

图 4 是题名为"Bacterial Diseases in Birds"的文档经关联数据化处理后的结果（n3 格式），其中 C0004611、C0009450、C0005595 分别是概念 Bacteria、Infection、Aves 在 UMLS 系统中的唯一标识符，T147、T140 分别是语义关系 CAUSES、PROCESS_ OF 在 UMLS 中的唯一标识符，两个属性（cms：hasConcept）指明了资源 http：//localhost：2020/resource/ Bacterial_ Diseases_ in_ Birds 包含两个概念 Bacteria 和 Infection 以及以这两个概念为主语的两个语义命题（即 2.2 节所抽取的 Bacteria CAUSES Infection 和 Infection PROCESS_ OF Aves，为简短起见，示例只保留了两个概念和两个 UMLS 语义命题，下同）。

3.2.2 构建不同文档关联数据之间的关联关系 构建关联关系时，采用内外有别的方法：①本地资源与外部资源之间关联关系的建立采用常规的手段，即通过计算与外部资源之间责任者、题名、主题词等常规信息的综合相似度来判断与外部资源之间的相等或相关关系；②本地资源之间关联关系的建立，则采用常规手段与特殊手段相结合的方法，即除了计算资源之间常规信息的综合相似度之外,还需要计算源资源语义命题集合与目标资源语义命题集合之间的语义相似度,在此基础上计算综合相似度与语义相似度的线性加权和,并据此判断资源之间的关系。公式如下:

$$sim1 = \alpha * cossim(s_{creator}, d_{creator}) + \beta * cossim(s_{title}, d_{title}) \\ + \gamma * cossim(s_{subject}, d_{subject}) \quad (1)$$

$$sim2 = \delta * (\sum_{i=1}^{n} Max(UMLS\_Sim(scs_i, dcs)))/n \\ + \varepsilon * (sp1\_num/sp2\_num) \quad (2)$$

$$sim = \varphi * sim1 + \lambda * sim2 \quad (3)$$

$sim1$ 是综合相似度,通过计算资源之间责任者、题名、主题词的余弦相似度线性加权和得到;$sim2$ 是语义相似度,n 表示源资源中概念的个数,$UMLS\_Sim(scs_i, dcs)$ 表示两个 UMLS 概念之间的相似度,采用开源工具 UMLS::Similarity[23]来计算,$Max(UMLS\_Sim(scs_i, dcs))$ 表示源资源概念集合中的第 i 个概念 scs_i 与目标资源概念集合 dcs 中所有概念之间的相似度的最大值,$(\sum_{i=1}^{n} Max(UMLS\_Sim(scs_i, dcs)))/n$ 表示源资源与目标资源之间的平均概念相似度;$sp1\_num$ 表示源资源与目标资源之间相同的语义命题个数,$sp2\_num$ 表示源资源语义命题个数和目标资源语义命题个数中的大者;sim 表示本地资源集合中两个资源之间的整体相似度;α、β、γ、δ、ε、φ、λ 为调节系数,取值范围都是 [0,1]。

在另一篇题名为"Infection of Small Intestines in Birds"的文档中,责任者为 Rod Simpson,主题词为 Infection、Intestine 和 Bird,按照前文所述的方法从中抽取两个概念 Infection 和 Aves,两个语义命题"Intestines, Small LOCATION_ OF Infection"和"Infection PROCESS_ OF Aves"。在参数初值均取 0.5(β 取 0)的情况下,按上述公式计算资源 http://localhost:2020/resource/Bacterial_ Diseases_ in_ Birds 和 http://localhost:2020/resource/Infection_ of _ Small_ Intestines _ in _ Birds 之间的整体相似度 sim,结果为 0.78,据此可判断这两个资源不相等但相关,并进一步在两个资源的关联数据中都添加一个属性为 rdfs:seeAlso 的三元组(见图 4),用于描述两个资源之间的关联关系。

4 聚合实验

笔者用关键字"disease"和"antigen"作为检索词检索 Pubmed 数据库

(网址为 http://www.ncbi.nlm.nih.gov/pubmed),从前 100 篇文档的摘要中抽取 UMLS 语义命题,按上述方法形成知识网络和文档网络,均以 RDF 格式保存。两个网络的基本数据如表 1 所示:

表 1　知识网络与文档网络的基本数据

网络类型	知识网络	文档网络
语义命题个数	749	749(952)
知识单元个数	137	137(100)
关系种类个数	19	19(6)
平均相邻知识单元个数	2.1	2.1(1.9)
平均相关知识单元个数	10.4	10.4(4.2)
孤立的知识单元个数	46	46(31)

在表 1 中,两个网络均包含 749 个 UMLS 语义命题,其中文档网络还包含 952 个伪语义命题(指由常规元数据构成的三元组,如 res:Bacterial_Diseases_in_Birds dc:creator "Simpson",因为其主谓宾并不来自 UMLS,本文称其为伪语义命题);包含 137 个知识单元,其中文档网络还包含 100 个伪知识单元(指由主语相同的所有伪语义命题构成的知识体)。两个网络均包含 19 种 UMLS 语义关系,其中文档网络还包含 dc:creator、rdfs:seeAlso 等 6 种普通关系。在两个网络中,从任意一个知识单元出发,平均可找到 2.1 个相邻的知识单元、10.4 个相关的知识单元。此外,在文档网络中,从任意一个伪知识单元出发,平均可找到 1.9 个相邻的伪知识单元、4.2 个相关的伪知识单元。

将上述以 RDF 文档形式存在的知识网络用开源的可视化工具 Gephi[24]进行处理,得到的可视化结果如图 5 所示(局部图),其中节点上的文字为该节点对应的 UMLS 概念(有向边上的文字为 UMLS 语义关系,为清晰起见,全部隐藏)。用户可从视图中找到所需的知识单元(如以概念 Patients 为主语的知识单元),或某个具体的知识点(如语义命题 Patients LOCATION_ OF Antibodies),见图 6。

文档网络可视化结果与图 5 基本类似,不同之处仅在于:知识网络中的所有节点都是 UMLS 概念,所有的边都是 UMLS 语义关系;文档网络中的节点分为 4 种类型,即普通节点(其标签为文档资源的 URI)、值节点(其标签为字面量)、空节点(其标签为空,用于指向 UMLS 概念节点)、概念节点(其标签为 UMLS 概念),边分为两种类型,即普通边(其标签为通用或专用

297

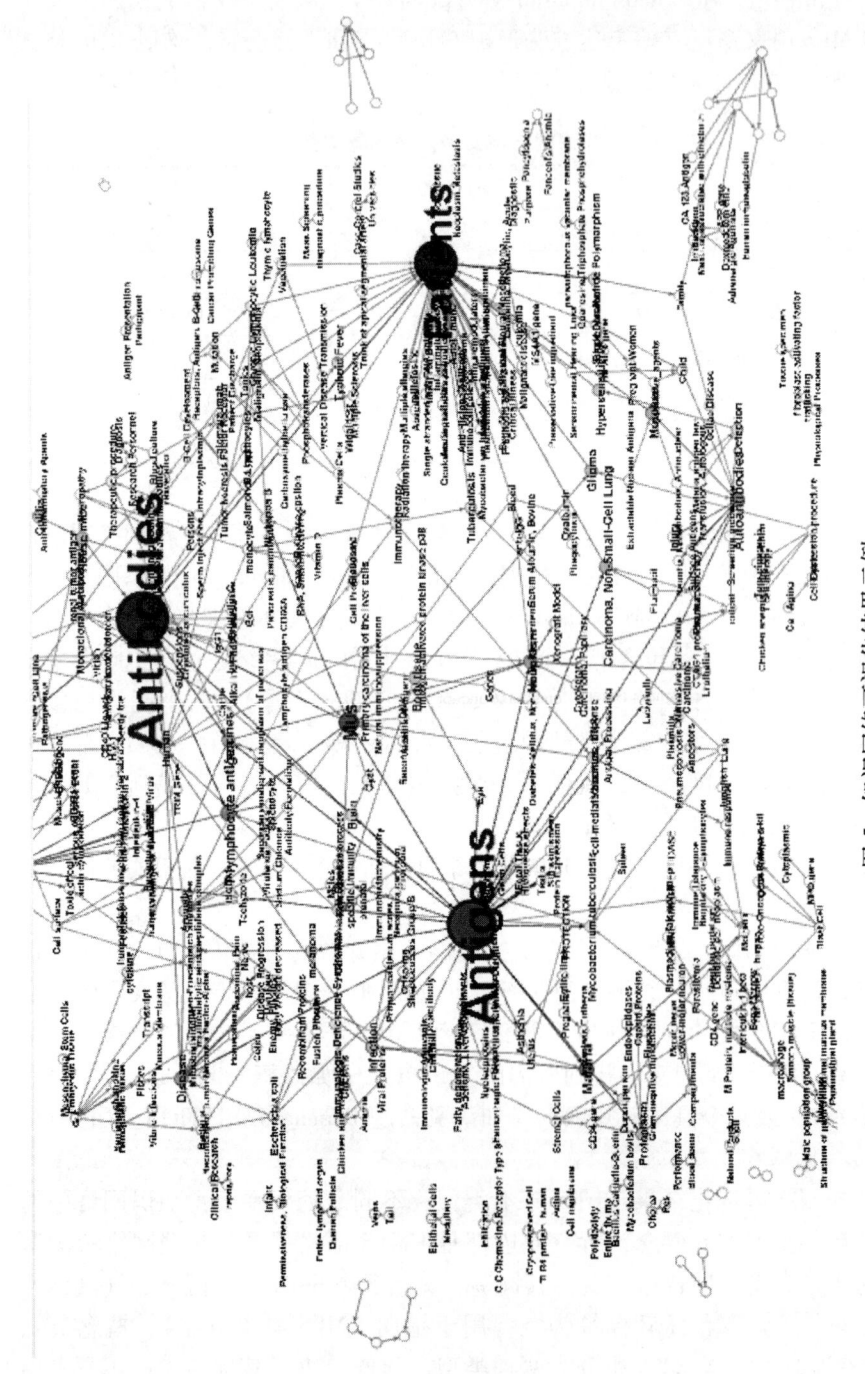

图 5 知识网络可视化结果示例

注：该图省略了所有节点和边标签的前缀"umls:"，下图同

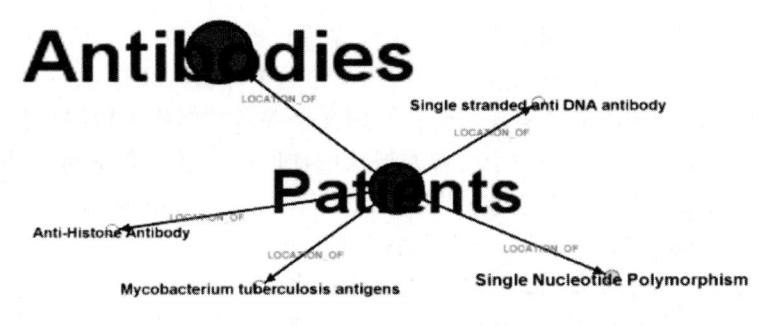

图6 知识网络中以概念 Patients 为主语的知识单元示例

词汇表中的属性，如 rdfs：seeAlso）、特殊边（其标签为 UMLS 语义关系）。图7 所示是文档网络中的一个文档资源，也是一个伪知识单元，从上到下共有 4 行节点，每行节点的类型分别为值节点、普通节点、空节点和概念节点；标签为 umls：T147 和 umls：T140 的边为特殊边，其余均为普通边。

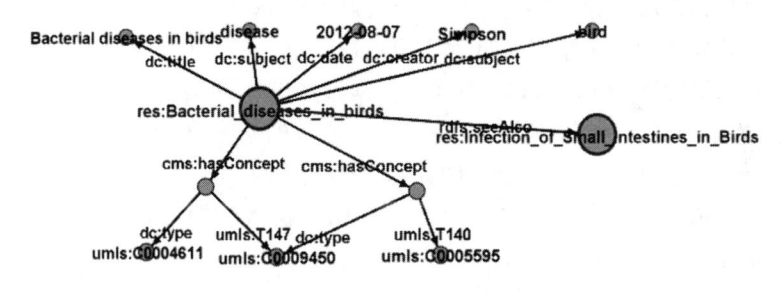

图7 文档网络中以 res：Bacterial_ diseases_ in_ birds
　　　为主语的伪知识单元示例（与图 4 对应）

以上结果表明，采用本文提出的聚合方法可将从文档中抽取的 UMLS 语义命题聚合起来，形成相应的知识网络和文档网络。尽管本实验没有精确地评估语义命题抽取效果以及知识网络和文档网络的聚合效果，但可以看出本文提供的方法可以达到一定的聚合目的。

5　结语

借助于 UMLS 的专家词典、超级叙词表和语义网络，可从医学信息资源中抽取用三元组表示的最小语义化知识单位——UMLS 语义命题，其中每个 UMLS 语义命题的主语和宾语都是 UMLS 超级叙词表中的概念，谓词是 UMLS 语义网络中的语义关系。本文提出了两种以 UMLS 语义命题为基础的医学信息资源聚合方法：①用知识单元作为资源单位的聚合方法，从文档中抽取UMLS语义命题，并将主语相同的所有语义命题聚合成知识单元，通过建立基于知识单元的知识网络来实现聚合；②用文档关联数据作为资源单位的聚合方法，将每个文档都看做一个资源，把从中抽取的常规元数据和UMLS语义命题转换为关联数据，通过建立基于文档关联数据的文档网络来实现聚合。

本文的不足之处主要有：①3.2小节直接列出相似度计算公式，没有给出详细的推导、论证过程；②公式中的参数较多，没有展开实验研究来评价公式的合理性并寻找最佳的参数组合；③第4部分的聚合实验只初步说明了论文所提聚合方法的可行性，没有围绕聚合过程中的一些关键问题进行有针对性的实验。

下一步的研究重点主要有：①从Pubmed中选择500篇摘要，组织相关领域专家用人工方式从中抽取UMLS语义命题，以此为基础来评价2.2小节所讨论的自动抽取方法的精确度和召回率，并对聚合结果中的各项数据进行统计，组织相关领域专家对聚合效果进行评价；②选择10条文档关联数据，将相似度计算公式中的7个参数分为3组：(α,β,γ)、(δ,ε)、(φ,λ)，组内各参数取值的和为1，增幅为0.1，根据参数的不同组合分别进行实验，计算10条数据两两之间的相似度，并与人工比较的结果进行对照，从而判断本文所给公式的合理性，进而得出最佳参数组合；③优化聚合结果的可视化展示模式，包括聚合结果的聚类展示、根据用户输入的概念动态地展示相关的知识单元等。

参考文献：

[1] 尚武,刘文君,杨涌.医学数字图书馆信息资源整合研究[J].医学信息学杂志,2013,34(1):71-74.

[2] 文丽.网络医学信息资源整合与利用研究[J].情报科学,2009,27(5):730-732.

[3] Berlanga R, Jiménez-Ruiz E, Nebot V. Exploring and linking biomedical resources through multidimensional semantic spaces[J]. BMC Bioinformatics, 2012, 13(Suppl):1-17.

[4] Jones J, Phalakornkule K, Fitzpatrick T, et al. Developing protégé to structure medical report [EB/OL]. [2013-09-02]. http://link.springer.com/content/pdf/10.1007%2F978-3-642-21657-2_38.pdf.

[5] Jiang Guoqian, Liu Hongfang, Solbrig H R, et al. ADEpedia2.0: Integration of normalized adverse drug events knowledge from the UMLS[EB/OL]. [2014-01-20]. http://www.ncbi.nlm.nih.gov/pmc/articles/PMC3845793/.

[6] Ye Min. Text mining for building a biomedical knowledge base on diseases, risk factors, and symptoms[D]. Saarland:Saarland University,2011.

［7］ Nguyen V, Bodenreider O, Srinivasan J, et al. IExplore:Interactive browsing and exploring biomedical knowledge［EB/OL］.［2014 – 01 – 20］. http://challenge. semanticweb. org/2012/submissions/swc2012_submission_3. pdf.

［8］ Nguyen V, Bodenreider O, Minning T. The knowledge-driven exploration of integrated biomedical knowledge sources facilitates the generation of new hypotheses［EB/OL］.［2014 – 01 – 20］. http://ceur-ws. org/Vol-783/paper6. pdf.

［9］ Wilkowski B. Semantic approaches for knowledge discovery and retrieval in biomedicine［D］. Copenhagen:Technical University of Denmark, 2011.

［10］ MacKellar B, Schweikert C, Chun S A. Patient-oriented clinical trials search through semantic integration of linked open data［EB/OL］.［2014 – 01 – 20］. http://ieeexplore. ieee. org/xpls/abs_all. jsp? arnumber = 6622247.

［11］ 李亚子,钱庆,刘峥,等. 基于UMLS的疾病知识整合框架研究［J］. 现代图书情报技术, 2011(2):34 – 41.

［12］ 温有奎,焦玉英. 知识元语义链接模型研究［J］. 图书情报工作,2010,54(12):27 – 31.

［13］ 邱均平,王菲菲. 基于共现与耦合的馆藏文献资源深度聚合研究探析［J］. 中国图书馆学报,2013, 39(3):25 – 33.

［14］ 贺德方,曾建勋. 基于语义的馆藏资源深度聚合研究［J］. 中国图书馆学报,2012,38(4):79 – 87.

［15］ NLM. The semantic network［EB/OL］.［2013 – 08 – 15］. http://www. nlm. nih. gov/research/umls/new_users/online_learning/SEM_001. htm.

［16］ NLM. The UMLS semantic network files［EB/OL］.［2013 – 08 – 10］. http://semanticnetwork. nlm. nih. gov/Download.

［17］ Rindflesch T, Aronson A. Semantic processing for enhanced access to biomedical knowledge［EB/OL］.［2013 – 06 – 10］. http://skr. nlm. nih. gov/papers/references/semwebapp. 5a. pdf.

［18］ Rindflesch T, Fiszman M, Libbus B. Semantic interpretation for the biomedical research literature［EB/OL］.［2013 – 06 – 10］. http://ai. arizona. edu/mis596a/book_chapters/medinfo/Chapter_14. pdf.

［19］ NLM. SPECIALIST text tools［EB/OL］.［2013 – 07 – 22］. http://lexsrv3. nlm. nih. gov/LexSysGroup/Projects/textTools/current/.

［20］ NLM. SKR Web API［EB/OL］.［2013 – 09 – 12］. http://skr. nlm. nih. gov/SKR_API/.

［21］ NLM. Java-based API to the semantic knowledge representation［EB/OL］.［2013 – 07 – 22］. http://skr. nlm. nih. gov/SKR_API/SKR_Web_API_V2_1. jar.

［22］ Rösner D. Wissensbasierte systeme und dokumentverarbeitung［EB/OL］.［2013 – 08 – 10］. http://wdok. cs. uni-magdeburg. de/Members/miotto/diplomarbeit/ontologien-undbeispiel/cms. owl.

[23] CPAN. UMLS-similarity [EB/OL]. [2013-07-20]. http://search. cpan. org/dist/UMLS-Similarity/.

[24] The open graph viz platform[EB/OL]. [2013-07-25]. https://gephi. org/.

作者简介

郭少友，郑州大学信息管理学院教授，E-mail：gsy6@ha. edu. cn；李庆赛，郑州大学信息管理学院硕士研究生。

基于 FCA 和异构资源融合的本体构建研究

邱璇 李端明 张智慧

（西南科技大学经济管理学院 绵阳 621010）

1 引言

本体源于哲学，用来表示客观的存在，引入信息领域后被重新赋予定义，最为流行的定义是 T. R. Gruber 在 1993 年提出的认为本体是有关概念模型的明确的规范说明[1]。简单来说，本体描述一定领域内概念集及概念之间的关系[2]。概念是本体的核心，如何选择资源并提取符合本体的概念，成为本体构建的重要环节。构建本体的资源主要有两种：一种以主题词表、叙词表、结构词典为主的结构化资源，另一种以 Folksonomy 数据集、文档、非结构文档为代表的非结构化资源。两种资源不同的结构特性决定了以它们为基础构建的本体既有优点也有不足，所以在实际使用中单一资源构建的本体难以满足全面性、语义丰富、更新快等需求。为解决问题，需要从数据来源角度进行改进，将结构化和非结构化两种不同结构资源相融合，形成异构资源，作为构建本体的数据来源。

2 问题提出

以单一资源主题词表构建本体为例，它是该领域概念专指度最高、歧义性最低的词汇集合，从词汇集抽取本体的概念，以"用"、"代"、"属"、"分"、"参"、"族" 6 种词间关系挖掘概念间关系[3]，构建的本体遵循词表原有的词汇基础，延续拥有的语义关系，降低了构建难度，但是难以发现未知概念，本体语义较单薄，概念间缺乏属性描述。单一资源 Folksonomy 数据集是一种用户参与和主导的信息组织方式[4]。数据集由 <资源，用户，标签> 三元组组成，向普通用户提供一种协同构建和共享标签的开放式平台。通过用户自定义的分类标准和提交标签来实现协作分类。分析 Folksonomy 数据集可以挖掘丰富的语义关系，但因这种分类是普通用户协作产生的，故由此构建的本体概念松散、层次模糊。随着概念格在处理异构资源方面的优势逐渐被人们所认识，越来越多的研究人员把概念格理论应用于本体构建的相关研究中。

FCA（formal concept analysis）即形式概念分析，是一种数据分析方法，把指定的数据集合生成概念格结构，用于概念的发现、排序和显示。R. Wille 用 FCA 形式概念分析重构了格理论[5]，深化概念为概念、概念的内涵、概念的外延和概念层几部分，FCA 能自动获取概念间层次关系、挖掘隐藏关系，概念格在概念描述方面具有优势，这些都为异构资源构建本体提供了理论支持和模型方法。国内外学者形成了基于 FCA 和异构资源融合构建本体的一致观点，但构建思路有所不同。一种是对主题词表进行形式化处理和对文本资源在切词分析的基础上，通过并叠置诱导出异构资源概念格，并以异构资源概念格构建目标领域本体[6]。一种把主题词表的概念直接转化为本体中的类，对文本资源进行切词分析构建基于文本资源的概念格，并将所得概念格与由主题词表转化而来的本体相结合构建目标本体[7]。上述方法解决了资源异构问题，但本体的构建还是采用集权式的形式，主要依靠专家或者少数个体完成，缺少群体智慧相互决议的过程，这种局限性是本文深入研究的起点。群体智慧是更多独立个人或者至少部分独立个人，通过社会交互整合获取不同类型信息的过程，强调其获取信息的能力优于个体或者个体总和[8]。本体的构建应当是一个群体智慧相互决议的过程，需要专家和大众参与其中。如果还是采取集权式的构建方式靠少数个人来完成，不仅提高开发成本，也会导致构建的本体不能真正满足用户实际使用需求。主题词表主要是专家的研究成果，Folksonomy 数据集则来自用户，融合两种不同结构数据的异构资源具有大众性、时效性、动态性等优点。FCA 具有数据分析和建模的独特优势，运用 FCA 构建本体，可以综合不同结构类型的资源，是一种有效的本体构建方法。这为解决问题提供了理论依据和本体构建的新思路。

3 本体构建方法和模型

FCA 支持用形式化的方法表示本体，但对概念格的分析，概念格依赖于给定的对象集，如果没有给定的数据就无法构建本体。现实中，异构资源的形式化大多数并不明确，而是含糊地存在。然而本体构建的关键在于将资源形式化并明确，即找出所有可能的抽象概念及其关系。FCA 可以综合各种类型的资源，把资源中隐含存在的概念和其关系形式化，异构资源可为 FCA 构建本体提供充足而可靠的数据。本文选择主题词表和 Folksonomy 数据集作为基础，利用 FCA 相关理论和技术，专家和大众共同参与，经过一系列规范流程构建本体，评估构建的本体。目前学术界基于 FCA 构建本体的方法有 Cimiano 方法[9]、GuTao 方法[10]、Haav 方法[11]、Obitko 方法[12]等，参考上述本体构建方法，并结合异构资源特征，结合借鉴七步法和骨架法[13]的本体构建思想，设计了基于 FCA 和异构资源融合的本体构建模型（见图 1）。模型由数据预处理、形式背景构建、概念格分析、实验本体构建、本体评估 5 个阶段组成。

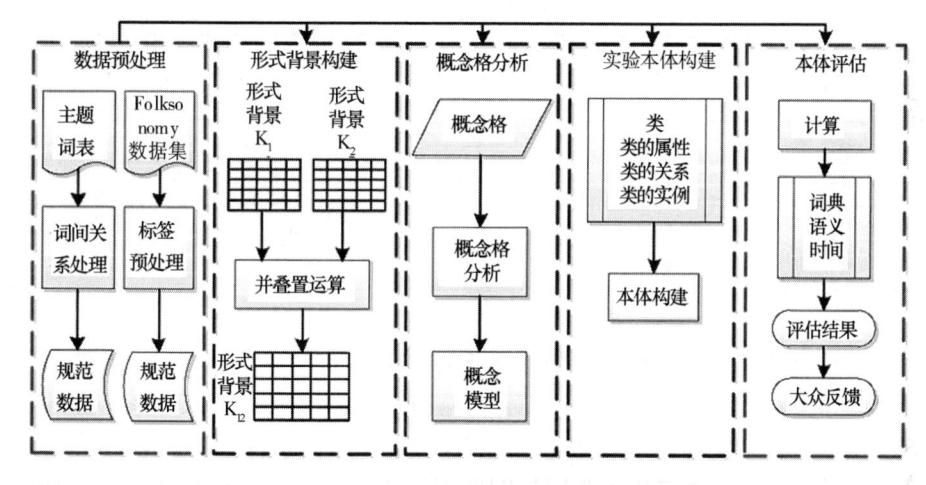

图 1 本体构建模型

3.1 数据预处理

分别对两种资源进行数据预处理。主题词表的词是领域专家长期的有序组织，是本领域的术语集合，可直接作为本体的概念。术语间的等同关系、相关关系、等级关系等可作为本体中概念的属性、关系、实例。Folksonomy 数据集的标签由大众构成可能缺乏权威性和规范性，需要标签预处理得到规范的 Folksonomy 数据集。标签预处理包括标签清洗、标签聚合和低频标签过滤三方面[14]，标签清洗将不规范的标签转换成规范的标签，标签聚合计算标签相似度，将超过一定阈值的标签视为"相似标签"聚集在一起，低频标签过滤除去单独出现或出现次数很少的标签。

3.2 形式背景构建

运用 FCA 理论构建形式背景。选定现有的主题词表，对主题词进行形式化处理，参考主题词表特有的 6 种词间的关系，构建形式背景 K_1。Folksonomy 数据集由用户集 U、资源集 R、标签集 T 组成，经过预处理的 Folksonomy

数据集去掉用户集 U，剩下资源集 R 和标签集 T，排除小众意见，保留反映大众对信息的一致性认识的部分。以二元表结构为基础，纵列分布 R 为概念对象 R_1、R_2、$R_3 \cdots R_i$，横向分布 T 为概念的属性 T_1、T_2、$T_3 \cdots T_j$，如果 R_i 和 T_j 有关系，则用"X"符号作标记，数据集（R，T）构造成形式背景 K_2。形式背景二元表如表 1 所示：

表1　形式背景二元表

对象＼属性	T_1	T_2	T_3	T_4
R_1		X		X
R_2	X		X	
R_3		X	X	
R_4	X		X	X

本体合并是把两个或两个以上相关本体融合成一个本体，合并后的本体概念体系更合理，概念间关系更丰富[15]。取得两个本体的形式背景 K_1 和 K_2，合并形成背景，实现两个本体合并。本文在两个本体未构建前就把 K_1 和 K_2 并叠置运算成综合形式背景 K_{12}，先实现本体合并。

3.3　概念格分析

常用概念格构造工具有 Concept Explorer 和 Lattice Miner[16]。本文选择前者的 1.3 版本，输入形式背景，输出概念格。从形式背景中生成概念格的过程实质上是一种概念聚类过程。概念格由 Hasse 图呈现，Hasse 图是计算机计算输入的形式背景自动生成的。将表 1 得到的形式背景转换成对应的概念格，概念格结构如图 2 所示：

由专家分析概念格，结合映射规则，分析概念格的概念、概念间关系、概念属性。主要的映射规则有：①每一个节点 C 代表一个概念，节点内涵 T 代表概念的属性和关系，节点外延 R 代表概念的实例对象。②节点内涵 T 继承上层节点 T，节点外延 R 覆盖下层节点的外延 R。③顶层节点映射为本体的一级概念，子节点映射为子概念，空节点不作映射。得到的映射结果为 C_m（$\{T_1, T_2 \cdots T_i\}$，$\{R_1, R_2 \cdots R_j\}$），由大众表决该映射过程。

分析图 2 的概念格，共形成 4 层 7 个节点，一个节点代表一个概念，节点的内涵代表概念的属性，节点外延代表概念实例。以节点 C_3 为例，属性集 T（T_3）没有可继承的上层节点属性，只有自身属性 T_3；实例集 R（R_2，R_3），

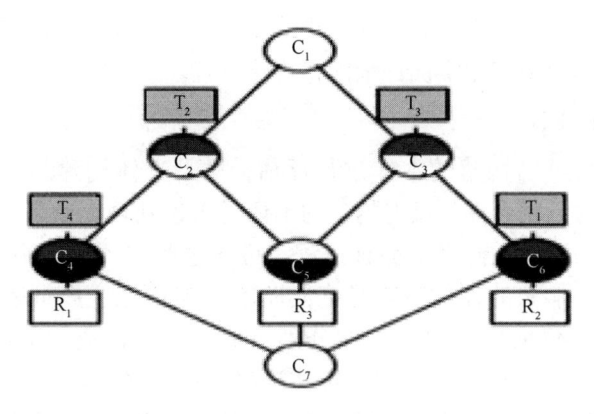

图 2　概念格结构

R_2、R_3来自覆盖的下层节点。C_3的映射结果为 C_3（$\{T_3\}$，$\{R_2, R_3\}$）。

3.4　本体构建步骤

根据上述分析概念格的结果，得到构建本体的概念模型，遵循 T. R. Gruber 提出的本体构建原则，采用模型化方法，构建本体。

第一步：设计类及其层次结构。采用核心扩展（middle – out）方法[17]从概念模型中抽取出核心概念，在此基础上自上而下进行扩展形成合理完整的概念体系，建立整个本体概念模型。把概念转换成对应的类，从上级父类逐步细化到下级子类，形成类的层次结构。

第二步：设计类的属性，列出主要属性。类的层次结构只是确定了本体的骨架，缺少的血肉需要属性来充实。类的属性有描述类自身性质的数值属性和描述类间关系的对象属性两种。设计类的属性要考虑属性的有用性、取值类型、取值范围等因素，表达异构资源已有的信息，适当添加一些辅助信息，使类的属性更加明确。

第三步：设计类的关系。类的关系分为分类关系和非分类关系，分类关系指 Subclass – of、Part – of、Equivalent – to 等普通关系，非分类关系指一些特殊的关系，由用户自定义。分析概念模型的关系，依据关系特点，继承部分父类子类间的关系，增加需要的其他关系。

第四步：类的实例化。对类做具体描述，形成个体实例的集合，实例化工作有实例声明、实例描述和实例联系 3 个部分。利用专门的实例添加标签，为类添加实例，在某一类下输入实例名称、实例类别及属性值等。

第五步：本体编码。选用 OWL 本体描述语言，将编辑好的本体体系结构存储为 owl 文件，把 owl 文件导入本体构建工具 protégé 中修改完善，构建实验本体。

实验本体构建中将用实例详细阐述构建过程。

3.5 本体评估

本体评估指对已构建的本体进行评估,这是本体构建的最后一个阶段,也是一个重要的阶段。评估是对构建的本体是否达到预期效果的评价和判断,是概念完整性和语义正确性的验证过程,可通过制定评估策略来验证实验本体的构建效果。本文的评估策略是把实验本体与单一主题词表构建的本体,单一 Folksonomy 数据集构建的本体分别对比。计算词典相似度、语义相似度[18]、时间复杂度的值,评估实验本体构建效果。之后,把评估的结果反馈给大众,并充分考虑大众评价和修改意见,对构建的实验本体不断完善。

4 实验本体构建和评估

本体的构建是一项复杂的工程,本文只选择一个领域下的一个局部为例构建本体,具体说明基于 FCA 和异构资源融合的本体构建过程。

4.1 结构化资源形式化

选择《综合电子政务主题词表》(试用本)"信息产业"词族中"软件"为结构化数据来源,抽取主题词为核心概念,挖掘概念间关系。以"软件系统"为例找出其在主题词表的概念间关系,具体软件为对象,所属类别为属性,构建基于主题词表的形式背景,如表 2 所示:

表 2 基于主题词表的形式背景

属性 对象	系统软件	应用软件	智能软件	软件业
智能系统			X	X
应用系统		X		X
操作系统	X			X
开发人员	X	X	X	X

4.2 非结构化资源形式化

选择维基百科网站作为非结构化数据来源,该网站是用户自定义标签下分众分类较为流行的应用,体现大众的共同参与性和社区共享网络文化[19]。搜索"软件系统"截取一段开源数据,选择 36 条记录作为 Folksonomy 数据集；对 36 条数据集进行标签清洗、标签合并、低频标签过滤得到 Folksonomy 规范数据集；去除用户集，剩下资源集和标签集；构建基于 Folksonomy 规范数据集的形式背景。如表 3 所示：

表 3 基于 Folksonomy 数据的形式背景

对象＼属性	智能系统	操作系统	应用系统	软件开发者	开源软件
软件学习	X		X		
代码分析				X	X
软件设计	X	X	X	X	
视频软件			X	X	
系统软件		X		X	
应用软件			X	X	
软件业	X	X	X	X	X
设计原则				X	X
系统服务	X	X	X		
软件发展	X	X	X		
软件文化		X		X	X
软件代理			X	X	
软件艺术	X	X	X	X	

4.3 并叠置形式背景

本体合并是基于概念格的合并，因为概念格是形式背景中概念间关系的表现形式，所以概念格的合并就是并叠置形式背景。三元组 K =（G，M，I）表示形式背景，G 是对象集合，M 是属性集合，I 是对象和属性存在的二元关系。并置是横向合并，合并对象域相同、属性项不同的形式背景，如 K_1 =（G_1，M_1，I_1），K_2 =（G_2，M_2，I_2），$G_1 = G_2 = G$，并置为 K_{12} =（G，$M_1 \cup M_2$，$I_1 \cup I_2$）。叠置是纵向合并，合并对象域不同、属性项相同的形式背景，如 K_1 =（G_1，M_1，I_1），K_2 =（G_2，M_2，I_2），$M_1 = M_2 = M$，叠置为 K_{12} =（$G_1 \cup G_2$，M，$I_1 \cup I_2$）。结合形式背景连接规则[20]，构建基于异构资源融合的形式背景如表 4 所示：

表 4 基于异构资源的形式背景

对象\属性	智能系统	操作系统	应用系统	开发人员	开源软件
软件学习	X		X		
代码分析				X	X
软件设计	X	X	X	X	
智能软件	X			X	
视频软件			X	X	
系统软件		X		X	
应用软件			X	X	
软件业	X	X	X	X	X
设计原则				X	X
系统服务	X	X	X		
软件发展	X	X	X		
软件文化		X		X	X
软件代理			X	X	
软件艺术	X	X	X	X	

把表 4 的形式背景转换成概念格，概念格 Hasse 图如图 3 所示：

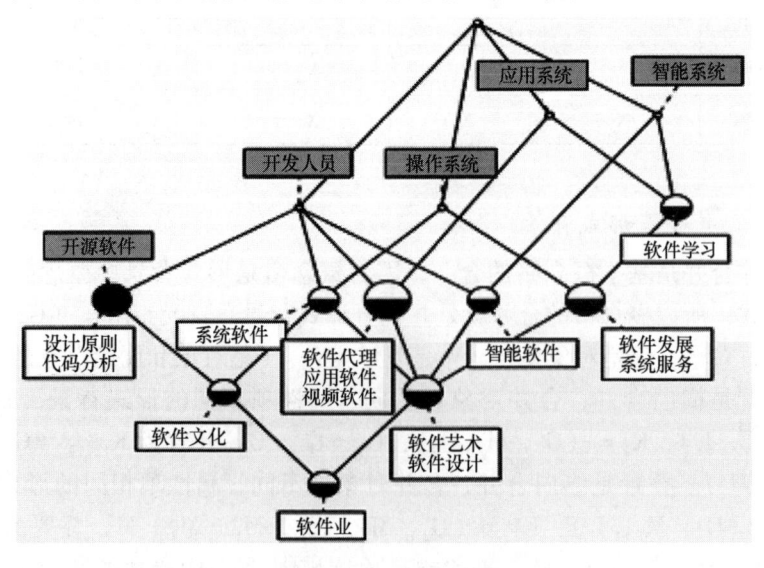

图 3 概念格 Hasse 图

分析概念格 Hasse 图，一个节点代表一个概念，节点可拥有对应的属性和对象，也可为空。异构资源的概念格和任何单一资源概念格相比，都多产生了概念节点，例如：对比主题词表增加 {软件文化}、{设计原则，开源软件} 等概念节点，对比 Folksonomy 数据集 {智能系统，软件学习} 概念节点被分解为 {智能系统}、{软件学习} 两个概念节点。异构资源的概念格体现的语义信息更加丰富，挖掘出隐藏关系，例如，推导出有 86% 的概率智能系统与应用系统存在部分关系。

4.4 本体构建

在概念格中，将概念节点转换成概念，概念关系转换成概念间关系，概念属性转换成概念属性，对象转换成概念实例。构建本体的概念模型和概念间关系，分别如图 4 和表 5 所示：

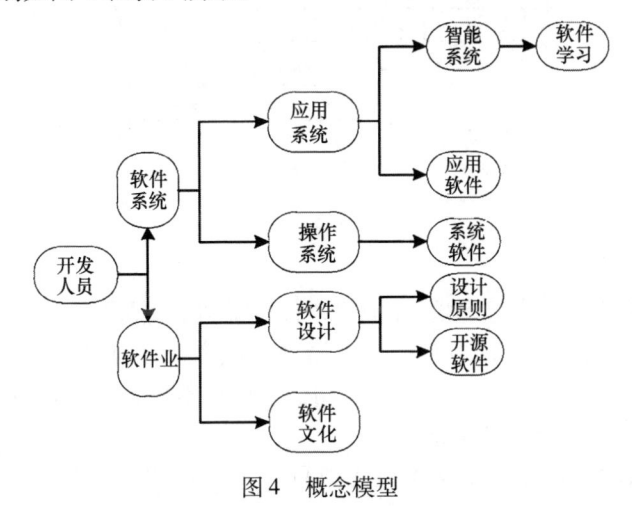

图 4 概念模型

表 5 概念间关系

两大关系	关系名称	关系描述
分类关系	Subclass – of	词的上下位关系
	Part – of	词的部分关系
	Equivalent – to	词的等价关系
非分类关系	Do	做什么
	Is – methods – of	是什么的方法
	Has – methods – of	有什么方法
	Is – stand – of	是什么的标准
	Has – stand – of	有什么标准

311

4.5 protégé 工具展示本体

利用斯坦福大学开发的 protégé-4.2 工具建立实验本体，OWL 语言形式化描述本体。从概念模型抽取构建本体的类、类间关系、类的属性导入 protégé；对类进行实例化，约束类的值域；用 RacerPro 推理机对构建的实验本体进行一致性检查。实验本体模型见图 5。

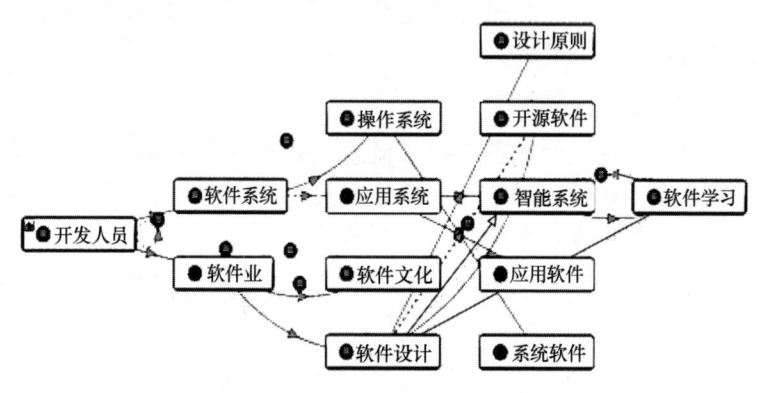

图 5 实验本体模型

4.6 评估

为了验证基于异构资源融合构建本体的效果，需要将其同单一资源构建的本体进行对比，通过词典相似度、语义相似度、时间复杂度等几方面进行计算，得出对比结果。重点对比词典相似度评估本体，词典相似度由词重率、增词率、漏词率 3 个参数来衡量。

词重率是指 O_1 和 O_2 中交叉概念数目与 O_1、O_2 概念总数的比值，计算公式[21]为：

$$LO(O_1, O_2) = \frac{|C_{O1} \cap C_{O2}|}{|C_{O2} \cup C_{O2}|} \qquad 公式（1）$$

增词率是指属于 O_1 但不属于 O_2 的新概念与 O_2 概念总数的比值。计算公式[21]为：

$$OI(O_1, O_2) = \frac{|C_{O1} \setminus C_{O2}|}{|C_{O2}|} \qquad 公式（2）$$

漏词率是指属于 O_2 不属于 O_1 的概念数量与 O_2 概念总数的比值。计算公式[21]为：

$$OL(O_1, O_2) \frac{|C_{O2} \setminus C_{O1}|}{|C_{O2}|} \qquad 公式（3）$$

对比异构资源本体 O_1 和主题词表本体 O_2，统计 O_1 的概念 13 个，O_2 的概念 5 个，$C_{O1} \cap C_{O2}$ 交叉的概念 4 个，$C_{O1} \cup C_{O2}$ 共有的概念 14 个，$C_{O1} \setminus C_{O2}$ 属于 O_1 不属于 O_2 的新概念 10 个，$C_{O2} \setminus C_{O1}$ 属于 O_2 不属于 O_1 的概念 1 个。代入公式运算，词重率约为 28.57%，说明共有的概念在 O_1 中比重较小，如共有｛软件系统｝、｛操作系统｝等概念。增词率约为 200%，说明 O_1 的概念增多，如新增｛软件设计｝、｛软件文化｝等概念，O_2 概念数量相对较少造成了增词率过大。漏词率约为 20%，说明 O_2 仅有小部分的概念没有被 O_1 获取，如概念｛应用系统｝。

对比异构资源本体 O_1 和 Folksonomy 数据集本体 O_2，统计出 O_1 的概念 13 个，O_2 的概念 11 个，$C_{O1} \cap C_{O2}$ 交叉的概念 9 个，$C_{O1} \cup C_{O2}$ 共有的概念 15 个，$C_{O1} \setminus C_{O2}$ 属于 O_1 不属于 O_2 的新概念 4 个，$C_{O2} \setminus C_{O1}$ 属于 O_2 不属于 O_1 的概念 2 个。代入公式运算，词重率约为 60%，说明 O_2 中大部分概念可以通过 O_1 获取，如｛系统软件｝、｛软件设计｝等概念。增词率约为 36.36%，说明 O_1 的概念部分增加，如｛软件学习｝、｛设计原则｝等概念。漏词率约为 18.18%，说明 O_2 中有 1/4 左右的概念未被获取，如｛系统服务｝、｛软件代理｝等概念。O_2 中部分概念被漏掉是因为除去了一些非形式化的概念。

分析计算结果，证实了主题词表和 Folksonomy 融合的异构资源构建的本体与单一资源构建的本体相比，在概念数量、概念间关系、语义丰富度等方面有优势。

5 结语

本文以 FCA 为理论基础，以结构化资源主题词表和非结构化资源 Folksonomy 数据集融合作为数据来源，构建本体，并评估所构建的实验本体，证实了异构资源构建的本体比单一资源构建的本体更具有优势。在本体构建中，也存在一些问题具体如下：

5.1 数据量有待扩充

当前的数据仅仅用于实验分析，实验结果和实际效果会有误差，数据量小具有局限性，会影响所构建本体的实用性，隐藏语义关系挖掘也不够完善。实际上，基于大数据量的异构资源构建的本体才能真正满足用户所需。

5.2 评估机制有待完善

就本体的评估机制而言，仅从计算词重率、增词率、漏词率角度论证所构建的实验本体的优越性还是不够的，需要引入计算语义相似度和时间复杂度等指标，多方面详细对比，完善本体评估机制。

5.3 实验本体标注条件有待改善

本文的实验本体是用人工标注方式在已完成标注的情况下构建的。构建大规模本体时如果采用人工标注方式会影响本体构建效果，需根据领域特点，采用自动和半自动标注方式。例如采用本体学习的方式获取类及其关系，用 Jena API 实现对应类的实例自动添加，并声明实例、描述实例、联系实例，解决标注问题。

参考文献：

[1] Gruber T R. A translation approach to portable ontology specifications[R]. London: Knowledge Syste-m Laboratory, 1993.

[2] 唐晓波,肖璐.基于词汇同现的多用户兴趣本体构建研究[J].情报理论与实践,2012, 35(5):99-102.

[3] 金晶,宋敏霞,徐晨琛.基于主题词表政务领域本体构建[J].图书情报工作,2010,54(8):16-20.

[4] 石光莲,张敏,郑伟伟.形式概念分析在 Folksonomy 中的应用研究进展[J].图书情报工作,2014,58(9):136-142.

[5] Wille R. Restructuring lattice theory: An approach based on hierarchies of conference[C]// Proceedings of the 7th International Conference on Formal Concept Analysis. Berlin: Springer Verlag, 2009:314-339.

[6] 滕广青.基于概念格的数字图书馆知识组织研究[D].长春:吉林大学,2012.49-68.

[7] 孙利.基于主题词表和 FCA 的海事本体构建研究[D].大连:大连海事大学,2012:14-29.

[8] 戴旸,周磊.国外群体智慧研究述评[J].图书情报知识,2014(2):120-126.

[9] Cimiano P, Stumme G, Hotho A, et al. Conceptual knowledge processing with formal concept analysis and ontologies[C]//Proceeding of the 2nd International Conference on Formal Concept Analysis(ICFCA). Berlin: Springer Verlag, 2004:189-207.

[10] Gu Tao. Using formal concept analysis for ontology structuring and building[D]. Singapore: Nanyang Technological University, 2003.

[11] Haav H M. A semi-automatic method to ontology design by using FCA[EB/OL].[2014-07-11]. http://ftp.informatik.rwth-aachen.de/Publicati-ons/CEU-WS/Vol-110/paper2.pdf.

[12] Obitko M, Snasel V, Smid J. Ontology design with formal concept analysis[EB/OL].[2014-08-20]. http://citeseerx.istpsu.edu/viewdoc/do-wnload? doi=10.1.1.862092&rep=rep1&type.pdf.

[13] Uschold M, Gruninger M. Ontologies: Principles method and application[J]. Knowledge Engineer Revi-sion, 1996, 11(2):93-155.

[14] Specia L. Integrating folksonomies with the semantic Web[EB/OL].[2014-08-25]. http://www.eswc2007.org/pdf/eswc07-specia.pdf.

[15] 周文,刘宗田,陈慧琼. FCA 与本体结合研究的综述[J]. 计算机科学,2006,33(2):8-12.

[16] 滕广青,毕强. 概念格构建工具 ConExp 与 Lattice Miner 的比较研究[J]. 现代图书情报技术,2010(10):17-22.

[17] 周义刚,董慧. 电子政务领域数字档案本体的构建[J]. 图书情报工作,2009,53(19):112-116.

[18] 董慧,余传明. 中文本体的自动获取与评估算法分析[J]. 情报理论与实践,2005,28(4):415-418.

[19] 焦玉英,袁静. 基于 WIKI 的群体知识共享与创新服务研究[J]. 情报科学,2008,26(5):652-656.

[20] 刘树鹏,李冠宇. 基于形式概念分析的本体合并方法[J]. 计算机工程与设计,2011,32(4):1434-1437.

[21] Sabou M,Wroe C,Goble C. Learning domain ontologies for Web service descriptions:An experiment in bioinformatics[C]//Proceedings of the 14th International World Wide Web Conference Committ-ee(WWW2005). New York:ACM Press,2005:190-198.

作者贡献说明：

邱璇：完成引言、问题提出、本体构建模型和方法，实验本体构建，本体评估等工作；

李端明：论文结构和主体思路，并指导完成论文的修改工作；

张智慧：完成收集实验数据，统计实验结果等工作。

作者简介

邱璇（ORCID：0000-0002-0142-8442），硕士研究生；李端明（ORCID：0000-0002-5635-0857），教授，研究生导师，通讯作者，E-mail：eclili@foxmail.com；张智慧（ORCID：0000-0003-3226-5516），硕士研究生。

基于多特征融合的中文情感分类方法研究

甘小红　张兆年

江西财经大学信息管理学院　南昌 330032

1　引言

随着中国电子商务应用的不断深入，网络购物、网上预订的使用率持续上升，消费者对网购商品在网页上作出的包含情感的文本评价信息量也在不断地增加。然而，这些评价信息将越来越重要地影响着企业和消费者的行为。企业和消费者要快速地阅读网页上所有的评论，将变得越来越困难。因此，如何将评论中的情感信息进行分析与判别，挖掘出关键的中文情感信息，帮助企业和消费者快速地掌握这些信息，成为当今电子商务智能信息处理研究中的热点问题。

目前，中文情感分类方法主要有两种研究思路：基于情感词典的分类方法和基于机器学习的特征分类方法。前者主要基于一些已有情感词典或领域词典以及一些规则获取文本中与情感相关的元素作为情感分类的依据。例如，朱嫣岚等[1]将一组已知极性的词语集合作为种子，基于 HowNet 对未知词语与种子词进行语义计算，从而判别未知词的极性；叶强等[2]提出一种根据连续双词词类组合模式（2－POS）确定句子主观性的方法，对主观句与客观句进行分类实验的实验结果显示，查准率和查全率均已达到研究者对英方词语和句子研究的效率；Ku 和 Chen[3]提出了字袋方法以确定中文词语的情感极性，而后又对这种方法进行了扩展，提出使用形态结构在词语和句子级别进行情感分析。后者主要使用机器学习的方法，选取大量有意义的特征来完成分类任务。例如，李实等[4-5]采用基于 Apriori 关联规则算法的无监督挖掘算法挖掘特征，结合有监督的情感分析技术，实现对评论中产品特征和情感信息的挖掘；赵臻等[6]提出一种基于多特征的句子相似度计算方法的研究；王素格等[7]利用多种特征选择和权重计算方法进行研究。目前中文情感分类研究大都是基于一种方法，关于两种方法的融合研究还比较少。钟将等[8]使用基于特征分类方法得到的文本特征构建朴素贝叶斯模型与情感词典的特征选择相融合的方法来提高分类的效果。但Ye等[9]对支持向量机、朴素贝叶斯和N-Gram三种分类模型的实验比较的结果显示：支持向量机和N-Gram分类模型在分类上的效果都超过朴素贝叶斯模型。尽管该分类方法考虑了情感词典中的褒贬性以及词倾向性的强弱，但缺少深入的中文特征级别的情感挖掘。

针对目前特征级别情感挖掘的相关资源匮乏和情感特征集合数量庞大影响分类效率等问题，本文提出一种具有特征级别的领域特征集合的情感资源挖掘方法，即基于领域相关词汇和非领域相关词汇进行句法分析和抽取模式，构造句法规则集合；研究将基于HowNet词典分类法构建的情感特征与基于机器学习的特征分类方法中的无内容特征以及领域特征相融合，并将该特征集合放入支持向量机中进行情感分类实验，实验结果表明，通过使用特征的抽取模式以及多特征融合的分类方法，缩减了特征集合中特征的数量，增强了中文情感分类效果，也验证了两种分类方法的综合应用与多特征融合研究的正确性与有效性。

2 领域特征的构建

2.1 特征词汇的设计

本文将领域特征的构建分为领域相关词汇和非领域相关词汇。领域相关词汇基于由Liu等[10]提出的特征级别情感分类框架，并将特征限制为主特征级别和子特征级别。非领域相关词汇中的词语一般是规则的词语，这些词语在句子中具有不同的词性和功能，本文设计了5种不同的非领域相关词语集合，包括负面词语、程度词语、助动词、介词和停用词。

2.2 领域特征的构建方法

特征级别的情感分类方法的关键是模式构造、词典构造以及二次模式的抽取。首先由基于两种词汇（领域相关和非领域相关）标注后的语料开始，分别构造模式和词汇集合。模式构造通过采集包含特征和极性词的文本片段获取，然后将这些模式按共现频率排序，而词汇集合的构造则从标注了词性的词语中采集。领域特征可用于特征级别的情感分类，比如在不同特征上将网络评论分类为正面和负面。词典的完整性对于特征级别情感分类非常重要，所以之前采集的模式被用于二次模式抽取过程中，以便从未标注语料中抽取更多的特征和极性词语（POL）。

2.3 酒店评论语料准备

本文以酒店评论为例进行实验。采用基于 Java 开发的网络爬虫工具 Nutch，从携程网的 12 万家酒店信息以及 150 万条真实酒店点评中获取 HTML 页面，然后使用程序剔除标签和无用信息，获取评论正文并将每个评论以文本文件形式保存，形成一个包含 10 000 条酒店评论的语料。从网络评论受关注度高的特征中，采集主要的特征集合，并重点关注"早餐"和"服务"两个主要特征，并将其限制为两层，即主特征（FEA）和子特征（S-FEA）。

使用已标注的语料以及抽取的领域特征，构造常见的句法规则。对于"早餐"和"服务"主特征，分别标注了 357 条和 985 条评论。将语料随机分割，其中 80% 作为训练集，剩下的 20% 作为测试集。对于"早餐"和"服务"特征分别抽取了 102 个和 228 个模式进行实验，结果显示：对于主特征和子特征，出现频率较高的模式是"主特征<FEA>极性词<POL>"和"子特征<S-FEA>极性词<POL>"。这两种模式的构造同时反映中文观点的直接表述大多数情况下都很简单。

将酒店案例测试集中采集的子特征和极性词进行二次模式抽取评价，实验结果表明，极性词语较子特征的抽取效果更好，这一点在"早餐"特征的抽取中表现得尤为突出，其抽取正确率接近 90%。在情感文本中，人们更倾向使用极性词进行评论，所以极性词经常出现在固定位置。但在有些情况下，子特征和极性词语的抽取模式无法一般化。为此，本文将考虑两个计划：一是以构造酒店领域本体为目标，基于本体进行情感分类实验；二是将语义分析加入到模式抽取中，以便抽取更深层次的信息。

3 多特征融合方法

为了提高中文情感分类效果，本文将综合使用基于情感词典的分类方法和基于机器学习的特征分类方法进行研究。

3.1 多特征的融合与提取

本文使用了三种类型的特征：无内容特征（F1）、领域特征（F2）和情感特征（F3），其中情感特征通过语义倾向分析方法获得。对于每一个数据集，使用了 87 种词汇特征、158 种句法特征（150 个功能词和 8 个标点符号）和 5 种结构特征，共 250 种无内容特征。使用抽取模式作为领域特征，在去除停用词之后保留出现次数超过 5 次的模式用作特征，每一个数据集中的领域特征数量远远大于无内容特征。

为了考察不同类型的特征，尤其是新加入的情感特征 F3，本文设计了 4 个特征集合：①无内容特征的特征集合 F1；②由 F1 和 F2 构成的特征集合（F1＋F2）；③由 F1、F2 和 F3 构成的特征集合（F1＋F2＋F3）；④由 F1 和 F3 额外构建了第 4 个特征集合（F1＋F3）。在 4 个特征集合中，F1 和（F1＋F3）是非领域相关的，（F1＋F2）及（F1＋F2＋F3）是领域相关的（F2 领域相关）。由于特征的数量庞大，特征提取变得更加重要。通过特征选择能够得到一个最优的特征子集，从而提高分类的效率。本文采用信息增益法（Information Gain）[11]进行特征提取：

$$IG(t) = -\sum_{i=1}^{m}P(C_i)logP(C_i) + P(t)\sum_{i=1}^{m}P(C_i|t)logP(C_i|t) + P(\bar{t})\sum_{i=1}^{m}P(C_i|\bar{t})logP(C_i|\bar{t}) \quad (1)$$

在（1）式中，$P(C_i)$ 表示第 i 类文档在文档集合中出现的概率，$P(t)$ 表示词 t 出现的概率，$P(\bar{t}) = 1 - P(t)$ 表示词 t 不出现的概率，$P(C_i|t)$ 表示在出现词 t 的情况下，文档属于第 i 类的概率。$P(C_i|\bar{t})$ 表示词 t 不出现时，文档属于第 i 类的概率。该方法的优点在于计算复杂度低、计算速度快。

本文提取信息增益大于 0.0025 的特征，由此构建两个特征提取集合：(F1＋F2)* 和 (F1＋F2＋F3)*。

3.2 情感特征的生成

3.2.1 基于 HowNet 的情感计算　本文以知识库 HowNet[12]发布的情感词集为基础，使用基于词典的方法而非语料统计方法获取情感特征，因为基于语料统计方法需要对大量的语料进行统计计算，效率远远不如基于词典的计算方法。根据熊德兰等[13]对词汇的情感倾向性计算方法的改进研究——选取 n 个正面基准词和 m 个负面基准词（n 和 m 数量可以不等，所选词语并非一对反义词），分别构成 n 维正面空间和 m 维负面空间，词语 W 与所有基准词的相似度可以表示为正面空间（或负面空间）的一点。用 WP_i 表示正面或负面基准词，按以下公式计算词语 W 的正面情感倾向值：

$$HowNet\_Score(W)_+ = \sqrt{\sum_{i=1}^{n}sim(W, WP_i)^2} \quad (2)$$

该方法不必花费大量人工去精确选取成对出现的正负面词语，可以根据具体的应用领域来选取基准词或只计算词语 W 的一种侧面情感倾向性，从而大大提高了它的计算效率。

3.2.2 情感特征的抽取　首先使用中国科学院 ICTCLAS 分词系统[14]以

及LTP平台[15]对所有文本进行分词处理,并对每个词进行词性标注。按照相关文献研究仅使用形容词、副词和动词作为情感特征[16-17]。然后使用HowNet情感词典确定所抽取的形容词、副词和动词的情感极性分数。由于情感词典中的词可能会有多种词性,所以需要分别对词语的形容词、副词和动词含义计算极性(正面、负面和中性)分数,并取这三个极性分数的平均值作为词语的情感极性分数。具体计算公式为:

$$Score\ (word = POS)_i = (\sum_{k \in HowNet(word = POS \& polarity = i)} HowNet\_Score\ (k)_i) / |synsets\ (word = POS)| \quad (3)$$

其中,$POS \in \{$形容词,副词,动词$\}$,$i \in \{$正面,负面,客观$\}$,k表示给定词语在某个特殊含义下的同义词集合。

本文提出的一种确定词语最终情感极性分数的方法(见图1),使用情感极性分数0.5(0-1的中间点)作为中间值,以区分主观词语和客观词语。对于客观极性分数小于或等于0.5的词语,继续比较其正面极性分数和负面极性分数,若正面极性分数大于负面极性分数,则将此词语作为正面情感特征,否则作为负面情感特征。另外,对具有相同正面极性分数和负面极性分数的词语不予考虑。

```
START
  FOR each word
    If Score (word = POS) objective > 0.5
      将词语的情感极性视为客观,不将其加入情感特征集合;
    ELSE
      If (Score (word = POS) positive > Score (word = POS) negative)
        将词语 (word = POS, | Score (word = POS) positive | ) 加入情感特征集合;
      ELSE IF (Score (word = POS) positive < Score (word = POS) negative)
        将词语 (word = POS, - | Score (word = POS) negative | ) 加入情感特征集合;
      ELSE IF (Score (word = POS) positive = Score (word = POS) negative)
        不将词语加入情感特征集合;
      IF END
    IF END
  FOR END
END
```

图1 情感特征的确定方法

4 实验与分析

4.1 数据采集和处理

一般在网络评论中设置 5 星级的评定：一颗星为最差，五颗星为最优。本文取三颗星以下的评论为负面评论，取三颗星以上的评论为正面评论，而三颗星评论不在采集的范围之内。从酒店评论里所采集的10 000条评论中，包含 7 000 条正面评论和3 000 条负面评论，为了保持正面评论和负面评论的平衡，从7 000条正面评论中随机抽取了 3 000 条正面评论，构成一个分别包含了 3 000 条正面评论和负面评论的中文基准情感评论集合。

为了实现评价之前所提出的分类方法的效果，确保实验更加严谨，除了酒店评论之外，本文还通过当当网、京东商城、淘宝网采集了包括关于图书、DVD 和手机的三种评论。每种商品的评论也分别包括 2 000 条正面评论和负面评论。

采集评论并进行预处理之后，按照前面提出的方法构建特征集合。结果显示，特征集合（F1 + F2）和（F1 + F2 + F3）中的特征数量远比 F1 和（F1 + F3）要大，这是因为 F2 特征较多。另一发现是经过特征选择之后，（F1 + F2）和（F1 + F2 + F3）的特征数量显著减少。

4.2 情感分类实验设置

本研究选用支持向量机作为分类器[16-17]。首先将预先标注、经过预处理的正面文档和负面文档集合作为训练集，把训练集放入到支持向量机中进行训练，获取一个情感分类模型。接着，将经过预处理的未知情感极性的文档集作为测试集放入到情感分类模型中。最后，对分类的结果进行评价。对于每个数据集，随机选取 90% 的评论作为训练集，剩下的 10% 作为测试集。然后，将处理后的文本使用 Weka 挖掘工具进行 10 倍交叉验证进行评价。

4.3 性能评价方法

主要计算指标包括正确率（accuracy）、查准率（precision）、查全率（recall）和 F 度量（F-measure），其中查准率衡量分类的效果，查全率衡量分类的效率，情感分类方法的性能主要通过 F-measure 判定。各指标的具体计算方法如公式（4）-（7）所示，表 1 是类别的列联表。

$$正确率：accuracy = \frac{TP + TN}{TP + FP + FN + TN} \tag{4}$$

$$查准率：precision = \frac{TP}{TP + TN} \tag{5}$$

查全率：$recall = \dfrac{TP}{TP + FP}$ （6）

F 度量：$F\text{-}measure = \dfrac{2 \cdot precision \cdot recall}{precision + recall}$ （7）

表 1 类别列联表

类别		实际类别	
		正面	负面
分类器判断	正面	TP	FP
	负面	FN	TN

4.4 实验结果及分析

使用公式（4）-（7）分别计算出在 4 个数据集上进行评价所得到的整体正确率、平均查准率、平均查全率和 F-measure 的评价结果。表 2 至表 5 分别列出了不同特征集合下各个评价结果，图 2 是不同特征集合下 F-measure 评价柱状图。

表 2 不同特征集合下整体正确率评价结果

指标	特征集合	数据集			
		酒店	图书	DVD	手机
整体正确率（overall accuracy）	F1	0.749	0.706	0.655	0.699
	F1 + F2	0.809	0.753	0.780	0.807
	F1 + F3	0.819	0.756	0.720	0.763
	F1 + F2 + F3	0.832	0.770	0.784	0.809
	(F1 + F2)*	0.838	0.775	0.805	0.828
	(F1 + F2 + F3)*	0.845	0.789	0.808	0.838
	Blizer 等人的结果	–	0.760	0.785	0.779
	Li 等人的结果	–	0.790	0.845	0.850

表3 不同特征集合下平均查准率评价结果

指标	特征集合	数据集			
		酒店	图书	DVD	手机
平均查准率（average precision）	F1	0.752	0.706	0.655	0.699
	F1 + F2	0.811	0.753	0.780	0.807
	F1 + F3	0.820	0.756	0.720	0.764
	F1 + F2 + F3	0.833	0.770	0.784	0.809
	(F1 + F2)*	0.836	0.777	0.806	0.830
	(F1 + F2 + F3)*	0.842	0.792	0.810	0.839

表4 不同特征集合下平均查全率评价结果

指标	特征集合	数据集			
		酒店	图书	DVD	手机
平均查全率（average recall）	F1	0.749	0.706	0.655	0.699
	F1 + F2	0.809	0.753	0.780	0.807
	F1 + F3	0.819	0.756	0.720	0.764
	F1 + F2 + F3	0.832	0.770	0.784	0.809
	(F1 + F2)*	0.838	0.775	0.805	0.828
	(F1 + F2 + F3)*	0.848	0.784	0.808	0.838

表5 不同特征集合下F-measure评价结果

指标	特征集合	数据集			
		酒店	图书	DVD	手机
F-measure	F1	0.751	0.706	0.655	0.699
	F1 + F2	0.810	0.753	0.780	0.807
	F1 + F3	0.820	0.756	0.720	0.764
	F1 + F2 + F3	0.833	0.770	0.784	0.809
	(F1 + F2)*	0.837	0.776	0.805	0.829
	(F1 + F2 + F3)*	0.845	0.790	0.809	0.838

本文取得的分类正确率与 Blitzer 等人[18]和 Li 等人[19]的研究大致相近，Blitzer 等人的研究也同样是在多领域数据集上进行实验，并且使用一元或两

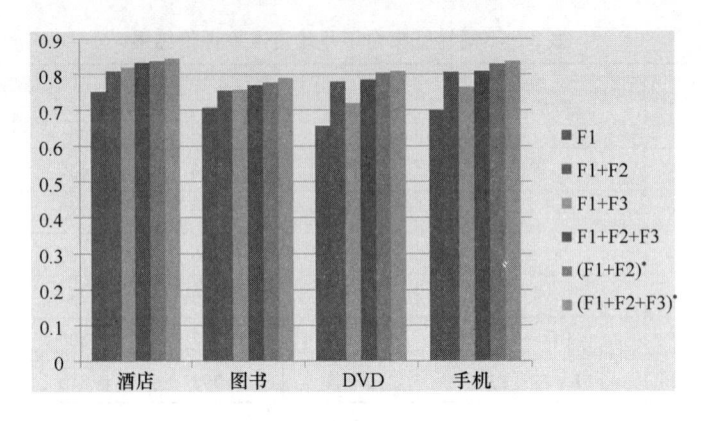

图2 不同特征集下 F-measure 评价

元特征。本研究所得出的正确率与 Blitzer 的研究有偏差，这可能是由于评价的过程以及所使用的特征不同所造成的。另一个发现是，与 Li 等人的实验结果也存在差异，这最有可能是因为中英文语言的差异所导致的（Li 等人使用的是英文评论集）。

从 4 种指标的评价结果看，4 种指标的值都随着特征集合的增大而增大，但特征集合（F1 + F2 + F3）的效果超过集合（F1 + F2）和（F1 + F3），每一个集合的效果都好过集合 F1。由特征集合 F1 至特征集合（F1 + F3）以及由特征集合（F1 + F2）至特征集合（F1 + F2 + F3），指标的值均得到了增大，这表明新加入的特征集合 F3 起到了提高分类效果的作用。虽然在大多数情况下指标值由特征集合 F1 至特征集合（F1 + F2）以及由特征集合（F1 + F3）至特征集合（F1 + F2 + F3）也相应增大了，但这是由于 F2 特征的数量庞大所致，而且 F2 是领域相关的，它可提高分类的效果。因此，本文提出的 F3 特征在提高情感分类效果方面起了非常重要的作用。

除了酒店评论的数据集外，其他几种商品评论的数据集的实验结果都显示：通过特征提取，在 4 种评价度量上的分类效果都得到了增强。在 4 个数据集中，通过结合三种类型的特征分类，其效果也均得到了增强。

5 结语

本文研究采取两种情感分类法的综合，并基于多领域的评论集上使用支持向量机进行实验。实验结果表明，该方法能显著增强中文情感分类的效果。效果增强的关键在于在情感特征中引入了丰富情感极性信息，并在构造特征集合中使用信息增益法进行特征提取，弥补了目前特征级别的中文情感分类研究的不足。如何精炼词典、对情感特征的抽取过程进一步扩展、寻找一个最适合本研究所提出的情感分类方法的算法，是未来要做的工作。

参考文献：

[1] 朱嫣岚,闵锦,周雅倩,等.基于HowNet的词汇语义倾向计算[J].中文信息学报,2006,20(1):14-20.

[2] 叶强,紫琼,罗振雄.面向互联网评论情感分析的中文主观性自动判别方法研究[J].信息系统学报,2007,1(1):79-91.

[3] Ku Lunwei, Huang Tinghan, Chen HsinHsi. Using morphological and syntactic structures for Chinese opinion analysis[C]//Proceedings of the 2009 Conference on Empirical Methods in Natural Language Processing. Singapore:ACL,2009: 1260-1269.

[4] 李实,叶强,李一军,等.中文网络客户评论的产品特征挖掘方法研究[J].管理科学学报,2009,12(2): 142-152.

[5] 李实,叶强,李一军,等.挖掘中文网络客户评论的产品特征及情感倾向[J].计算机应用研究,2010,27(8):3016-3019.

[6] 赵臻,吴宁,宋盼盼.基于多特征融合的句子语义相似度计算[J].计算机工程,2012,38(1):171-173.

[7] 王素格,杨安娜,李德玉.基于汉语情感词表的句子情感倾向分类研究[J].计算机工程与应用,2009,45(24): 153-155.

[8] 钟将,邓时滔.基于多特征融合的汉语情感分类研究[J].计算机应用研究,2012,27(1):98-100.

[9] Ye Qiang, Zhang Ziqing, Law R. Sentiment classification of online reviews to travel destinations by supervised machine learning approaches[J]. Expert Systems with Applications,2009,36(3):6527-6535.

[10] Liu Bing, Hu Minqing, Cheng Junsheng. Opinion observer:Analyzing and comparing opinions on the Web[C]//Ellis A, Hagino T. Proceedings of the 14th International World Wide Web Conference (WWW-2005). Chiba:Spring, 2005: 10-14.

[11] Abbasi A, Chen Hsinchun, Salem A, et al. Sentiment analysis in multiple languages: Feature selection for opinion classification in Web forums,ACM Trans[J]. Information Systems,2008,26(3):1-34.

[12] 董振东,董强.知网知识系统[EB/OL].[2011-04-08].http://www.keenage.com/html/c_index.html.

[13] 熊德兰,程菊明,田胜利.基于HowNet的句子褒贬倾向性研究[J].计算机工程与应用,2008(22):143-145.

[14] 中国科学院计算技术研究所.ICTCLAS汉语分词系统[EB/OL].[2011-10-25].http://ictclas.org/.

[15] 哈工大社会计算与信息检索研究中心.语言技术平台LTP[EB/OL].[2011-10-

28]. http://ir. hit. edu. cn/.
[16] Hu Minqing, Liu Bing. Mining and summarizing customer reviews[C]//Proceedings of ACM SIGKDD International Conference on Knowledge Discovery and Data Mining(KDD'04). Seattle, Washington: ACM SIGKDD,2004:168-177.
[17] Hu Minqing, Liu Bing. Mining opinion features in customer reviews [C]//Proceedings of Nineteeth National Conference on Artificial Intelligence (AAAI-2004). San Jose: AAAI, 2004:168-177.
[18] Blitzer J, Dredze M, Perira F, et al. Biographies, Bollywood, Boom-boxes and Blenders: Domain adaptation for sentiment classification [C]//Proceedings Assoc. Computational Linguistics. Prague: ACL Press, 2007: 440-447.
[19] Li SHOUSHAN, Zong CHENQING. Multi-domain Sentiment Classification[C]//Proceedings Assoc. Computational Linguistics. cOLUMBWS ACL Press, 2008:257-260.

作者简介

甘小红，女，1959年生，教授，发表论文30篇。

张兆年，男，1988年生，硕士研究生，发表论文2篇。

融合语义关联挖掘的文本情感分析算法研究

明均仁

武汉大学信息管理学院　武汉　430072

1　引言

文本情感分析作为非结构化信息挖掘的一个新兴领域，是指利用自动化和智能化的技术对带有情感色彩的主观性文本信息进行分析、挖掘、推理和学习，获取潜在的、有价值的隐含知识[1]。该方法是一种涉及文本挖掘、信息抽取、信息检索、自然语言处理、概率论、统计数据分析、本体论、语料库语言学、可视化技术等多学科理论与技术的综合性分析方法，目前已经成功应用于电子商务、商务智能、舆情监控、企业管理等领域，对主观性文本进行自动情感分析，获取有用的主观情报和情感知识[2-5]。

随着互联网络的迅速发展和网民规模的不断扩大，越来越多的网民通过博客、论坛、微博客等方式来表达自己对各种事物的观点、情感和态度。根据 CNNIC 的调查，有 56.1% 的网民经常在网络上发表意见，有 30.4% 的网民使用论坛或 BBS 发表自己的观点和体验[6]。此外，即使是一条普通的信息在网络微博客 Twitter 发出 67 秒后，能够被传播到 6 267 个节点，且具备继续向更多节点传播的能力和可能性[7]。这些诸如对人物、事件、产品等有价值的情感信息不仅客观表达出对事物主题的认识和体验，还融合了自身的各种情感色彩和情感倾向性，具有很强的主观性和潜在利用价值[8]。企业可以通过分析和挖掘这些具有很强主观色彩的用户情感信息来了解大众舆论对于某一事件或产品的看法和态度，了解用户对企业及产品的情感倾向，从而为企业进行产品研发、市场营销、客户服务和客户关系管理等方面的决策提供重要的情报支持。Web 2.0 所具有的高度交互性、匿名性和个性化的特征，吸引越来越多的用户接触和应用网络自由地针对特定的事件或对象发表自己的观点或体验，造成网络情感信息资源急剧增长，通过人工阅读的方式来挖掘和分析这些信息无法适应用户情感信息资源的快速增长和动态变化；另外，网络情感信息主要采用自然语言进行描述，内容复杂，形式多样，且领域依赖性很强，传统的情感分析方法难以对其进行有效的分析和处理。

本文在分析、比较和综合国内外文本情感分析方法的基础上，将关联挖掘技术融入情感分析之中，针对传统的情感分析算法无法有效地处理海量网络情感信息的缺陷，设计了一种融合关联挖掘的情感分析算法，进行语义层面的情感挖掘和分析。实验结果表明，该算法显著提高了情感分析的准确率和效率以及分析结果的实用性，在一定程度上实现了深层次的情感分析和潜在用户知识发现。

2 融合语义关联挖掘的情感分析算法

融合语义关联挖掘的用户情感分析算法（Text Sentiment Analysis algorithm combining with Semantic Association Mining，TSASAM），其核心思想是借助领域本体提供的领域背景知识和预设的规则进行从上至下的逐层知识引导和搜索，识别和抽取用户情感信息中的特征概念与情感词之间的关系，将半结构化或非结构化的数据信息转换为统一的结构化数据信息；然后通过关联挖掘获取语义层面的情感词、评价对象、情感持有者之间的语义关联，利用该关联知识判别用户的情感倾向。该算法主要由三部分组成：情感语义元数据的识别与抽取、关联挖掘、文本情感极性分析。

2.1 情感语义元数据识别与抽取

情感语义元数据识别与抽取作为情感分析的基础，主要是在大量文本中抽取有价值的情感信息元。纵观目前的研究现状，有价值的情感信息主要包括情感词（如优秀、耐用）、评价对象（如屏幕分辨率、GPS）、情感持有者（如国家政府、普通用户）及其他之间的关联等。该过程主要是将这些信息抽取出来，将非结构化或半结构化的情感数据转换为结构化信息，为后续的情感挖掘和分析提供良好的数据基础。在具体实现过程中，首先利用网页解析工具 Htmlparse 工具将网页解析为 DOM 树结构，借助语义标注工具 Gate 进行文本自动化的语义标注，再利用基于树结构相似度的抽取方法[9]进行情感元数据的识别与抽取，抽取结果通过本体映射后存放到情感语义元数据库中。此过程的实现，详细描述如下：

Semantic_ MetaData_ IdenExtr（T_{dom}）// 情感语义元数据识别与抽取
Input：wr // Web 页面
   RuleD // 规则库
Output：SSM // 情感语义元数据

T_{dom} = Htmlparse（wr）；// 将页面解析为 DOM 树结构

DOM_ T_ Simiarity（T_{dom}, T_s）；// 计算待抽取的网页信息与模板信息之间的相似度，定位文本情感内容

// 根据 T_{dom} 的 URL 查询规则库 RuleD，获取抽取规则 Rules，实现抽取

Result = SearchRule（URL, RuleD, Rules）；

For each T_{dom}

  If（Result）SSM = Extracter（Rules, T_{dom}）；

  Else

    {S - T_{dom} = SemanticAnnotation（T_{dom}）；// 利用 Gate 软件实现语义的自动标注

    Extract feature concept c and semantic relation r；// 抽取 S - T_{dom} 语义节点的特征概念和语义关系

    Add c and r in SSM；

    Add new RuleD' in RuleD；} // 更新查询规则库

End For

Return SSM；

2.2 关联挖掘

关联挖掘主要是在领域本体的支持下对上述抽取结果进行关联分析，获取情感词、评价对象、情感持有者之间的语义关联。由于文本数据库不同于关系型事务数据库，传统的关联挖掘算法不能对其进行有效的分析与处理[10-12]。针对这一问题，本文利用本体提供语义知识进行语义层面的关联知识挖掘，获取深层次的语义元数据之间的关联关系。在具体实现过程中，利用本体丰富的层次结构和语义关系对情感语义元数据库进行概念规范化和泛化处理，构建初始的关联知识树，即频繁 - 1 关系；采用逐层构建逐层修剪的原则，以最小的代价对每个子节点进行修剪，获取强关联频繁关系组；同时利用上下类关系进行知识推理和本体学习，修剪语义重复节点和整合浅层次节点，实现语义关联知识树的优化和完善[13]。此过程的实现，详细描述如下：

Semantic_ Association_ Tree（r, C）// 语义关联知识树构建与优化

Input：SSMD // 情感语义元数据

    C // 强关联频繁关系组

    minsupport // 最小支持度

Output：C * // 扩展的强关联频繁关系组

For each r ∈ L do // L 是储存 SSMD 中所有关系的列表，r 为 L 中的一个关系

   c = normalize_ generalize ( ) ; // 利用本体中上下类关系进行情报语义元数据库的概念规范化和泛化处理

   root = Φ; root. support = 1;

   r. support = 0 // 计算关系 r 的支持度

   For each feature concept c_i, c_j r ∈ SSM do

   If r (c_i, c_j) support r

     r. support + +;

   End If

   If r. support ≥ minsuppurt // 找出 1 - 频繁关系，即语义关联知识树的第一层子节点

     Add r (c_i, c_j) to root. children

   End If

   End For

   For i = 1 to n. children. length - 1 // 对 n 的子节点进行语义修剪

     For j = i + 1 to n. children. length

       If n. children [i] subsume n. children [j]

         remove n. children [j] from n. children

       Else If n. children [j] subsume n. children [i]

         remove n. children [i] from n. children

       End If

     End For

   End For

   Semantic-Association-Tree (r. children [i], C); // 递归构建语义关联知识树获取所有的强关联频繁关系组 C *

   Return C *;

2.3 文本情感极性分析

文本情感倾向分析主要利用挖掘出的语义关联知识构建目标类别向量（正面、中性、负面），在领域本体的辅助下从待分析的文本中抽取特征概念构成文本语义特征向量，利用语义核函数进行目标类别向量与文本语义特征向量之间的相似度计算，从而判别待分析的文本极性。此过程的实现详细描述如下：

Semantic_ Polarity_ Computing（C∗，doc，$T_{minpolarity}$）// 文本语义极性分析算法

Input：C∗ // 强关联频繁关系组

   doc // 待计算语义极性值的文本

Output：$T_{polarity}$ // 文本极性

S-doc = SemanticAnnotation（doc）；// 利用 Gate 软件对文本 doc 进行语义标注

Extract feature concept DC，semantic relation DR and sentient word DS；// 抽取文本 doc 中的特征概念及其关系和用户情感词

For each r in C∗

  $c_i = \{(r_{i1}, w_{i1}), (r_{i2}, w_{i2}), \cdots, (r_{ij}, w_{ij}), \cdots, (r_{in}, w_{in})\}$ //根据挖掘获取的语义关联知识构建目标类别向量

End For

For each dc in DC, dr in DR, and ds in DS

  $v_s = \{(st_{s1}, w_{s1}), (st_{s2}, w_{s2}), \cdots, (st_{sj}, w_{sj}), \cdots, (st_{sn}, w_{sn})\}$ // 利用领域本体进行语义特征的识别与抽取，构建文本语义特征向量

End For

For s = 1 to S, i = 1 to I

  Computing $sim(v_s, c_i) = \dfrac{K(v_s, c_i)}{\sqrt{K(v_s, v_s), K(c_i, c_i)}}$ // 利用语义核函数计算 c_i 和 v_s 的语义相似度

Return $T_{polarity}$ = max sim（s，i）

3 实验与结果分析

3.1 实验设置

本文的实验目的是为了检验所设计算法的有效性与效率，实验数据选择京东网 2011 年手机品牌销售排行榜前 4 名（Nokia、HTC、Samsung、Apple）的用户评论信息进行实验研究。这 4 种手机品牌相同价位的手机性能接近，市场竞争激烈，用户评论属性突出且潜在购买者易受他人评论的影响。本文实验目标为识别出关于这 4 种品牌的外观、分辨率、屏幕尺寸等属性的情感极性，包括正面、负面或中性评价。在实验数据的采集上，通过分析多个手机论坛发现这些论坛的信息分散，结构差异较大。最终选择一种综合性的论坛搜索引擎作为数据源，该搜索引擎能够自动采集各大论坛最新的关于手机

的用户评论。选取2011年5月24日至6月24日一个月的数据作为实验数据,共7 864条。实验环境为处理器Inter(R)Core(TM)2CPU 4400 2.0GHz,内存2G,硬盘120G,操作系统为Windows XP,开发语言为Java(JDK 1.6.2)。

3.2 实验过程

在上述相同的实验数据和实验环境中,选择Apriori[14]算法和Rule-guided Mining[15]算法作为参考算法进行对比实验,来验证算法的优越性。

3.2.1 数据集规模的变化对算法性能的影响程度 随机从数据集中抽取4种不同的评论数(1 000条、3 000条、5 000条、7 000条)在minsup(最小支持度)=5%时进行测试,实验结果如表1、表2、表3所示:

表1 数据集规模对执行时间的影响对比

数据规模（条）	Apriori（秒）	Rule-guided Mining（秒）	TSASAM（秒）
1 000	15.37	10.34	7.88
3 000	59.25	23.54	14.59
5 000	188.78	65.78	21.69
7 000	373.84	119.69	37.89

表2 数据集规模对生成的规则数量对比

数据规模（条）	Apriori（条）	Rule-guided Mining（条）	TSASAM（条）
1 000	43	37	32
3 000	132	89	78
5 000	279	173	102
7 000	341	219	146

表3 数据集规模对极性分析的影响对比

数据规模（条）	Apriori MacroP	Apriori MacroR	Apriori Macro F_1	Rule-guided Mining MacroP	Rule-guided Mining MacroR	Rule-guided Mining Macro F_1	TSASAM MacroP	TSASAM MacroR	TSASAM Macro F_1
1 000	0.605 7	0.587 5	0.596 5	0.624 9	0.607 8	0.616 2	0.701 2	0.686 4	0.693 7
3 000	0.629 8	0.613 4	0.621 5	0.668 3	0.651 2	0.659 6	0.745 4	0.728 2	0.736 7
5 000	0.641 4	0.628 7	0.635 0	0.681 4	0.667 2	0.674 2	0.780 5	0.764 1	0.772 2
7 000	0.648 2	0.635 6	0.641 8	0.689 7	0.670 9	0.680 2	0.789 7	0.772 7	0.781 1

3.2.2 最小支持度变化对算法性能的影响程度 随机从数据集中抽取3 000条用户评论，在4种不同的minsup（0.01，0.05，0.10，0.15）下进行测试，实验结果如表4、表5、表6所示：

表4 最小支持度变化对执行时间的影响对比

数据规模	分析算法 Apriori	Rule-guided Mining	TSASAM
0.01	175.63	47.84	26.88
0.05	57.98	21.83	11.45
0.10	27.48	12.89	8.75
0.15	16.93	8.42	6.93

表5 最小支持度变化对生成的规则数量对比

数据规模	分析算法 Apriori	Rule-guided Mining	TSASAM
0.01	363	247	132
0.05	126	95	74
0.10	89	63	48
0.15	71	49	31

表6 最小支持度变化对极性分析的影响对比

数据规模	Apriori MacroP	MacroR	Macro F_1	Rule-guided Mining MacroP	MacroR	Macro F_1	TSASAM MacroP	MacroR	Macro F_1
0.01	0.649 7	0.632 5	0.641 0	0.684 6	0.667 4	0.675 9	0.774 9	0.758 3	0.766 5
0.05	0.638 3	0.619 8	0.628 9	0.679 5	0.661 5	0.670 4	0.762 4	0.748 7	0.755 6
0.10	0.632 3	0.615 9	0.624 0	0.672 4	0.655 3	0.663 7	0.758 6	0.741 0	0.749 7
0.15	0.628 8	0.610 5	0.619 5	0.669 8	0.652 1	0.660 8	0.753 7	0.739 2	0.746 4

3.3 实验结果分析

3.3.1 数据集规模对算法性能的影响 根据表1、表2、表3的实验结果可以看出，随着数据集规模的增加，TSASAM算法的整体性能明显优于Apriori算法和Rule-guided Mining算法。具体来说，从表1可以看出三种算法的执行时间均随数据集规模的增大而增加，其中Apriori算法的执行时间受数据集规模的影响较大，Rule-guided Mining算法和TSASAM算法在数据库规模较小时执行时间相当，随着数据的增加，Rule-guided Mining算法的执行时间迅速增长，而TSASAM算法呈线性增长。这是因为Apriori算法需要多次扫描数据库，获取所有的频繁特征集，在此基础上进行情感极性判别；Rule-guided Mining 算法通过预设的规则和模板进行特征间的关联规则的发现和极性分析，在一定程度上减少了扫描数据库的次数；TSASAM 算法只产生语义层面的强关联规则，所以执行时间受数据库规模的影响程度较小，执行时间的增长比较平稳，由此证明该算法具有较好的可伸缩性。从表 2 可以看出三种算法在运行过程中产生的关联规则都在增加，其中 TSASAM 增加的幅度最小，这是因为在运行过程中，该算法自动集成浅层次关联规则和修剪语义重复规则，只产生深层次的强关联规则。从表 3 可以看出，TSASAM 算法在文本极性分析中的分类精度明显高于 Apriori 算法和 Rule-guided Mining 算法，且随数据规模的增大而增长。这是因为随着数据规模的增加，在运行过程中能够提取更多的产品特征和特征间语义关联规则，从而更好地指导极性分析。

3.3.2 最小支持度变化对算法性能的影响 根据表 4、表 5、表 6 的实验结果可以看出，随着最小支持度的增大，TSASAM 算法的整体性能明显优于 Apriori 算法和 Rule-guided Mining 算法。具体来说，从表 4 可以看出三种算法的执行时间均随 minsup 的降低而增加，其中 Apriori 算法的执行时间受 minsup 影响较大，Rule-guided Mining 算法和 TSASAM 算法的执行时间受 minsup 影响较小。这是因为当 minsup 降低时，Apriori 算法产生所有的频繁模式，需多次扫描数据库，而 Rule-guided Mining 算法只产生满足预设规则和模块的频繁模式，TSASAM 算法只产生具有强关联的频繁语义模式，所以，minsup 的变化并不会引起 Apriori 算法和 TSASAM 算法的执行时间显著变化。从表 5 可以看出三种算法产生的关联规则均随 minsup 的增大而减少，且 Apriori 算法的下降幅度最大，TSASAM 算法最小。这是因为随着 minsup 的增大，满足条件的频繁项集急剧减少，使得产生的关联规则数目均减少，而 Apriori 算法在执行过程中会产生大量语义重复规则和浅层次规则，故受 minsup 的影响较大；TSASAM 算法只产生强关联规则，故受 minsup 的影响较小。从表 6 可以看出三种算法受 minsup 的变化对极性分析的分类精度影响不大，调整参数 minsup 对极性分类精度的提升不是很明显。

4 结语

随着互联网中用户情感信息资源的爆炸式增长，利用关联挖掘技术对其进行智能化的自动分析，获取深层次的用户情感知识，对于企业竞争策略的制定和竞争优势的保持具有重要的潜在价值。本文将关联挖掘技术融入文本情感分析之中，研究并设计了一种融合语义关联挖掘的用户情感分析算法，探讨了语义层面的情感挖掘和用户知识发现。实验表明，该算法能够显著提高和拓宽用户情感知识挖掘的质量和效率，获取更具潜在价值和实用性的深层情感内容。

参考文献：

[1] Hatzivassiloglou V, McKeown K R. Predicting the semantic orientation of adjectives[C]//Proceedings of the EACL'97. PA,USA：Association for Comptation, 1997:174-181.

[2] 任红娟,张志强.基于文献计量视角的观点挖掘发展研究——情报学未来潜在研究领域解析[J].图书情报知识,2010(2):55-63.

[3] 赵妍妍,秦兵,刘挺.文本情感分析[J].软件学报,2010,21(8):1834-1848.

[4] 张紫琼,叶强,李一军.互联网商品评论情感分析研究综述[J].管理科学学报,2010,13(6):84-96.

[5] Xu Kaiquan, Liao Shaoyi, Li Jiexun, et al. Mining comparative opinions from customer reviews for competitive intelligence [J]. Decision Support Systems, 2011, 50(4):743-754.

[6] 夏晨曦.观点挖掘与情感分析研究综述[M].北京:科学技术文献出版社,2010:301-314.

[7] Wen J, Ma W, Webstudio. Building infrastructure for Web data management [C]//Proceedings of SIGMOD 2007. New York：ACM Press, 2007:875-876.

[8] 王翠波.基于文本情感挖掘的企业技术竞争情报采集模型研究[J].图书情报工作,2010,54(14):75-78.

[9] 聂卉.基于网页结构相似度的Web信息抽取[J].情报学报,2011,28(3):268-274.

[10] Dey L, Haque S M. Opinion mining from noisy text[C]//Proceedings of IJDAR 2009. MA, USA:Now Publishers Inc. 2009:205-226.

[11] Ku L W, Ho W H, Chen H H. Opinion mining and relationship discovery using copeOpi opinion analysis system [J]. Journal of the American Society for Information Science and Technology, 2009, 60(7):1486-1503.

[12] Holt J D, Chung S M. Multipass algorithms for mining association rules in text databases [J]. Knowledge Information System, 2001, 3(2):168-183.

[13] 张玉峰,何超.基于领域本体的语义文本挖掘研究[J].情报学报,2011,30(8):832-839.

[14] Hang C, Mittal V, Datar M. Comparative experiments on sentiment classification for online product reviews[C]//Proceedings of the 21st National Conference on Artificial Intelligence. New York：Mountation View, 2006:1265-1270.

[15] Hu M, Liu B. Mining and summarizing customer reviews[C]//Proceedings of the 10st ACM SIGKDD International Conference on Knowledge Discovery and Data Mining. New York：ACM Press, 2004:168-177.

作者简介

明均仁,男,1981年生,讲师,博士研究生,发表论文11篇。

高校图书馆学科书评网络资源深度聚合服务探析

李明

(南京大学信息管理学院)

1 引言

随着多年来学科图书出版量的持续增长,读者要及时甄别出切合自身学科领域学习研究的著作变得越来越不易,阅读和比较所有可选书籍几乎已不可能,因此相关书评就成了寻觅最符合需求图书的捷径。图书馆学界早已意识到学科图书书评的重要价值,但各高校图书馆学科书评资源建设与利用状况却不尽如人意。学科图书资源建设虽是高校图书馆的核心所在,但学科书评资源聚合与服务一直是其短板,这在很大程度上妨碍了学科图书资源的充分利用。

相对于图书馆书评资源的普遍匮乏,互联网中正涌现出众多学科相关图书的网络评论,其来源涉及传统媒体书评网络版、网络书店顾客书评、网络阅读社区读者书评等,这些评论图书覆盖面广、评价视角多元、更新互动迅速,对读者的阅读选择产生了广泛的影响[1]。许多高校图书馆注意到这一现象,也对网络书评服务日渐重视,开始提供读者评论功能及引入豆瓣等外部站点书评链接等,一定程度上吸引了用户的参与,但总体效果并不理想[2]。如果仅止于品质参差不齐的网络书评的简单罗列,高校图书馆所能提供的服务显然还不能与社会性书评网站相比,只有结合自身特点和用户需求,开展学科书评资源深度聚合与服务,才能真正发挥出高校图书馆的潜力与优势。

2 高校图书馆学科书评网络资源聚合的优势

近年来国内外涉及图书馆网络书评服务的研究有所增多,主要涉及图书馆网站书评栏目的基本建设和评述;丰富的社会性网络书评资源也引起了图书馆服务研究者的广泛关注,相关研究多集中在对网络书评的兴起、现状、意义与问题等方面的评述。对图书馆网络书评服务及其整合创新应用的研究正处于起步阶段,从学科图书网评视角切入的相关探讨还很少。

笔者认为,相较于普通书评网站,高校图书馆学科书评网络资源聚合与服务的深化至少可以体现在以下方面:

2.1 多渠道书评聚合

网络书评资源的来源渠道有很多,电子期刊与学术文献数据库、传统媒体或出版社网站、网上书店、书评网站或网络阅读社区以及读者博客等自媒体中均存在着大量图书评论内容。基于商业竞争利益考虑,一些网站会屏蔽内容抓取[3],而图书馆作为公益性机构,有优势争取多渠道的开放合作,如一些图书馆对豆瓣书评的链接,既对豆瓣起到了宣传作用,也为其带去了更多注册用户,进而还可能促成图书的销售,可谓一举多得。

2.2 学科化完整聚合

为了提高教学、科研实力和水平,高校图书馆均收藏有丰富的学科图书文献信息资源供读者检索利用,其学科种类、数量的完整度是普通网站无法比拟的,且图书馆从学科角度划分图书及其书评,这种累积能更好地反映学科发展过程,也更切合高校师生及科研人员的需要。更具优势的是,馆藏的许多绝版乃至古籍图书资源仍可开放给读者参阅并吸引其新的评论,这将在更大范围内满足长尾需求[4]。

2.3 核心用户聚合

高校师生及科研人员是学科图书的核心读者,高校图书馆拥有这些为数众多、来自不同专业、不同层次、不同研究领域且相对稳定的高素质读者群,他们不但对学科书评聚合服务有强烈的需求,而且也是高品质学科书评的重要作者源、发现者和鉴定人。图书馆通过学科书评深度服务吸引并聚合此类核心用户,为其架设参与沟通的平台,能为学科书评资源建设与价值发挥提供强有力的支撑。

2.4 技术服务聚合

高校图书馆在信息资源聚合研究与应用方面有许多成功经验及成熟的标准可供借鉴,技术优势明显。图书馆领域已对学科网络信息资源的结构特征和用户行为进行了大量研究,一直通过相关技术工具的集成开发与完善,进行学科资源的发现、采集、加工、组织和展示。在人力和财力有限的情况下,高校图书馆结合自身优势,做好特色学科书评资源开发建设与聚合服务应是可行且务实的,也能为未来多方协同建立大型而完备的学科书评网络资源聚合服务体系打下基础。

3 高校图书馆学科书评网络资源聚合服务深化的途径

随着网络书评资源量的日益增长，图书馆学科书评资源聚合与服务已不再是无源之水，而是有了庞大的数据基础，亟待深入开发与建设。笔者认为，从以下三方面逐层深化是目前现实与可行的途径。

3.1 学科书评网络资源导航

学科导航是图书馆学科化信息咨询的深层次服务，图书馆能否在数字信息平台上根据学科特点，对学科相关网络信息资源进行组织、整序、管理和服务，是当前图书情报学界及用户普遍关注的问题。高校图书馆近年来对网络书评资源日渐重视，相继开始在图书管理系统中设置了书评功能，作为图书馆服务的新亮点。就其书评资源现状来看，来自学科专家、馆员和馆内读者的书评量极少[2]，更多的是对豆瓣读书等外部站点书评的关联链接或粘贴，可以说其服务暂时还停留在初级的简单导航阶段。

因受权限、非匿名、内容审核、缺乏激励等多种制约因素限制，高校图书馆自有用户书评稀缺的状况短时间内无法改观，链接社会性网络书评资源无疑是高校图书馆丰富自身学科书目参考数据、延展读者阅读空间、提高学科图书资源利用率的有效方式。在简单链接基础上深化学科书评网络资源导航服务可从以下几点入手：

3.1.1 多来源导航聚合　当前多数图书馆的书评链接主要源自豆瓣、当当、谷歌等主流站点的用户评论，未能引入更多来源的导航聚合。首先，就学科图书信息揭示层面而言，来自学科专家博客（微博）、学术电子期刊、出版社网站、平面媒体网络版等渠道的学科书评往往更具专业视角和深度，图书馆须予以充分重视并引导读者利用。其次，就网络书评形式而言，除文本类型外，也不应忽视多媒体资源与交互资源的导航，如电台、电视台的语音、视频类书评栏目网络版及各种网络阅读论坛、学习论坛中都不乏有价值的学科图书相关评论。此外，在不断丰富中文资源导航的同时，也有必要同步进行外文学科图书网络书评资源导航建设，以进一步提升资源聚合的覆盖面。这种多来源导航聚合将拓宽学科图书评论的层次与视角，切实帮助读者明确其学科图书阅读需求与定位。

3.1.2 建立多向导航机制　高校图书馆除注重自身学科图书网络书评导航建设之外，还可借助各种信息技术手段和社会网络资源，建立学科图书与网络书评间的双向乃至多向导航机制，以拓展学科服务范围。一些高校图书馆已经开始进行这方面的有益尝试，如上海交通大学图书馆与豆瓣进行合作，在豆瓣的图书页面展示其对应的馆藏,为用户提供借阅信息;通过其馆藏页面用户还可链接到亚马逊、谷歌图书等站点查阅相关购买及评论信息。

积极探索图书馆与书评网站、图书馆与读者微博或博客、图书馆与网络阅读社区以及图书馆与图书馆之间的多向导航合作,是扩大学科图书利用率与影响力、促进多方共赢的有效途径。

3.1.3 融入 CALLS 学科导航服务体系 CALIS 重点学科网络资源导航库的建设目的是为读者提供互联网中的学科信息导航,帮助高校教学、科研人员快速、准确地获取所需的相关权威机构、出版物、专家、学术动态等网络信息。为体现其收录范围的专业性和完整性,有价值的学科书评网络资源理应得到重视和补充。目前导航库中对重要学科书评网站和免费学科书评资源的导航还相对稀少,但导航库建设积累了各方参建、集中服务的宝贵经验,培养和锻炼了专业队伍,只要充分认识到学科图书网络书评资源的价值所在,即可积极利用 CALIS 学科导航已经较为成熟的资源选择标准、统一的著录规范、功能完善的系统平台以及合理的运作机制[5],通过专业的甄选和整合,将互联网中相关学科图书的优秀书评信息提供给读者,以进一步增强学科导航体系的有用性与创新特色。

3.2 学科书评数据库建设

随着多年来学科图书的大量出版,宽泛的阅读选择常令读者无所适从,他们期待通过有针对性的书评做出准确的判断。而数量庞大、分布广阔的网络书评资源在不断累积的同时,鱼龙混杂的局面也日渐突出,许多有价值的学科书评信息淹没在庞杂的网络世界中,在书评资源和读者之间筑起了无形的屏障。网络资源动态变化、虚拟存在和生命周期短的特征也常使链接导航存在稳定性与发展性方面的诸多问题。如能通过完善的书评数据库体系,再次整序、过滤散乱的网络书评资源并本地化存储,将是对读者更好的导读帮助,也能更好地发挥书评资源的真正价值,而学科图书数据相对完备的高校图书馆系统无疑是建设书评数据库的最好依托。高校图书馆有必要也有优势发挥桥梁作用,在导航体系的基础上,有组织地进行学科书评网络资源的搜集、选择和加工,通过自建学科书评数据库的方式,更大限度地节省读者查找和甄选时间,为其提供优质、高效的书评服务。

3.2.1 自动搜集与人工优选有机结合 相对于以往书评资源的匮乏,如今网络书评量巨大,指涉图书学科范围广泛,需要图书馆及时搜集、筛选并进行专业化处理。这其中以学科为单元的网络书评自动搜集技术的开发与应用必不可少,同时也需要争取书评相关网站的合作,以达成学科图书的评价、宣传、购买、阅读各方多赢格局为目标，令合作方与愿意通过诸如不设 API 接口访问限制、开放评论数据跟踪抓取或主动提供等方式让图书馆批量获取书评数据。

在充分利用现代信息技术手段充实基础数据的同时，人工优选推荐也是不可或缺的一环。应充分发挥高校图书馆学科服务传统优势，密切联系并鼓励学科专家、读者乃至众多学科图书作者推荐或写作书评，以进一步提升书评数据来源质量。此外，为提升书评信息搜集与利用效率，还可采取用户需求驱动模式[6]，从科研、学习需要出发，由读者提出要求，由馆员负责网络搜集并按需求多寡确定优先搜集原则。

3.2.2 规范收录与监督反馈有机结合 学科书评数据库建设更重要的一点是要有完善并且规范的书评收录标准体系。学科书评数据库的标准化、规范化主要涉及书评收录标准、内容评估规范、元数据规范及著录规则等，同时还应注意规避版权纠纷等法律风险。为保证所收录书评数据的质量，应组织学科专家与馆员依据书评的客观性、代表性、可靠性、权威性、学术性、准确性、实用性、针对性等多个层面制订相应的标准及原则，并据此进行综合评价、取舍审核和规范化处理入库。

另一方面，当前学科书评网络资源的质量控制和评价还没有公认的统一标准和方法，仍需相关各方共同探索。高校图书馆可发挥其学科用户专业优势与洞察力，在学科书评数据库服务中注重为用户提供便利的反馈途径，让其参与到数据库建设中来，如用户可对书评数据的入库资格或版权问题等提出质疑、要求重审、建议剔除等，在此基础上逐步建立一套有效公开的监督机制，通过书评阅读反馈持续考察书评价值及用户需求，在不断调整优化中提升书评信息质量，令数据库建设更为科学与规范。

3.2.3 书评数据与书目系统有机结合 馆藏学科资源的有效开发与揭示对资源利用起着重要作用。当前高校图书馆对学科图书馆藏的揭示多以方便查询为目的，而导读与推荐功能相对薄弱甚至缺失，相当程度地影响了学科图书资源效能的发挥。书评的价值核心正在于它对被评著作的导读与推荐，以自身学科书目数据为基点进行书评信息延展与功能开发方面的创新将是对图书馆学科化服务的深化。显然，需要将学科书评专题数据库的建设纳入到馆藏文献信息保障体系中，将特色性与系统性相结合，使之成为馆藏资源的有机组成部分。通过与书评数据库的无缝链接，将书评信息嵌入到书目系统中，在增强书评的可用性、丰富读者选书参照、提高学科图书利用率的同时，也有利于构建更为充实、完备的学科图书信息管理系统，深刻体现以用户为中心和图书馆2.0的服务理念[7]。

3.3 学科书评资源深度挖掘与服务优化

在学科书评网络导航与数据库系统逐步完善且数据资源日益丰富的前提保障下，高校图书馆进行学科书评资源深度挖掘与整合服务就不会再是无本之木，而是有了向更深更广层次推进、延伸的可能。

3.3.1 书评资源聚合与挖掘 学科书评网络资源聚合不能仅停留在将采集到的数据简单堆砌上，而是应按照系统性原则有重点地进行资源重组、挖掘与开发，以深入揭示资源并充分发挥其效用。为此可从书评来源、学科类目、内容模式、评者身份、评论数量与质量等多元视角，对书评聚合数据集进行深度分析和关联挖掘，建立多角度的语义描述模型[8]，研究书评数据的概念表示、语义表述、结构组织、内容分析的多层次结构化描述方法，形成多个内容分析概念模型，并据此建立面向内容理解（content understanding）的计算模型，在内容聚类的基础上进行深度标注，提供满足用户特定需求的多层次、多维度的书评信息聚合与可视化呈现，将能显著提升书评资源利用价值，为基于语义的学科书评信息提取、组织与智能服务提供技术支撑，为形成完备、专业的学科书评资源服务体系奠定基础。

3.3.2 书评服务聚合与优化 在充分的学科书评数据积累与系统挖掘的基础之上，在学科用户持续的使用之中，图书馆书评服务聚合与优化将能得以不断拓展和延伸。通过与图书信息、馆藏交流、采访荐购、参考咨询、资源推送、个性化定制等多种服务的有机整合，建设面向学科主题的书评集成服务系统，形成多途径、多层次的学科书评服务体系，才能更有效地服务用户，进而不断推进学科及专业的建设和发展。提升学科书评特色服务水平，应从网络书评资源深度揭示与呈现、及时更新与查验、差异化组织与传递、准确评估与推荐、书评用户参与协同、需求发现与行为引导、多媒介融合与宣传等方面加以多重优化，积极开拓图书馆提供专业深层次服务的新模式，高效发挥学科书评资源实际使用价值，使之真正成为学习、科研的重要参考工具和阅读决策依据。

3.3.3 书评用户聚合与激励 以往，学科书评数据聚合缺失、学科用户之间交流不畅等因素往往导致图书馆书评服务效果不明显，而今随着信息技术的普及，不但书评资源有了聚合的可能，且各类专业用户也可通过图书馆学科书评服务平台聚集起来，在交流沟通中获取更多有用信息。更为有益的是，书评服务系统中将不断积聚大量实际用户数据，据此可对访问状况、交互状况、需求偏好等多种用户属性及其行为特征进行统计分析，构建多维需求与态势感知模型，并在此基础上开展服务界面个性优化、学科用户群组属性关联、书评效价动态评级、采集策略与检索模式调整、学科阅读自动推荐、书评用户行为演化分析预测等深层次智能化服务。

用户对学科书评服务的积极参与使用是学科用户数据聚合分析的基本保障，为避免重建轻用[9]，用户激励必不可少。除可积极借鉴社会性网站中一些诸如积分、等级等被普遍认可的激励方式之外，高校图书馆还可根据自身优势创建更具学科特色的用户激励措施，如将书评服务利用程度与图书馆优惠政策挂钩、定期举办优秀学科书评作品评奖活动等。对教师、学生、科研人员等不同需求层面的用户应采取差别化的激励手段，可为书评服务平台中聚合的各类学科用户提供交互工具或建立学科社区以促进其沟通与合作，这对于学科建设和发展、教学和科研、学习和成长均有重要价值，不但对读者更具吸引力与亲和力，能形成用户与服务间的良性循环，而且也能为未来面向学术社群的聚合服务探索新途径。

4　结语

泛在信息社会的到来，迫切需要作为高校三大支柱之一的图书馆为教学、科研提供更有深度的高层次学科化服务，高校图书馆也是最适合开展学科书评网络资源聚合与深化服务的机构，充分发挥其技术、设备、人才优势，能更好地实现资源、技术、用户的整合[10]，以学科书评为基点补充与丰富学科参考资源，引导学科馆藏有效利用，促进学科用户交互，对学科建设和发展具有深远的现实意义。作为高校图书馆新型网络资源开发与馆藏建设的组成部分，学科书评网络资源深度聚合服务模式亟待在多方实践探索与理论提升中不断发展和创新，逐步实现规范化、规模化和智能化，在教学与科研中发挥应有的作用。

参考文献：

[1] O'Leary M. Book Review Digest Plus battles Amazon for title[J]. Online, 2003, 27(4): 49-51.

[2] 杨九龙, 左阳. 基于OPAC的高校图书馆网络书评研究[J]. 图书馆论坛, 2012, 32(4): 10-14, 31.

[3] 黄晓斌, 钟辉新. 大数据时代企业竞争情报研究的创新与发展[J]. 图书与情报, 2012(6): 9-14.

[4] Storey T. The long tail and libraries[OL]. [2013-07-01]. http://www.thames.rlg.org/news/publications/newsletters/oclc/2005/268/downloads/thelongtail.pdf.

[5] 张惠君,张西亚."十五"期间 CALIS"重点学科网络资源导航库"建设的回顾与思考[J]. 图书与情报,2007(6):59-64.

[6] Fountain K C,Frederiksen L. Just passing through:Patron-initiated collection development in northwest academic libraries[J]. Collection Management, 2010, 35(3/4):185-195.

[7] Casey M E, Savastinuk L C. Library 2.0:Service for the next-generation library[J]. Library Journal, 2006, 131(14):40-42.

[8] Chang Chun,Zeng Jianxun,Wu Wenna. Acquirement of class relations for ontology based on language expression and knowledge structure[C]//Proceedings of the World Automation Congress. Piscataway:IEEE,2010:429-432.

[9] 张丽静,高校图书馆特色数据库建设中存在的各种矛盾现象分析[J]. 大学图书馆学报, 2011(1):54-57, 71.

[10] 肖时占,陈红星,雷素芳,等,网络原生数字资源建设模式刍议[J]. 图书情报工作, 2012,56(7):58-61, 78.

作者简介

李明,南京大学信息管理学院副教授,E-mail:njulm@sohu.com。

基于特征项的文献共现网络在学术信息检索中的应用[*]

丁洁 王曰芬

（南京理工大学经济管理学院）

1 引言

在以超海量信息有序存储和组织为特征的学术信息检索环境中，"信息过载"、"知识泛滥"、"知识迷航"等问题不断出现。一方面，自然语言和计算机系统在解析语意上存在着巨大差异，人机交互过程中可能会出现不可避免的语义偏差；另一方面，在学术信息检索环境中，用户往往需要获取当前检索项相关的其他研究信息，进一步拓展和完善检索需求[1]。因此，近年来对于提高学术信息检索词推荐效率的研究越来越受到重视，相关学者从检索文档库及检索日志入手，利用同义词识别、本体构建、共现分析、关联规则及协同过滤等不断提出及修正各种检索词推荐的方法。

目前主流的学术信息检索途径包括数字图书馆、商业数据库及开放存取等。本文采用典型调查法，以国内较为常用的 9 个学术信息检索网站（分别为国家数字图书馆、国家科技图书文献中心、中国高等教育数字图书馆、中国科技论文在线、中国知网 CNKI、万方数据知识服务平台、中国科学院文献情报中心、中国社会科学院系统数字图书馆、维普仓储式在线出版平台。其中后三者不提供检索词推荐服务）为调查对象，对其提供的检索词推荐服务进行统计，结果显示仅有 66.7% 的学术检索网站提供聚类浏览导航和"相关搜索"推荐来帮助用户进行检索词拓展及优化。那么，如何更好地利用用户实时的检索信息及文献特征项的语义关联共现，为用户提供更为学术性和专业性的检索词推荐服务将具有重要的研究价值。在对国内学术信息检索服务的现状和现有的理论方法进行研究的基础上，本文以检索词推荐的"相关搜

---

[*] 本文系国家自然科学基金资助项目"新研究领域科学文献传播网络成长及对传播效果影响研究"（项目编号：71373124）研究成果之一。

索"推荐服务为研究对象，探索构建基于文献特征项共现网络的学术信息检索词推荐模型，并以实验验证模型应用于检索词推荐的可行性。

2 国内学术信息检索词推荐服务现状

由于目前学术信息检索的数据还大多来自CNKI、万方、维普等商业数据库，且仅有商业数据库提供较为完善的检索词推荐服务，故表1中具体以CNKI及万方中的"相关检索"推荐服务为研究对象（维普暂不提供），分别以较为常用且一般可作为单独检索项的主题、篇名、关键词、作者、单位、期刊、ISSN、CN、摘要、全文及参考文献为检索入口，以"知识构建"、"姜永常"等检索词为例，对CNKI及万方提供的检索词推荐内容汇总如下。

（1）从CNKI提供的推荐结果来看，其主要分为3种类型：主题相关性的检索词推荐（主题、篇名、关键词、摘要、全文、参考文献入口）、文本相似性的检索词推荐（作者、ISSN、CN、中图分类号入口）及混合方式的检索词推荐（单位、期刊、基金入口）。从检索入口类别区分，具体体现在以下3个方面：

● 通过主题、篇名、关键词、摘要、全文及参考文献特征项进行检索时，检索推荐项内容完全相同，且系统主要基于与检索词的主题相关性来进行推荐。

● 通过作者、ISSN、CN及中图分类号特征项进行检索时，系统主要基于文本的相似程度进行推荐。如在作者特征项检索"姜永常"时，系统提供的推荐检索结果为文本相似的"姜片"、"白姜"等；

● 通过单位、期刊及基金特征项进行检索时，系统推荐结果中主题相似项及文本相似项均存在，本文界定为混合方式的检索词推荐。如在基金特征项检索"国家自然科学基金"时，会出现"国家社科部基金"、"资助项目"等主题相关推荐项，也出现了"国家白然科学基金"等文本相似性推荐项。

（2）从万方提供的推荐结果来看，推荐检索词均为主题相关性的检索词推荐，是对当前返回结果的高频关键词统计。从检索入口类别区分，具体体现在以下2个方面：

● 通过主题、篇名、关键词、摘要、全文及参考文献特征项进行检索时，返回结果与检索词的主题具有较强的相关性，推荐结果的准确性很高。

● 通过作者、单位、期刊特征项进行检索时，返回结果仍为检索文献的高频关键词统计，无法与当前入口的检索特征项类别对应，推荐结果的准确性较低。

表1 CNKI及万方检索推荐结果统计 TOP10

检索入口	检索词	CNKI检索推荐结果	万方检索推荐结果
主题	知识构建	构建知识/政策构建/组织构建/法律构建/构建措施/信息构建/知识管理/知识设计管理/知识共享/知识组织/知识管理	知识构建/知识服务/知识管理/图书馆/信息构建/知识管理/数字图书馆/知识/知识节点/知识生态/过程模型
篇名	知识构建	同上	知识构建/知识服务/信息构建/图书馆/知识数字图书馆/本体/知识网络/知识管理/知识结构
关键词	知识构建	同上	知识构建/知识服务/信息构建数字图书馆/知识管理/图书馆/知识元/知识管理/大学英语/知识网络
摘要	知识构建	同上	知识构建/知识服务/图书馆/信息构建/知识管理/数字图书馆/知识网络/过程模型/知识生态
全文	知识构建	同上	知识构建/知识服务/知识网络/知识网站/知识建设/知识创新数字图书馆/
参考文献	知识构建	同上	没有此检索项
作者	姜未常	姜片/白姜/加姜/姜莱姜/姜酒/姜未/姜尚/姜属/姜西/山姜	知识构建/知识服务/知识管理/图书馆/知识网络/知识经济/知识网络
ISSN	0252-3116	没有推荐结果	知识元/知识创新/知识产业/没有该检索项
CN	11-1541/G2	没有推荐结果	没有该检索项
中图分类号	G350	350/350MW/350 兆频率/350MHz 警用/350MW 机组/Φ350/P350/H.350/R-350/350兆	没有该检索项
单位	哈尔滨商业大学图书馆	自然科学版/学术研讨会/开发与利用/经济发展/高校图书馆/高层论坛/地方经济/~~/总百次/综合性学术期刊	图书馆/知识管理/高校图书馆/知识服务/知识服务/数字图书馆/知识网络/知识元/创新/知识空间
期刊	图书情报工作	图书馆学情报学/中国科学院文献情报中心/中国图书馆学会/图书馆情报学/数字图书馆/专业图书馆事业/中国科学院/科学图书馆/图书情报	没有返回结果
基金	国家自然科学基金	国家顶研基金/国家军标基金/国家天元基金/国家社科基金/国家自然科学基金/资助项目/基础研究/面上项目/国家自然科学基金委会重点项目	没有该检索项

注:万方提供的检索推荐项基于当前页的高频关键词统计,以上为相关性排序的第一页推荐;中图分类号为《中国图书馆分类号》分类号之简称。

347

3 有关学术信息检索词推荐方法的研究

推荐所依据的基本原理是数据挖掘理论[2]。目前检索词推荐最广泛的应用是在电子商务及搜索引擎领域。学术信息检索词推荐的实现方法可分为基于检索文档库及基于检索日志两种方式。

3.1 基于检索文档库的检索词推荐

目前主要利用同义词或相关词识别、本体及共现网络3种方式实现。同义词或相关词识别主要基于句法结构[3]、模式匹配[4]或采用词典语料（如wikipedia[5]）实现，自动识别和挖掘与检索词相关联的其他关键词，但是由于知识表示方式的复杂性，其适用性受到一定的限制。基于本体的检索词推荐主要利用本体的推理机制实现[6-7]，准确率较高，但由于本体一般是在领域专家的帮助下人工构建，适用性也受到了一定的限制。基于共现网络的检索词推荐利用词对的共现关系描述词与词之间的相关性[8-9]，推荐词来源于文献本身，推荐结果更具专业性，相比检索日志推荐更适用于以知识性及学术性为重要特征的学术信息检索环境，但也存在着计算复杂、反应慢以及文献格式限定的缺陷。

3.2 基于检索日志的检索词推荐

目前主要应用于搜索引擎及电子商务领域的推荐系统，更侧重用户的搜索行为本身，具体包括基于内容、关联规则及协同过滤3种方式。基于内容的过滤方式主要依据信息与用户在过去选择项目特点的相似性来进行推荐[10]，内容提取能力有限。基于关联规则的过滤主要依据传统及改进的关联规则算法（如Apriori[11]、AprioriTid[12]等）、挖掘项集（itemset）中的强关联规则建立推荐模型，再依据推荐模型和用户的操作行为向用户产生推荐[13]。协同过滤推荐技术在个性化推荐系统中应用最广，包括基于用户及基于项目两类过滤方式[14]。众多研究人员也提出了基于传统的协同过滤算法改进，具体体现在与聚类、关联规则、贝叶斯、云模型、神经网络/免疫系统、维数简化以及对等网技术的结合[15]。

通过综合检索词推荐服务现状和现有的理论方法研究可以发现，目前国内学术信息检索在作者、单位、期刊、中图分类号及基金等非主题相关性特征项的检索词推荐服务中，无法获取与检索入口匹配、与检索词直接相关的检索词推荐结果；同时，基于共现网络的检索词推荐大多还局限于关键词或主题词数据，需要继续拓展到其他能够表征文献特性的数据中。因此，本文尝试进一步拓展及完善现有的检索词推荐方法体系，改进传统的基于共现网络的推荐方法，构建能够实现推荐词类别与检索特征项类别的一致性且具有高推荐效率的检索词推荐模型。

4 基于文献特征项共现网络的学术信息检索词推荐模型

4.1 文献特征项元素集合

数字化学术资源中的文献检索是基于对文献内容特征项及外部特征项的详细标引的。本文参考文献[16]中的文献特征项类别，同时借鉴现有学术信息检索中提供的检索项及统计项，对文献的特征项元素进行总结，如表2所示：

表2 文献特征项元素集合

主体	特征项类别	特征项元素
文献	与相关性有关的内容特征项	题名（TI）、摘要（AB）、关键词（KW）、学科类别（SC）、全文（FT）、参考文献（RF）
	与权威性有关的外部特征项	作者（AU）、作者所属单位（IN）、来源期刊（PU、ISSN、CN）、发表时间（TM）、基金资助情况（FU）、研究层次（LE）、中图分类号（CLC）、被引频次（CI）、下载频次（DL）

如果将一篇科学文献的内容特征与外部特征提取出来，可以发现科学文献是由一系列特征要素构成的集合。本文假设该集合可以表达为：

$$F(i) = \{TI_{ia}, AB_{ib}, KW_{ic}, SX_i, FT_{id}, RF_{ie}, AU_{if}, IN_{if}, PU_i, ISSN_i, CN_i, TM_i, LE_i, CLC_i, CI_i, DL_i\} \quad (1)$$

目前可提供检索的常用特征项包括主题（TI＋AB＋KW）、篇名（TI）、关键词（KW）、作者（AU）、单位（IN）、期刊（PU）、ISSN、CN、期、基金（FU）、摘要（AB）、全文（FT）、参考文献（RF）和中图分类号（CLC）等。当用户使用ISSN和CN特征项进行检索时，可以先预置换为期刊，再进行检索推荐；用户一般不使用期及基金作为第一检索特征项；且使用参考文献作为检索项时，推荐内容一般基于检索词进行主题推荐。因此，本文进一步简化F(i)表达式，略去ISSN、CN、期及参考文献特征项，F′(i)具体表达如下：

$$F'(i) = \{TI_{ia}, AB_{ib}, KW_{ic}, FT_{id}, AU_{if}, IN_{if}, PU_i, CLC_i\} \quad (2)$$

4.2 基于特征项的文献共现网络的形成

4.2.1 TI、AB及FT共现网络 篇名（TI）、摘要（AB）及全文（FT）经由数据预切分处理后，可获取一系列表达文献主题的知识元项。知识元项共同在篇名、摘要及全文中出现在一定程度上可表征知识元之间主题相关。

由于 TI、AB，尤其是 FT 简单切分后的知识元及知识元共现频次较高，且可能存在很多文本主题不相关的高频词语，因此本文借鉴文献[17]基于向量空间模型和 TFIDF 方法对 TI、AB 及 FT 信息预先进行分词、权重计算及知识元抽取，并统计抽取后的各知识元出现频次及关联度。本文假定基于 TI、AB 及 FT 的共现网络，分别以 TI、AB 及 FT 中预处理后的知识元为节点，以各知识元共现的关联度作为描述共现联系紧密性的指标。

4.2.2 KW、AU、IN 及 CLC 共现网络 关键词（KW）、作者（AU）、单位（IN）及中图分类号（CLC）的共同特征是由一系列表达文献内外部特征的知识元以"合作"关系构成。文献中关键词之间往往存在主题相关性，多作者合作及多单位合作能够在一定程度上表明作者及单位之间研究领域的相似性，共同标引文献的分类号之间也存在研究主题的交叉。本文假定基于 KW、AU、IN 及 CLC 的共现网络，分别以其中共现"合作"知识元为节点，以各知识元共现的关联度作为描述共现联系紧密性的指标。

4.2.3 PU 共现网络 期刊（PU）的特征是单篇文献中不存在共现合作项，可依据期刊之间的主题相似性构建 PU 共现网络。假定期刊 A 及期刊 B 的高频主题词依次为 $A = \{A_i | i = 1, 2, 3 \cdots N\}$、$B = \{B_j | j = 1, 2, 3 \cdots N\}$。由 4.2.1 及 4.2.2，将文献篇名、关键词及摘要进行汇总，可构建基于主题的共现网络。则期刊 A 与 B 的主题相关程度表示如下：

$$Q_{AB} = \sum_{j=1}^{N} \sum_{i=1}^{N} Sim(A_i, B_j) \tag{3}$$

其中：$Sim(A_i, B_j)$ 为 A_i 主题词与 B_j 主题词在主题共现网络中的相关程度，主要基于改进的知网语义相似度算法实现[18]。本文假定基于 PU 的共现网络，以期刊知识元为节点，以期刊高频主题词累计相关程度数值 Q_{AB} 作为描述连线紧密的指标。

4.3 学术信息检索词推荐模型

检索词推荐模型由基础文献存储模块、文献特征项抽取模块、文献特征项共现网络预处理模块、基于特征项的文献检索模块及检索词推荐服务前端 5 个部分组成，具体如图 1 所示：

4.3.1 基础文献存储模块 基础文献存储模块主要实现原始文献数据的基础信息存储。存储字段包括文献 ID、TI、AB、FT、AU、IN、CLC 及 PU 信息，可利用学术信息检索平台中现有的文献数据进行存储。基础文献存储模块是整个模型的原始数据来源，它的稳定和可靠是整个模型正确实施的保证。

4.3.2 文献特征项抽取模块 文献特征项抽取模块主要实现基础文献数据中特征项的单独抽取、分离（或分词）及存储，并分别构建 TI、KW 等特

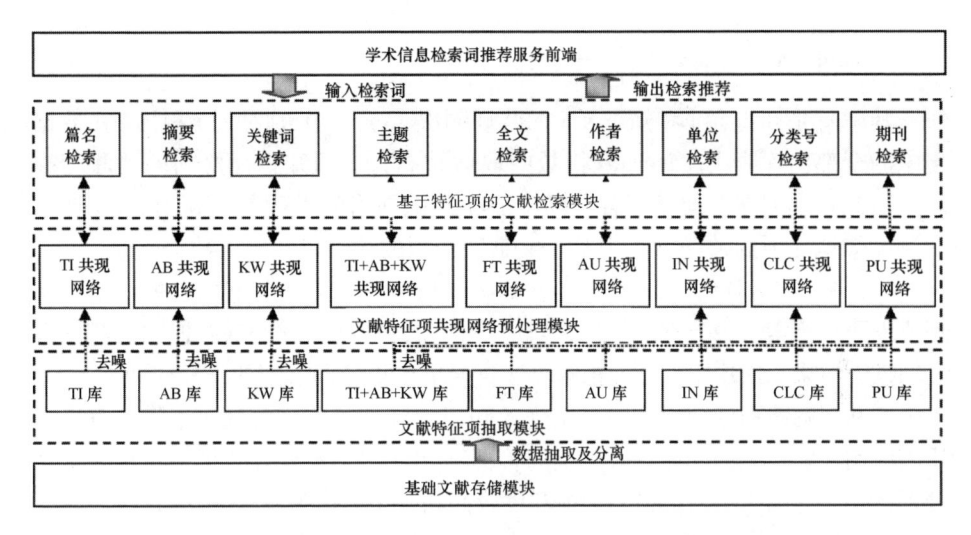

图1 基于文献特征项共现网络的学术信息检索词推荐模型

征项数据库。其中，TI库、AB库及FT库存储字段包括文献ID及分词后的各知识元；KW库、AU库、IN库及CLC库存储字段包括文献ID及分离合作关系后的各知识元；PU库存储字段包括文献ID及该篇文献所属PU。文献特征项抽取模块是整个模型的重要组成部分，文献特征项的抽取、分离（或分词）及存储是后期特征项共现网络构建的基础。

这里尤其需要注意的是，依据基础文献数据的特征项进行抽取、分离（或分词）的过程中，TI、KW及AB数据中存在着大量的形如"研究"、"应用"等没有实际语义的噪音词。因此，本文借鉴齐普夫定律、卢恩假设及帕欧公式[19]，依次对各特征项数据库中的分离（或分词）知识元进行词频统计。依据帕欧公式及必要的人工核查构建基于各特征项的高频无实际语义的噪音词词表，并在各特征项数据库中删除噪音词字段，以获取更为准确的特征项数据。

4.3.3 文献特征项共现网络预处理模块 文献特征项共现网络预处理模块是整个模型的核心部分，在特征项数据库基础上，实现各文献特征项共现网络的构建，同时获取各特征项中知识元的出现频次及关联度。目前词汇关联度的主要测度方式有Dice指数、余弦指数、Jaccard指数及Chen Hsinchun提出的共现算法[20]。其中Jaccard指数能够根据词的共现频率直接反映两个词之间的相似度并且消除部分无意义高频词的消极影响，因此它被广泛用作代表c_i和c_j两词之间的标准化相关系数，公式如下：

351

$$\text{Jaccard coefficient} = \frac{c_{ij}}{c_i + c_j - c_{ij}} \tag{4}$$

其中 c_{ij} 是知识元 i 和知识元 j 的共现频次，c_i、c_j 分别是词 i 和词 j 在数据集中的全部出现频次。Jaccard 指数的取值越高，表明知识元之间的关联度越高。因此，模型在构建基于各文献特征项知识网络的基础上，利用 Jaccard 指数测度知识元项的关联度，为基于文献特征项的检索模块提供数据支撑。

4.3.4 基于特征项的文献检索模块　基于特征项的文献检索模块主要实现依据用户检索入口类别差异，在对应特征项共现网络中查询并返回关联度较高的推荐结果。模块中的匹配推荐算法直接决定推荐词模型的查准率和查全率。由于在共现网络预处理模块中已实现各知识元项的关联度测度，本模型直接利用当前用户的检索词，在对应类别的特征项共现网络预处理数据中进行查询及处理操作，并输出与当前检索词关联度较高的知识元作为检索推荐词语。

4.3.5 检索词推荐服务前端　检索词检索服务前端在模型中直接与用户进行交互，主要实现用户的不同特征项入口检索及推荐检索词的返回显示。用户在初步明确检索需求后，在特定文献特征项的检索入口输入检索词，并等待后台查询及返回与当前检索词相关的词项。

5　实验和讨论

为了评估上述基于文献特征项共现网络的学术信息检索词推荐模型的可行性，本文利用样本文献数据对检索推荐模型进行验证，并与现有的检索词推荐结果进行对比分析。

5.1　数据来源和处理

本文以 CNKI、万方及维普为数据来源，剔除部分相同文献数据，共获取 1 186 篇"知识构建"主题的样本文献。样本文献信息中具体包括文献篇名、摘要、关键词、作者、单位、期刊及中图分类号（由于时间限制，全文 FT 处理信息量较大，本次实验暂未考虑）。本文按照获取时间顺序，将样本文献数据依次编号 1 – 1186。

由上文，样本文献信息中篇名 TI 及摘要 AB 项进行预分词处理，获取相应具体的知识元项。本文通过 Eclipse 调用国内中文词切分效果较好的 ICT-CLA 提供的 java 接口，实现 TI 及 AB 项的词语切分，利用哈尔滨工业大学停用词表实现了"的"、"通过"及标题符号等词语的过滤。并依据 CNKI 文献分类目录分层抽样，共获取各学科领域 9 600 条文献篇名、关键词及摘要数据，借鉴齐普夫定律、卢恩假设及帕欧公式，实现 TI、KW 及 AB 数据中"研究"、"应用"、"影响"、"过程"等噪音词的过滤。由于 ICTCLA 仍无法实现基于语义切分，切分效率有限，因此实验在机器切分基础上添加用户词典，并进行了部分数据的人工修正。

目前国内外文献信息共现关系分析的应用软件包括 Citespace、Network Workbench Tool、Pajek 及 Bibexcel 等。对比实验需求及使用难度，本文主要采用 Bibexcel 软件实现知识共现网络的构建，具体可实现不同文献特征项内各知识元出现的频次统计及 Jaccard 指数计算。

本文以 KW 共现网络为例，以表格形式表征，结果见表3。利用 Ucinet 软件实现共现网络的可视化，见图2。其中知识元节点大小及颜色表征该知识元出现频次大小，节点间联系粗细表征知识元之间的 Jaccard 指数高低。

表3 KW 知识共现网络表格形式表示（TOP10）

KW 知识元	出现频次	KW 知识元 A	KW 知识元 B	Jaccard 指数
知识构建	234	知识服务	知识构建	0.063 025
知识管理	28	信息构建	知识构建	0.046 414
建构主义	27	知识构建	知识管理	0.043 825
本体	23	课程标准	知识构建	0.038 462
课堂教学	21	数字图书馆	知识构建	0.033 613
知识服务	19	教学过程	知识构建	0.029 289
教学模式	18	课堂教学	知识构建	0.028 226
教师	16	地理环境	知识构建	0.025 641
教学	15	学生	知识构建	0.024 793
信息构建	14	知识构建	知识组织	0.021 277

在图2中，KW 共现网络中以检索关键词"知识构建"为中心节点，周圈关键词与中间节点及周圈关键词之间均存在不同程度的主题关联，呈现网状交错的共现网络结构。由于 Jaccard 指数直接表征知识元项之间的关联度，与"知识构建"之间具有高 Jaccard 指数的"知识服务"、"信息构建"等将被作为 KW 项检索推荐结果，其他特征项共现网络亦然。

5.2 结果分析

本文仍以表1中涉及的检索入口及相应检索词为例，忽略实验中未加入考虑的 FT、RF、ISSN、CN 及期等检索项入口，利用本文构建的检索词推荐模型进行检索推荐，推荐结果具体如下表4所示：

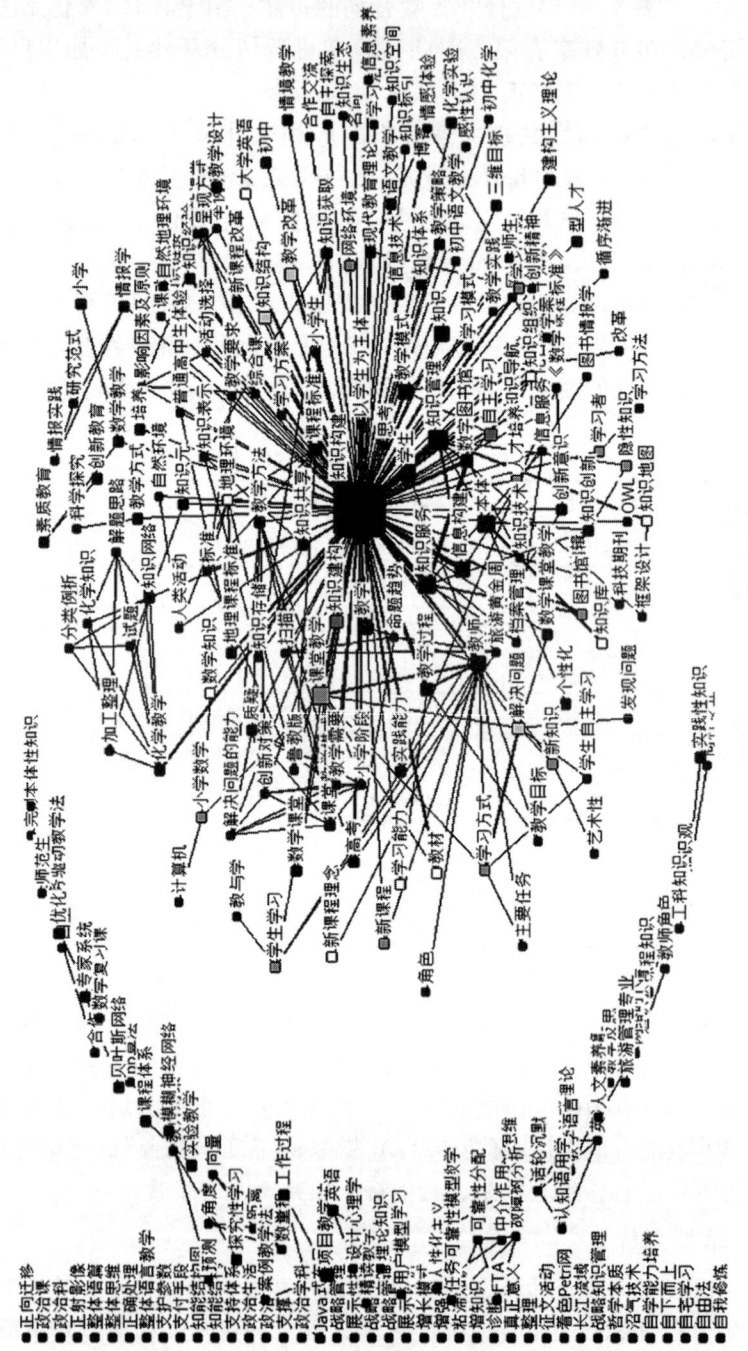

图2 KW 知识共现网络的可视化

表 4 基于检索词推荐模型的检索推荐结果 TOP10

检索入口	检索词	模型检索推荐结果
主题	知识构建	知识服务/课程标准/信息构建/知识管理/学习能力/数字图书馆/教学过程/新课程/教学方法/实践能力
篇名	知识构建	知识服务/学生/图书馆/信息构建/数字图书馆/高职/本体/知识管理/学科知识体系/初中学段
关键词	知识构建	知识服务/信息构建/知识管理/课程标准/数字图书馆/教学过程/课堂教学/地理环境/学生/知识组织
摘要	知识构建	教学模式/技能/知识服务/课程标准/学习能力/兴趣/教学方法/素质教育/新课程/情境
作者	姜永常	张静/金岩
中图分类号	G350	G20/F270
单位	哈尔滨商业大学图书馆	东北林业大学图书馆
期刊	图书情报工作	图书情报技术/图书馆论坛/情报理论与实践/档案管理/图书馆学研究/图书馆/河南图书馆学刊/情报杂志/情报学报/情报探索

将目前数字化学术资源检索提供的检索词推荐结果（见表1）及本文构建的检索词推荐模型结果（见表4）进行对比，发现：

（1）通过主题、篇名、关键词及摘要特征项进行检索时，表1中CNKI及万方提供的推荐检索词主题相关度高，但检索入口类别特征无法体现。表4中的检索推荐结果在保证推荐词主题相关的基础上，充分考虑上述特征项的类别差异性，提供与特征项入口类别一致性的推荐结果。

（2）通过作者、中图分类号、单位及期刊特征项进行检索时，表1中CNKI及万方提供的推荐检索词仍无法体现入口类别特征，且CNKI部分推荐结果依据文本相似性推荐，存在"姜片"、"白姜"等无意义推荐结果。表4中的检索推荐结果来源于文献特征项的主题或合作共现，能够完全排除出现无意义推荐结果的可能性，更具合理性和可行性。

6 结语

本文以学术信息检索词推荐为研究对象，通过总结国内学术信息检索服务的现状及现有的理论研究现状，尝试进一步拓展及完善现有的检索词推荐方法体系，构建基于文献特征项共现网络的学术信息检索词推荐模型，最后利用实验验证文献特征项共现网络应用于检索词推荐的可行性。可得到以下几点结论：

（1）国内学术信息检索词推荐服务有待继续改善。从目前检索词推荐服务存在的问题来看，国内的学术信息检索词推荐服务与国内外检索词推荐理论方法研究之间还存在一定差距。

（2）基于共现网络的检索词推荐不局限于在关键词或主题词数据，其他能够表征文献特性的数据同样适用。除关键词和主题词之外，篇名知识元、摘要知识元、作者、中图分类号、单位及期刊数据的共现信息同样具有主题相关性，可以充分挖掘其中隐含的关联信息并应用于实践。

（3）实现推荐词类别与检索特征项入口类别的一致性具有重要意义。特别当用户从作者、分类号、单位及期刊检索项入口进行检索时，在当前类别内语义相关的推荐结果更能够满足用户进一步拓展检索的需求。

基于文献特征项共现网络的检索词推荐模型在提高推荐效果的同时，在模型构建中还存在部分难点尚待解决。模型中只对部分检索推荐进行了研究，以参考文献、基金等其他特征项作为检索入口的搜索推荐研究尚未开展；基于文献特征项网络的检索词推荐模型还仅限于特征项的单元共现，能够排除部分完全无意义的推荐结果，但特征项之间的多元语义共现还没有得到体现。以上问题是检索词推荐服务领域研究人员所面临的重大挑战，检索词推荐模型有待进一步修正和完善。

参考文献：

[1] 张铧予,李广建.基于文献的语义资源库建设及其在 NSTL 中的应用[J].图书情报工作,2012,56(9):18－23.

[2] 边鹏,苏玉召.基于检索日志的检索词推荐研究[J].图书情报工作,2012,56(9):31－36,41.

[3] 于娟,尹积栋,费庶.基于句法结构分析的同义词识别方法研究[J].现代图书情报技术,2013,29(9):35－40.

[4] 陆勇,侯汉清.基于模式匹配的汉语同义词自动识别[J].情报学报,2006,25(6):720－724.

[5] Yang Xu,Gareth J F J,Wang Bin. Query dependent pseudo－relevance feedback based on wikipedia[C]//Proceedings of the 32nd international ACM SIGIR conference on Research and development in information retrieval. NewYork:ACM,2009:59－66.

[6] 汪英姿.基于本体的个性化图书推荐方法研究[J].现代图书情报技术,2012,(12):72－78.

[7] 唐晓玲.基于本体和协同过滤技术的推荐系统研究[J].情报科学,2013,31(12):90

-94.
[8] 黄媛.基于论文主题词和关键词关系网的检索词拓展研究[J].科技广场,2011,(1):24-27.
[9] 陆伟,张晓娟.基于主题与用户偏好分析的查询推荐研究[J].情报学报,2012,31(12):1252-1258.
[10] Ji Shihao, Zhou Ke, Liao Ciya, et al. Global ranking by exploiting user clicks[C]//Proceedings of the 32nd international ACM SIGIR conference on Research and development in information retrieval. New York:ACM,2009:35-42.
[11] Sanjeev R, Priyanka G. Implementing improved algorithm over APRIORI daata mining association rule algorithm[J]. International Journal of Computer Science and Techology, 2012,3(1):489-493.
[12] Komal K, Simple S. Analysis of association rules mining algorithms[J]. International Journal of Scientific and Research Publications, 2013,3(5):1-4.
[13] 刘旭东,葛俊杰.基于关联规则的个性化推荐在数字图书馆中的应用研究[J].德州学院学报,2010,26(2):72-75.
[14] 边鹏,赵妍,苏玉召.一种适合检索词推荐的K-means算法最佳聚类数确定方法[J].图书情报工作,2012,56(4):107-111.
[15] 奉国和.协同过滤推荐研究综述[J].图书情报工作,2011,55(16):126-130.
[16] 曹艺.面向学术影响力评价的网络学术交流中文献的下载与引用研究[D].南京:南京理工大学,2012.
[17] 许文海,温有奎.一种基于TFIDF方法的中文关键词抽取算法[J].情报理论与实践,2008(2):298-302.
[18] 基于知网的词汇语义相似度计算方法研究[J].计算机应用研究,2010,27(9):3329-3333.
[19] 邱均平.信息计量学[M].武汉:武汉大学出版社,2007:132-152.
[20] Hsinchun C, Andrea L H, Robin R S. Internet browsing and searching:User evaluations of category map and concept space techniques[J]. Journal of the American Society for Information Science,1998,49(7):582-603.

作者简介

丁洁,南京理工大学经济管理学院硕士研究生;王曰芬,南京理工大学经济管理学院教授,博士生导师,通讯作者,E-mail:yuefen163@163.com。

从大众分类到层次式资源组织体系*
——利用聚类信息构建标签树

罗鹏程　陈翀

(北京师范大学信息管理系)

1　引言

随着用户互联网参与度的提高和数字资源量的激增,社会标注系统大量出现,以支持用户加标签的方式来组织和管理自己感兴趣的资源。研究者将这种方式称为"大众分类"(folksonomy)。Delicious、Flickr、CiteULike等网站,还有一些数字图书馆或公共资源库藏系统都拥有大量用户添加的标签。这些标签蕴含了用户组织、描述资源的知识,是人类智能活动的结果。如何利用标签改善资源服务,如使用标签改进网页资源的聚类[1]、分类[2]、搜索[3-4]的质量吸引了大量研究者的兴趣。

分类的目的在于帮助用户导航资源,然而当前的大众分类并不是真正意义上的分类法,只是用户各自为政地标注管理自己资源的一种方式,整个资源集合并不能直接借助标签实现信息的有序化组织。为了达到导航的目的,现有标注系统常常通过"标签云"和"标签推荐"帮助用户探索资源。这两种方式虽能部分地起到引导检索的作用,但是无法表达出标签之间丰富的语义关系,用户很难以此为入口高效地对资源集合进行全面探索。为了解决这些问题,人们又提出了通过聚类技术[5-6]将标签组织成多个语义集合,用户可筛选特定集合进行浏览,从而改善资源探索的效果和效率。然而单纯的聚类还不够直观简洁,更理想的办法是将扁平的标签空间组成符合人类认知习惯的树状层次结构,它不仅能表达标签的类别关系,还能表达标签间的上下位关系,并且为用户提供资源集合的全景图,改善用户体验。目前这种对扁

---

* 本文系国家自然科学基金项目"异构'非网页'资源的组织与融合方法研究"(项目编号:70903008)和国家科技支撑计划项目"文化资源服务平台解决方案及标准研究"的子课题"文化资源数字化建设规范与标准研究"(项目编号:2012BAH01F01-03)研究成果之一。

平标签空间进行结构化组织、形成概念层次的思想得到研究者的广泛关注,并提出一些标签树生成方法[7-13]。在本文中,笔者大致将其划分为监督类方法和非监督类方法。

监督类方法需要利用一些外部信息进行标签树的构建,这些外部信息通常是人工构建的本体、词典等。D. Laniado 等人利用 WordNet 从社会标注数据中构建标签层次结构[7],H. Lin 等人通过使用关联规则挖掘以及 WordNet 来获得标签树[8]。虽然这类方法可以产生一个较为可信的标签树,但受外部信息源的限制,不具有灵活的自适应性。因此,对于标签树构建的研究大多集中在非监督类方法上。

P. Heymann 和 H. Garcia-Molina 首先提出了一种基于标签泛指度(generality)的非监督方法[9],泛指度指标签意义的宽泛程度(例如"程序设计"的泛指度大于"JAVA 程序设计"),该方法依据标签网络确定泛指度,然后根据泛指度从高到低排序、依次将相应标签添加到树中去。Song Yang 等人用标签的熵、原始出现个数等作为特征,基于机器学习的排序方法获得标签泛指度排序,在构建标签树时引入对标签树深度和变化程度的惩罚以获得好的标签树[10]。Zhou Mianwei 等人利用聚类方法自上而下地构建标签树,该方法利用确定性模拟退火对标签集合进行划分,再在每个类中选择代表标签作为树中节点[11]。此外,还可以利用其他聚类方法按照自上而下或者自下而上的方式构建标签树,例如 K-Mean 以及 AP 方法(affinity propagation)[12]。以上方法均是基于扁平的标注数据,然而在一些标注系统中(如 Flickr)还存在用户个人的标签层次结构。A. Plangprasopchok 等人便基于关系聚类方法,利用大量用户个人标签树生成一棵更加完整、全局的标签树[13]。

虽然很多标签树生成方法已经被提出,但是这些方法仍旧存在不足:树结构中标签之间的包含、分类关系没能充分满足,导致所形成的标签树与人的概念范畴不吻合,难以起到有效导航的作用。M. Strohmaier 等人对当前标签树生成方法进行了广泛细致的对比[12],结果显示,P. Heymann 的基于标签泛指度的方法[9]在语义等方面均优于其他被比较方法。笔者以 Heymann 方法为标杆,利用聚类技术找到主题接近的标签子集,并改进标签的重要性度量方式来优化标签树的生成。在公开的社会标注数据集上的实验证明,本方法所生成的标签树具有更加一致连贯的语义和更好的导航性能,从而能够改进浏览数字资源集合的用户体验。

2 Heymann 方法分析

Heymann 方法[9]的主要思路是首先获取标签泛指度排序,泛指度是标签意义的宽泛程度；然后依据泛指度排序依次将标签加入到树中，含义越宽泛的标签越靠近根节点，越具体的标签越靠近叶节点。方法具体实现如下：① 构建标签网络。节点为标签，边可以用标签共现关系建立，或用大于特定阈值的"标签–资源向量"的余弦计算相似度来建立。② 用标签节点的网络中心度（centrality）代表其泛指程度，然后将标签按照泛指度降序排序。中心度指标有多种，包括节点的度（degree）、介数（betweenness）、接近度（closeness）等。这样做的原因是标签的中心度越大意味着它与更多标签有着紧密的联系，其意义也就可能越宽泛。③ 构造标签树。初始时，标签树中只有一个根节点 root，泛指度最大的标签被放置在 root 下；之后每次被添加的标签 i 需要在树中找到最相似的标签 j，如果标签 i 和 j 的相似度大于某个预先设定的截断阈值，则将标签 i 作为 j 的孩子节点，否则将 i 放置到 root 下。

虽然 M. Strohmaier 等人的评价结果显示 Heymann 方法相比其他标签树构造方法具有更好的效果，但笔者发现该方法存在不足——所生成标签树中的同一条路径上各个节点的意义容易发生漂移、导致含义不一致。以图 1（a）为例，所示标签网络包含 A、B 两个类。如果用介数来计算节点的中心度，则介数排序前 5 的标签节点为 1、2、9、8、15。根据 Heymann 方法，可以得到如 α 所示的树形结构（仅显示部分节点）。观察 α 可以发现，原本处于 A 和 B 之间的边缘节点 1 成为其他节点的父节点，这导致路径中节点上下层语义关系不一致。比如 A 类表示"语言学"，B 类表示"计算机科学"，1 表示"计算语言学"，那么"计算语言学"覆盖"语言学"和"计算机科学"显然不够合理。再以图 1（b）为例，所示标签网络包含 C、D、E 三个类，如果使用度数和接近度来计算节点的泛指度，可以获取如 β 和 γ 所示的标签树。对于 β 来说，属于类 C 的节点 13 和 17 被放置在节点 7 下，而属于类 E 的节点 8 和 12 也被错误地放置在节点 4 下。同样，对于 γ 来说也会出现类似的问题。也就是说，在一个大型的标签网络中，通常各个类的大小分布会不均匀，这使得大多数大类中节点的中心度会比小类中节点高，因此按照 Heymann 方法构建的标签树容易使小类被连接到大类中，从而可能导致标签树中路径节点上的意义出现偏移。

从上面的分析可以看出，Heymann 方法的主要问题在于：基于全局的标签泛指度排序，并依据局部相似度（即两两节点之间的相似度）比较结果确定标签插入树的位置。事实上，如果两个标签分属于不同的类，那么比较其泛指度排序是无意义的（例如"软件"和"新闻"），进而依据局部相似度比较结果确定插入位置将导致意义偏移。如果一个标签数据集主要是关于软件的标注，那么标签"软件"的泛指度将高于"新闻"，通过按照泛指度排序

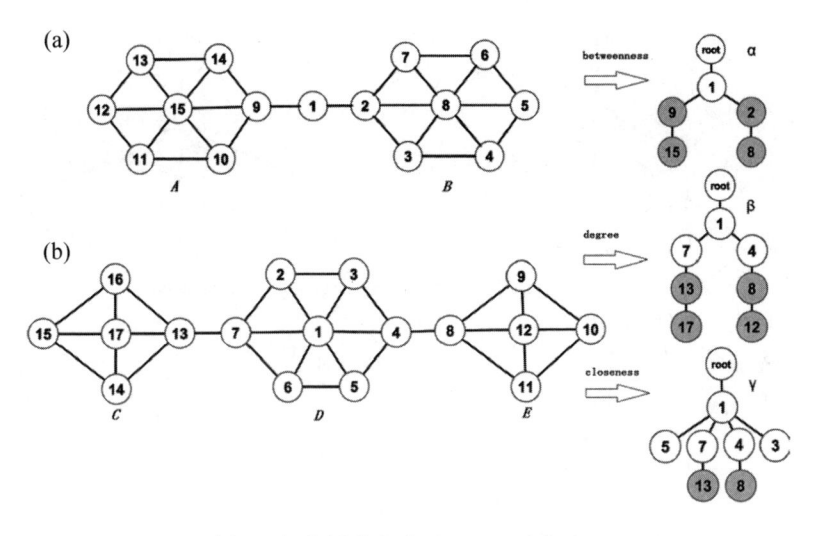

图1 标签树的生成（Heymann方法）

将标签依次添加到最相似的节点下，最终很可能导致"新闻"被放置在"软件"下。在本研究中，笔者称这种现象为"意义漂移"。图2（a）为采用Heymann方法在Social-ODP-2k9数据集上实现得到的标签层次结构片段，假如用户感兴趣的内容是"marketing"，那么一条"root->education->tools->design->blog->business->marketing"的路径显然难以帮他找到其感兴趣的内容。虽然这条路径上相邻两两节点相似度较高，但是其意义已经逐渐漂移了。此外，Heymann方法还存在阈值参数难以确定、计算介数和接近度的复杂度较高等问题。

3 改进方法

为了控制Heymann方法中标签路径上的意义漂移，笔者采用聚类技术来提高标签树的生成效果。改进思路为：①使用聚类技术将标签聚类，从而使得每个类中的标签意义更加接近；②在每个类中使用Heymman方法构建标签子树，但用"资源覆盖度"（resource coverage，简称RC）而不是原来的网络中心度作为标签泛指度的指标；③将所有标签子树放置在一起构成一个完整的标签树。图2（a）、（b）分别是在Social-ODP-2k9数据集上利用Heymann方法和改进方法得到的标签树中靠近根节点的局部结构，从图中可以看出此时"marketing"不再是"education"的孩子节点，而是属于"work"的孩子节点，与Heymann方法相比而言，改进方法形成的路径意义更加一致，

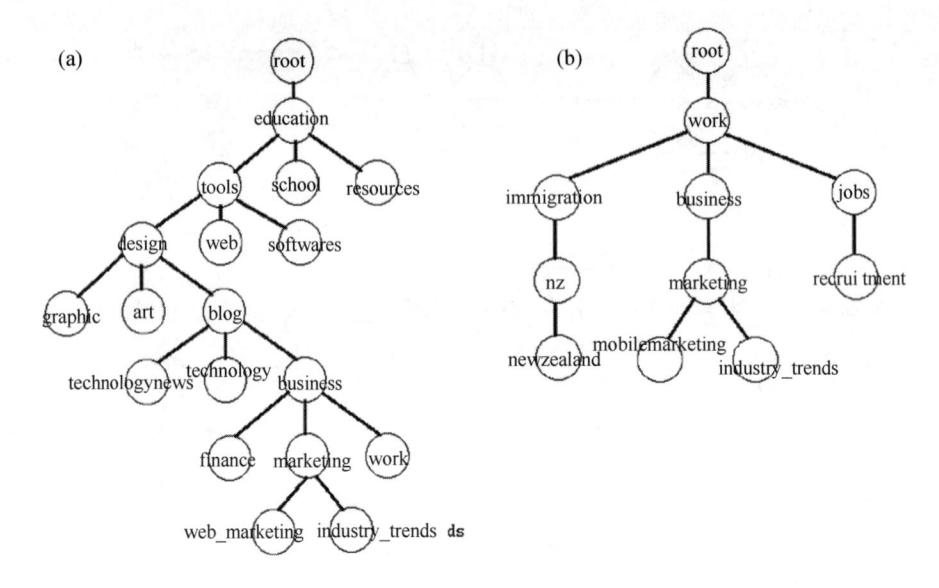

图2 在Social-ODP-2k9数据集上利用Heymann（a）
和改进方法（b）形成的标签树样例

而且消除了Heymann方法中网络中心度计算复杂度高的缺陷。资源覆盖度RC即特定标签所标注资源的数量，它计算简单且意义清晰。3.2节将详述笔者提出的基于聚类并利用RC来计算标签泛指度的改进方法。第4节的实验将说明RC的合理性以及笔者所提改进方法的优势。

3.1 符号表示

社会标注数据可表示为三元组的集合，即D = {＜u, r, t＞| u∈U, r∈R, t∈T}，其中U、R、T分别表示用户、资源、标签集合。矩阵$M_{m×n}$（m = |R|, n = |T|）中的元素m_{ij}表示资源i被不同用户使用标签j标注的次数，即m_{ij} = | {＜u, r, t＞| r=r_i, t=t_j} |。M的每一列可以看作用资源向量表示的标签，计算M中两个向量的余弦相似度，可以获得对应标签的相似度。用c（t_j）表示被标签t_j标注的资源数量，即c（t_j）= | {m_{ij}| m_{ij} >0} |，即代表标签的资源覆盖度RC。直观地理解，如果一个标签t_i标注的资源数量为10 000，而另一标签t_j标注的资源数量为1 000，那么很可能t_i的泛指度高于t_j。

3.2 基于聚类的改进方法

直接使用Heymann方法生成的标签树容易出现意义漂移，本小节将给出基于聚类思想的标签树生成方案,见图3。其中步骤（1）使用聚类方法将标签划分成K个集合；步骤（2）-（3）对于得到的每一个标签集合使用Heymann方法构建标签子树,然后将得到的标签子树并列地放置在根节点下,从而构成一颗完整的标签树。由该方法生成标签树根节点下的孩子节点即为各个类中RC最大的标签,也即使用这些标签近似地表达该类的含义。由于各个类由聚类方法生成,这使得各个子树语义能够较好地分离,从而可以以更加简洁的形式传递给用户更多的信息。

在实现中,笔者比较了K-Mean、DBSCAN[14]、基于模块函数优化(modularity-based method)[15]等聚类方法,最终选择了性能表现最好的K-Mean做聚类。对此一种可能的解释为：K-Mean方法产生的类大小较为均匀,而DBSCAN和基于模块函数优化的方法通常会产生较多的类,且类的大小分布非常不均匀,因此有的大类中内容太过丰富,导致不能有效地控制意义漂移。对于K-Mean方法来说,需要确定聚类个数。M. Strohmaier等人使用K-Mean进行标签层次聚类构建标签树时,将K设置为10,认为10个类能较好地满足用户与标签树交互时的认知能力[12]。此外,在之前的研究中[16],我们发现用FTP管理资源的用户通常情况下倾向于在每个目录放置大约10个资源,这也反映了信息单元数量大约为10时能较好地满足用户组织浏览的习惯。因此,在本研究中笔者将K设置为10。

本研究中使用资源覆盖度RC作为泛指度指标。在第5节中通过实验比较使用RC和网络中心度指标所生成标签树的效果,结果显示RC比Heymann方法中所提出的网络中心度更实用。

方法描述

输入："资源-标签"矩阵M

输出：标签树F

（1）将标签集合T划分成K个类C = {C_1, C_2, …, C_k},其中C_i表示第i个类

（2）初始化标签树F,使得F只含有一个根节点

（3）对C中每个类C_i做如下操作：

　　1）对C_i中标签按照资源覆盖度降序排序

　　2）初始化第i棵子树F_i,使用C_i中排序第1（即资源覆盖度最大）的标签作为子树F_i的根节点

　　3）对C_i中剩余标签$C_i[j]$按照排序顺序依次作如下操作：

　　　　①从子树F_i中选择一个与当前被添加标签$C_i[j]$最相似的标签t

　　　　②添加标签$C_i[j]$作为t的孩子节点

　　4）将子树F_i添加到F根节点下

（4）输出标签树F

图3　基于聚类的改进方法

4 实验与评价

4.1 数据集及实验设置

本研究所使用的数据集为 A. Zubiaga 等人[2]收集整理的 Social – ODP – 2k9[17]，该数据集由 ODP（Open Directory Project）中 12 616 个 URL 组成，并包含从 Delicious 中收集的相应标签。为了减少噪音，笔者保留由英文字符构成且在三元组集合 D 中出现的次数大于 10 的标签，最后共得到 38 493 个标签。改进方法中 K – Mean 聚类将 K 设置为 10，由于 K – Mean 随机的初始值不同会使得结果不一样，为具可信性，笔者进行 30 次同样运算取其平均结果进行比较。调节 Heymann 方法中用于构造标签网络和标签树的参数阈值，取其最优结果所对应的阈值（均为 0.1），这样在 38 493 个节点的网络中共有 2 152 783 条边，平均每个节点的度为 112。

为了方便叙述，笔者将改进方法所生成的标签树记为 CLU_ H，使用资源覆盖度的 Heymann 方法所生成的标签树记为 H_ RC。作为对比基准，在实现原 Heymann 方法时使用了三种不同的泛指度指标，即度、介数和接近度，分别将其对应得到的标签树记为 H_ DEG、H_ BET、H_ CLO。

4.2 评价方法

4.2.1 语义评价方法 基于语义的评价已经有很多做法，笔者选择 M. Strohmaier 等人[12]研究中使用的基于参照（reference-based）的方法，即将获得的标签树与已有的、得到认可的分类法进行比较。其评价指标包括 TP（taxonomic precision）、TR（taxonomic recall）、TF（taxonomic F1-measure）和 TO（taxonomic overlap）。给定一个自动获得的标签树 AT 和一个参照的分类法 RT，其目标是度量 AT 与 RT 的相似度。设 CAT 和 CRT 分别表示 AT 和 RT 中的概念集合，c ∈ CAT∩CRT，将 c 在 AT 和 RT 对应的子概念（sub – concept）和超概念（super – concept）所组成的集合分别记为 ce（c, AT）和 ce（c, RT），则每个概念 c 所对应的 tp、tr 和 to 为：

$$tp（c, AT, RT） = \frac{|ce（c, AT） \cap ce（c, RT）|}{|ce（c, AT）|} \quad (1)$$

$$tr（c, AT, RT） = \frac{|ce（c, AT） \cap ce（c, RT）|}{|ce（c, RT）|} \quad (2)$$

$$to（c, AT, RT） = \frac{|ce（c, AT） \cap ce（c, RT）|}{|ce（c, AT） \cup ce（c, RT）|} \quad (3)$$

最终的 TP、TR、TF 和 TO 为所有概念的指标值的均值：

$$TP(AT, RT) = \frac{1}{|C_{AT} \cap C_{RT}|} \sum c \in |c_{AT} \cap C_{RT}| \, tp(c, AT, RT) \quad (4)$$

$$TR(AT, RT) = \frac{1}{|C_{AT} \cap C_{RT}|} \sum c \in |c_{AT} \cap C_{RT}| \, tr(c, AT, RT) \quad (5)$$

$$TF(AT, RT) = \frac{2 \times TP(AT, RT) \times TR(AT, RT)}{TP(AT, RT) + TR(AT, RT)} \quad (6)$$

$$TO(AT, RT) = \frac{1}{|C_{AT} \cap C_{RT}|} \sum c \in |c_{AT} \cap C_{RT}| \, to(c, AT, RT) \quad (7)$$

本研究中笔者以ODP分类目录作为参照标准，而没有像M. Strohmaier等人使用WordNet、Yago等本体，这是因为所获得的标签树是用于导航目的而并非单纯的概念体系，因此WordNet等本体并不完全适用；实验中的URL均来自ODP，而人工整理的层次式ODP目录就是对URL进行分类组织，因此较为适合本实验的评价。由于同一个类名在ODP中可能出现在不同的位置，例如Sports出现在"Arts/Movies/Genres/Sports"和"Business/Arts_ and_ Entertainment/Sports"中，对于这种情况，先计算标签在每个位置的tp、tr、to值，然后对其求平均值。

4.2.2 导航性评价 对于一棵标签树，用户通常会按照自上而下、逐层决策递进的方式进行浏览探索。因此，假定用户需要查找某个目标标签，并对用户浏览查找行为做如下假设（见图4）：①进入根节点，并以根节点作为当前节点；②如果当前节点不包含子节点，则进入步骤⑤，否则浏览当前节点下的所有子节点，如果其中包含目标标签，则进入步骤④，不包含则进入步骤③；③选择当前节点下与目标标签最相似的子节点作为新的当前节点，进入到这个子节点中，返回步骤②；④用户查找成功，进入步骤⑥；⑤用户查找失败，进入步骤⑥；⑥结束浏览。

假设对于一棵标签树Tr，用户以同样的概率查找所有标签，这就要对每一个标签进行查找，并以查找成功率和查找过程中浏览标签的数量来衡量导航的效果和效率，查找过程共进行38 493次。在一次查找过程中，如果目标标签查找成功，则导航成功次数n_{suc}计数加1。对于每一次成功的导航，记其浏览过的标签数量为w_i。导航成功率和效率的衡量标准定义如下，显然SR（Tr）越大成功率越高，NE（Tr）越小导航效率越高。

$$SR(Tr) = n_{SIC}/n \quad (8)$$

$$NE(Tr) = \frac{1}{n_{SUC}} \sum_{i=1}^{n_{SUC}} W_i \quad (9)$$

实现上述浏览查找过程，需要计算目标标签与被浏览标签之间的相似度（步骤③）。准确的评价可以通过人工方式进行上述查找过程，但是该方式耗

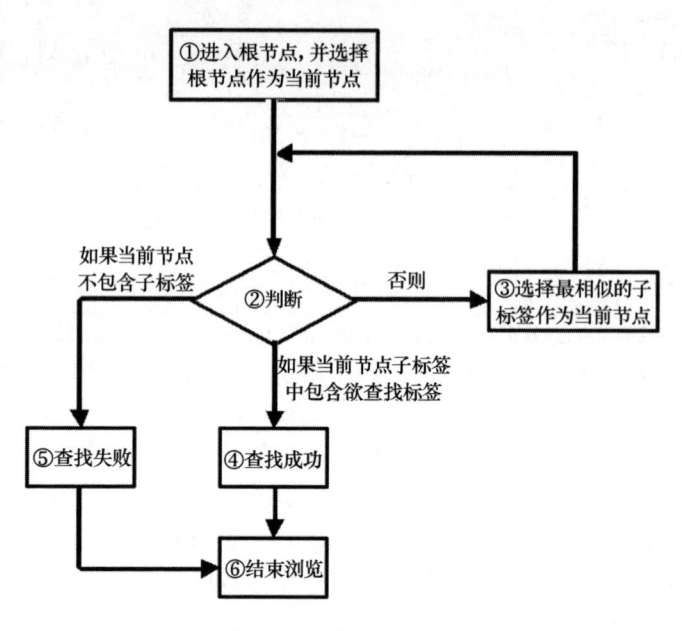

图 4 用户浏览查找行为假设

时耗力,且不同的人衡量标准不一样。本研究中,笔者选择标签在 M 中所对应向量的余弦值来计算相似度,从而实现模拟用户浏览查找过程。

4.3 评价结果

本节进行了如下两方面的评价:①资源覆盖度 RC 是否比一般的网络中心度更适于反映标签节点的泛指度? 具体是比较用 RC 计算标签泛指度的 Heymann 方法和原始 Heymann 方法所形成的结果,验证了笔者所提出的资源覆盖度指标更适合反映标签的泛指度。②提出的改进方法是否比基于 Heymann 的方法所生成的标签树更适于资源集合的组织和导航? 实验证明笔者的改进方法具有更好的效果。改进方法共运行 30 次,对其结果给出了最差结果、平均结果以及最好结果,分别记为 CLU_ H_ MIN、CLU_ H_ AVG、CLU_ H _ MAX。

4.3.1 语义评价结果 图 5 为语义评价结果,可以看出,H_ RC 在 4 个指标上的效果均好于 H_ DEG、H_ BET 和 H_ CLO,这说明"资源覆盖度"作为标签"泛指度"指标具有较好的性能。从图中还可以看到,CLU_ H 所对应的 30 棵标签树在 TP、TF 和 TO 上均高于 Heymann 方法,这说明了改进方法有效地抑制了"意义漂移",提高了精度 TP。虽然改进方法精度的提高导致召回率有所下降,但是在平均情况下召回率和 Heymman 方法比较接近,因此最终的 TF 值有所提高。

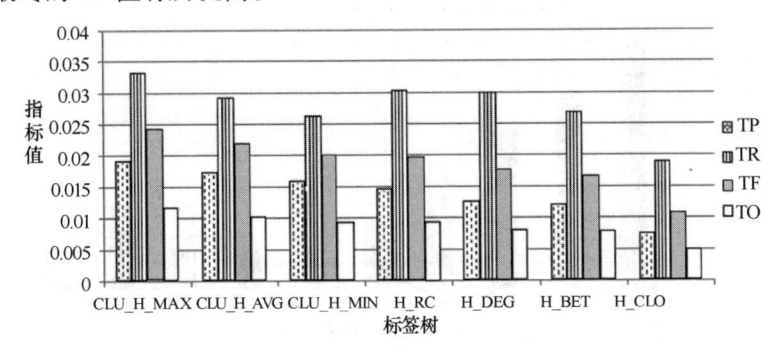

图 5　语义评价结果

4.3.2　导航评价结果　Heymann 方法中构建标签树的阈值参数决定了根节点下子树的个数,而这会对导航性评价产生较大影响。因此,这里的评价使用了效果较好的 0.1 作为构建标签树的阈值参数,还选择了具有代表性的另一个值 0.15,分别以后缀 S 和 L 表示 0.1、0.15。

图 6 和图 7 分别给出了导航成功率和效率的评价结果,纵坐标分别为 SR(Tr)和 NE(Tr),其中 SR(Tr)越大成功率越高,NE(Tr)越小导航效率越高。从图中可以看到:①H_RC 相对于 H_DEG、H_BET、H_CLO 具有较高的成功率和效率,这说明了在同样的标签树构建方法下,使用 RC 作为标签泛指度指标具有较好的性能;②CLU_H 在导航成功上明显优于 H_RC、H_DEG、H_BET、H_CLO,并且在导航效率上也能达到相当好的水平,这说明了改进方法具有较好的可导航性。

综上,通过以上对语义和导航性的评价可以发现:笔者提出的利用聚类信息改进 Heymann 的方法比原始的 Heymann 有更好的效果,能有效地抑制标签树路径上的节点意义漂移,并且使用计算简单的"资源覆盖度"衡量标签泛指度具有较好的性能。

5　总结与展望

本文分析了当前一种优秀的标签树构建方法,即 Heymann 方法,并指出其易导致"意义漂移"的原因。在此基础上,笔者提出了利用聚类技术的改进方法,该方法将标签进行聚类,使得每个类中的标签意义更加接近。通过实验验证,改进方法所生成标签树在语义评价结果上的精度得到一致的提高,从而说明改进方法能够较为有效地抑制标签树路径上节点意义漂移的问题,

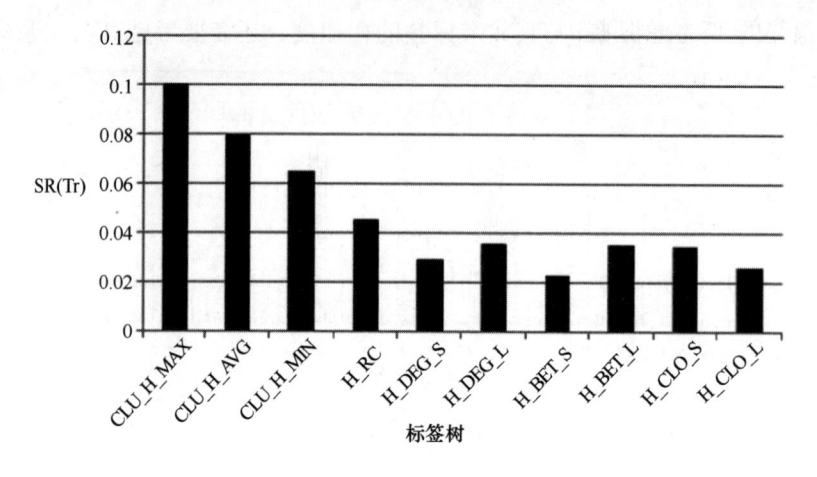

图 6　导航成功率

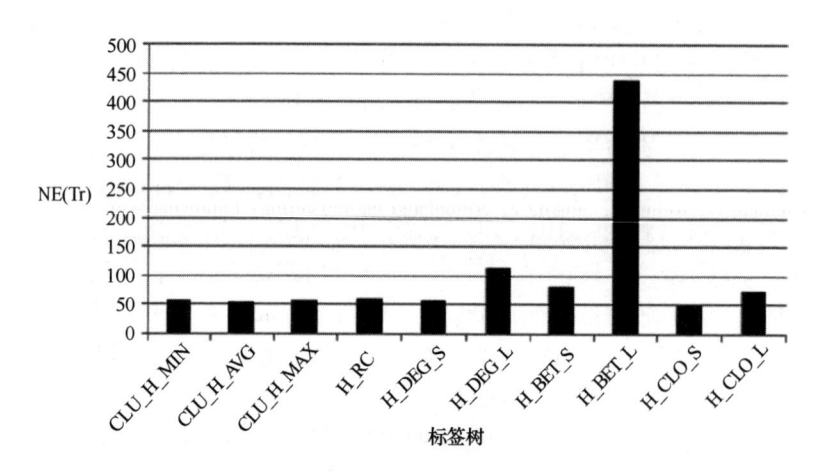

图 7　导航效率

并且具有更好的导航效果，所产生出的标签树的质量更高。该研究成果对社会标注系统和拥有用户标签的数字资源集合有实际价值，可将原本服务于用户个人信息组织和描述的标签转化为能够用于整体资源集合的导航体系，以自动的方式采集大众智慧促进资源服务，由于计算代价不大，在资源系统中具有实用性。

在本研究中，虽然笔者的改进方法相比原始 Heymann 方法具有更好的性能，但本质上只是在标签树的第一层进行意义漂移的控制，即仅使用一次的聚类将标签划分到意义相对接近的集合中。实际上，对于每一个要添加的标签 i，不仅需要考虑标签 i 与其父亲标签的相似度，还需要考虑其与父亲标签所在路径上所有标签的相似度，这是因为单个标签可能具有多义性，考虑所有祖先标签与标签 i 的相似度将有助于生成更加优良的标签树。因此，这将是笔者今后的研究方向。

参考文献：

[1] Ramage D, Heymann P, Manning C D, et al. Clustering the tagged Web[C]//Proceedings of the Second ACM International Conference on Web Search and Data Mining. New York: ACM, 2009: 54 – 63.

[2] Zubiaga A, Martínez R, Fresno V. Getting the most out of social annotations for Web page classification[C]//Proceedings of the 9th ACM Symposium on Document Engineering. New York: ACM, 2009: 74 – 83.

[3] Bao Shenghua, Wu Xiaoyuan, Fei Ben, et al. Optimizing Web search using social annotations[C]//Proceedings of the 16th International Conference on World Wide Web. New York: ACM, 2007: 501 – 510.

[4] Heymann P, Koutrika G, Garcia – Molina H. Can social bookmarking improve Web search? [C]//Proceedings of the International Conference on Web Search and Web Data Mining. New York: ACM, 2008: 195 – 206.

[5] Begelman G, Keller P, Smadja F. Automated tag clustering: Improving search and exploration in the tag space[C]//Collaborative Web Tagging Workshop at WWW2006. New York: ACM, 2006: 15 – 33.

[6] Cui Jianwei, Liu Hongyan, He Jun, et al. TagClus: A random walk – based method for tag clustering[J]. Knowledge and Information Systems, 2011, 27(2): 193 – 225.

[7] Laniado D, Eynard D, Colombetti M. Using WordNet to turn a folksonomy into a hierarchy of concepts[C]//Proceedings of 4th Italian Semantic Web Workshop. Bari: University of Bari, 2007: 192 – 201.

[8] Lin H, Davis J, Zhou Ying. An integrated approach to extracting ontological structures from folksonomies[M]//The Semantic Web: Research and Applications. Berlin: Springer, 2009: 654 – 668.

[9] Heymann P, Garcia – Molina H. Collaborative creation of communal hierarchical taxonomies in social tagging systems[R/OL]. [2013 – 05 – 26]. http://ilpubs.stanford.edu:8090/775/? auth = basic.

[10] Song Yang, Qiu Baojun, Farooq U. Hierarchical tag visualization and application for tag recommendations[C]//Proceedings of the 20th ACM International Conference on Information and Knowledge Management. New York: ACM, 2011: 1331 – 1340.

[11] Zhou Mianwei, Bao Shenghua, Wu Xian, et al. An unsupervised model for exploring hier-

archical semantics from social annotations[C]// Proceedings of the 6th International Semantic Web and 2nd Asian Conference on Asian Semantic Web Conference. Berlin: Springer, 2007: 680 -693.
[12] Strohmaier M, Helic D, Benz D, et al. Evaluation of folksonomy induction algorithms[J]. ACM Transactions on Intelligent Systems and Technology (TIST), 2012, 3(4): 74.
[13] Plangprasopchok A, Lerman K, Getoor L. Growing a tree in the forest: Constructing folksonomies by integrating structured metadata[C]//Proceedings of the 16th ACM International Conference on Knowledge Discovery and Data mining. New York: ACM, 2010: 949 -958.
[14] Ester M, Kriegel H P, Sander J, et al. A density - based algorithm for discovering clusters in large spatial databases with noise[C]//Proceedings of the Second International Conference on Knowledge Discovery and Data Mining. New York: ACM, 1996: 226 -231.
[15] Newman M E J. Fast algorithm for detecting community structure in networks[J]. Physical Review E, 2004, 69(6): 066133 -1 -066133 -5.
[16] 陈翀, 罗鹏程, 刘晓兵, 等. 网络资源层次组织规律定量研究[J]. 中国图书馆学报, 2012 (6): 72 -80.
[17] Social - ODP - 2k9 数据集 [EB/OL]. [2013 -11 -08]. http://nlp.uned.es/social - tagging/socialodp2k9/.

作者简介

罗鹏程, 北京师范大学信息管理系硕士研究生; 陈翀, 北京师范大学信息管理系副教授, 通讯作者, E-mail: chenchong@bnu.edu.cn。